Hexerei und Antihexerei in Afrika

Rites de Passage
Band 3

Tamara Multhaupt

Hexerei und Antihexerei in Afrika

Trickster Wissenschaft

CIP-Titelaufnahme der Deutschen Bibliothek

Multhaupt, Tamara: Hexerei und Antihexerei in Afrika
Tamara Multhaupt.- München: Trickster-Wiss., 1989
(Rites de passage; 3) Zugl.: Berlin, Diss.
ISBN 3-923804-35-0
NE: GT

c 1990 Trickster Verlag
Schmied-Kochel-Str. 6, D-8000 München 70
Umschlag: nach einem Entwurf von Claus Seitz
Satz: Christine Kapfer, München
Druck u. Bindung: WB-Druck, Rieden
Alle Rechte vorbehalten, der Fernsehausstrahlung sowie
der fotomechanischen Wiedergabe, auch einzelner Teile.
Printed in Germany

Inhalt

Einleitung: Hexerei und Zauberei in Afrika. Zur Forschungsgeschichte eines ethnologischen Paradigmas "fremden" Denkens 7

Ritualisierung des Optimismus 9   Allmacht der Gedanken 9   Falschgeld "Magie" 12   Mystische und logische Denkweisen 12   Eine andere Theorie der Kausalität 15   Anwendung des Gesetzes der Partizipation auf die sozialen Vorstellungen über Krankheit, Unglück und Tod 17   "Les Carnets" 17   Des Rätsels Lösung: der Tod 19   Kohärenz 20   Affekt und Moral 20   Sprachphilosophen und Neo-Intellektualisten 22   Die soziale Funktion von Hexerei und Zauberei 24   Werte und Konflikte 25   Untersuchungsmethode 26   Sozialer Wandel und Hexerei in Afrika 29   Hexerei und Zauberei in den Städten 31   Theorien über Antihexereibewegungen 34   Historische Forschungen über Antihexereibewegungen in Afrika 37   Psychologische Theorien über Antihexereibewegungen in Afrika 38   Religionssoziologische Theorien zu Antihexereibewegungen in Afrika 38   Anthropologie des Bösen und Theodizee 41   Ontologie und Ethik 44   Afrikanische Autoren über Hexerei und Zauberei 45   Schlußwort 47

I. Kognitive Aspekte afrikanischer Hexerei und Zauberei und ihr lebensweltlicher Bezug 48

Verborgene Dinge, okkulte Macht 48
Die andere Wirklichkeit afrikanischer Hexer und Hexen 55
Nacktheit und Nacht 55   Nekrophilie, Anthropophagie und Ausschweifungen 56   Übernatürliche Fähigkeiten 60   Tiergehilfen und Tierverwandlung 64   Zombies 67   Figürliche Darstellungen 68
Autopsie und Theorie der Krankheit 68
Hexenkünste und Zaubertaten, Taghexerei und böser Blick 72
Zauberei 77
Zaubertechniken 80
Motiv 86
Zur Frage der Erblichkeit von Hexerei 87

II. Soziale Beziehungen und Hexerei in Afrika 90

Wertvorstellungen und Hexerei 90
Hexerei- und Zaubereianklagen 94
Sozialbeziehungen I: Männer 103
Reiche und mächtige Männer 103   Patrilineare Gesellschaften 106   Altersklassen 110   Matrilineare Gesellschaften 111
Sozialbeziehungen II: Frauen 116
Die Illegitimität zauberischer Aggression bei Frauen 116   Uterine Verwandtschaft 120   Hexerei in polygynen Ehen 122   Ehepartner 123   Schwiegerverwandte 125
Moderne Hexerei in Afrika 126

III. Methoden der Kontrolle von Hexerei und Zauberei 134

Erste Reaktionen 134
Wahrsager, professionelle Zauberer und Hexenfinder 138
Orakel und Divination 151
Ordale und Bestrafung 154
Exkurs: Das Nkasa der Kongo 162
Medizinen 167

IV. Hexenverfolgung in Afrika 173

Antihexereibewegungen in Ost- und Zentralafrika 173
Cikanga und Kamcape (Tanzania) 173   Bamucapi (Sambia) 179   Bwanali-Mpulumutsi (Malawi) 181   Kajiwe (Kenia) 183
Medizinbünde und Medizinkulte in Zaire 190
Mani (Zaire/Sudan) 190   Miko mi Yool 195   Kabenga-benga 198   Munkunkusa 201   Exkurs über die 'nkisi' der Kongo 204
Schreine gegen Hexerei und Zauberei in Westafrika 210
Atinga (Nigeria) 210
Christentum und Hexerei in Afrika 215
'Faith healing' in den freien Kirchen (Ghana) 215   Dibundu dia Croix-Koma (VR Kongo) 217   Die Kirche von William Wade Harris (Elfenbeinküste) 223   Die Lumpa-Kirche von Alice Lenshina Mulenga (Sambia) 227
Antihexereikampagnen und Hexenverfolgung in jüngster Zeit 230

Anhang 233

Anmerkungen 233
Bibliographie 244

Einleitung

Hexerei und Zauberei in Afrika
Zur Forschungsgeschichte eines
ethnologischen Paradigmas "fremden" Denkens

Forschungsreisende, Kaufleute, Kolonialbeamte und Missionare waren die ersten europäischen Berichterstatter schwarzafrikanischer Religionen. Im allgemeinen enthielten ihre Berichte jedoch wenig präzise Informationen über das religiöse Denken und die religiösen Institutionen der afrikanischen Völker. Als Repräsentanten der europäischen Kolonialmächte und ihrer Herrschaftsinteressen waren sie größtenteils Verfechter einer Zivilisation, die sie für die beste aller Welten hielten und die sie mit Feuer-Eifer in alle Winkel und Ecken der Welt tragen wollten. Fortschrittsglaube und Zivilisationseuphorie bestimmten im 19. Jahrhundert die Perspektive, in der die Denkweisen afrikanischer Völker gesehen und meist auch verurteilt wurden. Denkweisen, die nicht ins Schema der wissenschaftlich-technischen Rationalität paßten, galten als "primitiv". Doch die Berichte, auf denen die Kenntnisse der bürgerlichen Öffentlichkeit beruhten, waren meist bruchstückhaft und oberflächlich, weil ihre Verfasser nicht über ausreichende Sprachkenntnisse verfügten. Die Europäer, die in der Kolonialzeit noch am ehesten Kenntnisse der einheimischen afrikanischen Sprachen besaßen, waren die Missionare. Oft lebten sie jahrzehntelang unter den kolonisierten Völkern und waren zur Verbreitung des Christentums darauf angewiesen, die einheimischen Sprachen zu lernen. Das praktische Problem der Bibelübersetzung in die einheimischen Sprachen ließ sie nach vergleichbaren religiösen Begriffen und Konzeptionen forschen. So entstand die missionswissenschaftliche Religionsforschung, auf die die ersten Beschreibungen afrikanischer Religionen zurückgingen.

Solche und ähnliche Quellen waren lange Zeit der Fundus, aus dem die Anthropologen des 19. Jahrhunderts ihre Informationen über die Religionen der afrikanischen Völker bezogen. Diese Anthropologen waren es auch, die den 'homo religiosus africanus' erfanden, der mit Epitheta wie "animistisch", "totemistisch", "fetischistisch" und "magisch" belegt wurde, die der Kennzeichnung angeblich typisch afrikanischer und primitiver Religionsformen diente.

Afrikaner galten als Anhänger von "Naturreligionen". Sie fürchteten Geister, verehrten Ahnen und waren abergläubisch wie die Kinder. Mit diesen Begriffen wurden gewisse - und nicht immer die wichtigsten - Aspekte afrikanischer Religionen zu Typen traditioneller afrikanischer Religiosität schlechthin stilisiert. Dies ging einher mit der Abwertung der Denkweisen afrikanischer Völker als "primitiv" und diente der Legitimation kolonialer Herrschaftsinteressen, die die Anwesenheit der Kolonialmächte so lange für notwendig hielten, wie deren zivilisatorische Aufgabe noch zu erfüllen war.

Im Gleichschritt mit der Festigung der Kolonialreiche im 19. Jahrhundert etablierte sich die wissenschaftliche Erforschung der kolonialisierten Völker. Die Religionstheorie Auguste Comtes, die auf den Berichten des Afrikareisenden Charles de Brosses[1] aus dem 18. Jahrhundert basierte, wurde von den viktorianischen Anthropologen J.G. Frazer, E.B. Tylor, F.B. Jevons und R.R. Marett aufgegriffen.[2] A. Comte hatte in seiner "Philosophie positive" drei Stadien der Entwicklung des menschlichen Geistes behauptet. Im "fetischistischen" Stadium stellte sich der Mensch die Welt als von Wesen und Kräften beherrscht vor, die ihm ähnlich oder gleich waren. Er trennte nicht zwischen sich und der Welt. Im "metaphysischen" Stadium vollzog der Mensch eine Trennung zwischen sich und der Natur und verwechselte sie nicht mehr miteinander. Im letzten Stadium des "universellen Positivismus", der Rationalitätsform des bürgerlichen Zeitalters, versuchte der Mensch den tatsächlichen Ursachen der Dinge auf den Grund zu gehen und die Gesetze der Tatsachen zu enthüllen.[3]

Dieses Schema der geistigen Entwicklung der Völker verschmolz bei den viktorianischen Anthropologen mit der Entwicklungsphilosophie Herbert Spencers zu einer Theorie der Entwicklung von Religion und Gesellschaft. Die Evolutionisten behaupteten eine unilineare Entwicklung der Gesellschaft und Religion von einem gemeinsamen Ursprung aus. Die Vielfalt der religiösen Weltbilder und sozialen Systeme wurden nicht in ihrer Gleichzeitigkeit erfaßt, sondern in ein Schema gepreßt und eine Entwicklungslogik vom "Einfachen" und "Ursprünglichen" zum Komplizierten behauptet.

"Magie" galt den Evolutionisten als eine primitive und unzureichende Form der Naturerkenntnis.[4] Für J.G. Frazer basierte sie auf einer falschen Auffassung der Naturgesetze. Ihre zwei grundlegenden Irrtümer waren: Gleiches bringt Gleiches hervor und Dinge, die einmal miteinander in Berührung standen, fahren fort, aus der Ferne aufeinander zu wirken. Die "sympathetische Magie" setzte die Dinge wegen ihrer Ähnlichkeit gleich und verwechselte Beziehungen rein gedanklicher Art mit realen Beziehungen. Ursache und Wirkung hingen nicht so zusammen, wie die sympathetische Magie es darstellte.

Die neuzeitliche Naturforschung hatte die Grundannahmen der Magie als falsch widerlegt. Eine sympathetisch zusammenhängende, prästabilierte Harmonie des Kosmos, von der die Magie ausging, gab es nicht.

Ritualisierung des Optimismus

In seiner Trilogie über die Trobriander konnte B.K. Malinowski in Widerlegung der Thesen Frazers zeigen, daß die Trobriander ihre Kenntnisse über Jagd, Ackerbau und Fischfang rational erworben hatten und systematisch, d.h. durch Beobachten der Naturvorgänge und richtiges Ziehen von Schlüssen daraus, anwendeten.[5] Ohne technologisches Wissen und rationale Kenntnis der Naturvorgänge konnte keine Kultur überleben. Die Trobriander mußten die Lebensgewohnheiten der Tiere und die Wachstumsbedingungen der Pflanzen kennen. Wissen und Weitergabe von Wissen waren die Grundlage jeder Kultur. Zu keiner Zeit und an keinem Ort waren Probleme des Überlebens jemals durch Magie und Religion gelöst worden, meinte Malinowski.

Magie kam bei den Trobriandern immer dann ins Spiel, wenn ihr empirisches Wissen versagte. Ihre Kenntnisse über die Ursachen von Krankheiten waren dürftig und alles, was in diesem Bereich unerklärlich war, wurde durch äußere Einflußnahme, z.B. Hexerei und Zauberei erklärt. Magische Handlungen "ritualisierten" den Optimismus.[6] Für Malinowski war Magie eine einzigartige Kraft, die "nur im Menschen wohnt."[7]

Auch die Trobriander glaubten nicht, daß sie eine Macht der Natur sei, die den Dingen innewohnt und unabhängig vom Menschen wirkt. In der Magie drückte der Mensch sein Verhältnis zu den Schicksalsmächten aus, die unvorhersehbar und nicht dem menschlichen Willen unterworfen waren. Magie wurde gemacht, um psychologisch gegen Ungewißheiten, Gefahren und Risiken bei wichtigen Unternehmungen zu schützen.[8] Lebenskrisen, Rückschläge, Tod, unglückliche Liebe und ungestillter Haß brachten emotionale Spannungen und Affekte hervor, die die Grundlage der Magie waren. Sie stärkte den Glauben an den Sieg der Hoffnung über die Angst.

Allmacht der Gedanken

Wünsche, Triebe und Affekte waren auch aus tiefenpsychologischer Sicht die Grundlagen der Magie. Bei Freud entwickelte sich die Magie aus dem praktischen Bedürfnis nach Bemächtigung der Welt.[9] Freuds Begriff der Magie stammte von J.G. Frazer und E.B. Tylor, der meinte, daß die Magie eine gedachte Beziehung mit einer realen verwechselte. Freud stellte sich nun die

Frage, welche psychologischen Gesetze für diese Verwechslung verantwortlich waren.[10] Dazu griff er auf die Assoziationstheorie zurück. Wenn der Mensch seine Wünsche nicht real befriedigen konnte, so tat er dies halluzinatorisch, d.h. durch die Darstellung in Gedanken. Bloße Gedanken wurden für die Wirklichkeit genommen. Das Stichwort "Allmacht der Gedanken", die Freud für einen Wesenszug der Magie hielt, lieferte ihm ein Patient, der unter Zwangsvorstellungen leidende "Rattenmann":

> Dachte er eben an eine Person, so kam sie ihm auch schon entgegen, als ob er sie beschworen hätte... Stieß er gegen einen Fremden eine nicht einmal ernstgemeinte Verwünschung aus, so durfte er erwarten, daß dieser bald darauf verstarb und ihn mit der Verantwortlichkeit für sein Ableben belastete (S.Freud 1974:374)

Freud erklärte sich die Entstehung dieser Zwangsvorstellung mit geheimen Todeswünschen gegen die Mitmenschen, die verdrängt werden, weil es sich um geliebte Menschen handelt. Da die Liebe diesen Haß nicht zerstören konnte, blieb er im Unbewußten latent und brach gelegentlich blitzartig hervor. Der Grund für den unbewußten Haß des "Rattenmannes" und die sich daraus entwickelnden Zwangsvorstellungen waren Kränkungen und Dämpfungen seiner frühkindlichen Sinnlichkeit gewesen. In der Zwangsneurose, so Freud, tritt der Fortbestand der Allmacht der Gedanken am deutlichsten hervor.[11]

Auch bei einer anderen Art von Neurose, dem Verfolgungswahn, war nicht die Realität des Erlebten, sondern die des Denkens für die Symptombildung maßgebend. Den psychologischen Mechanismus des Verfolgungswahns beschrieb Freud am Beispiel des Leipziger Senatspräsidenten Daniel Paul Schreber, der 1903 in den 'Denkwürdigkeiten eines Nervenkranken' seine eigene Krankengeschichte veröffentlicht hatte. Zu diesem Fall führte Freud aus:

> Aus dem Studium einer Reihe von Fällen des Verfolgungswahnes habe ich und haben andere den Eindruck empfangen, die Relation des Kranken zu seinem Verfolger sei durch eine einfache Formel aufzulösen. Die Person, welcher der Wahn so große Macht und Einfluß zuschreibt, in deren Hand alle Fäden des Komplotts zusammenlaufen, sei, wenn sie bestimmt genannt wird, die nämliche, der vor der Erkrankung eine ähnliche große Bedeutung für das Gefühlsleben des Patienten zukam, oder eine leicht erkenntliche Ersatzperson derselben. Die Gefühlsbedeutung wird als äußerliche Macht projiziert, der Gefühlston ins Gegenteil verkehrt; der jetzt wegen seiner Verfolgung Gehaßte und Gefürchtete sei ein einstiger Geliebter und Verehrter. Die jetzt vom Wahne statuierte Verfolgung diene vor allem dazu, die Gefühlsverwandlung im Kranken zu rechtfertigen (S.Freud 1973, VII:176)

Diese Feststellungen Freuds lassen sich meines Erachtens auch auf die Psychologie der Hexerei anwenden. Hexengläubige verlegen Strukturverhältnisse ihrer eigenen Psyche in die Innen- oder Außenwelt und beschuldigen sich selbst oder andere der Hexerei. Diesen Anklagen liegen tatsächliche oder eingebildete Kränkungen und Demütigungen durch Personen zugrunde, von denen sie Liebe und Achtung erwarten dürfen, sie aber nicht erhalten. Der

Haß, der aus diesen Kränkungen und Demütigungen entsteht, erzeugt Zwangs- oder Wahnvorstellungen, die in Projektionen bzw. magischen Handlungen abreagiert werden.

Andere Psychologen erklärten die Existenz magischer Handlungen aus Spannungszuständen und Affekten, die durch unbegreifliche und rätselvolle Situationen ausgelöst wurden.[12] Zauberhandlungen entsprangen dem Bedürfnis, Gemütsbewegungen nach außen kundzutun, um sich von den damit verbundenen Spannungen zu befreien. Die Spannungszustände bewirkten die Bildung von Assoziationen und wenn die Außenwelt nicht tätig umgestaltet werden konnte, blieb oft nur noch die "Umstimmung" oder Autosuggestion als Ausweg. Sie bewirkte, daß sich die subjektive Einstellung zu den objektiven Verhältnissen änderte. Subjektives wurde in die objektive Welt hineinerlebt oder hineinprojiziert. Subjektive und objektive Welt waren nicht klar von einander geschieden.

Tiefenpsychologen und Entwicklungspsychologen behaupteten, der "Primitive" unterscheide nicht zwischen Subjekt und Objekt und magische Verhaltensweisen kämen beim "Kulturmenschen" nicht vor. Wir wissen heute, daß beide Behauptungen nicht stimmen und daß dem sogenannten "Primitiven" in der ethnographischen Wirklichkeit nichts entspricht. Malinowski konnte in seiner Beschreibung der Magie bei den Trobriandern klar zeigen, daß diese sehr wohl einen Unterschied machten zwischen subjektiver Innenwelt und objektiver Außenwelt und daß sie die dingliche Welt nicht durch und durch spiritualisierten. Der hier angesprochene Unterschied ist also nicht der eines entwicklungsgeschichtlich bedingten Gegensatzes von "Naturmensch" und "Kulturmensch", sondern der einer bürgerlichen Vorstellung vom autonomen Individuum, das sich aus allen symbiotischen Beziehungen lösen will und dies als Inbegriff von Zivilisiertheit ansieht und der einer anderen, nicht-bürgerlichen, "primitiv" genannten Vorstellung, in der das Individuum nicht als frei in diesem Sinne gilt und dies auch keinen besonderen gesellschaftlichen Wert darstellt. Zur Präzisierung dieses Gedankens möchte ich die Ergebnisse eines Seminars zum Thema "Witchcraft and Healing" heranziehen, das 1969 in Edinburgh/Schottland unter der Leitung von R.G.Willis stattgefunden hatte. F.B.Welbourn meinte dort in seinem Beitrag, daß die Afrikaner die Psyche als etwas ausserhalb ihrer Person Existierendes erleben würden, während der Mensch der westlichen Welt sie als Teil seines Selbst begreift. Der "Stammesmensch" leide an der starken Eingebundenheit in seine soziale Gruppe, die ihm keinen Raum läßt für individuelle Entfaltung. Der moderne Mensch hingegen leide an der Entfremdung, d.h. der Loslösung aus festgefügten zwischenmenschlichen Beziehungen, die der Preis seiner Autonomie ist.[13]

Falschgeld "Magie"

In ihrem "Entwurf einer allgemeinen Theorie der Magie" von 1902/03 bezeichneten M. Mauss und H. Hubert affektive Zustände als die eigentliche Wurzel der Magie.[14] Sie waren aber nicht individuell bedingt, sondern kollektiv. Magie und Religion waren "Ausdruck sozialer Gefühle", ein "Spiel von Werturteilen".[15] Der magische Wert einer Sache entsprang ihrem Stellenwert in der Gesellschaft. Es waren keine Eigenschaften, die den Dingen oder Personen selbst anhafteten, sondern ihr Platz und Rang in der öffentlichen Meinung bestimmte ihren magischen Wert. Der Begriff der Magie existierte nicht außerhalb der Gesellschaft. Mauss und Hubert unterschieden in ihrer Analyse der Magie Handelnde, Handlungen und Vorstellungen. Das "magische Denken", so betonten sie, stelle keine abstrakten Gesetze auf. Für die Alchemisten der Neuzeit war die Natur nicht eine reine Idee, die von den Gesetzen der Sympathie beherrscht wurde. Sie besaß für sie Eigenschaften, die übertragen wurden. Die Idee der Eigenschaft spielte eine zentrale Rolle im magischen Denken. Eigenschaften waren übertragbar und ihre Wirkungen und Gegenwirkungen waren von vornherein bekannt. Die symbolischen Korrespondenzen waren Klassifikationen. In den magischen Klassifikationssystemen wurden Familienähnlichkeiten oder Gegensätze behauptet. Diese Klassifikationssysteme waren kollektive Phänomene.

Mystische und logische Denkweisen

In seinem Buch "Les fonctions mentales dans les sociétés inférieurs" von 1910 postulierte der französische Philosoph Lucien Lévy-Bruhl den Gegensatz zweier Denkweisen.[16] Die begriffliche Denkweise bezeichnete er als typisch für die abendländische Zivilisation, die mystische oder polysynthetische Denkweise sollte typisch sein für die sogenannten "Naturvölker".

Die "Primitiven", behauptete Lévy-Bruhl, nehmen nichts so wahr wie wir. Sie bewegten sich in einer mystischen Wirklichkeit.[17] Tiere, Pflanzen, Sonne, Mond und Sterne, aber auch die von Menschen fabrizierten Gegenstände, hatten ihre mystischen Eigenschaften. Gegenstände, Wesen und Erscheinungen konnten sie selbst und zugleich etwas anderes sein, z.B. Tiere und Menschen.[18] Die seltsamen und vom logischen Standpunkt aus widersinnigen Gedankenverknüpfungen entsprangen einem Glauben an die Wirksamkeit von Kräften, Einflüssen und Handlungen, die für die Sinne nicht wahrnehmbar, aber dennoch wirklich waren. Das allgemeinste Gesetz, das diesen mystischen Zusammenhängen zugrunde lag, bezeichnete Lévy-Bruhl als das "Gesetz der Partizipation". Das Denken in Partizipationen erklärte er sich soziologisch: Individuum und Gruppe hatten die kollektive Vorstellung und das kollektive Bewußtsein einer erlebten Teilhabe, einer Art "Symbiose durch Wesensidentität".[19] Individuum und Gruppe waren eins. Das Individuum war "noch nicht" zum Bewußtsein seiner selbst als eines autonomen Individuums gelangt, losgelöst aus seinen symbiotischen Beziehungen zu Mitmensch und Natur.

Unsere okzidentale Wahrnehmung, sagte Lévy-Bruhl, hatte aufgehört mystisch zu sein. Sie war durch das Interesse bestimmt und auf das Erfassen der objektiven Realität gerichtet. Sie eliminierte den rein subjektiven Wert einer Wahrnehmung. Wir verstanden nicht, wie das Traumerleben mit Erlebnissen des Wachzustandes gleichgesetzt werden konnte. Wir sahen in den objektiven Dingen keine Zeichen und Vehikel geheimer Kräfte und wir nahmen die mystischen Eigenschaften der Wesen, Gegenstände und Erscheinungen nicht wahr. Das, was wir "Erfahrung" nannten und was für uns darüber entschied, ob etwas wirklich war oder nicht, war für die mystische Erfahrung ohne Belang.

Mystische Gedankenverbindungen gehorchten nicht den Gesetzen der Logik. Was zeitlich aufeinanderfolgte, auch wenn es räumlich getrennt war, was in gleicher oder ähnlicher Weise geschah, auch mit langen Pausen dazwischen, erschien ursächlich verbunden. Es handelte sich dabei aber nicht um einen irrtümlichen oder naiven Gebrauch des Kausalprinzips, wie Lévy-Bruhl gegen J.G. Frazer und die englische Anthropologenschule einwendete, sondern die Verbindung bestand in einem mystischen Zusammenhang, zwischen Vorhergehendem und Nachfolgendem, indem jenem die Fähigkeit zugesprochen wurde, dieses erscheinen zu lassen. Mystische Gedankenverbindungen ließen sich nicht durch die Erfahrung widerlegen. Objektive Beziehungen waren dieser Denkweise gleichgültig, es interessierten nur die mystischen Beziehungen, egal ob sie wirklich oder nur möglich waren.

Dieses Denken war wesentlich synthetisch.[20] Seine Abstraktionen waren mystischer Art und standen unter dem leitenden Einfluß der Partizipationen. Die Zeichnungen auf den heiligen 'churingas' der Australier partizipierten am heiligen Charakter des Gegenstandes und an seiner Macht. Die gleiche Zeichnung hatte auf einem anderen Gegenstand keine mystische Bedeutung.

Logisches Denken klassifizierte mittels geistiger Schritte und gelangte so zu seinen Begriffen. Die Begriffe waren Ergebnis der Analyse und Synthese, die Arten und Gattungen aufstellte und sie nach der wachsenden Allgemeinheit der bei ihnen beobachteten Merkmale ordnete. Die Klassifikation drückte die hierarchische Ordnung der Begriffe aus und sollte möglichst genau der objektiven Ordnung entsprechen. Das polysynthetische Denken bemühte sich nicht um Objektivität. Die als "objektiv" bezeichneten Merkmale waren Zeichen und

Vehikel mystischer Eigenschaften. Die Begriffe wurden auch nicht geordnet. Die polysynthetische Denkweise objektivierte die Natur nicht wie die logische Denkweise. Sie "erlebte" sie vielmehr, indem sie sich an ihr partizipieren fühlte. Sie hatte keine Schwierigkeiten, sich die Identität selbst der allerverschiedensten Wesen vorzustellen. Dies wurde durch das Gesetz der Partizipation bewirkt.

Diese Denkform wollte ihren Gegenstand nicht verstehen und nicht erklären. Sie war unzugänglich für unseren Begriff der "Erfahrung", d.h. der Lehren, die aus der objektiven Verbindung zwischen den Phänomenen gezogen werden konnten. Sobald das Individuum allerdings zum Bewußtsein seiner selbst gelangte - wie und warum es dazu kam, erklärte Lévy-Bruhl nicht - sobald es sich nicht mehr identisch mit der Gruppe fühlte, der es zugehörte, verminderte sich auch das Gefühl intimster mystischer Symbiose. Die Partizipation wurde dann eher vorgestellt als gefühlt. Die Unmittelbarkeit der Erfahrung ließ nach, andere Zusammenhänge zwischen Ursache und Wirkung wurden wahrgenommen, das begriffliche Denken entwickelte sich. Dieser Prozeß verlief aber nicht in Form eines Fortschrittes, da es keine innere Zweckmäßigkeit gab, die zum Besseren hinführte. Die logische Denkweise war auch nicht die Universalerbin der synthetischen Denkweise, denn beide kognitiven Typen existierten Seite an Seite. Das Denken in Partizipationen würde es immer geben, meinte Lévy-Bruhl.

Begriffliche Erkenntnis war im Besitz ihres Objekts. Verglichen mit mystischer Erkenntnis war dieser Besitz aber immer nur unvollkommen und äußerlich. Begrifflich erkennen hieß "objektivieren", d.h. gegenständlich machen. Etwas objektivieren bedeutete, es nach außen zu projizieren als etwas Fremdes, das erkannt werden mußte. Anstelle des objektivierenden Erfassens bei der diskursiven Erkenntnis zeichnete sich die mystische Erkenntnis durch intimes Besitzen des Erkenntnisgegenstandes aus. Verglichen damit war die logische Gewißheit etwas Farbloses, Kaltes, beinahe Gleichgültiges. Alle antiintellektualistischen Lehren pochten auf die Erfahrung eines intimen und vollständigen Inhabens des Objektes. Weder die positive Wissenschaft, noch die anderen philosophischen Doktrinen leisteten, was sie versprachen: den unmittelbaren, innigen Kontakt mit dem Wesen durch die Intuition, durch die gegenseitige Durchdringung, durch die wechselseitige Gemeinschaft des Subjektes und des Objektes. Die logische Erkenntnis war ohnmächtig, die Zweiheit zu überwinden, sie war kein wahrhaftiges Innehaben, sie blieb bei der äußeren Oberfläche der Dinge stehen.

Dies mochte wie ein Plädoyer für die mystische Erkenntnisform klingen, aber darum ging es Lévy-Bruhl nicht. Lévy-Bruhl bezeichnete die logische

Einheit des denkenden Individuums als ein Desideratum, von dem die Menschheit noch weit entfernt war. Sie war keine Tatsache, wie die viktorianischen Anthropologen behaupteten. Nur die Vernunft war in der Lage, die logische Einheit herzustellen, denn nur sie behauptete ihre Notwendigkeit.

Eine andere Theorie der Kausalität

Lévy-Bruhls zweites Buch "La mentalité primitive" beschäftigte sich mit der Frage einer anderen Kausalitätsauffassung, deren Grundlage nicht die Vernunftlogik war, sondern das "Gesetz der Partizipation". Wo dieses galt, gab es laut Lévy-Bruhl eine Abneigung gegen logische Denkoperationen und diskursive Denkvorgänge, gegen Überlegung und Nachdenken.[21] Er identifizierte diese Kausalitätsauffassung mit den sogenannten "niederen Gesellschaften" und stellte ihr die westliche, logische Auffassung gegenüber. Er begnügte sich nicht damit, den Unterschied in den Auffassungen durch die Dumpfheit oder Starrheit des Geistes zu erklären oder durch die Unfähigkeit, über die sinnliche Wahrnehmung hinauszugehen, wie es die Autoren der Kolonialzeit in abwertender Weise getan hatten, aus deren Quellen er seine Informationen schöpfte, sondern er nahm diese andere Auffassung ernst und versuchte sie zu verstehen. Diese andere Denkweise war keine unentwickelte, kindliche oder pathologische Form der okzidentalen Rationalität. Angesichts eines erschreckenden, beunruhigenden oder rational nicht zu erklärenden Ereignisses wurde nicht nach einer natürlichen Ursache gesucht. Wo sich die Natur wie ein Netz von Partizipationen und geheimnisvollen Ausgeschlossenheiten darstellte, waren Kausalzusammenhänge, wie wir sie sahen, unwichtig, denn an die Stelle dieser Kausalzusammenhänge trat der Gedanke an das Eingreifen geheimnisvoller Mächte. Das, was wir eine Ursache nannten, galt als ein Werkzeug okkulter Kräfte. Krankheit und Tod waren nicht natürlich. Wer so dachte, wußte immer schon, warum etwas geschah, das "Wie" war ihm gleichgültig. Das wilde Tier oder der Lanzenstich - die sekundäre Ursache - war ihm gleichgültig. Sie stand im Dienst der okkulten Macht, die diesen Tod gewollt hatte.

Nach dieser Kausalitätsauffassung geschah kein Zufall in unserem Sinne. Was uns als Zufall erschien, galt dort immer als Kundgebung einer geheimnisvollen Macht. Es brauchte nicht erklärt zu werden, es erklärte sich von selbst, es war eine Offenbarung. Je größer das Unglück und je bedeutender die betreffende Person war, desto weniger wurde Unglück durch natürliche Ursachen erklärt. Die primitive Mentalität war durch das Erstaunliche, Unerwartete und Ungewöhnliche eher bewegt denn überrascht, behauptet Lévy-Bruhl.[22] Die Intuition, anstelle der Induktion, evozierte die Vorstellung der

Gegenwart und Tätigkeit der unsichtbaren und mit den Sinnen nicht erfaßbaren Mächte. Die Wirklichkeit dieser unsichtbaren Mächte war so real wie die empirisch wahrnehmbaren Mächte, ja, sie war sogar wichtiger als diese. Die Erfahrung der Rationalisten setzte sich zusammen aus einer relativ geringen Anzahl von vorgegebenen Größen und einer Unendlichkeit von Induktionen. Die Erfahrung, auf der die andere Erkenntnisform gründete, ließ viele unmittelbare Gegebenheiten zu, deren objektiven Wert die Rationalisten nicht anerkannten. Wenn uns etwas Neues begegnete, wußten wir, daß es dafür eine Erklärung gab, die wir nur zu suchen brauchten. Wir trugen in uns ein festes Gefühl intellektueller Gewißheit, das scheinbar durch nichts zu erschüttern war und selbst wenn wir einmal ein unerklärliches Phänomen vor uns hatten, so waren wir sicher, daß unsere Unwissenheit nur vorübergehend war und daß die Ursachen früher oder später herausgefunden werden konnten. Die Welterfahrung war bei unserer Erkenntnisform von vornherein intellektualisiert. Sie war Ordnung und Vernunft, ganz wie der Geist, der sie begriff. Durch unsere rationale Form der Welterklärung hatten wir ein festes Vertrauen in die Naturgesetze. Die andere Erkenntnisform war nicht auf Kenntnisse in unserem Sinne aus. Sie kannte die Genüsse und den Nutzen des Wissens nicht, meinte Lévy-Bruhl. Ihr geistiges Leben hing von der Tatsache ab, daß die sichtbare und die unsichtbare Welt eine Einheit ausmachten, die nicht zu trennen war. Diese Form der Erkenntnis stand den sekundären Ursachen gleichgültig gegenüber und diese Ursachen blieben verborgen. Mystische Ursachen waren außerräumlich und außerzeitlich. Für die rationale Erkenntnisform ordneten sich die Erscheinungen in unveränderlichen Reihen mit bestimmten, meßbaren Zwischenräumen an. Ursache und Wirkung erschienen den Rationalisten räumlich geordnet, die Zeit als ein homogenes Quantum, teilbar in untereinander identische Teile, die mit absoluter Regelmässigkeit aufeinander folgten. Die Vorstellung der Zeit, wie sie die mystische Erkenntnisform hatte, blieb gegenüber den regelmäßigen Reihen der Erscheinungen im Raum gleichgültig und schenkte der unveränderlichen Folge von Ursache und Wirkung keinerlei Aufmerksamkeit. Sie näherte sich dem subjektiven Gefühl der Dauer (durée). Der Raum war kein gleichförmiges Quantum. Er war mit Qualitäten beladen, seine verschiedenen Regionen hatten Anteil an den mystischen Mächten, die sich dort offenbarten. Die wahre Ursache gehörte immer der unsichtbaren Welt an. Wenn sie von außen einwirkte, war der Mensch schuldig und Opfer zugleich. Wenn sie ein in ihm wohnendes Prinzip war, so war der Unglücksbringer ein Zauberer und mußte mit einer Anklage rechnen. Jeder Unfall war eine mystische Offenbarung, der "schlimme Tod" enthüllte den Zorn der unsichtbaren Mächte.

Anwendung des Gesetzes der Partizipation auf die sozialen Vorstellungen über Krankheit, Unglück und Tod

Krankheit, Unglück und Tod waren mit sozialen Vorstellungen verbunden, in denen das Gesetz der Partizipation zum Ausdruck kam. Bei jeder Krankheit stellte sich die Frage nach der mystischen Macht oder dem bösen Einfluß, die sie verursacht haben könnte, nach der Art der Behexung, die stattgefunden hatte oder welche Lebende oder Tote nach dem Leben des Kranken trachteten. Tod galt nie als natürlich. Er war das Werk eines "geistigen Einflusses", einer Kraft, einer Seele und immer gewaltsam, immer Mord und Totschlag, der von einer bestimmten Person gewollt, vorbedacht und mittels magischer Handlungen ausgeführt wurde. Die Verletzungen, die zum Tode führten, wurden zwar bemerkt, aber die sozialen Ideen über den Tod betonten die mystischen Ursachen. Das zeitliche und räumliche Zusammentreffen zweier Ereignisse wurde mystisch gedeutet.

"Les Carnets"

Fast vierzig Jahre nach Erscheinen der "Fonctions mentales" revidierte Lévy-Bruhl in den Jahren 1938/39 seine ursprüngliche Position und präzisierte die Thesen, für die er so angegriffen worden war.[23] Dies betraf vor allem die These vom prälogischen Charakter der sogenannten "primitiven Mentalität". Er gab den Begriff des prälogischen Denkens auf und sprach nur noch vom "mystischen Charakter" dieser Denkweise.[24] Der mystischen Erkenntnisform fehlte der Sinn für das Unmögliche, sie tolerierte den Widerspruch. Sie behauptete die Bi- oder Multipräsenz der Gegenstände oder Ereignisse. Sie begnügte sich mit den Partizipationen, die sie oft für real hielt, ohne sich darum zu kümmern, ob sie auch im vernünftigen Sinne möglich waren. Obwohl Lévy-Bruhl immer zugegeben hatte, daß bei politischen, ökonomischen und bei anderen Gelegenheiten überwiegend nicht-mystische Erklärungen der Ursachen gegeben wurden, beharrte er weiterhin darauf, daß dies für andere Situationen, z.B. Krankheiten, Unfälle oder Tod nicht galt. Er revidierte allerdings seine ursprünglich vertretene Ansicht, daß die mystische Erkenntnisform typisch für solche menschlichen Gesellschaften sei, die er als "primitiv" bezeichnete und glaubte auch nicht mehr, daß sich das Logische und Prälogische in einem menschlichen Kopf unterscheiden lasse. Er anerkannte nun, daß die Strukturen des menschlichen Geistes in allen Gesellschaften die gleichen und deshalb alle Menschen zur Vernunft fähig waren. Es blieb allerdings für ihn die Frage, was diese andere Denkform aus logischer Sicht war. Sie war mystischer Art, weil sie die Zusammengehörigkeit von Dingen behauptete, die vom logischen Standpunkt aus unvereinbar waren

> ...Maliki behauptete zwei unvereinbare Dinge: Wenn seine Tochter entführt wurde, konnte sie nicht in der Hütte gestorben sein. Wenn es richtig ist, daß sie in der Hütte gestorben war, konnte sie nicht entführt worden sein. Wenn ihre Leiche begraben wurde, wurde sie nicht von Zauberern gekocht und gefressen und wenn sie gekocht und gefressen worden wäre, hätte sie nicht von ihrem Vater begraben werden können... (L.Lévy-Bruhl 1949:57)

Der Grund, warum Maliki so dachte, lag nicht in seiner persönlichen Unfähigkeit, diese unvereinbaren Dinge zu verstehen, sondern es waren die Überzeugungen und mystischen Erfahrungen seiner Gruppe, die seinen Worten und Taten ihre Vernunft gaben. Es handelte sich also um eine andersartige Erfahrung, die es zu beschreiben galt und deren psychologische und soziale Ursachen untersucht werden sollten. Die unlogischen Gedankenverbindungen gründeten auf den Partizipationen, jedoch sprach Lévy-Bruhl nun nicht mehr von einem "Gesetz" der Partizipation.[25] Sie waren eine Tatsache und weniger ein Gesetz und drückten sich in dem Gefühl aus, dieses oder jenes Wesen oder Objekt habe am anderen Teil, trete oder stehe mit ihm in Kontakt. Er korrigierte auch seine frühere Auffassung, daß die Partizipationen unvereinbar seien mit dem Prinzip des Widerspruchs, und daß sie für einen Geist, der logisch dachte, unakzeptabel seien.[26] Das Denken in "Zugehörigkeiten" hatte für ihn den Rang eines Leitprinzips des Wissens, ähnlich dem Prinzip der Identität oder der Kausalität. Die soziologisch interessante These von Lévy-Bruhl war die, daß er das Gefühl der "Zugehörigkeit" als einer Gesellschafts- oder Gruppenstruktur zueigen ansah, bei der die Gruppe die wahre Individualität verkörperte und das Individuum nur einen Teil.[27] Das soziale Gefühl der Partizipation spiegelte sich wider in den Denkformen. Das Bewußtsein, das jemand in einer solchen Gruppe von sich hatte, war nicht das einer "vollständigen Person an sich",[28] sondern einer Person, deren Seinsgrund und Existenzbedingung sich in der Gruppe befand, deren Teil sie war und ohne die sie nicht sein konnte. Diese Vorstellung hatte in solchen Gesellschaften aber keinen Begriff, behauptete Lévy-Bruhl. Darüber würde nicht nachgedacht. Es war ein Gefühl der Solidarität, fast organisch, die sich nicht durch Begriffe, sondern durch Institutionen ausdrückte, in der Familie, im Clan und in den religiösen Überzeugungen, die alle auf der "Teilhabe" basierten. Die Teilhabe des Individuums am sozialen Körper war ihr Prototyp, ebenso wie ihre Wurzel. Der Mensch fühlte sich als Teil seiner Gruppe, er projizierte diese Teilhabe nach außen, die dann das Schema seiner Repräsentationen wurde und sein Handeln bestimmte.

Das Gefühl, das das Individuum von sich und seiner Existenz hatte, war das einer Symbiose mit den Gruppenmitgliedern und ein Gefühl der Abhängigkeit von ihnen. Die Menschen waren sich dieses Gefühls der Symbiose selten bewußt und es ließ sich auch nicht direkt beobachten. Nur das Verhalten, die Institutionen, die Mythen und Glaubensvorstellungen, lieferten den Beweis ihrer Existenz.

Eine weitere Korrektur Lévy-Bruhls betraf seine ursprüngliche Behauptung, die mystischen Partizipationen gäbe es nur bei den sogenannten Primitiven. Er gab nun zu, daß sie im menschlichen Geist an sich präsent waren.[29] Das wesentliche aller mystischen Erfahrung war das Gefühl eines oft unvorhergesehenen Kontaktes mit einer anderen Realität. Es waren weniger "Kenntnisse" einer anderen Realität als vielmehr eine affektive Erfahrung. Die Partizipationen waren keine Sache des Glaubens oder Wissens, keine intellektuelle Operation, sie waren eine Offenbarung, wurden gefühlt, nicht gedacht, vorgestellt oder geglaubt. Die zwei Arten der Erfahrung, die mystische und empirische, hatten gleiche Gültigkeit für den Mystiker. Keine war gegenüber der anderen privilegiert. Die Erfahrung des Empirikers schloß dagegen die mystischen Gegebenheiten aus und maß ihnen keinen Wert zu.

Des Rätsels Lösung: der Tod

Das 1937 erschienene Buch "Witchcraft, Oracles and Magic among the Azande" des britischen Sozialanthropologen E.E. Evans-Pritchard knüpfte direkt an die Thesen Lévy-Bruhls an. Evans-Pritchard überprüfte sie am ethnographischen Beispiel der Azande. Er wollte die "Logik" des Hexereiidioms transparent machen, indem er möglichst präzise alle Tatsachen und Handlungen beschrieb, die mit Hexerei zu tun hatten. Seine wichtigste Entdeckung war die Beziehung der Hexereivorstellungen zu gesellschaftlichen Normen und Werten. Hexereivorstellungen beinhalteten außerdem eine Naturphilosophie, die das Verhältnis der Menschen zu unglücklichen Ereignissen erklärte.[30] Die "eigentlichen" Gedankenverbindungen folgten einer ganz speziellen Logik. Sinn erhielten die Sätze des Hexereiidioms erst, wenn sie in Bezug auf die impliziten, nicht deutlich ausgesprochenen Wertvorstellungen dargestellt wurden. Diese Wertvorstellungen wurden aber nicht als eine ethische Theorie formuliert oder in philosophischen Begriffen dargestellt. Sie wurden in gewissen Situationen deutlich, vor allem bei Unglücksfällen, Krankheit und Tod.

Am schärfsten unterschied sich die rationale Kausalerklärung von der mystischen in Bezug auf die Ursachen von Todesfällen. Tod war "die Lösung des Rätsels", das das Hexereiidiom aufgab.[31] Tod war mehr als nur das Aussetzen der Körperfunktionen. Er konnte auch das Werk neidischer Hexer und giftmischender Zauberer sein.

Kohärenz

In langen Passagen gelang es Evans-Pritchard, die Kohärenz des Hexereiidioms darzulegen. Hexereierklärungen schlossen andere mystische oder rationale Erklärungen nicht aus. In Fragen moralischer Verantwortlichkeit konnte man sich nicht auf sie berufen. Für unmoralische Handlungen war jeder selbst verantwortlich, keine Hexe oder Hexer. Allerdings galten Verbrecher oder Sünder oft als Hexer oder Hexen, besonders wenn sie fundamentale Prinzipien des mitmenschlichen Umgangs verletzt hatten. Der Wirkungsbereich mystischer Erklärungen war auf Situationen beschränkt, die keine rationale Erklärung im Sinne der Azande zuließen. Die Azande unterschieden tatsächlich zwischen primären und sekundären Ursachen, so wie es sich Lévy-Bruhl im fernen Europa am Schreibtisch vorgestellt hatte. Sie gebrauchten dafür eine Jagdmetapher. Hexerei war *'umbanga'* - *'der zweite Speer'*. *'Der erste Speer'* war die Waffe oder das Tier, das tötete oder verletzte, der Selbstmord oder Unfall. Der *'zweite Speer'* war Hexerei.

Hexerei war ursächlich an der Entstehung unglücklicher Ereignisse beteiligt. Sie war jedoch kein Glied in der Kette der Ereignisse, sondern sie hatte Teil an ihnen. Die empirischen Ursachen wurden nicht wichtig genommen, aber sie wurden gesehen. Die Azande wählten diejenige Ursache aus, die für sie gesellschaftlich relevant war, nämlich Hexerei. Die Gesellschaft kontrollierte die Wahrnehmung und Erfahrung.

Affekt und Moral

Hexerei wurde immer in Verbindung mit konkreten Personen, meist wirklichen oder eingebildeten Feinden des oder der Verhexten gebracht.[33] Das Motiv war Haß, Neid, Eifersucht. Zwei Ereignisse, die bei "rationaler" Betrachtung der Dinge gar nichts miteinander zu tun hatten, wurden verknüpft: das Unglück, die Krankheit, der Tod und die Existenz einer vielleicht unbewußten Feindschaft zwischen zwei Personen. Haßgefühle konnten Unglück verursachen und waren deshalb schlecht. Wer einen Hexereiverdacht gegen eine andere Person hatte, fühlte sich von dieser gehaßt, ohne aber zu sehen, daß er es vielleicht selbst war, der haßte, denn der oder die beschuldigte Person wußte oft gar nichts von diesem Haß. Trotzdem bestand sie nicht auf ihrer Unschuld, denn es gab ja die Möglichkeit, daß sie unbewußt haßte. Deshalb versprach sie, ihre Hexerei zurückzuziehen. Sie signalisierte dem Verhexten damit, daß sie um seine Befürchtungen wußte und Rücksicht darauf nahm. Die beschuldigte Person wußte dann auch, wie sie gesehen wurde und bemühte sich, dieses

Bild zu korrigieren. Sie konnte einen Hexereivorwurf nicht einfach ignorieren. Hexer und Hexen hatten einen unbegreiflichen Haß auf andere Menschen, dies zeigte sich in ihrem Handeln. Sie halfen nicht, weil sie bewußt oder unbewußt haßten. Sie galten als moralose Leute, die nur dem Eigennutz fröhnten. Ihr Haß zeigte sich in Gier, Eifersucht und Bösartigkeit. Sie hatten kein Herz für andere. Sie galten als unfähig zur Solidarität mit Verwandten und Nachbarn und wurden deshalb verantwortlich gemacht für Unglück, Leiden und Tod. Hexerei war moralisches Unrecht. Dieses moralische Unrecht umfaßte weitere Bereiche, als von der Sache her "vernünftig" schien. Alles, was einem Hexengläubigen schadete - wirtschaftliche Fehlschläge, persönliches Unglück, Krankheit und Tod - lastete er Hexern oder Hexen an.

Doch was hatte das angebliche Fehlverhalten eines Menschen mit der Herkunft der Leiden und Übel in der Welt zu tun? Hier wurden zwei Diskurstypen miteinander vermischt, die die Vernunftlogik trennte: der eine betraf die Naturordnung, der andere die moralische Ordnung.

Hexengläubige stellten mystische, nicht objektive Beziehungen her zwischen Ursache und Wirkung. Die Vernunftlogik war in Fragen persönlichen Mißgeschicks ausgeschaltet, bzw. sekundär gegenüber der Gefühlslogik. Hexerei hatte ihre Wurzeln in der Wechselbeziehung zweier Personen, die Liebe, Achtung und Solidarität voneinander erwarten durften, aber dazu nicht immer in der Lage waren. Die Enttäuschung dieser Erwartungen, ob real oder eingebildet, führte zu einem Hexereiverdacht.

Hexer oder Hexen waren im Vor-Urteil der Gesellschaft Personen, die durch ihr aggressives und rücksichtsloses Verhalten anderen auf versteckte und empirisch unerklärliche Weise Schaden zufügten. Ihre Aktivitäten richteten sich gegen die Lebensinteressen anderer, die meist in verwandtschaftlicher oder nachbarschaftlicher Beziehung zu ihnen standen.

Hexer oder Hexen waren immer die anderen. Wenn ein Zande mit einem Hexereivorwurf konfrontiert wurde, staunte er nicht schlecht. Von dieser Seite hatte er die Sache noch nicht betrachtet. Er fragte sich dann, ob dies nur aus Neid oder Eifersucht geschah oder weil er nicht gemocht wurde.[34]

Die behaupteten Haßgefühle mußten also gar nicht in der beschuldigten Person wirklich vorhanden sein und eigentlich existierten sie auch nur in der Person, die andere beschuldigte, weil sie selbst haßte oder sich gehaßt fühlte. Diese komplizierte Vertauschung oder "Projektion" war den Azande durchaus klar, obwohl sie die psychologischen Mechanismen einer Hexereibeschuldigung nicht analysierten.

Evans-Pritchard war der Meinung, daß Hexerei eine Einbildung sei und ein Mensch unmöglich ein Hexer oder eine Hexe sein könnte.[35] Damit negierte er aber auch die Haßgefühle, die die Grundlage der Hexerei waren. Es gab sie ja tatsächlich, diese Gefühlshaltungen, die den Hexern oder Hexen nachgesagt wurden! Nur, wer hatte sie? Evans-Pritchard bedachte nicht, daß das, was wie eine Einbildung oder Projektion aussah, für denjenigen, der sie hatte, eine objektive Realität war. Sie bestimmte seine Wahrnehmung und sein Verhalten.

Evans-Pritchards Überzeugung, daß Hexerei "keine objektive Realität" sei,[36] erklärte seine vergeblichen Bemühungen, den Azande die Widersprüchlichkeit ihrer Anschauungen klarzumachen. So behaupteten sie, daß Hexerei erblich sei.[37] Doch wenn sie angeklagt wurden, sagten sie entweder, so etwas habe es in ihrer Familie noch nie gegeben oder, wenn es doch so etwas gab, die betreffende Person sei ein Bastard oder sie erwähnten diesen Sachverhalt erst gar nicht. Das Aufzeigen logischer Widersprüche bringt nämlich keinen Hexen- oder Sonstwiegläubigen von seinen Überzeugungen ab, da es sich nicht um rationale Denkweisen handelt. Es ist fruchtlos, eine Denkweise durch Logik widerlegen zu wollen, die so wenig mit Logik zu tun hat wie Hexerei. Daher mißlangen alle Versuche Evans-Pritchards, den Azande mit den Mitteln der Logik ihre Widersprüche vor Augen zu führen. Es gibt keine logischen Begründungen für Hexerei.

Sprachphilosophen und Neo-Intellektualisten

In den Sechziger Jahren lebte die Rationalitätsdebatte in Oxford wieder auf, für die Evans-Pritchard mit seinem Buch die Grundlagen gelegt hatte.[38] Auslöser für diese Diskussion war die Sprachphilosophie Ludwig Wittgensteins. In den "Philosophischen Untersuchungen" kam Wittgenstein zu dem Schluß, daß das, was als Übereinstimmung oder Nichtübereinstimmung mit der Wirklichkeit galt, so viele verschiedene Formen annahm, wie es Verwendungen in der Sprache gab. In dem Aufsatz "Understanding a Primitive Society"[39] wandte sich Peter Winch, am Beispiel von Evans-Pritchards Buch über die Azande, Verstehensproblemen zu. Seine Frage war, wie wir eine Denkweise (z.B. Hexerei) verstehen können, die wir nicht teilen. Dazu war es nötig, daß wir sie uns in einer Weise erklärten, die unseren Kriterien von Rationalität genügte. Unsere Kultur war tief geprägt durch den Rationalitätsbegriff der Wissenschaften, für die Dinge wie Magie irrational sind. Hexerei, Orakel und Magie waren für uns Trugbilder. Wissenschaftliche Methoden der Untersuchung hatten gezeigt, daß es die dort angenommenen Beziehungen zwischen Ursache und Wirkung nicht gab.

Evans-Pritchard war mit zwei Idiomen konfrontiert, dem "rationalen" unserer Kultur und dem "mystischen" der Azande, in dem es Hexen und Zauberer gab.

Peter Winch kritisierte den empiristischen Wirklichkeitsbegriff Evans-Pritchards. Er meinte, daß innerhalb der religiösen Sprache ein eigener Wirklichkeitsbegriff existierte und die Abgrenzung von wirklich und nicht-wirklich eine sprachliche Übereinkunft war. Was real war und nicht, zeigte sich in dem Sinn, den die Sprache hatte.[40] Jede Lebensform entwickelte ihr eigenes "Sprachspiel" und die Wirklichkeitsauffassung einer bestimmten Lebensform gab diesem Sprachspiel dann seinen Sinn.

Es war naheliegend, zur alten Frage der Universalität der Rationalität zurückzukehren, wie es Lévy-Bruhl in seiner Auseinandersetzung mit den viktorianischen Anthropologen getan hatte, die die Einheit des menschlichen Geistes zu allen Zeiten und an allen Orten behauptet hatten und deshalb in den mystischen Gedankenverbindungen nichts anderes sahen als eine Unfähigkeit zum logischen Denken.

Verschiedene Autoren meldeten sich in dieser Frage zu Wort.[41] Robin Horton griff explizit die intellektualistische Position J.G. Frazers wieder auf und interpretierte religiöse Weltbilder als theoretische Systeme, die "erklären" und "verstehen" wollen.[42] Spirituelle Instanzen als Erklärung für Ursachen bildeten das theoretische Pendant zu wissenschaftlichen Theorien über Krankheitsursachen. Die Uielfalt der Geister entsprach den unterschiedlichen Theorieebenen. Theorien im Westen und im traditionalen afrikanischen Denken hatten ihre Wurzeln in Analogien mit Bekanntem und entstammten der Alltagserfahrung. Erklärungen in modernen westlichen Kulturen wurden in einem unpersönlichen Idiom, Erklärungen in traditionalen afrikanischen Gesellschaften in einem persönlichen Idiom gemacht. Warum?

In den modernen Industriegesellschaften waren die sozialen Beziehungen in Bewegung. Nur die Welt der unbelebten Dinge war Ordnung und Regelmäßigkeit. Im Westen wandte man sich der Dingwelt zu. In Afrika war die menschliche Szenerie der Ort der Ordnung, Vorhersagbarkeit und Regelmäßigkeit. Soziale Beziehungen waren die theoretische Metapher für alle Erklärungen von Ursachen. Die Dichotomien zwischen wissenschaftlichem und religiösem Denken waren für Horton zweifelhaft.[43] Verstand man beide als theoretisches Denken, bekam vieles, was unverständlich war, einen Sinn.

Neben den Ähnlichkeiten in den beiden Theoriesystemen gab es aber auch Unterschiede. In den traditionellen afrikanischen Kulturen gab es kein Bewußtsein einer Alternative zu den etablierten theoretischen Lehren. Die cartesianische Unterscheidung zwischen Geist und Materie existierte nicht. Es gab auch keine Reflexion über Welterklärungen.

Andere Autoren wie Jarvie und Agassi relativierten den universalistischen Rationalitätsbegriff durch die Unterscheidung zwischen "schwacher" und "starker" Rationalität. Eine kulturspezifische Rationalität wiederum behauptete Peel, und Barnes kritisierte die Vorstellung eines idealen Modells der Rationalität, die es nicht einmal in den Wissenschaften gab. Stephen Lukes vertrat einen universalistischen Rationalitätsbegriff, weil es sonst unmöglich wäre, die Sprache eines anderen zu verstehen und sich über eine gemeinsame Realität zu verständigen. Eine Übereinkunft über die Identität der Sachen war aber möglich und daher Rationalität auch universal.

Die angelsächsische Rationalitätsdebatte blieb ohne Folgen für die weitere theoretische und praktische Erforschung der Denkweisen, da sie sich in dem sterilen Problem verloren hatte, wann und aufgrund welcher Kriterien eine Denkweise rational bzw. irrational genannt werden kann. Interessantere Aspekte konnte Hans Peter Duerr dieser Thematik abgewinnen, da er sich mit der Wahrnehmung von Wirklichkeit beschäftigte, die jenseits der durch die Zivilisation gezogenen Grenzen lag.[44] Auf die Nähe Duerrs zur Philosophie Lévy-Bruhls wurde schon von anderer Seite hingewiesen.[45]

Duerr teilte mit Wittgenstein und Winch die Auffassung, daß jede Lebensform ihr eigenes Sprachspiel habe. Diese Position eines relativistischen Rationalitätsbegriffes hatte ihr Vorbild in der antiken Skepsis, deren Standpunkt sich Hans Peter Duerr in seiner Kritik des empiristischen Wirklichkeitsbegriffes von Ethnologie und Soziologie zueigen machte. Die komplizierten erkenntnistheoretischen Fragen, die dieser empiristische Wirklichkeitsbegriff aufwarf, waren sein eigentliches Thema. Daß er dazu noch die Stilisierung Lévy-Bruhls von den "archaischen" und "zivilisierten" Kulturen aufgriff und deren Erkenntnisform einfach umwertete, trug ihm den Vorwurf ein, er sei ein modischer Irrationalist. Die Erkenntnisform der "Anderen" war für ihn vielfältiger und reichhaltiger als die Erkenntnisform der positiven Wissenschaft.

Die soziale Funktion von Hexerei und Zauberei

A.R. Radcliffe-Brown bestimmte einmal die soziale Funktion einer Denkweise als den Beitrag, den sie zur Kontinuität der Sozialstruktur leistete.[46] In diesem Sinne bestimmte auch Monica Wilson Hexereivorstellungen als "Ausdruck der Werte einer Gesellschaft" [47]: Sie verglich die Hexereivorstellungen der Nyakyusa in Tanzania und der Pondo in Südafrika. Beide hatten eine ähnliche Ökonomie und soziale Organisation, doch ihre Hexereivorstellungen unterschieden sich stark. Die Hexereivorstellungen der Nyakyusa bezogen sich auf die sozialen Werte der Großzügigkeit und des Teilens von Nahrungsmitteln unter den Mitgliedern einer Altersklasse, während die Hexereivorstellungen der Pondo sich auf sexuelle Meidungsregeln wie Inzest und das Verbot sexueller Beziehungen zwischen Schwarz und Weiß bezogen.

Die sozialen Funktionen von Hexerei und Zauberei untersuchte auch J.D. Krige, der sich fragte, auf welche Bedürfnisse der menschlichen Natur sie eine Antwort waren.[48] "Very necessary" nannte er Hexereivorstellungen in einer Welt, deren Technologie zur Befriedigung komplexer kultureller Bedürfnisse nicht ausreichte und die diese Unzulänglichkeit durch Hexereierklärungen kompensierte.[49]

Doch die Strukturalfunktionalisten konnten den Widerspruch nicht erklären, warum die Gesellschaft für ihre Kontinuität einer Denkweise bedurfte, die soziale Beziehungen so nachhaltig störte und zerstörte wie Hexerei. Da sie nur die positiven sozialen Funktionen sahen, die gesellschaftliche Integration bewirkten, konnten sie nicht erklären, warum Hexen und Zauberer dann "illegal und unmoralisch"[50] handelten und wie sie die "Erzfeinde der Gesellschaft"[51] sein konnten, wenn sie angeblich so nützlich für die Gesellschaft waren und einen "rationalen Beitrag zur Erfüllung der menschlichen Bedürfnisse und Zwecke"[52] leisteten.

Werte und Konflikte

Erst die Konflikttheorie Max Gluckmans gab darauf eine Antwort. Max Gluckman setzte bei Evans-Pritchards Feststellung ein, daß Hexerei als Theorie der Ursache auch eine Theorie der Moral beinhalte.[53] Hexerei implizierte eine Ethik, die antisoziale Gefühle und Haltungen verurteilte und als hexenhaftes Verhalten denunzierte. Damit betonte der Hexereivorwurf gewisse Tugenden, auf die die Gesellschaft Wert legte. Unglück wurde Personen angelastet, die sich nicht so verhielten, wie sie sich verhalten sollten. Das Vernünftige an der Hexerei, so Gluckman, war ihr psychologischer Wahrheitskern.[54] Jemand, der einen Menschen haßte, würde ihn auch verhexen. Der oder die Schuldige wurde folglich unter denjenigen gesucht, die sich feindselig gezeigt hatten.

Hexerei gab eine Antwort auf die Frage, warum Unglück und Leid eine bestimmte Person trafen. Die Antwort lautete: weil ein Hexer oder eine Hexe böse Gefühle hatte. Naturereignisse und moralische Gefühle wurden zu einem Kausalzusammenhang verknüpft. Böse Gefühle zwischen bestimmten Menschen wirkten sich negativ auf Ernte oder Gesundheit aus. Naturordnung und moralische Ordnung bildeten ein Kontinuum, in dem nichts unerklärlich und zufällig war.

Hexereiverdächtigungen und -anklagen waren Hinweise auf Krisen und Spannungen in den Sozialbeziehungen. Die Krisen entstanden, wenn eine Person durch verschiedene soziale Regeln und Werte zu widersprüchlichem Handeln gezwungen war und keine klare Lösung möglich schien.[55] Gluckman beschrieb das am Beispiel der patrilinearen Zulu. Frauen waren bei ihnen in besonderem Maße Zielscheibe von Hexereiverdächtigungen. Der Grund dafür waren soziale Regeln und Werte, die ihnen Pflichten auferlegten, die sich nicht miteinander vereinbaren ließen. Einerseits sollten sie viele Kinder gebären, um damit die Gruppe zu vergößern, andererseits führte gerade diese Gruppenvergrößerung zum Zerbrechen der hoch bewerteten agnatischen Einheit. Die Frauen wurden in ihrer Rolle als Schwiegertöchter oder Schwägerinnen verantwortlich gemacht für allerlei Konflikte und Spannungen unter den Agnaten. Sie galten als das Zentrum mystischen Übels, das ihrer angeblich bösen Natur entsprang.

Warum wurden Konflikte in Form von Hexereibeschuldigungen rationalisiert, und warum konnten Verwandte, die sich stritten, nicht einfach so auseinandergehen?

Max Gluckman meinte hierzu, daß die Zulu die vollen Implikationen ihrer eigenen sozialen Regel nicht durchschauten.[56] Sie sahen nicht, daß es die widersprüchlichen Pflichten waren, die sie ihren Frauen auferlegten, die die Konflikte hervorbrachten und nicht die Frauen selbst. Sie hätten nicht gleichzeitig soviel Wert legen dürfen auf die Einheit der patrilinearen Abstammungsgruppe und die Fruchtbarkeit der Frauen, die diese Einheit zerstörte. Die Antinomien lösten sie magisch-religiös, indem sie die Frauen als Hexen beschuldigten.

Untersuchungsmethode

Einer der ersten Anthropologen, der Hexerei empirisch untersuchte, war Max Marwick.[57] Hexereivorstellungen und die sie begleitenden Umstände wie Klatsch und Anklagen betrachtete er als Index sozialer Beziehungen. Er stellte fest, inwiefern das Wertsystem durch sie arbeitete. Hexereivorstellungen wurden außerdem als Ausdruck sozialer Spannungen in interpersonalen Beziehungen gedeutet. Die Primärdaten des Soziologen waren Verhaltensweisen wie Anklagen, Abwehrmaßnahmen und gegebenenfalls Riten, sofern sie sichtbar waren. Er zog außerdem das Verbalverhalten seiner Informanten hinzu, das die Beschreibungen lieferte.

Als erster Schritt bei der empirischen Untersuchung von Hexerei war ein einigermaßen vollständiges Wissen über die Hexereivorstellungen einer bestimmten Gesellschaft nötig, das durch teilnehmende Beobachtung erforscht werden sollte.[58] Es ging darum, herauszufinden, welche Handlungsweisen Hexen und Hexern nachgesagt wurden, wie sie hexten und wie sie das Hexen gelernt hatten. Marwick ging einzelnen Todesfällen nach und befragte einzelne Personen zu diesem Fall. Die Auskünfte wurden dann in ein Notizbuch geschrieben und nach Todesursachen gegliedert. Name, Alter und Geschlecht des Opfers wurden vermerkt und Details des Falles festgehalten, z.B. der mutmaßliche Täter oder die Täterin und ihre Beziehung zum Opfer, Name und persönliche Details des Anklägers oder der Anklägerin und ihre Beziehung zum Opfer und Täter oder der Täterin, Zaubertechniken, die benutzt wurden, die Genealogien der drei Hauptbeteiligten des Dramas, die Art des Streites, der dem Angriff oder der Anklage vorausging und die Gründe für den Verdacht gegen den oder die Angeklagte(n), sowie Schritte, die unternommen wurden, um ihn oder sie zu identifizieren. Schließlich wurden Methoden der Vergeltung aufgezeichnet.

Marwick sammelte 200 Fälle von "Unglück".[59] 25% der Fälle wurden natürlichen Ursachen zugeschrieben oder Gott. 17% wurden Handlungen oder Personen zugeschrieben, die nicht als Hexer oder Hexen galten. 55% der Fälle (= 107) wurden der Hexerei zugeschrieben und 3% der Intervention von Lineagegeistern. Unglück wurde zu fast 100% auf Hexerei zurückgeführt, wenn allgemein gefragt wurde, aber nur zu 55%, wenn nach konkreten Fällen gefragt wurde. In 79 der 107 Fälle wurde die Hexe oder der Zauberer identifiziert. 64 Fälle fielen unter die Kategorie "Zauberei" (43 Männer, 21 Frauen), 25 unter "echte Hexerei" (11 Männer, 14 Frauen), 11 Fälle waren unklar und in einem Fall konnte keiner identifiziert werden. Bei 77,7% waren Ankläger und Opfer matrilinear verwandt, 21% waren angeheiratet oder entfernt verwandt. Nur in 1,1% der Fälle waren sie überhaupt nicht verwandt miteinander.

Die Hexereivorstellungen der Cewa unterstützten einerseits die Wertordnung, indem sie Abweichungen davon als Akte der Hexerei definierten. Andererseits legitimierten sie den Abbruch von Sozialbeziehungen, wenn diese nicht mehr aufrechterhalten werden konnten. Sie regelten und kontrollierten interpersonale Beziehungen, waren aber auch Ausdruck ihrer Spannungen und Konflikte.

Auch S.F. Nadel brachte Hexereivorstellungen in Zusammenhang mit Spannungen und Ängsten, die aus dem sozialen Leben resultierten.[60] Hexereivorstellungen entstanden auf der Grundlage schlecht funktionierender gesellschaftlicher Institutionen. Sie produzierten wahnhafte Ängste, die auf imaginäre Feinde der Gesellschaft projiziert wurden, die man für alles, was schief lief, verantwortlich machen konnte. Eine hexengläubige Gesellschaft war unfähig, die sozialen Ursachen ihrer Konflikte zu erkennen und zu lösen. Sie schaffte sich Sündenböcke in Gestalt von Hexen und Hexern. Deshalb löste Hexerei auch keine Spannungen und Konflikte, sondern verschärfte sie nur, meinte Nadel.[61] Hexerei leistete keinen Beitrag zum Funktionieren der Gesellschaft, weil sie von den wahren gesellschaftlichen Ursachen der Konflikte ablenkte.

Eine dynamischere Behandlung von Hexerei und Zauberei, als dies bei den Strukturalfunktionalisten der Fall war, forderte Victor Turner.[62] Anklagen sollten im Gesamtkontext der sozialen Handlungen untersucht werden. Biotische und ökologische Prozesse mußten dabei ebenso berücksichtigt werden wie Entwicklungen innerhalb der Gruppen. Eine größere Zeitentiefe war notwendig, um das Muster und die Begründung der Anklagen verständlich zu machen. Die Tatsache, daß eine Person A eine Person B anklagte, war nicht nur eine Sache der "Spannungen" zwischen ihnen, sondern das Produkt eines komplexen Zusammenspiels von Prozessen und Kräften, unter denen die Normen, die das Verhalten zwischen den Mitgliedern einer Verwandtschaftsgruppe regelten, nur eine einzige und möglicherweise kleinere Klasse von empirischen Daten darstellte. In Situationen radikalen sozialen Wandels, wo Strukturen zusammenbrachen, erklärten Verwandtschaftsnormen nur wenig, meinte Turner. Nur wenn das gesamte Aktionsfeld berücksichtigt wurde, konnte mit einiger Gewißheit gesagt werden, warum es zu Anklagen zwischen Verwandten kam, die sich eigentlich unterstützen mußten, sich aber häufig in gegensätzlichen Interessenkoalitionen wiederfanden.

Turners Untersuchungsmethode der *'erweiterten Fallstudie'* schloß ein "Werden" ebenso ein wie das "Sein". Die Prozeßtheorie anerkannte die Vielfalt, Verschiedenheit und Konflikte von Gruppen, Rollen, Idealen und Ideen und berücksichtigte ökologische und ökonomische Prozesse, die repetitiv oder veränderlich waren. Die Prozeßtheorie entwickelte eine spezielle Methode, die den Wandel im Sozialsystem über einen größeren Zeitraum untersuchte, und zwar am Beispiel einer Reihe von Fallstudien, von denen sich jede mit einer speziellen Krise im System oder einem seiner Teile beschäftigte.

Turner plädierte auch für eine dialektischere Betrachtung des Zusammenhangs von Ideensystem und Sozialstruktur, als dies bei den Strukturalfunktionalisten der Fall war. Ideensysteme waren nicht nur einfache Spiegelbilder der Sozialstruktur, sondern sie wirkten auch auf den sozialen Prozeß zurück. Die Untersuchungsmethode der erweiterten Fallstudie erlaubte mehr Nuancen als die Befragung noch so begnadeter Informanten, die weit entfernt vom Aktionsfeld waren, meinte Turner im gleichen Aufsatz. Er stellte die "Komponentenanalyse" dem holistischen Ansatz von Middleton und Winter gegenüber.[63] Sie wurde dem zusammengesetzten Charakter des Phänomens eher gerecht, da viele afrikanische Gesellschaften die gleichen "Komponenten" in ihren Hexereivorstellungen aufwiesen. Für Turner war die Welt der Hexerei auch kein Spiegelbild der wirklichen Welt, sondern vielmehr Anti-Struktur.[64]

Sozialer Wandel und Hexerei in Afrika

Die Mehrzahl der Anthropolog(inn)en, die Hexerei und Zauberei in Afrika untersuchten, war der Meinung, daß ihre Verbreitung in erster Linie den anwachsenden Konflikten und Spannungen zuzuschreiben sei, die der soziale, politische und ökonomische Wandel in Afrika ausgelöst hatte. Hintergrund der Bamucapi-Bewegung in Sambia waren nach Meinung Audrey Richards[65] Veränderungen in den Autoritätsbeziehungen und das Verbot von religiösen Institutionen wie Giftordal und Divination zum Zwecke der Identifikation und Überführung von Hexen und Zauberern, wodurch das Gefühl der Sicherheit in der Gemeinde und das Vertrauen in die politisch-religiöse Autorität der Bemba-Häuptlinge vermindert wurde. Lästige Stammesregeln wurden nicht mehr eingehalten, und manche dieser Regeln, wie die Durchführung von religiösen Zeremonien oder die Unterstützung bedürftiger Verwandter, konnten unter den veränderten Lebensbedingungen in den Minen des Kupfergürtels nicht mehr eingehalten werden. Christen waren hin- und hergerissen zwischen der traditionellen Moral und neuen christlichen Wertorientierungen. Dies führte, so Audrey Richards, zu permanenten Schuldgefühlen, die sich in einem beständigen Verlangen nach übernatürlichem Schutz äußerten. Statt lästige Tabus einzuhalten, gingen beispielsweise Bemba-Frauen dazu über, Abwehrzauber "für alle Fälle" zu kaufen, um sich und ihre Kinder zu schützen. Dabei spielte der durch zunehmende Lohnarbeit ansteigende Geldzufluß eine wichtige Rolle. Durch das Geld wurden die Pflichten gegenüber den Ahnen austauschbar gegen die Sicherheiten, die auf der Basis harter Währung zu bekommen und jedem zugänglich waren, ungeachtet seiner Position in der Gesellschaft. Dort, wo protektive Medizin frei gekauft und gekauft werden konnte, herrschte Mißtrauen zwischen den Leuten. Hexenfinder hatten Hochkonjunktur. Veränderungen in den Beziehungsmustern sozialer Gruppen führten zu neuen Konflikten und Spannungen. Umschichtung der Bevölkerung und die Vermischung ethnischer Gruppen in den Dörfern nahe der städtischen Zentren lösten Mißtrauen bei der alteingesessenen Bevölkerung aus, das sich in Sätzen ausdrückte wie: "Wir fühlen uns nicht sicher in diesem Dorf. Es sind so viele Fremde hier."[66] Die Lohnarbeit, die individueller Initiative einen breiten Raum ließ, förderte Neid und Eifersucht, die sich in Verdächtigungen und Anklagen niederschlugen.

Die Behauptung, daß Hexerei und Zauberei zugenommen hatte, war keine Erfindung der Anthropologen, sondern beruhte auf den Mitteilungen der Informanten selbst. M. Marwick erfuhr von den Cewa, daß Hexerei und Zauberei zugenommen haben sollen, weil das Giftordal abgeschafft wurde oder weil zwischen Mutterbruder und Schwestersohn Streitigkeiten entstanden über Eigentum, das mit Geld aus der Lohnarbeit erworben worden war.[67] Dies alles deutete auf eine Zunahme der Konflikte und Spannungen, die sich in vermehrter Hexereifurcht ausgedrückt haben soll.

Anders als Audrey Richards meinte Marwick jedoch nicht, daß die Fälle von Hexerei zugenommen hatten. Er behauptete aber, daß die Intensität der Vorstellungen - also die Angst - zugenommen hatte.[68]

Hexerei- und Zaubereivorstellungen kamen in Situationen gesellschaftlichen Wandels, vor allem in Situationen des Wertewandels, zum Tragen. Sie hemmten die individuelle Initiative, die das moderne Wirtschaftssystem verlangt, und zwangen zum Konformismus durch neidvolle Verdächtigungen. So wurde beispielsweise der Gebrauch von Düngemitteln nicht als Verbesserung der Erträge geschätzt, sondern als Medizin, die die Felder der Nachbarn verrotten ließ, abgelehnt. Marwick belegte seine These von der Bedeutung des sozialen Wandels bei der Entstehung von Hexereiverdächtigungen auch mit Zahlen. 24% der von ihm gesammelten Fälle von Hexerei bei den Cewa waren durch moderne Einflüsse wie Streit über Vieh, Landrechte und Eigentum verursacht worden. 11,4% wurden durch moderne Einflüsse wie etwa christliche Werte (zum Beispiel Monogamie) versus Cewa-Werte verursacht.

Viele Anthropologen der Kolonialzeit und moderne Ideologen der Entwicklungshilfe waren und sind der Ansicht, daß Hexerei mit Bildung und technologischem Fortschritt ganz von selbst aufhören würde. Sie stützten ihre Hoffnungen darauf, daß Christentum und Aufklärung die Afrikaner von solchem Aberglauben wie Hexerei und Zauberei auf die Dauer befreien würden. Auch die sozialen Fundamente dieses Glaubens, meinten die Anthropologen, müßten sich wandeln. Sie erklärten die Entwicklung unpersönlicher Beziehungen, die die engen Bande der traditionalen Sozialbeziehungen lösen würden, als notwendige Vorraussetzung dafür, daß Hexerei und Zauberei aufhörten zu existieren. Sie setzten ihre Hoffnungen in Aufklärung und in radikale Veränderung der sozialen Beziehungen.[69] M. Gluckman befand, daß Hexereivorstellungen unvereinbar seien mit einer modernen Ökonomie, die auf Produktivität und Eigeninitiative basierte und die auf die Erhöhung des eigenen Lebensstandards zielte.[70] Sie waren angeblich auch unvereinbar mit dem Erscheinen der Kernfamilie. Die Herausbildung der Kernfamilie war eine Folge der Industrialisierung, die nicht nur die Produktionsverhältnisse revolutionierte, sondern auch die sozialen Beziehungen, wie am Anfang der industriellen Revolution in Europa. Die Familienbindungen ließen nach und an ihre Stelle traten spezialisierte Beziehungen mit nichtverwandten Personen, die durch den größeren, unpersönlicheren Rahmen von Institutionen vermittelt wurden. Solange das industrielle System sich in Afrika etablierte, nahmen die Konflikte in den persönlichen Beziehungen und in den das Sozialverhalten organisierenden Prinzipien zu und deshalb nahmen auch Hexereifurcht und Anklagen zu.

Hexerei und Zauberei in den Städten

Einige Anthropologen wie Clyde Mitchell, Marc J.Swartz und W.D.Hammond-Tooke untersuchten Hexerei- und Zaubereivorstellungen im urbanen Kontext. Sie stellten sich die Frage, ob sich die Bedeutung der Erklärung von Unglücksfällen in persönlichen Begriffen im urbanen Milieu änderten. Die Untersuchung von Mitchell wurde im Kupfergürtel von Sambia durchgeführt. Dort war bereits jene Situation eingetreten, die Gluckman als eine Voraussetzung für das Nachlassen von Hexerei- und Zaubereivorstellungen angesehen hatte: die unpersönlicher werdenden Beziehungen einer modernen Industriegesellschaft.

Der wichtigste Unterschied zwischen den ländlichen und städtischen Zentren war die ethnische Heterogenität der Stadt. Leute aus verschiedenen Stämmen und mit verschiedenen Sprachen lebten in den 'townships' zusammen. Vor allem die jungen Männer wanderten in die Städte ab. Sie brachen aber selten ganz ihre Beziehungen zu den Verwandten auf dem Land ab und betrachteten sich als dort hingehörig. In den Städten war die Fluktuation groß, weil die Arbeiter dort nur temporär wohnten und Verwaltungsinstitutionen eher spontan entstanden, sodaß Unstimmigkeiten in den Sozialbeziehungen meist informell gelöst wurden oder, falls möglich, durch die Stadt- oder Zentralregierung. Der Migrant kannte in der Stadt meist einige Verwandte oder Stammesangehörige. Er baute sich ein Netzwerk von Beziehungen zu den Mitarbeitern am Arbeitsplatz, zu Kirchenmitgliedern und zu den Nachbarn auf, oder er trat Vereinigungen zur gegenseitigen Hilfe bei. Dies war der neue soziale Kontext, in dem Unglück interpretiert wurde. Trotzdem wurde Unglück im Kupfergürtel in persönlichen Begriffen, also durch Hexerei und Zauberei erklärt.[71] Ein Autounfall war nicht nur einfach Pech, sondern den Machinationen einer Hexe oder eines Hexers zuzuschreiben. Ein Unglück war auch einem verärgerten Ahnengeist zuzuschreiben, der damit sein Mißfallen über seinen Nachkommen zum Ausdruck bringen wollte. Ökonomischer Wettbewerb und sexuelle Rivalitäten waren weiterhin der Hintergrund für die Interpretation von Unglücksfällen im Hexerei- und Zaubereiidiom. Es änderte sich aber das Beziehungsmuster der Anklagen. Die Hexe wurde nicht im Familienkreis gesucht, sondern unter den Arbeitskollegen oder Konkurrenten. Die Spannungen kamen nicht so sehr aus dem engeren Familienkreis, sondern aus Beziehungen zu Unverwandten. Feindseligkeiten und Eifersucht entstanden in der Stadt vor allem im ökonomischen Bereich. In der Stadt waren Hexereianklagen jedoch unmöglich, weil verboten. Die Interpretation von Unglück durch Hexerei hätte daher keine Lösung der Schwierigkeiten gebracht, weil nichts gegen den mutmaßlichen Hexer oder die Hexe unternommen werden konnte. Eine alternative Erklärung, die auch ein Handeln erlaubte, war die durch einen erzürnten Ahnengeist. Feindseligkeiten gegenüber Unverwandten wurden offen ausgetragen und es gab keine Notwendigkeit, Hexereianklagen zu machen. Soziale Trennung war ein Merkmal der Beziehungen des Stadtlebens und es bedurfte nicht der Hexereianklagen, um eine Beziehung abzubrechen. In den Beziehungen jedoch, in denen Stadtleute kooperieren mußten, wo Wettbewerb ein wesentliches Element der Beziehung war, wurden Unglücksfälle meist durch Hexereiverdächtigungen ausgedrückt.

Im Gegensatz zu Max Marwick, der von einer Zunahme der Beschäftigung mit Hexerei und Zauberei im urbanen Kontext sprach[72], und Clyde Mitchell, der einen Bedeutungswechel der Interpretation von Unglücksfällen im urbanen Milieu konstatierte, vertrat Marc J.Swartz die Ansicht, daß es in städtischen Zentren weniger Hexereianklagen gab und vermutlich auch weniger Erklärungen des Unglücks auf der Grundlage von Hexerei.[73] Zum einen erklärte sich das durch das Verbot von Hexereianklagen, das in der Stadt leichter kontrolliert werden konnte. Zum anderen war Hexerei keine zufriedenstellende Erklärung in der Stadt, weil die Beziehungen mit den Rivalen nicht solche waren, die Hexerei hervorbrachten. Unglück wurde eher als natürlich angesehen, als durch einen persönlichen Antagonisten verursacht. Die Kritik von Swartz an Mitchell bezog sich allerdings auf einen anderen Punkt. Mitchell war der Ansicht, daß der Bedeutungswandel deshalb eintrat, weil die ahnenzentrierte Erklärung einen größeren Handlungsspielraum eröffnete als die Erklärungen durch Hexerei. Swartz dagegen war der Auffassung, daß es diese Alternativen so nicht gab. Auf Hexerei wurde nicht deshalb als Erklärung verzichtet, weil man in der Stadt nichts dagegen unternehmen konnte, sondern weil sie als Erklärung nicht angemessen war. Das Feld der Sozialbeziehungen umfaßte die Verwandten auf dem Land und die neuen Beziehungen in der Stadt. Diese durften nicht getrennt behandelt werden. In der Stadt führten Unglücksfälle ebenso zu Erklärungen durch Hexerei, aber nicht im Hinblick auf Beziehungen in der Stadt, sondern im Hinblick auf Beziehungen auf dem Land. Dort lag die Quelle des Unglücks. Mitchell hatte keine Berichte über Fernanklagen, weil er nicht danach gefragt hatte.

Mit konkreten Zahlen über den Wechsel der Interpretation von Unglücksfällen im urbanen und ländlichen Gebiet konnte erst W.D. Hammond-Tooke aufwarten. Er wollte mit quantitativen Methoden Mitchells These testen, daß sich die Bedeutung von Unglück in der urbanen Situation wandelte.[74] Die Feldforschung wurde in zwei Xhosa-sprachigen Gemeinden am Ostkap (Südafrika) durchgeführt. Für die Untersuchung wurde eine Ortschaft mit 900 Einwohnern ausgewählt, die als konservativ-traditionell galt, und eine Stadt mit 25000 Einwohnern. In diesen beiden Gebieten wurden alle Unglücksfälle und Todesfälle aufgezeichnet. In beiden Gebieten wurden jeweils 100 Fälle gesammelt. Die quantitative Untersuchung stieß auf einige Schwierigkeiten. Marwick hatte gefordert, daß das Auftreten von Hexereianklagen sich auf tatsächliche Fälle beziehen sollte und nicht auf Mutmaßungen, dieser oder jener könnten ein Hexer oder eine Hexe sein. Dazu wäre es aber nötig gewesen, das gesamte Spektrum aller Interaktionen zu erfassen, die typisch waren für eine Kategorie von Personen. Dies hätte vollständige genealogische und demographische Daten über das gesamte soziale Universum erforderlich gemacht und detaillierte Feldforschung innerhalb genau festgelegter Gemeinden. Beides war aus Zeit- und Geldgründen nicht möglich. Die 200 Fälle stellten also nur eine Stichprobe dar. Eine andere Schwierigkeit war, der Forderung Marwicks nachzukommen, Ankläger, Opfer und Angeklagte zu unterscheiden. Da Hexereianklagen in Südafrika strafbar waren (und sind), wollte niemand wegen einer Umfrage ins Gefängnis kommen. Schwierig war es außerdem, die Dauer der Urbanisierung festzustellen. Die ausgewählte Stadt hatte kaum Migranten. Die Einwohner gehörten kulturell den Nguni zu, die Ahnenkonzeptionen und Hexereivorstellungen hatten. Das Ergebnis der Untersuchung war, daß Hexerei- und Zaubereianklagen im Verhältnis zum Land ab- und nicht-mystische Erklärungen zunahmen.

Eine weitere großangelegte empirische Untersuchung über Hexerei und Zauberei unternahmen Clyde Mitchell und Hilary Flagg-Mitchell im März 1964 im Südwesten von Sambia.[75] Untersucht werden sollte die Krebsrate im Kupfergürtel und die Einstellung zu den medizinischen Dienstleistungen. Ein Survey wurde unter Schülern und Lehrern von höheren Schulen in größeren Bildungszentren im Kupfergürtel durchgeführt. Die Betroffenen verfügten über ausreichende Englischkenntnisse und konnten für die Tests an zentralen Orten zusammengebracht werden, was die Befragung erleichterte. Der Test war nicht repräsentativ für die Gesamtbevölkerung des Südwestens, da nur jüngere und relativ gut ausgebildete Leute befragt wurden. Befragt wurden

2663 Testpersonen in 14 Mittel- und weiterbildenden Schulen. Zwei davon befanden sich in Städten und die anderen auf dem Land. Die letzteren waren Internate. Einige waren Staatsschulen, die Mehrzahl waren Missionsschulen. Die Schüler wurden während des Tests in der Aula der Schule versammelt und füllten die Fragebögen an ihren Schulbänken aus. Zunächst wurde ihnen der Zweck der Untersuchung erläutert und um ihre Zusammenarbeit gebeten. Die Fragebögen wurden ausgeteilt und mußten allein ausgefüllt werden. Zwei afrikanische Sozialarbeiter assistierten bei der Umfrage. Unter den Fragen waren zehn, die die Grundeinstellung der Befragten zu den Ursachen von Krankheiten betrafen. Darunter war eine, die die Zauberei betraf: "Zauberer machen die Leute krank". 61,8% der Befragten kreuzten die Sparte 'strongly agree' an. 20,8% stimmten zu und 8,6% waren sich nicht sicher. 2,8% stimmten nicht zu und 6% waren ganz und gar nicht dieser Meinung und kreuzten 'disagree' oder 'strongly disagree' an. 13% kreuzten die Spalte 'weiß nicht' an. Insgesamt 82,6% der Befragten waren also der Auffassung, daß Zauberer und Zauberinnen Krankheiten verursachten. Der weitaus größte Teil der Schüler, nämlich 62,3%, besuchte Missionsschulen.

Theorien über Antihexereibewegungen

Audrey Richards 1935 formulierte These, daß moderne Hexenfinderkampagnen ein unvermeidliches Produkt des gewaltsamen, sozialen Wandels in der Stammesorganisation und den Stammesvorstellungen waren, hatte viele Anhänger unter den Anthropologen gefunden und wurde erst 1957 von Jack Goody in dem Aufsatz "Anomie in Ashanti?" in Zweifel gezogen. Dieser Aufsatz war eine direkte Antwort auf Barbara Ward, die die Verbreitung von Antihexereischreinen in Ghana auf den sozialen, politischen und wirtschaftlichen Wandel in Ghana zurückgeführt hatte.[76] Diese Situation hätte zu einer permanenten Angst geführt und diese wiederum hätte sich niedergeschlagen in einer bemerkenswerten Zuflucht zu übernatürlichen Beruhigungsmaßnahmen. R.G.Willis hielt die These vom sozialen Wandel als Hintergrund des Auf- und Abflauens von Antihexereibewegungen im kolonialen Afrika für grundsätzlich richtig, forderte aber - unter Berücksichtigung der Kritik von Jack Goody, die sich gegen die von den Strukturalfunktionalisten unterstellte Stabilität des traditionalen Sozialsystems richtete, in dem sozialer Wandel tendenziell als 'Anomie' erschien -, daß sie neu formuliert werden sollte.[77] Auch in vorkolonialen Zeiten wandelten sich afrikanische Gesellschaften und entwickelten innovative und adaptive Mechanismen, um der neuen Situation gerecht zu werden. Die Antihexereibewegungen waren in seinem Verständnis die rudimentärsten dieser innovativen und adaptiven Mechanismen, die das vorkoloniale Afrika entwickelt hatte. Max Marwick bezeichnete Antihexereibewegungen als 'religious revival'[78], jedoch nicht im Sinne von R.F Wallace, für den eine 'Revitalisationsbewegung' ein überlegter, organisierter und bewußter Versuch der Mitglieder einer Gesellschaft war, ein neues Kultursystem zu schaffen.[79] Er bezog sich damit auf Prophetenbewegungen. Wallace grenzte sie von nativistischen Bewegungen ab, die eine Variation von Revitalisation sein konnten. R.Linton definierte diese "nativistischen Bewegungen" als "jeden bewußten und organisierten Versuch seitens der Mitglieder einer Gesellschaft, ausgewählte Aspekte ihrer Kultur wiederzubeleben oder zu verewigen." [80] Nie wurde die Kultur in ihrer Gesamtheit erneuert, immer nur einige Elemente (in der indianischen Geistertanzbewegung wurden beispielsweise Spiele und zeremonielle Bräuche wiederbelebt). In den nativistischen Bewegungen wurde das Millennium direkt nach der Vergangenheit modelliert. Willis deutete die latenten Funktionen von 'Kamcape', einer Antihexereibewegung in Tanzania, als Modus, das moralische Klima der Dorfgemeinschaft in Einklang mit dem moralischen Ethos der Einheit und Harmonie neu zu schaffen. Er beschrieb Antihexereibewegungen als "Proto-Kirchen" mit einer "beginnenden revolutionären und totalitären Doktrin millenarischen Revitalismus",[81] der in eine Protestbewegung gegen die etablierte Staatsmacht umschlagen konnte. Er wies auf die innere Doppeldeutigkeit von Antihexereibewegungen in Afrika hin. Auf der einen Seite schienen sie einzig und alleine darauf gerichtet zu sein, das traditionale Ideal der sozialen Einheit und Harmonie wiederherzustellen. Auf der anderen Seite tendierten sie dahin, einen neuen Sinn für Einheit zu fördern, der die traditionalen sozialen Spaltungen überwand.

Auffälligerweise fehlten Antihexereibewegungen in jenen Gesellschaften, die direkt und intensiv vom politischen und ökonomischen Wandel betroffen waren. Sie entstanden und verbreiteten sich in jenen Teilen Afrikas, die entfernt waren von den urbanen Zentren und direktem westlichen Einfluß. In den entwickelteren Gebieten traf man komplexere und permanentere Arten von Reformbewegungen an, wie die freien Kirchen und politische Parteien. Antihexereibewegungen zeigten deutliche Unterschiede in Ideologie und Verlauf. Willis faßte einige hervorstechende Merkmale zusammen, die allen Antihexereibewegungen und -kulten in verschiedenen Teilen Afrikas gemeinsam waren. Sie besaßen alle eine relativ einfache rituelle Prozedur, um Hexen und Hexer ausfindig zu machen und zu neutralisieren. Es fehlte ihnen eine formale organisatorische Struktur, obwohl sie nominell einen entfernten, halb-mythischen Gründer anerkannten. Eingeweihte gaben die Kultgeheimnisse und Riten weiter an die Gefolgsleute, sobald der Kult oder die Bewegung sich verbreitete.

35

Die Antihexereibewegungen und -kulte besaßen die Fähigkeit, ethnische Grenzen zu überschreiten, gleichzeitig knüpften sie in Ritual und Ideologie an die traditionalen Vorstellungen und Institutionen des jeweiligen ethnischen Gebietes an, in dem sie auftraten. Die Aktivitäten liefen immer nach einem ähnlichen Muster ab. Die Mitglieder eines Kultes oder einer Bewegung kamen in ein Dorf und begannen meist geheime Verhandlungen mit den lokalen Dorfoberhäuptern. Diese standen unter dem Druck, das Angebot anzunehmen, um sich nicht selbst verdächtig zu machen, besonders wenn Nachbardörfer das neue Ritual bereits übernommen hatten. Es folgte dann die Reinigungszeremonie. Der zentrale Teil des Vorgangs waren Geständnisse der angeklagten Hexer und Hexen. Der Druck, ein Geständnis abzulegen, war enorm. Der oder die Angeschuldigte hatte nur die Wahl zwischen dem Ausgestoßenwerden aus der Gemeinschaft oder der Wiedereingliederung nach einem Geständnis. Daher taten die meisten, was von ihnen verlangt wurde. Die Geständnisse waren wichtig, weil sie die Effektivität des Kultes beweisen sollten und die Präzision seiner divinatorischen Praktiken. Zum Schluß wurde Medizin verabreicht, die Schutzfunktion hatte. Die geständigen Hexer und Hexen wurden nach dem Reinigungsritual wieder in die Gemeinschaft aufgenommen. Sie wurden nicht ausgestoßen. Ein moralisch erneuertes Leben konnte beginnen. Die Todesfälle, die sich von nun an ereigneten, trafen nur die vorgeblichen Hexer und Hexen. Da Todesfälle und Unglück aber nicht endgültig aufhörten oder ausblieben, verloren diese Kulte und Bewegungen mit der Zeit an Glaubwürdigkeit und gingen ein. Im Laufe der Zeit kamen neue Kulte auf, die auch wieder verfielen. In Intervallen von zehn Jahren lebten sie auf und verschwanden wieder. Die Antihexereibewegungen antizipierten eine neue Welt, ähnlich den millenarischen Bewegungen im Mittelalter. Sie inaugurierten ein Millennium, in dem es keinen Schmerz, keine Krankheit, keinen vorzeitigen, plötzlichen Tod, keine Gewalt und keinen Streit, keinen Hunger und keinen Krieg mehr geben sollte.

Als Produkt der "Akkulturation" und als einen im Entstehen begriffenen nativistischen Kult bezeichnete Jan Vansina "Miko mi Yool" [82]. Dies war ein Fremdkult, den die Kuba von den Luba übernommen hatten, wobei sie ihn ihrer Sozialstruktur anpaßten. Als Grund für seine Entstehung gab Vansina die Einwirkungen der europäischen Kultur auf die Kultur der Kuba an, die vor allem in erzieherischen, verwaltungstechnischen, ökonomischen und religiösen Eingriffen seitens der Kolonialmacht bestanden. In ähnlicher Weise vertrat Mary Douglas die These, daß das Verbot des Giftordals bei den Lele eine direkte Beziehung zum Aufkommen des Antihexereikultes Kabenga-benga hatte, den die Lele von den Kuba übernommen hatten und der dort Miko mi

Yool hieß.[83] Kabenga-benga war eine alternative Technik der Zaubereikontrolle, weniger drastisch als das Giftordal und doch mit der Verheißung, Zauberei wirksamer zu beseitigen. Doch war das Verbot des Giftordals nicht der einzige Grund für seine Entstehung, da traditionale und moderne Methoden der Zaubereikontrolle, wie J.Vansina betonte, nebeneinander bestanden[84] bzw. es Antihexereikampagnen schon vor dem Verbot der Ordale gab. Nach dem Abzug der Belgier 1959/60 aus Zaire nahmen die Ordale dann allerdings explosionsartig zu. Antihexereikulte wie Kabenga-benga und Miko mi Yool ermöglichten eine andere Lösung der Hexerei- und Zaubereiplage als das Giftordal. Durch Beitritt zu einer Kultgemeinschaft wurde der gemeinsame Wille bekundet, neu zu beginnen. Wer nicht mitmachte, wurde der Zauberei verdächtigt. Wer starb, galt als überführter Zauberer oder Zauberin. Starben kleine Kinder in dieser Zeit, so wurde das mit einem Kultfehler begründet. Früher oder später setzte sich jedoch die Erkenntnis durch, daß dieser, wie auch die vergangenen Kulte, "uns betrogen" hatte.

Historische Forschungen über Antihexereibewegungen in Afrika

Historische Forschungen über Antihexereibewegungen in Afrika haben gezeigt, daß es einen Zusammenhang zwischen der vermuteten Zunahme von "Druck und Spannung", hervorgerufen durch die politischen, ökonomischen und sozialen Verhältnisse der Kolonialzeit und den Antihexereikampagnen nicht in jedem Falle gab und diese im einen oder anderen Falle gerade nicht in ökonomischen Krisenzeiten, sondern in Boomzeiten blühten.[85] Antihexereibewegungen waren nicht nur Folge exogener, sondern ebenso endogener Schwierigkeiten, wie z.B. Neudefinition von politischen Rollen.[86] Diese Forschungen haben auch gezeigt, daß die Hexerei- und Zaubereibegriffe einer Gesellschaft nicht unwandelbare Kategorien sind, sondern daß sie sich in Form, Inhalt und Bedeutung ändern.[87] Vor allem unterzogen die Historiker die 'social malaise'-These einer kritischen Betrachtung. Antihexereikampagnen waren weniger Ausdruck des sozialen Elends als vielmehr Ausdruck des Bestrebens, Hexerei- und Zaubereiaktivitäten unter sich wandelnden historischen Bedingungen auch weiterhin wirksam zu kontrollieren. Darin lag ihr einziger Zweck. Sie waren keineswegs eine moderne Erscheinung und wurden in einigen Fällen schon in der mündlichen Überlieferung erwähnt.[88] Unter dem Druck der kolonialen Verbote und veränderten historischen Bedingungen wandelten sich die Methoden der Kontrolle von Hexerei und Zauberei, ohne daß deshalb schon der Schluß gezogen werden konnte, daß ihnen eine "Verschlechterung" der Lebensbedingungen zugrunde lag. Veraltete Methoden wurden durch neue Methoden der Hexenfindung ersetzt, wenn auch oft erst unter dem Druck der Verbote.

Psychologische Theorien über Antihexereibewegungen in Afrika

Die 'social malaise'-These hatte eine psychologische Entsprechung in der "relative deprivation"-Theorie von David Aberle. Nach ihm war unter "relativer Deprivation" die "negative Diskrepanz zwischen legitimen Erwartungen und tatsächlichem Zustand" zu verstehen.[89] Was als 'Entbehrung' galt, maß sich an der Gegenwart im Verhältnis zur Vergangenheit oder Zukunft und an der eigenen Situation im Verhältnis zur Situation eines anderen. Die Erfahrung der 'Entbehrung' stellte sich dann ein, wenn sich die Bedingungen des Daseins negativ veränderten oder wahrscheinlich in Zukunft negativ verändern würden. Jeder Wandel schaffte Diskrepanzen zwischen den legitimen Erwartungen und den tatsächlichen Verhältnissen, entweder, indem sich die Bedingungen verschlechterten oder verbesserten. Die 'Deprivation' konnte eine des Besitzes, des Status oder des Wertes sein. Sie konnte eine persönliche oder kollektive Erfahrung sein. Die abhelfenden Maßnahmen oder Antworten waren beispielsweise Apathie, Verzweiflung, Selbstmord, anomische Handlungen oder auch Weltverbesserung, entweder durch Transzendenz oder Rückzug durch direkte Aktion oder Ritual, mit Berufung auf übernatürliche Mächte oder ohne sie.

Religionssoziologische Theorien zu Antihexereibewegungen in Afrika

Doch psychologische Erklärungen alleine genügten nicht, um das Aufkommen von Antihexereibewegungen zu erklären. Sie mußten durch soziologische Untersuchungen ergänzt werden Die Erfahrung von 'Deprivation' war eine Erfahrung dieser Welt. Daher waren die Antworten in ihrem "Spannungsverhältnis zur Welt" zu betrachten, einen Gedanken, den zuerst Max Weber in seiner Religionssoziologie formuliert hatte.[90]

Brian Wilson machte diesen Gedanken zum Leitmotiv seiner Untersuchung über sozialreligiöse Bewegungen in der Dritten Welt. Ihr gemeinsamer Nenner war die "Suche nach dem Heil".[91] Die Frage, wie Rettung und Heil zu erreichen waren, führte zu unterschiedlichen Antworten, die sich äußerlich in den Aktivitäten dieser Bewegungen zeigten, in ihrem Lebensstil, ihrer Ideologie und ihren Bündnissen. Nach B.Wilson gab es sieben religiös begründete Antworten auf die Frage nach Rettung und Heil. Die Erfahrung des Bösen führte zur Beschäftigung mit der Transzendenz. Die verschiedenen Antworten spiegelten verschiedene Auffassungen über die Ursachen des Bösen wider und Vorstellungen darüber, wie es überwunden werden konnte. Das Übel konnte das Werk übernatürlicher Instanzen sein, wie Ahnengeister, Totengeister, Rachegeister, Hexen, Zauberer oder Teufel. Es zeigte sich in Krankheit, Unfruchtbarkeit und Armut. Es konnte dem angeborenen Bösen im Menschen zugeschrieben werden, einem Mangel in seinem Dienst an Gott oder der Mensch organisierte seine Angelegenheiten nicht im Einklang mit dem Willen Gottes. Wie auch immer die Ursachen gesehen wurden, überall gab es das Problem des Bösen und überall suchten die Menschen Rettung davor. Die Skala der soteriologischen Versprechungen reichte von der Therapie bis zur Weltveränderung. Einmal wurde die Veränderung des Selbst angestrebt (Konversionserfahrung), ein anderes Mal brachte nur die Zerstörung der Sozialordnung das Heil (revolutionäre Antwort). Rettung durch möglichst vollkommenen Rückzug von der Welt (Introversionsantwort) war ebenso eine mögliche Antwort wie die Auffassung, der Mensch müsse nur die richtigen Mittel und Wege erlernen und verbesserte Techniken anwenden, um sich davon zu befreien (Manipulationsantwort). Es gab die reformistische Antwort und die utopische Antwort, die eine nach göttlichen Prinzipien erneuerte Welt vorstellte, in der das Böse eliminiert war.

Die These von der Suche nach dem Heil galt nach Wilson auch für Antihexereibewegungen. Hier wurde Erlösung von spezifischen und gegenwärtigen Übeln durch besondere Vorkehrungen angestrebt. Die Nachfrage nach übernatürlicher Hilfe war nicht universal ausgerichtet, sondern persönlich und örtlich begrenzt. Die Vorgehensweise war magisch, Wunder und Orakel waren Instrumente der Rettung und weniger die Erkenntnis neuer Prinzipien vom Leben. Diese Antwort nannte Wilson "thaumaturgisch". Die thaumaturgische Antwort auf das Spannungsverhältnis in der Welt war nicht so umfassend wie die anderen Antworten. Die Übel, auf die thaumaturgische Bewegungen eine Antwort gaben, existierten im Sozialsystem oder in der Umwelt. Es waren natürliche, transzendente und soziale Übel. Dies Leiden war persönlich und spezifisch. Das leidende Individuum benötigte Schutz, Therapie und Versöhnung. In thaumaturgischen Bewegungen waren diese Bedürfnisse nicht mehr nur individueller Art, sondern kollektiv vorhanden. Die thaumaturgische Antwort versprach jedoch immer persönliche und sofortige Erlösung, sie war nicht eschatologisch ausgerichtet. Der Thaumaturge entdeckte, reinigte oder entfernte die Übeltäter. Er stellte gestörte Sozialbeziehungen wieder her. Er strebte keine Umverteilung des Reichtums, der Autorität, des Status oder eine Erneuerung der Welt von Grund auf an, wie die revolutionären Bewegungen.

Wilson klassifizierte Antihexereibewegungen als thaumaturgische Bewegungen. Doch nicht alle der von ihm herausgestellten Merkmale finden sich in den von uns beschriebenen Antihexereikampagnen wieder. Sie waren auch nicht sein eigentlicher Untersuchungsgegenstand. Selbst wenn die Antihexereibewegungen keine Umverteilung des Reichtums anstrebten oder Umkehrung der Autoritätsverhältnisse oder des Status, so bewirkten sie doch faktisch in einigen Fällen eine solche, vor allem die Neudefinition herkömmlicher politischer Rollen. Sie strebten auch alle die Erneuerung der Welt von Grund auf an, wenn auch nur die der eigenen kleinen sozialen Welt. Nicht die völlige Umgestaltung der diesseitigen Verhältnisse war ihr Ziel, sondern die Rückkehr zum traditionalen Ethos der Einheit und Gegenseitigkeit in den Sozialbeziehungen. Sie waren restaurativ, nicht revolutionär. Thaumaturgische Bewegungen standen Konversionsbewegungen näher als revolutionären Bewegungen.[92] Der Thaumaturge war ein lokal arbeitender Wundertäter, aber manchmal rief er Erinnerungen an ein zerstörtes Sozialsystem wach. Er brachte dieses Sozialsystem zurück, indem er die Menschen davon überzeugte, daß sie es durch einen Glaubensakt neu schaffen konnten. Die Bewegungen antworteten auf ein Bedürfnis nach Reduzierung innergesellschaftlicher Spannungen, die durch die alten Mechanismen der Anpassung angesichts der neuen Muster der Sozialbeziehungen nicht mehr adäquat kontrolliert werden konnten. Die Kulte lebten von der Hoffnung, daß ein Leben in Harmonie möglich sei, wenn sich nur alle an die Kultregeln hielten. Die Bewegungen zielten auf Erlösung durch Therapie, mit der entsprechenden Medizin, die richtig angewandt die Gesellschaft von den Hexern und Hexen erlösen sollte und auch eine zeitlang tatsächlich Erleichterung schaffte. In Antihexereibewegungen wurden die Menschen nicht für die politische Aktion zur Wiederherstellung des alten Sozialsystems mobilisiert. Der Thaumaturge bot Ermutigung an in einer Situation der Krise der Traditionen, Religionen, Werte und Lebensstile, in der die herkömmlichen Methoden der Ermutigung nicht mehr wirksam waren.

Wilsons Erklärung der Antihexereibewegungen in Afrika bewegte sich ganz auf der Linie der 'social malaise'-Theorie. Nach dieser Theorie waren Antihexereibewegungen eine Verfallserscheinung. In ihnen spielte das psychosoziale Moment der persönlichen oder kollektiven 'Krise', die durch widerstreitende Prinzipien ausgelöst wurde und deren Hintergrund die gewaltsamen Veränderungen der Kolonialzeit gewesen sein sollen, eine herausragende Rolle. Sozialanthropologische und (sozial)psychologische Erklärungen von Antihexereibewegungen tendierten dazu, in diesen etwas anderes zu sehen als das, was sie waren, nämlich Bewegungen zur Kontrolle von Hexerei und Zauberei.

Anthropologie des Bösen und Theodizee

Hexerei steht für alles, was als Böse gilt in einer Gesellschaft. Das Böse kann kosmische Ausmaße erreichen; dann nähern sich die Vorstellungen über die Aktivitäten von Hexern und Hexen dualistischen Weltbildern. Mary Douglas war eine der ersten, die Parallelen zwischen dem philosophischen Dualismus sah, der aus der Religionsgeschichte bekannt war, und der afrikanischen Hexerei und Zauberei.[93] Sie behauptete, daß dualistische Weltbilder bestimmten Sozialstrukturen zuzuordnen seien und formulierte auch das philosophische Grundthema, das Hexerei und Zauberei durchzog, nämlich die Frage nach den Ursachen unerklärlichen persönlichen Mißgeschicks. In manchen Gesellschaften wurde die Antwort so gegeben, daß sie das moralische Gesetz aufrechterhielt. Unglück und Leiden wurden moralischem Fehlverhalten zugeschrieben.

Doch sind dualistische Weltbilder, wie sie der Zoroastrismus, das alte Judentum, die Gnosis und das Christentum ausgebildet haben, nicht typisch für afrikanische Religionen. Sie könnten sich aber in Richtung auf solche Vorstellungen verändern, besonders dort, wo Christentum und Islam ihren Einfluß hinterlassen haben. Dies ist allerdings nicht bloß eine Frage des Wandels der Ideen, sondern hat Veränderungen in den Sozialbeziehungen und Wertvorstellungen zur Voraussetzung, die immer auch historische Eigentümlichkeiten besitzen. David Parkin beschrieb eindrucksvoll einen solchen Wandel der Vorstellungen über das Böse unter dem Einfluß von Islam und Christentum am Beispiel der Suaheli und Mijikenda in Kenia.[94]

Die nicht-monotheistischen Mijikenda hatten eine schwach ausgebildete Vorstellung vom Hochgott, während für die muslimischen Suaheli Gott und Satan die absoluten und entgegengesetzten Kräfte von Gut und Böse waren. Für die Suaheli war die Bosheit der Menschen nicht eine notwendige Bedingung ihres Seins, sie hing ab von der Lebensführung.

Menschen konnten gut und böse sein. Bei den Mijikenda blieb das Böse unter den Menschen, es hatte keine kosmischen Ausmaße. Es gab bei ihnen gewisse Menschen, die das schlimmste aller Übel - Hexerei - verkörperten, während es bei den Suaheli Satan, der gefallene Gott, war. Er, nicht die Menschen, war für das kosmische Böse verantwortlich. Dies, so meinte Parkin, paßte auch zu den ontologischen Unterschieden, die beide Völker machten. Die Mijikenda sollten einander gleich sein und daher ordneten sie die guten und die bösen Handlungen den Menschen selbst und nicht den Göttern oder Dämonen zu. Moralität blieb in der menschlichen Familie, sie war eine Frage der Familienähnlichkeit. Bei den muslimischen Suaheli waren die sittlichen

Grundsätze sehr viel mehr eine Frage des Dreiecksverhältnisses von Mensch, Gott und Satan (samt seinen dämonischen Manifestationen). Bei den Mijikenda galt das Böse als Teil der 'condition humaine'. Es äußerte sich in exzessivem Verhalten und bestand in Handlungen, die Schaden verursachten, aber von einer Macht stammten, die in anderen Zusammenhängen benötigt wurde. Bei den Suaheli war das Böse nicht notwendig Teil des Menschseins. Wenn die Menschen böse waren, so deshalb, weil Satan Gewalt über sie hatte. Die Predigten des Moslemklerus bestanden vor allem in moralischen Belehrungen. Für die Mijikenda lag das Böse nur in den menschlichen Absichten, sonst nirgendwo. Seine Elimination, sagte Parkin, war noch nicht einmal eine theoretische Möglichkeit. Das Übel eliminieren zu wollen, kam dem Versuch gleich, die Menschen ändern zu wollen, und das war unmöglich. Dieser Auffassung von Parkin kann ich allerdings nicht zustimmen, denn die Mijikenda unternahmen ja auch etwas gegen Hexerei, sei es in Form von Medizinen, Orakeln, Ordalen oder Säuberungskulten. Auch ist es nicht richtig, wenn Parkin sagt, daß böses Verhalten im Falle der Kaya-Ältesten 'gut' war, weil die Leute die Ältesten dann fürchteten und ihnen gehorchten, und daß das Böse notwendig war zur effektiven Ausübung der Autorität. Diese machiavellistische Einstellung kann den Mijikenda nicht so ohne weiteres unterstellt werden. Ausübung von Autorität ist per se nichts Schlechtes, aber Mißbrauch von Autorität und Macht galt auch bei den Mijikenda als schlecht und hexereiverdächtig. Schlechtigkeit war bei ihnen aber ein unausrottbarer Wesenszug des Menschen und darum neigten die Ältesten zum Machtmißbrauch. Die letzte Verantwortung für Gut und Böse lag bei den Mijikenda in den Handlungen der Menschen. Diese Moralvorstellungen entsprachen der indigenen Ontologie von der Gleichheit und Ähnlichkeit bestimmter Kategorien von Personen untereinander. Die Mijikenda bewegten sich allerdings, so Parkin, von einer Existenzialtheorie der Ähnlichkeit auf eine Existenzialtheorie der Unähnlichkeit zu, die durch westliche Werte, z.B. individuelle Selbstentfaltung, beeinflußt war.

Bei den Suaheli galten Hexerei, magische Medizin und Geistbesessenheit als unislamisch, dienten aber den meisten Leuten in bestimmten Fällen als normale Erklärung für ihr Mißgeschick, denn sie gestatteten sofortige Abhilfe und Heilung und gaben Zuversicht für zukünftige Unternehmungen. Die Kräfte und Mächte, um die es sich dabei drehte, waren der Kontrolle durch rituelle Experten zugänglich. Mit diesen Experten konnte man verhandeln, mit Gott nicht. Der rituelle Experte verstand die persönlichen Gefühle und gegen Bezahlung unternahm er auch etwas. Der Moslemgott war dagegen weit entfernt von den alltäglichen Problemen der Menschen und extrem tugendhaft.

Das Böse war die Verantwortung des Satans. Suaheli, die dem "Aberglauben" anhingen, wurden von gläubigen Moslems getadelt. Der moslemische Klerus galt als tugendhaft. Die rituellen Experten, die Zauberei bekämpften, waren zwar wichtig, aber sie existierten nur, weil die Menschen Gottes moralische Ansprüche nicht erfüllten. Für die Suaheli legte Gott fest, was gut und böse war. Geschrieben stand es im Koran und ausgelegt wurde dieser vom Klerus. Die Mijikenda hingegen wußten, daß das Böse nicht ausgerottet, sondern nur periodisch gezügelt werden konnte. Die Vorstellungen der Mijikenda waren jedoch im Wandel begriffen. Die spirituellen Wesen ihrer Religion verschmolzen mit dem Christentum, während die Suaheli Wahrsagerei und Geistbesessenheit mit dem Islam verknüpften. Christliche Mijikenda und moslemische Suaheli teilten miteinander die Auffassung, daß nur Gott/Allah um das mysteriöse Wie und Warum des bösen Verhaltens der Menschen wußte. In beiden Religionen war viel die Rede vom Bösen und Suaheli gebrauchten arabische Lehnwörter (z.B. 'shetani' für Satan), um es zu beschreiben. In beiden Religionen gab es ein weites semantisches Feld von Ideen über das Böse und eine Verdinglichung des Bösen zu einer kosmischen Macht, die alles Irdische überstieg. In beiden Religionen galt das Böse als Sünde, es war Bruch der Gebote Gottes und damit Bruch der Beziehung zu ihm. Die Meidung des Bösen war gleichbedeutend mit der Meidung der Sünde und dies bedeutete, in Einklang mit den Geboten Gottes zu leben. Dazu war es nötig, den Vorschriften seiner menschlichen Mittelsmänner zu gehorchen. Die Vorstellung vom Bösen als mutwillige, bösartige und zerstörerische Handlungen und Gedanken der Menschen verlor sich jedoch bei den Mijikenda zugunsten einer theistischen Sicht des Problems des Bösen.

In einem Aufsatz "The Witchcraft Scene in Ghana" hat Max Assimeng die Frage nach einer Theodizee in der traditionalen Religion der twi-sprachigen Völker Ghanas gestellt und danach, ob es eine ghanaische Entsprechung für Luzifer gäbe. In der traditionalen Religion der twi-sprachigen Völker ging es vor allem darum, wie der Mensch eine rituelle Distanz zu seinem inneren 'honhom fi' behalten konnte.[95] 'Honhom fi' war Schmutz, Verunreinigung, Gefahr und Böses im geistigen Sinne. Es handelte sich um eine unsichtbare vitale Kraft von kosmischen Ausmaßen. 'Honhom fi' verkörperte den negativen Aspekt dieser kosmischen Kraft. Assimeng kommt zu dem Schluß, daß es ein zentrales Anliegen aller religiösen Aktivitäten in Ghana sei, das 'honhom fi' von den menschlichen Angelegenheiten fern zu halten und dies durch ständiges "Darstellen eines Rituals der Erlösung" geschah. Das Heil wurde gesucht in einer außerordentlichen Macht, die imstande war, aus bösen Intentionen und Zerstörung das Gegenteil zu machen und zu verhindern, daß die Dinge zum

Objekt böser und zerstörerischer Intentionen und Machinationen werden konnten.

Ontologie und Ethik

In seinem berühmten Buch "Bantu Philosophie" beschrieb Placide Tempels die Ontologie und Ethik der Luba. Der Grundbegriff der Seinsauffassung der Luba war der der Lebenskraft.[96] Ihre Ontologie, mit den dazugehörigen Begriffen des "Lebenswachstums" und des "Lebensverbandes", stellte die Welt als eine geordnete, innerlich zusammenhängende Vielfalt von Kräften dar, die Bedingung für die Unversehrtheit der Seinswesen war. Diese Ordnung kam von einem Schöpfer. Die geschöpfte Ordnung mußte respektiert werden. Als sittlich "gut" galt alles, was die Lebenskraft, den Lebensdrang und das Lebenswachstum der Art erhielt und verstärkte. Was ontologisch gut war, war auch moralisch und rechtlich gut. Lebenszerstörung war ontologisch verkehrt, deshalb moralisch verwerflich und rechtlich unerlaubt.

In ähnlicher Weise besaß bei den Safwa in Tanzania jedes Lebewesen und jeder Gegenstand 'inzyongoni', die Lebenskraft und Lebenswärme.[97] Verlust oder Abnahme von Lebenskraft oder Lebenswärme hieß 'empongo' und wurde durch soziale Störungen ausgelöst, z.B. Erzürnen der Ahnengeister oder Hexerei. 'Empongo' ging einher mit Begriffen wie sündigen ('-tul') und verderben ('-nandy').

Die Luba unterschieden in ihrer Ethik drei Kategorien von Personen oder menschlichen Handlungen, die im ontologischen, moralischen und rechtlichen Sinne als böse galten. Da war zunächst der "entartete Mensch, der Lebensvernichter" (der Hexer oder die Hexe - ndoki, muloji, mfisi).[98] In gewissen Menschen versteckte sich eine Bosheit und Schlechtigkeit im höchsten Grade, eine tiefsitzende "Verwesung des Seins", die auch die Umgebung ansteckte. Die Luba nannten sie 'buloji', Hexerei. Es handelte sich um die freiwillige, böswillige Lebensvernichtung, der verdorbene, todwollende Gebrauch der Lebenskraft. Er drückte sich in Haß, Neid und Eifersucht aus.

Dann war da der "provozierte oder durch Aufhetzung entstandene böse Wille". Ein Mensch konnte durch andere so gequält und aufgehetzt werden, daß sein guter Lebenswille zum Vernichtungswille wurde. Man konnte soviel Unrecht erleiden, daß man gegen seinen Willen die Lebensvernichtung eines anderen wollte. Dies drückte sich aus in Wutausbrüchen. Die Zustände des menschlichen Gemüts waren zwar nicht sittlich oder juridisch böse, konnten aber dazu werden. Auf jeden Fall übten sie einen verderblichen Einfluß aus. Der Mensch war dann nicht mehr einer ehrfürchtigen Haltung gegenüber dem

Leben fähig. Seine Lebenskraft war in einem anomalen und widernatürlichen Zustand. Dies war jedoch ein vorübergehender und kein habitueller Zustand. Schließlich gab es da noch den "unbewußten schlechten Lebenseinfluß". Jede außergewöhnliche Naturerscheinung, jeder außerordentliche glückliche oder unglückliche Vorfall, jedes anomale Wesen wurde von den Luba als eine Störung der natürlichen Ordnung, als eine anomale Kraft betrachtet. Ein Mensch konnte durch die eine oder andere Handlung, durch eine bestimmte Seelenverfassung, deren er sich nicht mehr bewußt war, die ontologische Ordnung verletzt haben und dies führte zu Störungen.

Anstöße zu einer philosophischen Behandlung des Hexereithemas gaben auch E.H.Winter und E.M.Zuesse. Winter unterschied zwischen normativen und existenziellen Vorstellungen, wobei er auf einen Aufsatz von T.Parsons über "The Role of Ideas and Social Action" zurückgriff.[99] Normative Vorstellungen sagten etwas darüber aus, was getan oder gelassen werden sollte, während existenzielle Ideen nicht unbedingt in Beziehung standen zur Sozialstruktur, weil sie etwas mit dem Dasein in der Welt zu tun hatten und nicht mit der richtigen Art interpersonaler Beziehungen. Die Vorstellungen über Hexerei erklärten sich nicht allein aus dem Normsystem einer Gesellschaft, sie gaben auch Sinnfragen der menschlichen Existenz wieder.

E.M.Zuesse forderte, Hexerei nicht nur soziologisch zu verstehen, sondern auch die spirituelle Seite einzubeziehen. Er definierte Hexerei als "negative Otherness",[100] weil sie die Regel der Reziprozität negierte, die das Leben erst möglich machte. "Otherness" ist bei Zuesse ein geradezu göttliches Prinzip. Persönliche Freiheit und Selbstbestimmung sind ihre Gegenbegriffe. Der Hexer oder die Hexe suchte die totale Freiheit und verhielt sich damit lebensfeindlich, meinte Zuesse. Hexer und Hexen weigerten sich anzuerkennen, daß sie nicht für sich selbst leben können und dürfen und daß sie nur durch Unterwerfung unter das "ganz andere" wirkliche Freiheit erlangen.

Afrikanische Autoren über Hexerei und Zauberei

Die ersten authentischen afrikanischen Quellen über Hexerei und Zauberei waren Texte, die von Missionaren, Kolonialbeamten oder Ethnologen gesammelt wurden. Sie beruhen - wie beispielsweise die Texte zur Gesellschaft und Religion der Kongo, die von dem schwedischen Missionar K.E.Laman gesammelt wurden - auf schriftlichen Aufzeichnungen von Einheimischen, sofern sie schreiben konnten (Lehrer, Evangelisten, Katecheten) oder auf Mitschriften von Kolonialbeamten, Missionaren und ihren Assistenten, die schriftunkundige Einheimische befragten und die Antworten aufschrieben. (Beispiel: Die

Textsammlung "The Africain Explains Witchcraft") Später wurde die philologische Methode der Sammlung und Auswertung von Texten ergänzt durch das Interview (mit oder ohne Leitfaden/standardisierte Interviews). Zunehmend melden sich aber auch afrikanische Theologen, Religions- und Sozialwissenschaftler zu Wort (Mbiti, Masamba ma Mpolo, Buakasa Tulu kia Mpansu, Joseph Akinyele Omoyajowo, D.Offiong, M. M.Kimpianga etc.). Schließlich muß noch der große Markt an okkulter afrikanischer Literatur erwähnt werden, der sich auch in Europa wachsender Beliebtheit erfreut (Prince Birinda de Boudiéguy des Echiras mit seiner "Bible secrète des Noirs"). All diesen Autoren gemeinsam ist, daß sie, im Unterschied zu den europäischen Darstellungen afrikanischer Hexerei und Zauberei, nicht darüber diskutieren, was dagegen spricht, daß es Hexerei und Zauberei gibt, sondern warum so viel dafür spricht und wie damit umgegangen werden soll. John Mbiti hat dieser Frage ein ganzes Kapitel seines Buches "African Religions and Philosophy" gewidmet. Er beklagte darin die ungeheure Ignoranz, die Vorurteile und Verfälschungen, die dieses Thema in den Händen euro-amerikanischer Autoren gefunden hatte, die die Konzeption einer mystischen Macht verächtlich machten.[101] Für die meisten schwarzafrikanischen Völker waren die mystischen Mächte, um die es dabei ging, Realität. Sie waren Teil ihrer religiösen Vorstellungen und ihrer Kultur.

Afrikanische Autoren versuchten auch die positive Seite der Hexerei zu sehen. 1966 schrieb Yoswa Kusikila kwa Kilombo, ein ehemaliger Lehrer, der zeitweise auch Bürgermeister einer kleinen Ortschaft im Bas-Zaire war, in einer kleinen Abhandlung für die Académie Congolaise, die sich mit Sprache, Philosophie und Volkskunde der Kongo beschäftigt:

> Wir müssen diese Wissenschaft lernen und ihren guten und schlechten Gebrauch. Aus der Hexerei entspringen gewisse Formen von Macht, die eine Person zur Wahrheit aller Wissenschaften erhöhen kann (zit.n. J.Janzen/W.Mac Gaffey 1974:54/55)

Masamba ma Mpolo, ehemals Professor für evangelische Theologie an der Université Nationale du Zaire/Kinshasa, wurde in seiner Tätigkeit als Pfarrer von seinen Gemeindemitgliedern immer wieder mit diesem Thema konfrontiert. Seine sozialpsychologische Studie "La Libération des Envoutés" ist deshalb interessant, weil er dort Hexerei als Bestrebung interpretiert, persönliche Integrität zu wahren

> Les croyances liées à kindoki sont une représentation des tendances inconscientes de la personne vers l'intégrité (Masamba ma Mpolo 1976:8)

Eine Person, die ihre Probleme durch den Symbolismus der Verhexung darstellte, drückte damit den Wunsch aus, Individuum sein zu wollen. Indem sie sich verzaubert meinte, gebrauchte sie die Konzeption 'kindoki', um ihre Identität zu behaupten. Ihre Identität und die der Gruppe waren durch ein Netz von Kräften verbunden. Ihre Identität war nicht nur in ihr, sondern auch in ihrer Kultur. Durch 'kindoki' versuchte das Individuum die Krisen zu meistern, die aus dem Konflikt zwischen Selbstbehauptung und Abhängigkeit entstanden. Sie kämpfte um ihre Individualität in der Gruppe. Sie erfuhr die Loslösung ihres Geistes von ihrem Körper. Wenn eine Person sagte, daß sie verzaubert worden war, erreichte der Prozeß ihrer Individuation das Stadium des Bewußtseins. Der Symbolismus der Verhexung erlaubte dem Ich, sich gegen das Über-Ich der Gruppe zu stellen. 'Kindoki' ermöglichte, die Ängste und Bedrängungen nach außen kundzutun. Es war ein Mittel der Reifung einer Person und Bildung ihrer Identität, die zu ihrer psychischen Unversehrtheit beitrug.

Professor Buakasa Tulu kia Mpansu vom Centre d'Etudes des Religions Africaines in Kinshasa/Zaire untersuchte 'kindoki' als Ideologie und Wissenssystem. Als Ideologie wurde es im ökonomischen, politischen und rechtlichen Bereich wirksam, als Wissenssystem formulierte es Probleme der menschlichen Existenz, die aus gesellschaftlichen Widersprüchen entstanden.[102]

Schlußwort

Hexereivorstellungen beantworten die Frage nach der Ursache persönlichen Mißgeschicks auf eine ganz spezifische Art und Weise, die Folgen für das mitmenschliche Zusammenleben hat. Sie stehen in Beziehung zu gesellschaftlichen Werten und Normen und sind Ausdruck der Spannungen und Konflikte mit ihnen. Hexereivorstellungen liegt ein anderer Erfahrungs- und Wirklichkeitsbegriff zugrunde und sie geben Antworten auf Sinnfragen der menschlichen Existenz.

Der Gang durch die ethnologischen Theorien über Hexerei und Zauberei in Afrika sollte aber auch die Grenzen der Erklärbarkeit deutlich machen, denn die Frage nach den Gründen für persönliches Mißgeschick und Leiden, und wie wir davon erlöst werden können, hat anscheinend keine Lösung. Sie wäre dann und bliebe vielleicht für immer ein unbegreifliches Mysterium.

I. Kognitive Aspekte afrikanischer Hexerei und Zauberei und ihr lebensweltlicher Bezug

Verborgene Dinge, okkulte Macht

Menschen, die im Besitz einer geheimnisvollen Macht sein sollen, mit der sie anderen Menschen, Tieren oder gelegentlich auch sich selbst auf empirisch unerklärliche Weise schaden können, gelten in vielen afrikanischen Gesellschaften als Hexer oder Hexen. Die geheimnisvolle Macht der Hexer und Hexen existiert unabhängig von Wille und Bewußtsein. Hexer und Hexen können ohne ihr Wissen und oft sogar gegen ihren Willen hexen. Sie müssen sich nur wünschen was geschehen soll und kurze Zeit darauf wird der Verwünschte krank und stirbt.[1]

Es gibt in der afrikanischen Hexerei sehr unterschiedliche Auffassungen über den Grad des Bewußtseins beim Hexen. Diese Frage läßt sich nicht allgemein, ja nicht eimnal für eine einzige Gesellschaft eindeutig beantworten und mehrere Auffassungen können gleichzeitig existieren. Bei den Mkako in Kamerun bestreitet die der Hexerei beschuldigte Person, irgendein Wissen von ihren Neigungen und Aktivitäten zu haben. Stattdessen gibt sie sich selbst als Opfer von 'lembo' (Hexerei) aus. Aber diejenigen, die sie beschuldigen, sind davon überzeugt, daß sie bewußt hext. Die Ankläger behaupten, ein Hexer oder eine Hexe habe die Wahl, jemanden zu 'verzehren' oder nicht. Wenn sie es aber nicht tut, wird die/der Hexe(r) von der eigenen Hexenkraft verzehrt.[2] Die Beantwortung der Frage, ob Hexerei bewußt ist oder nicht, hängt also weitgehend davon ab, wer spricht und wie der Sprechende seine Situation interpretiert.

Es gibt auch die Möglichkeit, daß eine Person unfreiwillig, aber nicht unbewußt hext. So berichtet Laduma Madela, der Blitzzauberer der Zulu, daß ein Hexer einem harmlosen Menschen ein 'schlechtes isindo' anhexen kann, sodaß sich der Betroffene verhaßt macht und manchmal werden ganz harmlose Menschen dahingehend verhext, sich wie Hexer zu verhalten und ständig ausgerochen zu werden.[3]

Im Hexereisyndrom wirken Kräfte des Unbewußten, in seinen Bildwelten kehrt Verdrängtes wieder. Die Inhalte der Hexereivorstellungen sind weltweit erstaunlich uniform. Abweichungen sind meistens kulturell bedingt, z.B. wenn afrikanische Hexer und Hexen auf Hyänen reiten und nicht auf Besen, wie Hexen in Europa oder wenn moderne Hexen oder Hexer in Flugapparaten fliegen. Bedeutsam ist, daß sie fliegen! Die üppige Bildersprache afrikanischer Hexereifolklore läßt immer auch einen Bezug zur Lebenswelt erkennen, der sich in der europäischen Hexereifolklore - den Märchen - nicht mehr feststellen läßt. Angesichts dieses lebensweltlichen Bezugs verblassen psychoanalytische Interpretationen der Hexerei, denn er macht auch deutlich, daß Hexern und Hexen mit viel Witz und schwarzem Humor und nicht bloß mit Schrecken und Furcht begegnet wird. Man ergötzt sich an ihren außergewöhnlichen Fähigkeiten und furchtbaren Taten. Andererseits werden in den Hexereivorstellungen auch antisoziale Verhaltensweisen und individuelle Absonderlichkeiten stereotypisiert, die die Gesellschaft ablehnt und bekämpft. Diese Verhaltensweisen und individuellen Absonderlichkeiten werden überzeichnet dargestellt, um sie lächerlich zu machen und moralisch zu verurteilen. Die Hexereivorstellungen teilen so auf indirekte Weise mit, welche Verhaltensweisen die Gesellschaft als bedrohlich ansieht. In der afrikanischen Hexerei sind dies vor allem Eigennutz und Gier gegenüber Mitgliedern der eigenen Abstammungsgruppe. Mangel an Reziprozität gegenüber diesem Personenkreis wird stereotypisiert in Gefräßigkeit der Hexer und Hexen, die nicht einmal Halt macht vor der eigenen Gattung, ja sogar den engsten Familienmitgliedern. Ein Übermaß an Individualismus wird stereotypisiert in allerlei absonderlichem Gehabe der Hexer und Hexen, die vorzugsweise im Schutze der Nacht ihren sinistren Aktivitäten nachgehen. Abweichendes Sexualverhalten wird dargestellt durch den intimen Umgang mit Katzen, Eulen, Schlangen und Hyänen. Tiermenschen und Zombies sind volkstümliche Repräsentationen psychischer Verhaltensanomalien, die unerklärlich und seltsam sind. Schließlich erhellt eine Analyse der kognitiven Strukturen afrikanischer Hexerei- und Zaubereivorstellungen das philosophische Grundthema, das diese Denkweise durchzieht. Es ist die nie zu lösende und anscheinend immer aktuelle Frage nach den Ursachen der Leiden und Übel in der Welt.

Hexerei manifestiert sich in außergewöhnlichen Fähigkeiten des Individuums. Diese Fähigkeiten werden als eine mysteriöse Macht erfahren, Dinge tun zu können, die andere Menschen nicht können oder Menschen oder Tiere Dinge tun zu lassen, die der Hexende von ihnen will. Menschen mit außergewöhnlichen Talenten und Fähigkeiten geraten leicht in Verdacht, geheimnisvolle Mächte zu ihrem Vorteil und zum Schaden anderer zu manipulieren. Bei den Tiv in Nigeria besaßen Personen in Autoritätspositionen, wie die von den

Kolonialmächten eingesetzten Häuptlinge, einheimischen Richter, Schreiber, Polizisten, Boten und Steuereinnehmer diese gefürchtete Macht schon von Amts wegen.[4] Jeder, der in irgendeiner Weise hervorragte, sei es als Sänger, Jäger oder Liebhaber, war möglicherweise im Besitze dieser geheimnisvollen Macht. In Oku im Kameruner Grasland werden heutzutage auch Sportler verdächtigt, sich mit Hexen gemein zu machen. Politische Führer, Häuptlinge oder Älteste besaßen bei den Kongo diese Macht legitimerweise, um damit das Dorf oder die Abstammungsgruppe zu schützen. Die Kongo nannten sie 'schützendes kundu'.[6] Eltern hatten 'schützendes kundu' über ihre Kinder, die alten Männer über die jungen Männer und dies meist nur aufgrund ihres längeren Lebensalters und ihrer größeren Lebenserfahrung. In diesem Begriff drückt sich daher auch die Ambivalenz der Gefühle gegenüber elterlicher oder politischer Autorität aus. Die Safwa im südlichen Hochland von Tanzania nennen diese Macht 'itonga'. Gutes 'itonga' (auch 'linza' genannt) wird zum Nutzen der sozialen Einheit gebraucht und schlechtes 'itonga' (auch 'libibi' genannt) zum Schaden. Das eine kann sich in das andere umwandeln und jemand, der seine Macht zunächst zum Wohle der Gemeinschaft gebrauchte, kann sie plötzlich zu ihrem Schaden gebrauchen. Die Safwa drücken das so aus: "Sie ist wie Schlüssel, die die Türen öffnen und schließen können." Gutes 'itonga' wird gebraucht, um Leute ohne jedes 'itonga' vor den Angriffen derer zu schützen, die ihre Macht in böser Absicht gebrauchen. Die Ältesten haben 'itonga'. Sie schützen die Bewohner vor den Attacken von außerhalb und bestrafen die Bewohner des Dorfes, wenn sie sich unkooperativ verhalten. Wer so bestraft wird, bekommt plötzliche Schwächeanfälle und leidet unter Schlaflosigkeit. Die Macht selbst ist weder positiv noch negativ und bei den Ibibio in Nigeria entscheidet nur der Gebrauch, ob es sich um 'weiße Hexerei' (afia) oder 'schwarze Hexerei' (obubit) handelt.[8]

Nicht alle Menschen besitzen diese geheimnisvolle Macht. Sie leben ruhig in ihrem Dorf und in guter Nachbarschaft mit allen, sie sind nett, liebenswürdig und anständig und niemand wird sie je der Hexerei verdächtigen. Nie verlieren sie die Beherrschung. Die Zande im Südsudan nennen einen Hexer auch 'Person mit Gemüt' (boro ngbádúse), in der Bedeutung, daß er seine Leidenschaften nicht kontrollieren kann. Einen milden und sanften Menschen bezeichnen sie als 'boro wi ngbádúse', 'Mensch ohne Gemüt', dem es an 'dhu' (Seele, Sitz der Affekte) fehlt.[9] Solche Menschen bleiben bei den Fang in Gabun arm und bescheiden, sie haben wenig Möglichkeit reich zu werden, Einfluß oder Frauen zu gewinnen und selbst wenn sie einmal Ambitionen entwickeln, gelingt ihnen nichts, denn es fehlt ihnen die Begabung sich durchzusetzen.[10] Sie werden sofort von denen mit dem 'Hexending' niedergemacht. Es fehlt ihnen das Charisma, die persönliche Ausstrahlung, die der erfolgreiche oder Mächtige besitzt und die nichts anderes ist, als die soziale Macht, andere Menschen zu beeindrucken oder Dinge tun zu lassen, die der Mächtige von ihnen will. Sie sind leicht verwundbar, denn ohne das 'Hexending' können sie sich nicht verteidigen und benötigen die künstliche Schutzkraft von Amuletten.

Manche Menschen haben ein wenig von dieser Macht, aber sie kann zeitlebens 'kühl' bleiben, wie die Zande sagen,[11] und deswegen ist ihnen auch nur mäßiger Erfolg im Leben beschieden. Sie sind angenehme Zeitgenossen, denn sie fügen niemandem ein Leid zu.

Ein dritter Typ von Mensch gebrauchet sein 'mangu' für selbstsüchtige Zwecke und diese Menschen sind am erfolgreichsten, denn Reichtum, Macht und Prestige können nur auf Kosten anderer erworben werden. Glück und Erfolg sind Emanationen dieser geheimnisvollen Macht. Wer immer Glück hat, wer ein geschickter Handwerker ist, wer Eigentum anhäuft und Leute überragt, hat bei den Kongo 'kindoki',[12] denn Glücksgüter wie Gesundheit, Reichtum, Zufriedenheit und Erfolg sind rar auf dieser Welt. Aber auch die Kehrseite der Medaille, Unglück, Mißerfolg und Pech werden dieser Macht zugeschrieben. Im Weltbild der Hexengläubigen ist das Glück des einen auf mysteriöse Art und Weise mit dem Unglück eines anderen verknüpft. Was der Glückliche und Erfolgreiche zuviel an Macht, Reichtum und Ansehen hat, kann er, so die Vorstellung, nur mit unredlichen Mitteln, auf Kosten anderer erworben haben, indem er okkulte Mächte zu seinem Vorteil manipulierte. Hexengläubige haben die Vorstellung, daß die angenehmen Dinge des Lebens nur in begrenzter Zahl vorhanden sind und nicht unendlich vermehrt werden können.[13] Jeder, der mehr hat als ein anderer, muß es ihm daher genommen haben. Das ist eine der Kernideen der Hexereiphilosophie und darin wird das ganze Potential ihrer egalitären Moral deutlich.

Rationalismus und Aufklärung haben in Europa diesem egalitären 'Aberglauben' ein Ende gesetzt. Am deutlichsten wird das im modernen Wirtschaftshandeln, das von der protestantischen Ethik geprägt ist.[14] Das Streben nach materiellem Reichtum ist spätestens seit Johann Calvin moralisch nicht mehr verwerflich, wie noch im christlichen Mittelalter. Wohlstand gilt als ein Zeichen des 'Gnadenstandes'. Er ist auch nicht länger ein mit unlauteren Mitteln erschwindelter Vorteil eines geheimnisvolle Mächte manipulierenden Magiers, sondern Ergebnis der Strebsamkeit und Sparsamkeit, also innerweltlicher Askese, in einem von Arbeit geprägten Berufsleben und mithin durch persönliche Leistung individuell verdientes Glück und daher moralisch gerechtfertigt. Nach dieser Auffassung hängt es nur vom persönlichen Einsatz ab, sich die angenehmen Dinge des Lebens zu sichern. In dieser Auffassung von der Moralität des Eigennutzes gipfelt schließlich die Dynamik kapitalistischer Wirtschaftsordnungen und sie inspiriert auch das moderne Wirtschaftsverhalten. Im Gegensatz dazu herrscht bei den Hexengläubigen die Auffassung vor, die angenehmen Dinge des Lebens seien nur begrenzt vorhanden. Die Tatsache ihrer ungleichen Verteilung erklärt sich durch die mehr oder minder vorhandene okkulte Macht, mit der sich diese angenehmen Dinge des Lebens sichern lassen oder nicht. Deshalb haben einige viel und andere gar nichts. Wenn also jemand viele Kinder hat, muß er sie einem anderen, dem sie eigentlich zustehen, genommen haben, wie die Fang meinen[15] und eine Frau, die bei den Kongo viele Kinder hat, kann immer noch der Meinung sein, sie sei verhext worden, weil nur zwei davon Jungen sind und ihre Lineage in der nächsten Generation zu wenig männliche Nachkommen hat.[16]

Hexende sollen im Besitz eines verborgenen Wissens sein, das sie überlegen macht und ihnen schöpferische Taten ermöglicht. Die Safwa im südlichen Hochland von Tanzania bezeichnen Hexerei (itonga) auch als 'verborgene Dinge' (evintu byahuwelu) und meinen damit die Macht, verborgene Dinge zu tun und zu verstehen.[17] Wenn die Kongo hören, daß die Amerikaner zum Mond fliegen, so ist das die Tat von Hexern. "Europäer und Amerikaner sind im Besitz eines geheimen Wissens, sie beherrschen geheime Techniken, die sie ebenso geheim anwenden", schrieb einmal Yakobi Munzele, Mitglied der Académie Congolaise.[18] Wie jedes Wissen, so ist auch okkultes Wissen in den falschen Händen gefährlich. Hexer und Hexen machen einen moralisch verwerflichen Gebrauch von ihren außergewöhnlichen, nicht ganz menschlichen Fähigkeiten. Laduma Madela, der Blitzzauberer der Zulu, sagt, sie seien Menschen, die etwas Böses mit überragender Fähigkeit und Klugheit vollbringen und sich ihrer Feinde auf heimliche, aber effektive Weise entledigen.[19] 'Kindoki', wie die Kongo Hexerei nennen, entsteht in listigen und bösen Menschen.[20] Wahrsager gebrauchen die gleichen Kräfte wie die Hexer und Hexen, sie zehren vom gleichen Wissen, machen aber einen moralisch zulässigen Gebrauch von ihren Fähigkeiten. Wahrsager gebrauchen ihre Fähigkeiten zur Divination, zur Erhellung des Verborgenen, geraten aber hin und wieder, wie bei den Lele, in den Verdacht, ihre okkulten Kräfte zu mißbrauchen.[21] Diese Kräfte gelten bei den Safwa nicht als zwangsläufig böse, man kann und soll sie kontrollieren. Daher kann man auch für Hexerei verantwortlich gemacht werden.[22]

Schon die Art und Weise, wie diese Macht erworben wird, erregt Entsetzen und ist doch unerläßliche Bedingung einer erfolgreichen Hexerlaufbahn. Verwandtenmord und Inzest sind die beiden wichtigsten Transgressionen in der afrikanischen Hexerei, die okkulte Macht verleihen.[23] Erst aus der Überschreitung der Normen und Werte der Gesellschaft erwächst die okkulte Macht. Die Tabuverletzung verändert radikal die Persönlichkeit. Die Initiation in die Hexenkünste baut tiefsitzende moralische Hemmungen im mitmenschlichen Umgang ab - die wichtigste Voraussetzung für eine erfolgreiche Hexerlaufbahn. Die Ächtung von Inzest und Mord hat die soziale Funktion, die Kontinuität sozialer Beziehungen und den Schutz des Lebens zu garantieren, Überschreitungen moralischer Verbote wie Inzest und Mord lösen allein schon in der Vorstellung panische Ängste aus. Sie lernt der Hexer und die Hexe in der Initiation intellektuell zu überwinden und zu beherrschen. Der Zuwachs an mystischer Macht ist direkt gekoppelt mit der Erfahrung der Regelverletzung und der Überwindung moralischer Skrupel. Die Hexenlehre - ob sie nun tatsächlich existiert oder nur in der Imagination der Gesellschaft - ist daher eine schmerzvolle Wiederbegegnung mit den verdrängten Liebes- und Todeswünschen.

Das Morden[24] eines geliebten Menschen gilt als Bestandteil der Initiation in die Hexenkünste und Hexenlehre. Vorzugsweise enge Verwandte wie Vater, Mutter, Bruder, Schwester, Kind oder Ehefrau sollen gemordet und manchmal auch, wie bei den Fang, gefressen werden, um die böse Macht zu stärken. Bei den Kongo gilt es als Zeichen der Ernsthaftigkeit des Ansinnens eine Hexerlaufbahn einzuschlagen, wenn der Anwärter sich mit seine(m/r) Hexenmeister oder -meisterin darauf einigt, ein Kind verhexen zu lassen. Wer ins 'kindoki' initiiert wird, arrangiert mit seinem Hexenmeister das Fressen eines Menschen aus seiner Clansektion. Sie einigen sich, an welchem Tag das Opfer krank gemacht werden soll. Drei Tage nach der Einigung fallen neun Hexer im Traum über das Opfer her, legen ihm Stricke um den Hals und ziehen zu. Ältere Hexer bei den Kongo bringen ihren jüngeren Brüdern bei, wie man jemanden angreift und tötet oder wie man das Opfer in Träumen vor sich herjagt. Auf diese Weise bleiben sie unentdeckt, werden nicht angeklagt und können sich eines langen Lebens freuen. Junge Hexer lernen, wie sie sich mit Dunkelheit oder Nebel bedecken können, damit sie nicht entdeckt werden. Diese Hexenkünste müssen teuer bezahlt werden. Der Lehrmeister fordert dafür ein Menschenleben. Mehrere Male muß der Initiand diese Zeremonie durchmachen. Mit jedem Mal erwirbt er eine zusätzliche 'kundu'-Drüse. Sobald er Blut von seinen Händen tropfen lassen kann, ist er mit seiner Ausbildung fertig.

Hexer morden nicht nur, sie begehen auch Inzest.[25] In Nso in Kamerun gibt es nur einen Begriff für Hexerei und Inzest. In Mbugweland begeht eine Mutter mit ihrem Sohn, in Ukaguru ein Vater mit seiner Tochter Inzest. In Mbugwe kann der Inzest auf spätere Zeit verschoben werden, z.B. wenn die Tochter noch zu klein ist oder die Mutter schon verstorben. Wer aber Willens ist, einen Inzest zu begehen, wenn auch erst in ferner Zukunft, kann in Mbugwe schon Hexen. Kinder von Hexeneltern, die diese Fähigkeit von ihren Eltern zwangsläufig erben, wie die Mbugwe meinen, verweigern manchmal den Inzest und laufen von Zuhause weg. Ein Kind, das sich der Hexerei seiner Eltern entziehen will, wird von den Ahnengeistern dieser Hexeneltern gejagt, maltraitiert und zum Wahnsinn getrieben. Die Mbugwe erklären sich so psychische Störungen bei Jugendlichen. Wenn das Kind seinen zwecklosen Widerstand gegen die Hexerei aufgibt und seine Bestimmung als Hexer oder Hexe akzeptiert, erholt es sich wieder. Das Idiom der Hexerei formuliert also auch eine indigene Theorie psychischer Störungen.

In Ukaguru erbt ein Kind nicht die Hexerei seiner Eltern. Wenn aber beide Eltern Hexer sind und in einer inzestuösen Beziehung leben, so ist jedes Kind, das aus dieser Verbindung entsteht, unweigerlich eine Hexe oder ein Hexer. Bei der Geburt läßt sich schon feststellen, ob das Kind eine Disposition zur Hexerei hat. Die Hexen unter den Clanverwandten der Mutter reichen dem Kind ein Zauberpäckchen, um festzustellen, ob das Kind Geschmack an der Hexerei findet. Sie öffnen die Hand des Kindes und legen das Päckchen hinein. Wenn das Kind das Zauberpäckchen am nächsten Tag von sich geworfen hat, wissen sie, daß es die Einladung zur Hexerei von sich gewiesen hat. Ein Hexenkind hat früher oder später sexuelle Beziehungen mit der Person, die ihm die Hexerei beibringt und stärkt so seine Hexenmacht und die seines Lehrers. Hexerei, die nur von einer bekannten Hexe gekauft wird und nicht durch Inzest oder Mord erworben wurde, taugt in Ukaguru nicht viel. Eine Person, die in den Besitz von Hexenmacht kommen möchte, sie sich aber nicht kaufen kann und sie auch nicht geerbt hat, begeht Inzest. Sexuelle Beziehungen mit dem Vater bringen in einer matrilinearen Gesellschaft, wie die der Kaguru, für eine Tochter jedoch keine Hexenkraft, obwohl sie als unrein gelten. Vater und Tochter gehören verschiedenen Abstammungsgruppen an.

Bei den patrilinearen Fang in Gabun wird 'evus', die okkulte Macht, vom Mutterbruder geschult, denn er wird keinen schlechten Einfluß auf das Kind ausüben. Patriverwandte des Vaters dagegen sind suspekt. Sie statten ein unverdächtiges Kind für ihre eigenen selbstsüchtigen Zwecke mit einem bösen 'evus' aus.[26] Wenn ein kleines Kind aktiv, agressiv und intelligent ist, hat es 'evus'. Diese Fähigkeit benötigt jedoch eine Periode der Schulung, damit sie zur Macht im Individuum gelangt. 'Evus' oder die Eigenschaft es zu besitzen, wird von der Mutterseite geerbt und vom Mutterbruder geschult, damit es, im guten Sinne, mächtig wird.

Zauberer erwerben in Ufipa ihre schlechte Kunst ebenfalls durch eine Zauberlehre. Ein Vater bringt sie seinem Sohn bei oder ein Unverwandter wird gegen Geschenke initiiert. Ein Zauberlehrling erreicht das erste Stadium seiner Initiation, wenn er ein enges Mitglied seiner Verwandtschaftsgruppe durch Zauberei tötet. Danach hat er die Macht, entfernte Verwandte und Leute außerhalb seiner eigenen Verwandtschaftsgruppe zu verzaubern. Bei den Nyakyusa kann Hexerei von einer Hexenmutter auf ihr Kind übertragen werden, wenn sie die Tabus der Menstruation bricht, noch ehe sie schwanger wird. Ein wenig von ihrem Menstruationsblut soll dabei in ihrem Körper zurückbleiben und dieses Blut verdirbt dann das Kind. Frauen gelten aber bei den Nyakyusa nicht als Hexen, wenn sie die Tabus der Menstruation beachten und keinen Geschlechtsverkehr während der Menstruation haben. Ehemänner, die das Tabu der Menstruation ihrer Ehefrauen nicht beachten, gelten ebenfalls als Hexer.

Die andere Wirklichkeit afrikanischer Hexer und Hexen

Nacktheit und Nacht

Die gefährlichsten afrikanischen Hexer und Hexen agieren in der Nacht, denn sie suchen die Heimlichkeit und den Schutz der Nacht, wenn sie ihren bösen Aktivitäten nachgehen.[27] In Ukaguru demonstrieren sie ihre bösen Absichten, indem sie sich nachts auf der Lichtung vor dem Haus ihres Opfers einfinden und dort nackt tanzen. Die Nachthexer der Mandari sprechen, während sie nachts nackt tanzen, böse Verwünschungen gegen ihre Opfer aus. In Bugisu und bei den Gusii laufen Hexer und Hexen in der Dunkelheit ohne Licht und nackt umher, im Gegensatz zu normalen Leuten, die nachts zuhause bleiben und wenn sie schon vor die Tür treten, auch ein Licht mitnehmen. Kaguru-Hexer können selbst in der schwärzesten Nacht noch ohne Licht sehen und in Gusiiland haben sie manchmal Töpfe dabei, in denen sie Gräser und Kräuter verbrennen. Hexer und Hexen in Ukaguru ziehen die Nacht dem Tag vor, weil sie dann nicht bei ihren bösen Taten beobachtet werden können. Eine nächtliche Begegnung mit einem Mandari-Hexer kann gefährlich sein oder sogar tödlich verlaufen, wenn er bei seiner Arbeit gestört wird. Da er Angst hat, versucht er sich das Schweigen derer zu erkaufen, die ihn bei seinen Schandtaten beobachtet haben. Wer nachts in Gegenwart eines Gusii-Hexers spricht, verliert bald daraufhin seine Sprache.

In Bugisu treiben Hexer und Hexen sich nachts in den Gehöften ihrer Opfer herum. Sie klopfen an die Türen der Bewohner und erschrecken sie. Wer nachts uneingeladen um Haus und Hof seiner Nachbarn herumstreicht und seine Identität nicht zu erkennen gibt, gilt auch bei den Mandari als Hexer. Hexer antworten nicht, wenn sie nach ihrem Namen gefragt werden und deshalb sollte auch niemand antworten, wenn er nachts von einem Unbekannten bei seinem Namen gerufen wird. Lugbara-Hexer dringen leise und unmerklich in die Hütten ihrer Opfer ein und die Nachthexer und Nachthexen der Lovedu überwinden selbst die engsten Ritzen und Spalten mühelos. In Gusiiland schlagen sie mit ihren Hintern Türen aus den Angeln und treiben Stöcke durch die Wände, um damit die Hausbewohner zu verletzen. Kaguru-Hexer und Hexen sind nie um einen Scherz verlegen. Sie verändern die Schlafposition ihrer Opfer, die am nächsten Tag mit den Füßen dort aufwachen, wo sie am Abend mit dem Kopf eingeschlafen sind. Da sie immer nach Opfern Ausschau halten und nie Zeit zum Schlafen haben, sind ihre Augen, wie auch die der Kongo-Hexer und Hexen, von der Anstrengung ganz rot.

Nekrophilie, Anthropophagie und Ausschweifungen

Hexer und Hexen fressen Leichen.[28] Kongo 'ndoki' zerteilen ihre Opfer wie die Jäger ein erlegtes Tier. Aus Leichenteilen stellen Shona-Hexen die allerstärksten Medizinen her. Ihre Wirksamkeit beruht auf der Magie des Grauens. Diese Art Medizin verleiht die allerstärkste mystische Macht, gerade weil sie von den Toten stammt und zur Überwindung des Widerwillens gegen den Tod zwingt.

Die Hexer der Rotse in Sambia versammeln sich an Gräbern und erwecken die Toten zu neuem Leben. Die Leichen werden von den Hexern gewöhnlich in Gruppen exhumiert, entweder gleich nach dem Begräbnis oder in der darauffolgenden Nacht. Der Hexer erweckt die Leiche durch Magie zu neuem Leben und tötet sie dann zeremoniell, um auf diese Weise in den Besitz des begehrten Schattens zu gelangen. Der Leichnam wird ins Grab zurückgelegt. Die Beute wird unter den Hexern und Hexen aufgeteilt und entweder verzehren alle sie gleich auf dem Friedhof oder jeder später für sich allein zu Hause. Bei den Rotse muß jedes Mitglied der Hexenzunft reihum Hexenfleisch beschaffen, das beim nächtlichen Tanz verzehrt wird. In Ukaguru schicken Hexer und Hexen ihre Hyänen, um die Opfer zu exhumieren. Wenn die Leiche frisch ist, fressen sie sie sofort, aber wenn sie schon verwest ist, wird sie der Hyäne überlassen.

Shona-Hexen können das Fleisch einer toten Person essen, ohne daß Spuren an der Leiche zurückbleiben. Damit sie sich nicht über die Toten hermachen, werden die Gräber nachts von den Verwandten bewacht und Totenwachen gehalten. Dann kann es aber auch passieren, daß die Wächter der Leichenschänderei bezichtigt werden. Die Wächter haben die Aufgabe, die Hexen am Grab einzufangen und ihnen einen Nagel in den Geistkörper zu schlagen. So sterben sie nach ein paar Tagen. Auch in Ukaguru werden die Gräber gegen das Exhumieren der Leichen geschützt. Pfähle mit Abwehrzauber werden an allen vier Ecken des Grabes aufgestellt, um die Hexen fernzuhalten. In Cewaland werden Friedhöfe mit magischen Substanzen 'geschlossen' und magische Fallen ausgelegt. Grabwache wird noch zwei bis drei Nächte nach dem Begräbnis gehalten und alle Hexen oder Hexer verprügelt oder brutal ermordet, sollten sie sich dem Grabe nähern.

Hexer und Hexen sind unstet, sie reisen bei Tag und bei Nacht.[29] In Mbugwe reiten sie in mehr oder weniger regelmäßigen Abständen auf ihren Hyänen durch die pechschwarze Nacht und manch' einer will sie schon von weitem als flackerndes Licht gesehen haben. Einige Mbugwe erzählen sogar, daß sie nachts von den vorbeigaloppierenden Hexen und Hexern überrannt worden seien. Kaguru-Hexer und Hexen treffen sich an entlegenen Orten wie Bergspitzen oder verlassenen und verfallenen Hütten. In Nupeland treffen sie sich weitab von menschlichen Siedlungen unter einem Baum. In Gilden, Bruderschaften oder Zirkeln organisiert, halten sie Saturnalien ab und rühmen sich bei ausschweifenden Gelagen ihrer bösen Taten, sie diskutieren oder kämpfen miteinander. Manchmal kennen sie sich aber auch nur untereinander, wie in Bugisu, und es existieren keine Hexenvereinigungen. In Ukaguru praktizieren einige von ihnen alleine, während andere ihre nekrophagen Gelage zusammen mit anderen abhalten. Sie fressen bestimmte Teile des Körpers und zerteilen einen Körper so, daß jeder der Anwesenden nach Geschmack und Rang davon erhält.

Wenn die 'ndoki' der Kongo hexen wollen, lassen sie ihren Körper zurück und reisen in ihrem 'kindoki'-Zustand ins 'Kreideweiße'. Im Land der Nacht und der Toten haben sie ihre Clansektionen und Treffs, wo sie das Fleisch unter den Mitgliedern der Clansektion verteilen. Manche 'ndoki' praktizieren alleine und andere treffen dort Mitglieder ihres Clans. Wenn sie sich treffen, hext jeder nur in seinem eigenen Clan, denn jeder Clan hat sein eigenes 'kundu' - die Hexereisubstanz - mit der er nur Clanmitgliedern Schaden zufügen kann. Die 'ndoki' erzählen sich dort wie sie ihre Übeltaten verüben, um voneinander die Tricks und Schliche zu lernen, mit denen sie die Leute angreifen und wie sie sich am besten vor Entdeckung schützen. Viele 'ndoki' arbeiten zusammen und sind miteinander befreundet. Andere hassen und bekämpfen sich. Ihre Feindschaften sind oft dadurch verursacht, daß sie nicht miteinander teilen wollen. Kommen sie auf der Suche nach Essen in ein anderes Dorf, kann es geschehen, daß die dortigen 'ndoki' mit ihnen einen Kampf beginnen. Wenn die magischen Gewehre der Verteidiger zu stark sind, suchen die Angreifer Verbündete in anderen Dörfern. Die 'ndoki' sollten ihre Beute miteinander teilen und jeder einen regelmäßigen Anteil dazu beitragen, sonst gibt es Streit. Wenn sie jemanden gefangen nehmen, fordert jeder von ihnen einen Körperteil. Sollte sich jemand weigern, seinen Anteil zu bezahlen, lärmen die anderen

> Eh, heute hast Du meinen Kopf gegessen. - Eh, die Leber hast du nicht auf meine Kosten gegessen. - (K.E.Laman,1962 III:223)

Die 'ndoki' sollen sehr gefräßig sein. Zwar wurde noch kein 'ndoki' mit einem menschlichen Knochen oder einem Stück Menschenfleisch gesehen, aber um andere zu erschrecken und ihnen Furcht einzuflößen, sagen sie: "Ich werde Dich fressen."

Die 'ndoki' haben ihre eigenen Dörfer im Land der Toten. Dort enden alle, die im 'kindoki'-Zustand starben und verbrannt wurden. Man erkennt sie daran, daß sie von rötlicher Farbe sind, während jene, die nicht als Hexer oder Hexen verbrannt wurden, grau aussehen. Im Zorn sagt ein Kongo zu dem anderen: "...nkadi a mpemba ..." und das heißt, "...Meister des Kreideweißen...", also "...geh zum Teufel.." oder "...dorthin, wo die Hexer und Hexen enden." Es ist ein Land, wo die Sonne niemals scheint und wo die Toten leben, die nie wiedergesehen werden, auch nicht als Ahnen und nicht einmal im Traum.

Die Mythe von der geheimen Verschwörung und Ausschweifung der Hexer und Hexen an entlegenen Orten ist ein Stereotyp, das überall da auftritt, wo Hexerei bestimmten Personengruppen zugeschrieben wird, deren Verhalten von den gesellschaftlich akzeptierten Normen und Werten abweicht. Die ständig wiederkehrende Thematik der Völlerei und des Kannibalismus im afrikanischen Hexereiglauben entspringt der Dialektik des Mangels und der Mißachtung der Regeln der Reziprozität. Die Thematik der sexuellen Ausschweifung - so beherrschend in der europäischen Hexerei - fehlt im afrikanischen Hexereiglauben fast völlig oder ist beschränkt auf die Überschreitung der Inzestverbote.

Hexer und Hexen gelten oft als Kannibalen.[30] In Mashonaland lautet eine typische Anschuldigung: 'Du hast mein Kind verhext. Du gehst nicht zum Fleischer, um dort Dein Fleisch zu kaufen, nein, Du ißt das Fleisch meines Kindes." Der Kannibalismusverdacht steht für Gefräßigkeit und Gier und das nicht nur wörtlich, sondern auch im übertragenen Sinne, als Gier nach Reichtum und Macht. In diesem Sinne waren auch die Europäer für die Kongo Hexer und Kannibalen, weil sie ihre Landsleute verkauften und zur Zwangsarbeit rekrutierten.

Kannibalismus befähigt ältere Hexen in Gusiiland sehr schnell zu laufen. Sie können wegen ihrer Gefräßigkeit nachts nicht sprechen, weil Menschenherzen in ihren Kehlen stecken. Hexer in Nyakyusa essen nur das Fleisch von lebenden Opfern und niemals das von Leichen. Sie töten Menschen, weil sie sich über das Fleisch von Kühen hermachen wollen, die für das Begräbnis geschlachtet werden sollen. Sie gebrauchen dabei nicht einmal ihre eigenen Zähne, sondern die ihrer Opfer. Dinka-Hexer 'essen' Leute im Sinne von 'aussaugen' wie Händler ihre Kunden auspressen. Der Hexer zerstört oder schwächt das Opfer, aber nur wenn das Fleisch tatsächlich eingenommen wird, stirbt das Opfer. Ein Tod durch 'Verzehren' wird bei den Dinka in einer Autopsie festgestellt. Dabei zeigen sich Verletzungen und Blut an der Leber.

Manchmal, wenn ein 'ndoki' bei den Kongo spazierengeht, ruft er einen Bienenschwarm herbei, der seinen Begleiter angreift. Der 'ndoki' verspricht ihm dann seine 'Krieger' zurückzurufen, wenn er ihm dafür etwas gibt. Gibt der Begleiter ihm einen seiner Verwandten, erhält er eine 'kundu'-Drüse, mit der er hexen kann. Menschen, die von den 'ndoki' gefressen werden, werden krank und schwinden dahin. Essen die 'ndoki' den Verstand, verursachen sie dadurch Schwachsinn. 'Essen' bedeutet hier 'verbrauchen', so wie man sein Geld verbraucht, wenn man etwas dafür kauft. 'Kindoki' ergreift Besitz von einer Person, die Menschenfleisch ißt.

'Kindoki' geht auf die mythische Ahne zurück, die sich nicht zurückhalten konnte, als ihr Kind starb und das Leichentuch hob. Sie fraß das Kind. Dies geschah zu der Zeit, als der Tod in die Welt kam. Ein 'ndoki' kann Personen an jedem Ort und zu jeder Zeit fressen. Wenn er anfängt die Seele zu fressen, verliert das Opfer sie und kann den Hexer nicht länger in seinen Träumen sehen. Die 'ndoki' essen gekochtes und gebratenes Menschenfleisch, als ob es Tierfleisch wäre, aber sie dürfen den Kopf nicht essen, denn sonst werden sie schwachsinnig. Sie essen auch keine Geschlechtsteile, denn sonst werden sie verrückt und erheben sich in die Lüfte. Sie dürfen auch nicht den kleinen Finger essen, sonst wird ihre Familie ausgelöscht. Das Menschenfleisch bereiten sie nicht auf gewöhnlichen Steinen zu, sondern auf Menschenschädeln. Wenn jemand starke Kopfschmerzen hat, sagt man bei den Kongo, haben die 'ndoki' seinen Kopf hinaus ins weite Feld getragen, um dort ihre Mahlzeiten darauf zu kochen. Wenn sie den Kopf zurückgeben, verschwinden die Kopfschmerzen. Manche 'ndoki' kochen das Fleisch in neuen Töpfen hoch oben in den Bäumen, um dadurch Kämpfe zwischen ihresgleichen zu verhindern. Wenn ein 'ndoki' mit dem Zubereiten der Mahlzeit fertig ist, krempelt er seinen Lendenschurz hoch, setzt sich nieder und ißt mit dem Stachel eines Stachelschweines das Fleisch. Fällt ein Stück von dem Fleisch auf den Boden und bleibt dort liegen, wissen die Leute, daß der 'ndoki' jemanden gefressen hat. Yakobi Munzele von der Académie Congolaise schreibt

> Im allgemeinen sind die, die wir Hexer nennen gierige, bösartige und eifersüchtige Leute, die tatsächlich morden, denn sie alle haben das gleiche Motiv: sie töten andere, damit sie keine Freude am Leben haben. Solche Leute sind Hexer und Menschenfresser. Was den tatsächlichen Kannibalismus angeht, so gab es ihn nicht bei den Kongo. Fremde haben die Vorstellung, daß es Kannibalismus gab, weil sie nicht verstanden, wovon die Rede war... Die einzigen Kannibalen der Kongo-Kultur waren die Zauberer, eifersüchtige Leute und heimliche Mörder. (zit.n.J.Janzen/W.Mac Gaffey 1974:45)

Und Konda Jean schrieb

> Einer sagt zum anderen: "Gib mir Deine Mutter!" Aber der sagt: "Ach meine Mutter nicht. Ich glaube die nicht." "Na gut, dann Deinen Bruder!" "Ach meinen Bruder nicht. Das könnte ich nicht." So geht das weiter, bis die Hexe einverstanden ist mit diesem oder jenem. Dann verschließt sie die Stimme des Opfers, entfernt einen Arm und sein Bein. Sie schneidet es nicht sichtbar ab, auf die gewöhnliche Weise, sondern zieht die Lebenskraft (vola kini) aus dem Arm und dem Bein. Später entsteht an Arm und Bein, die übergeben wurden, eine Wunde, denn die Hexe hat ihr das Essentielle (ngudi) geraubt. Die Leute sind der Auffassung, daß der Körper aus zwei Teilen besteht. Die Hexen entfernen zuerst den inneren Körper (ngudi a nitu); es bleibt nur die Schale zurück. Der innere Körper hat Blut, die äußere Schale ist nur Wasser. Die Hexen haben das Blut getrunken, das im toten Mann war. Wenn sie jemandes Körper aussaugen, bleibt nur die Hülle zurück (kinkula), wie z.B. bei einer Schlange oder die Schuppen der Küchenschabe. (zit.n. J.Janzen/W.Mac Gaffey 1974:46)

Übernatürliche Fähigkeiten

Hexer und Hexen besitzen die mysteriöse Fähigkeit der Entkörperlichung. Ihre Seelen verlassen den schlafenden Körper und lassen sich auf anderen Schläfern nieder, um sie unsichtbar anzugreifen.[31] Dieser Auffassung liegt die Konzeption der vielfachen Seelen zugrunde, die mit dem Begriff der Person verknüpft ist. Zeitgemäßere Umschreibungen für 'Seele' sind Identität und Selbst. Die Kongo nennen den Lebensgeist einer Person 'nsala'. Es kann sich vom Körper lösen und eine separate Existenz in einer Bergschlucht, einer Kalebasse oder einem Fluß führen. Wenn jemand stirbt, verläßt ihn der Lebensgeist. Im Schlaf und Traum verläßt das 'nsala' den Körper und wandert umher. Das 'nsala' eines Kranken schwindet dahin wie der abnehmende Mond. Solange der Kranke dahinsiecht, halten es die Toten gefangen und es bleibt bei ihnen, wenn er stirbt. Leute mit dem 'kundu' verlassen im Schlaf ihren Körper und ihre 'nsala'-Seele jagt das Opfer, bindet und frißt es. Menschen, die kein 'kundu' haben, schlafen wirklich, während 'kundu'-Leute beim Schlafen nur ihre äußere Hülle auf dem Bett zurücklassen. Viele Leute haben 'kundu' und wissen es nicht. Da es das 'kundu' ist, das nachts umherwandert, wissen sie auch nicht, daß sie nachts ihren Körper verlassen, um die Leute zu fressen. Sie lassen ihren Körper zurück wie die abgeworfene Haut einer Schlange. Ohne 'kundu' kann das 'nsala' nicht völlig den Körper verlassen, um in eine andere Form zu wechseln.

In Rotseland steckt die Hexe, am Bett des Opfers angekommen, ein Stück Riedgras in den Mund des Opfers und saugt so seinen Atem oder Lebensgeist aus. Seele, Lebensgeist oder Atem eines Menschen können auch mit einem Strohhalm durch ein Loch in der Wand ausgesaugt werden. Nachts, wenn die Hexe das Opfer angreift, raubt sie ihm die Lebenskraft und deshalb wird der Körper krank und schwindet dahin. Wenn die Hexe ihr Opfer zum Versammlungsort mitnimmt, wo die anderen Hexen es verspeisen, bringt sie bei den Rotse nur die Seele, die dann verschlungen wird und nicht die ganze Person in ihrer Körperlichkeit, die schlafend im Haus zurückbleibt. Alpträume werden als ein Hinweis auf einen Angriff durch Hexen oder Hexer gedeutet.[32] In Nupe kann das Opfer die Hexe in seinen Träumen sehen und ruft ihren Namen aus. Nyakyusa und Lovedu-Hexen jagen und erdrosseln ihre Opfer in Träumen. Träume des Kampfes und des Fliegens sind auch bei den Yakö Beweise für den Angriff einer Hexe und wer nachts plötzlich aufwacht, schweißgebadet und am ganzen Körper zitternd, weiß in Nyakyusa, daß die Hexen gekommen sind, ihn zu erwürgen. Bei den Lovedu und den Yakö variieren Schwere und Dauer eines Angriffs von Hexen. Sie reichen von bloßer Belästigung durch gestörten Schlaf bis zum Erwachen wegen akuter Atemnot. Hexen rauben ihren Opfern den Atem und schwächen sie körperlich. Yakö-Hexen zapfen ihren Opfern Blut aus Geschwüren ab, die nicht heilen wollen oder trotz Behandlung immer größer werden.

Leib und Seele trennen sich gemäß dieser Vorstellung im Traum und Schlaf. Bei den Lugbara bedeutet von einem lebenden Menschen zu träumen, daß seine Seele sich von seinem Körper im Schlaf löst und dem Träumenden als Nachthexer erscheint. Ein solcher Traum ist die Vision, die das 'Es' des Träumenden von einer Person hat. Die Nupe sind der Meinung, daß die Trennung der Seele vom schlafenden Körper dem Menschen die Gelegenheit gibt, jenseits der Grenzen des irdischen Lebens zu blicken. In Nupe können Hexen diese Trennung künstlich herbeiführen und schicken ihre Seele nachts als unsichtbare Agenten ihrer unseligen Wünsche aus. Beim Aufwachen kehrt die Seele zum Körper zurück. Bei den Lugbara kann das Opfer, solange es wach ist, wohl erschreckt werden, wenn es nachts gestört wird, aber es kann nicht davongetragen werden. Die beste Gelegenheit einen Kongo-'ndoki' zu demaskieren bietet sich, wenn er einem im Traum erscheint. Zwei Männer, die im Streit auseinandergegangen sind, können ihn im Traum fortsetzen. Am nächsten Tag findet einer von ihnen sein Kind krank vor und erzählt seinen Traum. Er fordert seinen Widersacher auf, beim Nkisi Nkondi zu schwören, daß er das Kind nicht gegessen hat. Wenn das 'kundu' eines Hexers die Seele frißt, verliert das Opfer sie und kann den 'ndoki' nicht einmal mehr im Traum sehen.

Hexenträume sind Angstträume. Die indigene Traumtheorie erkennt in ihnen Konflikte des Taglebens, die im Traumerleben weiterarbeiten. Hexenträume haben Ängste zum Inhalt, die im Wachzustand ungelöst blieben. Der manifeste Trauminhalt berichtet von den aggressiven Taten und Verhaltensweisen der Hexer und Hexen. Er ist die durch die Traumarbeit entstellte endopsychische Aggression oder Verarbeitung von Schreckerlebnissen. Die Traumgedanken werden zu Traumsymbolen chiffriert. Um den Trauminhalt zu verstehen, müssen sie enträtselt werden. C.G.Jung deutet Träume und Visionen als Erscheinungen der Archetypen des Unbewußten, die in der ihnen eigenen symbolhaften Sprache ständig wiederkehrende Themen des menschlichen Seelenlebens behandeln. Die Archetypen sind urtümliche, seit alters her vorhandene, allgemeine Bilder des kollektiven Unbewußten.[33] Nach der Auffassung Jungs sind sie bei allen Individuen und in allen Kulturen gleich vorhanden, sie bilden eine allgemeine seelische Grundlage des Menschen. Jung zieht Platons Begriff des 'eidos' zur Umschreibung des Archetyps heran, ebenso wie Lévy-Bruhls Begriff der 'représentations collectives' (Kollektivvorstellungen), der damit allerdings Inhalte des Bewußtseins und nicht des Unbewußten bezeichnete. Archetypen sind unmittelbare seelische Gegebenheiten, die in ewigen Bildern festgehalten werden.

Das kollektive Unbewußte drückt sich in archetypisch geformten Vorstellungen aus. Für C.G.Jung ist auch Hexerei ein Archetypus des kollektiven Unbewußten, ein urtümliches Bild der Seele. Die weltweite Verbreitung von Hexereivorstellungen legt ihre Charakterisierung als Archetypus nahe, wenn man auch hinzufügen sollte, daß solche Vorstellungen nicht in allen Gesellschaften sozial relevant werden. Das, was Hexen angeblich können und tun, wird weltweit erstaunlich uniform gedacht. Sie können fliegen und sich verwandeln.

Sie sind Sinnbild der Täuschung, der Lüge und Boshaftigkeit. C.G.Jung wollte die Archetypen keiner rationalen Analyse unterziehen, weil er ihre reiche Symbolik bereits als genuine Mitteilungen der Seele verstand, die selbst schon heilende Wirkung hätten. Er unterschied sich mit dieser Auffassung von Freud, der die Traumgedanken dem 'Es' zuordnete und verdrängte Triebregungen dahinter vermutete.[34] Tiefenpsychologische Interpretationen von Hexenträumen verkennen jedoch leicht, daß die indigene Traumtheorie solche

Träume selbst schon als Verarbeitung von Konflikten des Wachlebens deutet, wenn sie in ihnen Verfolgungen durch Hexen oder Hexer konstatiert.
Hexer und Hexen sind Wesen, die übermenschliche Fähigkeiten besitzen. Sie können fliegen und sich unsichtbar machen.[35] Die Kunst des Fliegens und des Unsichtbarmachens ist Bestandteil eines jeden Hexenmythos. Er bringt das absonderliche Verhalten und die außergewöhnlichen Begabungen mancher Menschen in die Stereotypen paranormaler Fähigkeiten wie Fliegen, Verwandeln, Unsichtbarmachen, Überwinden von Raum und Zeit, Kommandieren von Naturkräften und Reden mit Tieren. Wie der folgende Bericht der Kongo zeigt, wird dieser Mythos nicht nur von jenen verbreitet, die Hexen verfolgen, sondern auch von jenen benützt und immer weitergesponnen, die sich selbst als Hexer bezeichnen. Ein Mann namens Maledimba gestand auf einer öffentlichen Versammlung die Verhexung seiner Tochter Miankodila, die mit ihrem Mann in Boma (Niederkongo) lebte. Seine Frau Bakesuka sagte, ihr Mann habe ihre Tochter durch Hexerei 'gegessen'. N. Diantezila hat diesen Bericht aufgezeichnet. Maledimba sagte

> Wir sind in dieses Dorf gekommen, um Euch, meine Schwiegereltern und die Leute von Masangi zu treffen, wegen des Todes unserer Tochter, die mit dem Schwiegersohn nach Boma ging... Meine Frau sagt, sie wisse nichts, aber wir wissen voneinander, daß sie lügt. Wir gingen im Geiste (bonso ku nsi a mpila mayembo) nach Boma. Als Madiama unsere Tochter heiraten wollte, waren wir nicht sehr glücklich darüber, weil er weit weg in Boma wohnte. Aber unsere Tochter ging mit ihm fort. Wir waren sehr betrübt, stimmten aber der Heirat zu, denn wir liebten sie sehr und sie war so nützlich im Haus. In unserer Betrübnis entschlossen wir uns nach Boma zu gehen und unsere Tochter zu töten... Zu viert gingen wir nach Boma... Wir gingen nach Boma in der Verkleidung von Eulen, mit Hexenlichtern und machten eine Pause in Kingila. Wir baten die Hexe vom Ort um die Erlaubnis, im Dorf bleiben zu können und sie gewährte es uns. Wir baten darum, damit die anderen Hexen nicht von unserer Ankunft überrascht und Schwierigkeiten unter uns entstehen würden... Bei den Kongo ist es Sitte, den Ältesten zu fragen, wenn man in einem fremden Dorf ist... Auf der Kinkenge-Mission hatten wir einen Aufenthalt. Wir flogen über den Wald nach Boma, aber in Boma konnten wir zuerst nicht das Haus eines Kindes von unserem Clan oder einen Zauberlehrling finden, eine Hexe, die uns den Weg zu unserem Schwiegersohn zeigen konnte... Wir ruhten uns aus und erkundeten, ob das Haus durch irgendwelche Zaubermittel geschützt war... Meine Frau und ich drangen ein. Die beiden anderen hielten Ausschau, ob irgend jemand kam, um sie zu verteidigen. Ich wollte nicht draußen bleiben, um das Haus zu bewachen, denn es gibt die Regel, daß das Kind nicht sterben wird, wenn ein Vater es nicht will, weil es unter seinem Schutz steht. Als es Zeit war, die Seele zu entfernen, gab meine Frau draußen ein Zeichen und ich griff sofort nach der Kehle unserer Tochter und erwürgte sie im Hexenwahn, sodaß sie starb. (zit.n.J Janzen/ W.Mac Gafey 1974:46/47)

Kaguru-Hexer und Hexen machen sich unsichtbar, um nicht gefangen genommen zu werden. Sie legen weite Strecken mit Hilfe ihrer Vertrauten, meist Hyänen, zurück, an deren Bäuchen sie sich bei ihren nächtlichen Ausritten durch die Lüfte festklammern. Hexen können sich viel schneller und leichter durch die Welt bewegen als normale Menschen. Nyakyusa-Hexen erreichen auf Schlangen durch die Lüfte jagend, auf dem Wind oder rittlings auf Hyänen reitend, die entlegensten Orte des Landes und sind vor Morgengrauen wieder zurück. Moderne Xhosa-Hexen gebrauchen Flugmaschinen, um zu ihren Treffen zu fliegen. In Mbugwe tragen sie Fackeln, die sie hin und wieder in einen ausgehöhlten Kürbis mit Hyänenbutter tunken, damit sie nicht verlöschen.

Hexen sind in der Lage, sich die Kräfte der Natur dienstbar zu machen.[36] Shona-Hexen knicken Bäume, schicken Blitze, lassen Schlangen beißen und Elephanten die Jäger töten. Kaguru-Hexer und Hexen beauftragen eine Feder oder Fliege in die Körperöffnungen ihrer Opfer einzudringen. Sie nehmen einen Gegenstand aus dem Schatten ihres Opfers oder aus den Fußstapfen und verhexen es damit. Sie erwecken Tote zum Leben. Mit einem Stock schlagen sie auf die Gräber ihrer Opfer und diese öffnen sich. Die Toten steigen heraus und folgen ihnen zu den Orten, wo die versammelten Hexen und Hexer sie verzehren. Nandi-Hexer erwecken tote Tiere, die schon abgezogen worden sind zu neuem Leben. Schließlich verwandeln sich die Hexen und Hexer auch in Tiere oder nehmen sie in ihre Dienste: Kröten, Schlangen, Leoparden, Fledermäuse, Zibetkatzen, Eidechsen und Eulen.[37] Die Eulenmenschen der Safwa unterscheiden sich von ihren wilden Artgenossen dadurch, daß sie Nacht für Nacht in der Nähe eines bestimmten Hauses auftauchen. Eulenmenschen und Hyänenmenschen muß man bei den Safwa nackt jagen und wenn ein Wertier erlegt wird, findet sich am nächsten Tag ein Toter im Dorf, der dieses Wertier war.

Tiergehilfen und Tierverwandlung

Hexen reisen nachts in Begleitung von Eulen und anderen Vertrauten wie Frösche und Kröten, Krokodile und Hyänen, Nachtschwalben, Skorpione und Wildkatzen. Bei den Shona werden solche Tiere wie Haustiere gehalten und sie bekommen auch einen Namen. Lovedu-Hexen nennen Stinktiere, Hyänen und Schlangen ihre 'Mutter'. Andere Gehilfen der Shona-Hexen sind Löwen oder Ameisenbären, die sich unter den Mauern ihrer Hütten eingraben und der Hexe so ermöglichen, in die Hütte einzudringen. Kaguru-Hexen und Hexer verstecken manchmal ihre Vertrauten in Speichern und hinter Lebensmittelbehältern. Sie schicken Frösche und Kröten, die vorsichtig entfernt werden müssen, sonst verursacht ihr Ärger Unglück. Manchmal nehmen die Hexen selbst die Gestalt dieser Tiere an. Die Nachthexer der Lugbara verwandeln sich in Eidechsen, Schakale, Leoparden und Fledermäuse. Wenn ein Mensch von diesen Tieren träumt, sieht seine Seele die Seele eines Nachthexers. Eulen im Dorf sind bei den Dinka ein sicheres Zeichen dafür, daß es viele Hexer gibt. Man identifiziert bei den Dinka einen Hexer dadurch, daß man eine Eule mit Fleisch zubereitet und den Hexer zum Essen einlädt. Er wird den Eintopf verweigern, weil er weiß, daß seine Eule beigemischt wurde. Wer die Eule oder das Wertier einer Hexe tötet, wird in Ukaguru und bei den Shona von ihr bestraft. Bei den Kaguru sind Katzen manchmal die Vertrauten von Hexen und ihre sexuellen Ausscheidungen werden zur Herstellung besonders tödlicher Medizinen gebraucht. Wer Katzen beim Geschlechtsverkehr beobachtet, stirbt in Ukaguru und bei den Zande, denn dort hängen meist die Hexer und Hexen herum und warten auf die Gelegenheit, etwas von den sexuellen Ausscheidungen der Katzen zu ergattern.

Die Verwandlung von Menschen in Tiere oder tierähnliche Wesen verwischt die Grenze zwischen Menschenwelt und Tierwelt. Zur Selbstdefinition des Menschseins gehört die Abgrenzung von der Tierwelt. Hexer und Hexen verletzen diese Grenze und kommunizieren mit Tieren als ob sie Menschen wären. Tiermenschen sind Symbole der Wechselhaftigkeit und Ambiguität von Personen, die zu solidarischem Verhalten verpflichtet sind und sich nicht daran halten können oder wollen. Auf der kognitiven Ebene wird ihr Verhalten dargestellt als Verwandlung von Mensch in Tier und umgekehrt. So, wie sie die Gebote der Gegenseitigkeit mißachten und sich damit außerhalb der menschlichen Gemeinschaft stellen, so mißachten sie auch die physische Grenze zwischen Mensch und Tier. Sie haben sexuelle Beziehungen mit Tieren - oder jedenfalls wird es ihnen nachgesagt - und ziehen die Gemeinschaft mit ihnen der Gemeinschaft mit Menschen vor. Am liebsten umgeben sie sich mit unheimlichen und furchteinflößenden Tieren wie Eulen, Schlangen, Hyänen und Wildkatzen.

Bei den Mbugwe besitzt jede Hexe eine oder mehrere Hyänen, die das unsichtbare Brandzeichen ihres Besitzers trägt und auch als 'Vieh der Nacht' bezeichnet wird. Hyänen stellt man sich in Mbugwe ohne spezifische Geschlechtsmerkmale vor. Nichtsdestoweniger verbringen sie die Nacht in den Häusern ihrer Besitzer und werfen dort Junge, die dort aufwachsen, bis sie groß sind. Sie werden wie Kühe gemolken und wie Pferde geritten. Diese schwierige Kunst erfordert ein langes Training. Auf ihren Hyänen können Hexer und Hexen in Mbugwe zu den entlegensten Orten des Landes reiten und im Morgengrauen sind sie wieder zurück, ohne daß ihre Abwesenheit in der Nacht bemerkt wurde. Die Mbugwe verachten Hyänen, weil sie schädlich sind und Ziegen und Kälber aus den Herden angreifen. Es ist nicht ungefährlich die Hyäne einer Hexe zu töten, denn wenn sie es erfährt, verhext sie den Täter. Um dieser Gefahr zu entgehen, werden Ohren und Schwanz der Hyäne abgeschnitten, wenn sie getötet wird, denn dort befindet sich das Brandzeichen der Hexe.

Tiermenschen führen eine getrennte Existenz von ihren Besitzern, aber sie handeln nicht unabhängig von deren Willen. Physisch sind sie unabhängig von der Person, der sie gehören, aber mystisch sind sie mit ihr verbunden. Tiermenschen sind das Double einer Person, ihr Alter Ego. Wer sich in ein Tier verwandelt, führt die Existenz eines Doppelwesens in Menschen- und Tiergestalt. Tiermenschen wohnen meist in der Wildnis. Bei den Rotse werden sie nur von männlichen Hexern besessen. Einige afrikanische Wertypen haben das Aussehen von Gnomen und Zwergen der europäischen Märchenwelt. Der 'tikoloshe' der Kap Nguni ist ein winziges Männchen, das am ganzen Körper behaart ist. Auch sein Gesicht ist über und über mit Haaren bedeckt, die ihm sogar aus den Ohren quellen. Er ist klein und reicht nur bis zum Knie. Sein Gesicht ist zusammengequetscht wie das eines Pavians. Sein Penis ist so lang, daß er ihn über die Schulter tragen muß und er hat nur eine Hinterbackenhälfte. Er lispelt stark und nur Frauen besitzen ihn.

Ein anderer Wertyp der Kap Nguni ist der Blitzvogel, der bei Gewitter erscheint. Er wird von Frauen besessen und erscheint als schöner, junger Mann. Er verursacht Fehlgeburten, Blindheit und Tod bei Mensch und Tier. Er saugt Blut aus seinen Opfern und ist wegen seines unstillbaren Hungers gefürchtet. Er ist verantwortlich für langandauernde Krankheiten mit stechenden Schmerzen und Kurzatmigkeit.

Ein dritter Wertyp der Kap Nguni wird nur von Männern besessen und als Schlange vorgestellt, die sich in alles, in ein Baby, in eine schöne Frau, eine Konservenbüchse oder einen Spiegel verwandeln kann. Er hat Ähnlichkeit mit einem anderen Schlangenwertyp und ist, wenn man in das Wasser eines Flusses hineinblickt, ein Gericht aus der Konservenbüchse, das sich in einen Hut und dann in einen Ochsenstrick verwandelt. Er eilt dahin wie ein Fahrrad und wenn er zu jemandem geht, wird er ein Ball und kullert auf ihn zu. Bei seinem Anblick wird jeder unweigerlich krank.

Der Pavian ist ein Wertyp, der wie ein Pferd geritten wird, allerdings steht man dabei auf seinem Rücken, während ein Fuß den Boden streift. Wenn man ihn reitet, blickt man nicht nach vorne, sondern auf den Schwanz des Tieres. Schließlich gibt es noch einen Nagetier-Wertyp, der den Menschen die Kehle durchbeißt. Die sexuellen Konnotationen bei einigen dieser Wertypen sind überdeutlich. Frigidität wird in Verbindung gebracht mit dem Blitzvogel und dem 'tikoloshe'. Das Befremden der Männer darüber wird dargestellt durch Sexualverkehr der Frauen mit absonderlichen Liebhabern, die übertriebene Geschlechtsmerkmale haben.

Zombies

Eine sehr seltsame Art von Vertrauten sind Zombies. Zombies sind Tote, die von den Hexen oder Hexern versklavt wurden.[38] Die Hexe schlägt bei den Lovedu mit einer Gerte auf das Grab, worauf es sich öffnet und der Tote herauskommt. Sie treibt einen hölzernen Nagel in den Kopf des Toten, sodaß er sich wie ein Narr verhält und seine Zunge mit einem langen Nagel aus Knochen verletzt und durch diese Verletzung am Sprechen gehindert wird. Diese Zombies sind extrem groß und schwarz. Sie haben die Macht eine Person zu hypnotisieren und ziehen sie auf diese Weise magisch an. Sie sind so garstig anzusehen, daß man bei ihrem bloßen Anblick verrückt wird. Zombies sind die Seelen jüngst Verstorbener, die gestohlen wurden. Der Hexer gibt ihnen das Leben zurück und nimmt sie in seine Dienste. Die Leiche bleibt im Grab. Menschen, die von Hexern getötet wurden, sind auch bei den Kap Nguni sehr gefürchtet, denn sie werden zu ihren Sklaven. Sie werden in einem irdenen Topf aufbewahrt oder in einer Höhle eingesperrt. Nachts hacken sie für ihren Herrn oder gehen Schandtaten für ihn erledigen. Wer ihnen begegnet wird ohnmächtig.

Auch die Verwandlung von Dingen in Personen ist möglich. Ein Bananenstamm wird beispielsweise bei den Kaguru verhext und erscheint als eine Person. Die Verwandten bleiben im Unklaren darüber, wen sie vor sich haben. Menschliche Wesen werden bei den Rotse zu Zombies, wenn ein Zauberer ein magisches Horn bläst, das im Stil eines Fliegenwedels sitzt. Das Opfer kann dem Klang nicht widerstehen und wird geistig davongetragen. Der Fliegenwedel verwandelt sich in der Wildnis in die davongetragene Person, kehrt zurück ins Dorf und nimmt die Gestalt des Opfers an. Nach ein paar Tagen wird die Scheinperson krank und stirbt. Sie wird begraben und von ihrem Besitzer zurückgeholt. Eine Rotse-Frau aus Sambia, die jahrelang als vermißt galt, behauptete bei ihrer Rückkehr in ihr Heimatdorf, sie sei als junges Mädchen von einem Zauberer gestohlen und durch einen Fliegenwedel ersetzt worden. In Ukaguru sollen sich auf einsamen Bergspitzen ganze Zombie-Gemeinden befinden. Dort tanzen und heiraten sie und dort halten sie auch ihre Beschneidungen ab. Manchmal zerreißt ein menschenähnlicher Schrei die Nacht oder man kommt in der Abenddämmerung an einem Fremden vorbei, der sein Gesicht abkehrt und nicht grüßt. Solche Unpersonen sind Zombies.

Figürliche Darstellungen

Bei den Kongo werden die Gehilfen auch durch Figuren dargestellt.[39] Die Figur trägt in ihrem Körper Medizinen und Zaubermittel. Einige von ihnen haben einen abnehmbaren Kopf, damit die Geister ein- und austreten können. Die Vertrauten besitzen magische Waffen, z.B. kleine Messer. Sie suchen ihre Opfer zu Fuß auf und sollte ihnen jemand auf ihrer Reise begegnen, so endet die Reise tödlich für ihn. Dagegen tragen die figürlichen Darstellungen solcher Vertrauten keine Messer. Einige Figuren haben kleine Hörner, die am Scheitel befestigt sind. Damit wird der Geist des Opfers eingefangen und gefangengehalten. Auch präparierte Schädel werden der Figur auf den Kopf gesetzt, wenn der Tod des Opfers gewünscht wird. Die Figuren werden den Opfern in den Weg gelegt, um sie zu verhexen. Nicht-menschliche Gehilfen der Hexer werden bei den Rotse durch kleine Schildkrötpanzer dargestellt, die mit Medizinen gefüllt werden. Die Medizinen bestehen aus der Asche verkohlter Wurzeln und werden mit Fett gemischt. Aus der Vorderseite des Schildkrötpanzers ragt eine Messerspitze heraus. Die Waffe bewegt sich nachts durch das Dorf, greift die Opfer an und behext sie. Sie sieht aus wie eine große Krabbe mit großen Fängen und einer Nase, die hervorspringt. Ein anderer Wertyp, Ilomba, die Wasserschlange, stellt der Zauberer entweder für sich selbst her oder für einen Kunden. Ilomba hat den Körper einer Schlange, aber den Kopf eines Menschen. Dieser Kopf ähnelt dem seines Besitzers. Alle figürlichen Darstellungen der Gehilfen dieser Gruppe sind so eng mit ihrem Besitzer verbunden, daß ihre Zerstörung auch die Zerstörung ihrer Besitzer herbeiführt. Ilomba verlangt das Opfer eines Menschenlebens, damit die nötige magische Macht erhalten bleibt.

Autopsie und Theorie der Krankheit

Hexerei kann man in einigen Fällen im Körper feststellen. Dazu ist eine Autopsie notwendig, bei der nach einer Substanz oder einer Kreatur im Körper gesucht wird, die sich im Körper der Hexen und Hexer befinden soll.[40] Bei den Nyakyusa sind es 'Schlangen', die im Bauch oder Uterus einer Frau sein sollen und von Vater oder Mutter geerbt werden. Die 'Schlangen' wachsen, wenn die Kinder ihren Eltern bei ihren Übeltaten helfen. Bei den Kongo werden Hexer oder Hexen auch 'die Leute mit dem kundu' genannt. 'Kundu' ist eine magische Drüse, die zum Hexen befähigt. Die physiologische Basis sind vermutlich Geschwüre oder andere ungewöhnliche Veränderungen der Organe, die bei einer Autopsie festgestellt werden. Man kann mehrere 'kundu'-Drüsen an verschiedenen Stellen des Körpers haben. Ein toter 'ndoki' wird bei den Kongo seziert, weil sein 'kundu' festgestellt werden soll. Das 'kundu' gilt als ein Lebewesen, das den Körper regiert. Es zwingt seinen Besitzer alles ohne Unterschied, vor allem aber Menschen, zu fressen. 'Kundu' verschlingt Ehefrau, Ehemann oder Kind. Es wird auch gegen den eigenen Willen wirksam. 'Kundu' wird durch das 'nsala' belebt, den Lebensgeist einer Person. Wenn jemand 'kundu' hat und das 'nkasa'-Ordal macht, nimmt sein 'nsala' ab. Das 'kundu' macht es möglich sich zu verwandeln und der Hexenfinder hat es schwer, Leute mit dem 'kundu' zu fangen. Wenn die 'kundu'Drüse in der Kehle festgestellt wird, spricht man bei den Kongo von einer 'Barriere'. Jeder mit diesem Typ von 'kundu' erliegt sofort dem 'nkasa'-Ordal. Andere haben 'kundu' in der Nase und fallen daher schon beim bloßen Geruch von 'nkasa' um. Wenn jemand am 'nkasa'-Ordal stirbt und bei der Autopsie keine 'kundu'-Drüse in den Eingeweiden gefunden wird, wird der ganze Körper nach dem 'kundu' abgesucht. Wenn kein 'kundu' gefunden wird, war der Tote nicht selbst ein Hexer, sondern ist verhext worden. Yakobi Munzele schreibt

> Kindoki verhext Leute. Kundu greift den Clan an. Die Leute glaubten, daß kundu dem Land Tod bringe und so machten sie sich daran, herauszufinden, wer im Clan kundu hatte. Sie dachten auch, daß jeder der kundu hatte, Menschen fresse, d.h. jemand sei, der einem anderen innerlich Schaden zufüge. Man glaubte, das kundu würde in einer Art Sack versteckt oder im Bauch des Hexers oder der Hexe getragen. Es gab nur eine Art das kundu aus dem Sack zu ziehen und das war mit Hilfe des nkasa. Wenn er daran starb, platzte der Sack und das kundu kam heraus. Wir glaubten auch, daß jemand der kundu hatte, einen Menschen töten könne und wenn er tot war, der Leiche die Haut abziehen und sie auf den Überresten zurücklassen würde. (zit.n.J.Janzen/W.Mac Gaffey 1974:44)

Wenn es Zweifel an der Todesursache gab, wurde bei den Nyakyusa eine Autopsie durchgeführt und eine Diagnose an Magen und Eingeweiden erstellt. Wunden oder Narben im Magen waren Evidenz für einen Angriff durch Hexer. Wenn die Eingeweide geschwollen waren oder wenn sie beim Einschnitt heraussprangen, war der Verstorbene ein Hexer und wurde wahrscheinlich in einem Kampf mit einem anderen Hexer getötet. Wunden auf der rechten Seite bedeuteten, daß der Hexer aus der Familie des Vaters oder aus dem Altersklassendorf kam und Wunden auf der linken Seite bedeuteten, daß der Hexer aus der Familie der Mutter kam. Das 'tsav' der Tiv erscheint bei der Autopsie als Blutsack oder Klumpen zwischen den Schichten des Herzbeutels. 'Tsav' ist rot oder schwarz. Beide Farben bedeuten für sich betrachtet legitime Gewalt, aber wenn sie beide zusammen auftreten, entwickelt das 'tsav' Krallen und dies ist ein Hinweis darauf, daß das 'tsav' durch Kannibalismus entwickelt wurde.

Autopsien wurden von den Kolonialmächten verboten, weil sie oft zu Hexereianklagen führten. Sie werden heute nur noch heimlich durchgeführt. Bei den Safwa hatte jedes Dorf seinen eigenen Leichenöffner und nur Mitglieder des Dorfes und enge Verwandte durften bei der Autopsie dabei sein. Ein Fremder, der es wagte, einer Autopsie beizuwohnen, riskierte, mit einem Speer erstochen zu werden.

Bestimmte Organe wie Leber, Gallenblase, Milz, Magen und Eingeweide wurden genauer untersucht und das Fehlen oder Vorhandensein von Blut im Unterleib festgestellt. Diskussionen unter den Operateuren und Anwesenden begleiteten die Untersuchung. Durch eine Autopsie stellten die Safwa beispielsweise 'endasa' fest. 'Endasa' sind Einschnitte an der Leber und Blut im Unterleib. Das Wort bedeutet 'durchbohren' und wenn die Leber sich in diesem Zustand befand, war die Person ein Hexer und im Kampf mit einem anderen Hexer erlegen. Blut im Unterleib konnte auch darauf zurückzuführen sein, daß der Hexer seine Fleischschulden nicht bezahlt hatte. Hexer konnten sich zusammenschließen und vereint Unverwandte töten. Um einen Verwandten zu töten, bedurfte es nicht der Hilfe anderer Hexer, aber um Unverwandte zu töten, mußten sich mehrere Hexer zusammenschließen. Für diese Hilfe erwarteten die anderen Hexer dann eine Gegenleistung, wenn sie töten wollten. Wer sich weigerte seine Fleischschulden zu bezahlen, riskierte den Tod. Die Autopsie sollte einen Hexereiverdacht bestätigen oder widerlegen. Sie hatte den Sinn, den guten Ruf einer Abstammungsgruppe wiederherzustellen, wenn eine Beschuldigung sich als falsch erwies. Hohe Entschädigungszahlungen standen in der Vergangenheit auf falsche Hexereibeschuldigungen bei den Safwa.

Wertypen dienten vielfach zur Diagnose von Krankheiten.[41] Die Banyang in West-Kamerun unterschieden Wertypen, die 'im Bauch' und solche, die auf der Oberfläche des Körpers sind. Wertypen 'im Bauch' werden mit zerstörerischen Charaktereigenschaften in Verbindung gebracht, ihre Auswirkungen auf das Wesen einer Person sind tiefgreifender als die der anderen Wertypen, die Fähigkeiten und Fertigkeiten vor allem physischer Art beinhalten. Einige Krankheiten gelten als Hinweis auf den Besitz eines solchen Wertiers. Keuchhusten heißt bei den Banyang 'den Löwen haben', weil er einem Löwen ähnelt, der gejagt wird. 'Blitz und Donner' hat jemand, wenn seine Augen sich gelblich verfärben und seine Gallenblase eine stark dunkle Verfärbung zeigt. Der Urin ist dunkelgelb bis rot und jemand, der 'Donner' hat, fühlt sich tagsüber matt und müde. Diese Beschreibung könnte auf Hepatitis zutreffen. Wunden an

Armen und Beinen werden der Verwundung des Tierwesens zugeschrieben. Der Tiermensch hat sie sich bei seinen Unternehmungen zugezogen. Hitzschlag bei Kindern wird auf 'Schlangen' zurückgeführt und Erbrechen von Dunklem, wie es bei Magenblutungen vorkommt, ist das 'Schießpulver', das den Elephantenmenschen tötete. Blutgerinsel im Herz, die bei der Autopsie festgestellt wurden, deuten auf Eulen. Die Eule führt bei den Banyang die Tiermenschen an. Sie gilt als das abscheulichste Tier, weil sie Menschen und besonders Kinder frißt. Manchen Eulenarten, vor allem der 'Peniseule', wird nächtlicher Verkehr mit Frauen nachgesagt oder sie verursachen Blinddarmentzündung. Ein dritter Typ von Eulen frißt Menschenherzen und ist bei der Autopsie erkennbar am schlechten Zustand des Herzens. Wildschweine können Fehlgeburten verursachen und sind für extrem starke Menstruationsblutungen verantwortlich oder für Schwierigkeiten bei der Geburt. Leoparden verursachen Atemlosigkeit, Keuchhusten und Heiserkeit. Verletzungen an Armen und Beinen, die zu eitern beginnen, deuten ebenfalls auf Leoparden, die auf der Suche nach Beute durch die Wildnis jagen. Bei der Autopsie erkennt man sie an den schwarzen Stellen auf beiden Seiten der Lunge.

Bei den Banyang sind einige 'Wertypen im Bauch' moralisch ambivalent und drücken auch Fähigkeiten aus, die nicht nur zerstörerisch sind. Der Leopard, obwohl ein Raubtier, ist stark und geschmeidig. Der Elephant, der die Feldfrüchte zertrampelt, hört und weiß alles, was in der Gemeinde vor sich geht. Das tonnenschwere Flußpferd erdrückt mit seinen Massen alles um sich herum. 'Flußpferde' zollen ihren Verwandten keinen Respekt. Stärke im Kampf und beim Tragen von Lasten, Geschicklichkeit gegenüber dem Gegner, beim Tanzen und Singen, Erfolg beim Fischen und Jagen, sie alle werden durch Wertiere vermittelt.

Diesen Vorstellungen liegt eine metaphysische Theorie der Krankheit zugrunde. Nach dieser Theorie besitzt jedes Lebewesen die Macht und Kraft zum Leben. Bei der Geburt wird der Mensch durch sie aus dem Mutterleib gestoßen. Die Lebenskraft oder Lebenswärme verläßt den Menschen zeitweise, wenn er schläft oder krank ist oder für immer, wenn er stirbt. Krankheit und Tod deuten auf den Verlust oder die Schwächung der Lebenskraft. Die Safwa in Tanzania nennen die Schwächung oder den Verlust der Lebenskraft 'empongo'. 'Empongo' ist die Erklärung für unerklärliche Krankheiten. Es kann seine Ursache in menschlichem Fehlverhalten oder Hexerei haben und wird durch eine Autopsie oder durch Divination festgestellt. Gewisse Symptome deuten auf 'empongo', z.B. wenn ein Krankheitssymptom sehr plötzlich auftaucht oder wenn die Krankheit sich ungewöhnlich lange hinzieht. Stechende Schmerzen oder Erbrechen von Blut werden sofort als Angriff durch die Hexenmacht interpretiert. Die schleichende Zerstörung der Lebenskraft wird je nach Symptom in Tiermetaphern dargestellt oder mit Naturphänomenen wie Blitz und Donner in Verbindung gebracht. Auf diese Weise läßt sich eine Ätiologie der Krankheiten erstellen. In der europäischen Volkstradition wurde die seltsame Krankheit der 'Mondsüchtigkeit' durch die Transformation der Person in einen Werwolf erklärt und eine plötzliche partielle Lähmung im Rücken nennen wir einen 'Hexenschuß'. Tiermetaphern eignen sich besonders dazu, das Befremden der Menschen über diese Krankheiten auszudrücken. Dabei wird von einer mystischen Beziehung zwischen Mensch und Tierwesen ausgegangen.

Hexenkünste und Zaubertaten, Taghexerei und böser Blick

Hexer und Hexen werden der gemeinsten Übeltaten bezichtigt.[42] In Mbugwe verderben sie die Jagd und zerstören die Ernten oder sie machen das Vieh krank und beauftragen wilde Tiere wie Leoparden und Löwen, die sie kontrollieren, die Jäger zu töten. Bei den Nandi werden sie beschuldigt, Bodenerosionen zu verursachen und Gegenstände, z.B. kleine schwarze Schlangen, Steine, Knochen und Holzstücke in den Körper ihrer Opfer hineinzuzaubern. Lovedu-Hexen schicken ihre dienstbaren Geister aus, um die Kühe zu melken oder aus dem Kral herauszulassen. In Bugisu machen sie ihre Opfer wahnsinnig und stiften wirre Geisteszustände, sodaß ihre Opfer Menschen angreifen oder gar ermorden. Leute, die früher höflich und freundlich waren, werden bei den Safwa, wenn sie von Hexen oder Hexern angegriffen werden, plötzlich schrullig und barsch. Nachthexer in Ukaguru verursachen Glieder- und Knochenschmerzen, indem sie die Schlafposition ihrer Opfer vertauschen. Gier nach gutem Essen treibt Nyakyusa-Hexer zum Diebstahl. Sie saugen die Euter der Kühe leer, bis die Kühe austrocknen oder die Kälber tot zur Welt kommen. Sie erdrosseln, zertreten, zertrampeln oder verwunden ihre Opfer. Nachthexer fügen jenen, gegen die sie einen Groll hegen, absichtlich Leid zu. In Taitaland waten sie nachts nackt in einem Fluß umher und schlagen die Oberfläche des Wassers mit ihren Handflächen, wobei sie Verwünschungen ausstoßen. Dinka-Hexer spionieren die Viehlager aus, in denen sie dann in der Nacht arbeiten wollen. Sie töten eine Kobra und beschmieren Türen, Pfosten,

Schlafhäute und Kochgeschirr mit dem Blut. Sobald das Opfer diese Stellen berührt, stirbt es. Sie verhexen die Dächer der Kuhställe, die dann ohne ersichtlichen Grund plötzlich Feuer fangen und binden die Schwänze der Kühe zusammen, damit sich die Tiere gegenseitig verletzen, wenn sie zum Grasen herausgelassen werden. In Taitaland lauern sie nachts ihren Opfern auf und berühren sie mit einem perlengeschmückten/drahtumwickelten menschlichen Armknochen. Sie begraben tote Katzen auf dem Acker. Wo immer sie nachts auftauchen, folgen ihnen mysteriöse Krankheiten und Tod auf dem Fuß. Lovedu und Safwa-Hexen verursachen Unfruchtbarkeit der Frauen. Sie binden den Schoß der Frauen, damit sie nicht gebären können und binden die Eingeweide der Männer, die dann unter Verstopfung leiden. Hexer und Hexen schicken Vögel, die ihnen gehorchen, damit sie die Saat auspicken und die Ernte zerstören. Sie lassen die Felder anderer unfruchtbar werden, um die Fruchtbarkeit ihrer eigenen Felder zu erhöhen. Wenn ihre Ernten mißlingen, schicken sie Winde und Würmer dorthin, wo die Ernte erfolgreicher war, um sie zu zerstören. In Ukaguru täuschen sie ihre Opfer, sie gelten als falsch und verschlagen. Sie veranlassen ihre Opfer Hühner zu kaufen, die in Wirklichkeit gar keine Hühner sind, sondern Eulen. Im Besitze von Magie, halten sie alle, die mit ihnen zusammenwohnen davon ab, zu wissen, was sie treiben. Durch ihre Medizin machen sie ihre Opfer blind für Lug und Trug. Sie können ihre Opfer alles sagen lassen, was sie wollen und erwecken in ihnen sexuelle Leidenschaften für Personen, die sich gar nicht kennen oder nicht mögen. Ein Kriegsveteran aus Ukaguru gab einmal damit an, er sei in einer einzigen Nacht auf einem Worfelgerät zur Küste und zurückgeflogen und ein junger Lehrer erzwang bei seinen ungezogenen Schülern erst dadurch Respekt, daß er bei Einbruch der Dunkelheit lärmte und am nächsten Tag in der Schule vorgab, die ganze Nacht gefahren zu sein.

Hexer und Hexen erkennt man manchmal schon an ihrem physischen Erscheinungsbild.[43] In Ukaguru haben sie rote Augen und bei den Kongo zeigen die Augen winzige Bilder in der Pupille, die auf dem Kopf stehen. Kaguru-Hexer erkennt man auch an ihren langen Fingernägeln oder an ihren entstellten Gliedmaßen. Sie haben übelriechende eitrige Wunden, die nicht heilen wollen, weil die Hexerei in ihre Körper durch die Wunden eingedrungen ist. Männer, die klirrende Armreifen tragen und sich schwarz gewanden und Frauen mit langen wirren Haaren, ziehen einen Hexereiverdacht auf sich. Häßlichkeit, körperliche Mißbildung und ein schmutziges, ungepflegtes Äußeres sind in Ukaguru hexereiverdächtig, obwohl viele der als Hexer oder Hexen Verdächtigten keines dieser Merkmale besitzen und oft gutaussehende junge Leute sind. Doch gerade darin soll sich die Kunst ihrer Täuschung und Verstellung zeigen. Menschen mit angeborenen körperlichen Behinderungen, wie z.B. Jungen, die nur mit einem Hoden zur Welt kommen, gelten bei den Dinka als potentielle Hexer und sollten früher nach der Geburt in den Fluß geworfen werden. Die Dinka fürchteten, daß sie Unglück anziehen oder Stürme auf ihr Heim lenken würden. Die Mütter brachten es aber nicht übers Herz, diese Kinder zu töten und im tatsächlichen Umgang mit ihnen verhalten sich die Dinka nicht so, als ob sie etwas Besonderes an sich hätten Sie waren aber unheimlich und galten als impotent. Versehrte oder Behinderte gelten jedoch nicht immer als Hexer oder Hexen. Nur wenn die gesellschaftlichen Maßstäbe für Schönheit und Unversehrtheit streng sind, wie bei den nilotischen Dinka, werden sie als potentielle Hexer oder Hexen angesehen. Klumpfuß und Buckel deuten nicht automatisch auf eine Disposition zum Hexen. Wenn aber Versehrte wegen ihres Schicksals Ressentiments entwickeln und herumgiften, geraten sie leicht in einen Hexereiverdacht. Bei den Shona und Nupe haben nur die Gehilfen der Hexen körperliche Fehler, nicht aber die Hexenden selbst. Buckel, andere körperliche Mißbildungen und extreme Häßlichkeit sind in Nupe nur Pech. Auch Wahnsinnige gelten nicht gleich als Hexer, denn Wahnsinn kann auch das Werk von Geistern sein.

Hexer und Hexen empören das sittliche Empfinden ihrer Mitmenschen.[44] In Mandari hinterlassen sie Exkremente in Vogel- und Tierfallen oder auf gepflügten Feldern, wo die Feldfrüchte wachsen. Bei den Dinka und Mandari urinieren sie in Trinkgefäße, Kochtöpfe oder Gefäße, die zum Abmelken der Tiere gedacht sind. Sie tun das, wenn sie krank sind und nicht weit laufen können oder weil sie zu faul sind oder auch nur, weil sie andere erschrecken wollen. Wer bei solchen Handlungen erwischt wird, ist in Lebensgefahr. Auch Hunde, die sich in der Nähe von Lebensmitteln oder im Gehöft entleeren, gelten in Mandari als Hexer, ebenso wie ein Freier, der seine Notdurft in der Hütte einer Freundin verrichtet, um die er wirbt. Aus Scham darüber, mag er sich gleich am nächsten Baum aufhängen. Taita-Hexer und Nachthexer in Lugbara verrichten ihre Notdurft in der Nähe der Haustür. Sie erbrechen Blut über der Türschwelle ihres Opfers oder verspritzen es im Gehöft und wenn das Opfer darauftritt, erkrankt es und stirbt. Hexer in Lugbara mißachten die religiösen Einrichtungen und kicken sich die Ahnenschreine gegenseitig wie einen Fußball zu. Bei den Gusii klopfen sie an Türen und stehen dann mit dem Rücken vor dem Eingang. Nachthexer in Ukaguru laufen nackt herum und streuen Sand in die Glieder ihrer Opfer, die am nächsten Tag mit heftigen Gliederschmerzen aufwachen. Bei Knochenschmerzen hat die Hexe ihr Opfer die ganze Nacht in ihrem Garten ackern lassen oder es mit Stöcken durchgeprügelt. Manchmal läßt sie ihr Opfer auch die ganze Nacht radeln und am nächsten Tag ist es wie gerädert. Nachthexer tanzen in Mandari auch auf den Gräbern ihrer Opfer. Nachdem sie einige Zeit getanzt haben, fallen sie um und Blut tritt aus ihrem Anus. Wenn sie wieder zu sich kommen, schmieren sie dieses Blut an Pfosten oder Mauern der Hütten ihrer Opfer, damit die, die drinnen wohnen krank werden und sterben. Kaguru-Hexer laufen auf ihren Händen. Sie sind aschfahl und nicht schwarz wie Afrikaner. Sie behandeln Verwandte wie Unverwandte und haben Sex mit ihnen. Sie schlafen mit jedem Mädchen, das ihnen über den Weg läuft und mit den Ehefrauen anderer Männer. Sie behandeln Menschen wie Dinge oder Tiere, sie töten und fressen sie. Sie behandeln wilde Tiere wie Menschen, lassen sie bei sich wohnen und sich von ihnen helfen. Manchmal werden ihnen auch sexuelle Beziehungen mit diesen Tieren nachgesagt, denn ein Hexer unterwirft sich keinen Regeln hinsichtlich seines Sexualverhaltens. Abweichendes Sexualverhalten gilt manchmal, aber nicht in allen Fällen, als ein Charakteristikum eines Hexers oder einer Hexe. Inzestuöse Neigungen gelten in Afrika allerdings fast ausnahmslos als hexereiverdächtig. Homosexualität bei Männern ist bei den Nyakyusa, Kaguru und Mandari hexereiverdächtig, Homosexualität bei Frauen wird bei den Nupe, Bakweri und Azande mit Hexerei in Verbindung gebracht. In Ukaguru sind Exhibitionismus und Sodomie, bei den Mandari und Dinka Sodomie und Pädophilie hexereiverdächtig. Hexer, so die Vorstellung, begehen jede nur erdenkliche sittliche Untat planvoll, aus Lust am Bösen, aus Freude an der Transgression und Obstruktion der Normalität.

Der böse Blick gehört im afrikanischen Hexenwesen zum Bereich der weniger gefährlichen Taghexerei.[45] In Lugbara haben Männer mit dem bösen Blick kleine rote Augen und schielen. Sie verhexen durch einen zornigen Blick, den sie einer Person zuwerfen, die ihnen Bier und Tabak verweigert hat. Sie blicken immer verdrießlich drein und haben auch sonst ungewöhnliche Gesichtszüge. Sie gelten als gefräßig, werden aber nicht so sehr gefürchtet wie die Nachthexer, da man sie zufrieden stellen kann, wenn man ihnen Tabak oder Bier gibt. Eine besonders üble Sorte von Taghexer bei den Lugbara ist der Speichelspucker. Speichelspuckerhexer wandern den ganzen Tag untätig umher und dringen in die Gehöfte ein, wenn die Erwachsenen fort sind. Sobald sie ein kleines Kind sehen, spucken sie ihm auf den Kopf und verursachen dadurch Grinden. Die Kinder werden krank und schwinden dahin. Männer, die so etwas tun, sind meist Fremde in dem Gebiet, in dem sie auftauchen. Bei den Mbugwe ist der böse Blick ein neidvoller Blick auf Nahrungsmittel, die Kinder und das Vieh anderer Leute. Die so beäugte Person wird krank und stirbt. In Ukaguru ist es möglich, jemanden dadurch zu verhexen, daß man mit dem Finger auf ihn zeigt. Bei den Kongo fügt der 'ngangankisi' oder 'ndoki' auch einen präparierten Finger hinzu, wenn er einen 'nkisi' herstellt. Mit dem Finger auf Personen zu deuten, ist als ob ein magisches Gewehr abgefeuert wird. In Mbugwe ist das Zählen von Vieh und Kindern mit den Fingern ebenfalls verdächtig. Kinder sind besonders durch den bösen Blick gefährdet. Kindersegen, so die Vorstellung, erregt den Neid derer, die nur wenige oder gar keine Kinder haben. Wer die Kinder anderer Leute zählt, setzt sich auch bei den Kongo dem Verdacht der Hexerei aus und diejenigen, die in freudiges Erstaunen ausbrechen, wenn sie ein schönes Kind sehen oder überschwenglich die gelungene Ernte und das wohlgenährte Vieh ihrer Nachbarn preisen, erregen Mißtrauen, denn von einem Moment auf den anderen können sie einen bösen Zauberspruch darübersprechen, sodaß die Ernte dahinschwindet und das Vieh stirbt. Bei den Mbugwe wird Vieh durch den bösen Blick verhext. In der Trockenzeit, wenn das Vieh mit der Hand getränkt werden muß, macht sich jeder der Taghexerei verdächtig, der dabeisteht und zuschaut. Auch Lebensmittel werden in Mbugwe durch den bösen Blick verhext. Verhexte Süßkartoffeln verursachen Schwellungen des Unterleibes und Durchfall; verhextes Fleisch verursacht Leiden an Rachen und Rectum; verhextes Wasser verursacht Wahnsinn; verhexte Butter führt zu Lepra; verhexter Schnupftabak verursacht bei alten Männern Narrheit, sodaß sie sich ihres Alters unwürdig und albern benehmen. Die Hauptnahrungsmittel wie Hirsebrei, geronnene Milch und Gemüse, sind in Mbugwe jedoch keine geeigneten Träger von Hexerei. Nur wenn jemand gerade einen Bissen davon in den Mund schiebt, kann ihn der böse Blick treffen. Kochen verdirbt die über die Lebensmittel gesprochenen Zaubersprüche und deshalb werden rohe Lebensmittel nicht verhext. Bier eignet sich ebenfalls zur Verhexung durch den bösen Blick, verursacht aber in Mbugwe nur eine milde Form von Fieber und ist nicht tödlich. Bier ist das Getränk, das die Mbugwe gemeinschaftlich einnehmen und weil die Gefahr groß ist, daß es verhext wird, halten sich Ängstliche von Bierfesten fern. Aus Furcht vor Verhexung werden Mahlzeiten in Mbugwe nur in Gesellschaft und immer im Hause absolut vertrauenswürdiger Personen eingenommen. Zuerst essen die Kinder. Die Eltern stehen draußen und passen auf, daß niemand kommt. Nur Mitglieder der eigenen Abstammungsgruppe sind bei den Mbugwe vertrauenswürdig genug und dürfen beim Essen anwesend sein. Vater und Sohn, die in einen Streit miteinander verwickelt sind, essen in dieser matrilinearen Gesellschaft aus Furcht vor Hexerei nicht zusammen, denn sie gehören ja nicht zur gleichen Deszendenzgruppe. Ein Häuptling und sein Sohn essen bei den Mbugwe schon grundsätzlich nicht miteinander, denn ihre Beziehung ist aufgrund der größeren Verantwortung und Verpflichtung des Vaters gegenüber seiner Schwester und seiner Matriverwandtschaft ein guter

Nährboden für Hexereiverdächtigungen und Streit. Personen mit dem bösen Blick sind in Mandari besonders am Tage aktiv und bei öffentlichen Veranstaltungen. Sie blicken schlau und verschlagen drein, nicht offen und geradeheraus. Sie taxieren die Leute von oben bis unten oder gaffen sie an. Taghexer sind bei den Lovedu ganz normale Leute, die mit Medizinen von einem Doktor oder einer Hexe versuchen, ihre Feinde zu töten. Über die Medizinen hinaus wissen sie aber nichts von Hexerei. Taghexer sind oftmals Männer, da Frauen nicht so ohne weiteres Medizinen kaufen können. Taghexer gebrauchen Medizinen und Zauberformeln, aber sie haben keine Gehilfen, gehören keiner Bruderschaft an und erben ihr Wissen nicht. Da sie jedoch auch bei Nacht arbeiten können, ist die Grenze zur Nachthexerei nicht klar gezogen.

Zauberei

Ein Nyoro gab dem Anthropologen John Beattie einmal folgende Definition eines Zauberers

> Ein murogo (Plural: barogo) ist jemand, der einen anderen töten will. Er kann ihn töten, indem er Medizinen gegen ihn bläst oder indem er ihm Gift ins Essen oder Trinken gibt. Er kann das Gift auch auf dem Weg vergraben, auf dem der andere geht. Die Leute verzaubern diejenigen, die sie hassen, also die, die sie bestehlen und die, die reicher sind als sie. Zauberei kommt von Neid, Haß und Angst. (J.Beattie 1963:29)

Zauberei ist immer intentional. Sie wird gelernt und ist nie angeboren. Im Gegensatz dazu sind Hexer und Hexen geborene Übeltäter. Der Zauberei verdächtigt zu werden ist im allgemeinen weniger gravierend, als der Hexerei bezichtigt zu werden, da Zauberer und Zauberinnen nicht als von Grund auf böse und verdorben gelten. Die Gisu begegnen ihnen mit Zorn und Angst, nicht aber mit dem Gefühl des lähmenden Entsetzens oder Schreckens, den die Hexen auslösen. Hexerei ist eine mehr oder weniger bewußte Macht des Bösen, Zauberei eine erlernte Technik, eine erworbene Macht zu schaden und zu nützen und ein sehr bewußtes Tun.

Der Unterschied zwischen Hexerei und Zauberei verschwimmt vielfach in der Praxis.[46] Die Kaguru haben zwei Wörter für Personen, die anderen Schaden zufügen: 'muhai' (Plural: wahai) und 'mukindi' (Plural: wakindi). Ein 'muhai' ist jemand, der gewisse übernatürliche Kräfte (uhai) besitzt. 'Uhai' ist die Macht selbst, aber auch die Substanz, die zum Träger der Macht wird, z.B. das Gift, das der Zauberer oder die Zauberin jemandem ins Essen kippt. 'Uhai' ist auch eine außergewöhnliche Geschicklichkeit, z.B. das Tanzen auf Drahtseilen. 'Uhai' bezieht sich auch auf Medizinen und Formeln für Fruchtbarkeit, gegen Ehebruch, für Liebe, zum Töten, als Gegenkraft gegen das 'uhai' anderer Hexen und Zauberer. 'Wakindi' begehen Inzest, Mord und Kannibalismus. Das Wort kommt von 'kukinda' und bedeutet 'bei Nacht nackt tanzen'. 'Wakindi' können Böses allein aufgrund ihres bösen Willens tun.

Die Mandari unterscheiden Taghexer und Nachthexer. Taghexer haben den bösen Blick, Nachthexer tanzen auf den Gräbern der Opfer. Nachthexer können auch Zauberei gebrauchen. Sie sind im Besitz von 'materia magica', um ihre Ziele zu erreichen. Terminologisch unterscheiden Mandari zwar zwischen Hexerei und Zauberei, aber sie gebrauchen beide Ausdrücke in einer allgemeinen Erörterung des Problems.

Die Mbugwe unterscheiden klar zwischen Hexerei und Zauberei. Hexerei ist 'osave', der Hexer oder die Hexe heißt 'mosave' (Plural: vasave). 'Osave' wird im Geheimen getrieben. Der Ausdruck für Zauberei ist 'wanga', der Zauberer oder die Zauberin heißt 'mwanga' (Plural: vaanga). 'Wanga' ist die Fähigkeit, Menschen durch magische Handlungen zu schaden. Auch Wahrsager haben 'wanga'. 'Vaanga' arbeiten mit Zaubersubstanzen, sie gebrauchen Liebeszauber und besitzen protektive Zaubermittel. Die Gisu, Nandi und Rotse unterscheiden terminologisch nicht zwischen Hexerei und Zauberei. Auch bei den Kongo gibt es keine strenge Unterscheidung zwischen Hexerei (kindoki) und Zauberei (kyungu). Sehr oft benötigt man für einen Hexereiakt auch Medizinen, Gift oder ganz gewöhnliche Gewalt gegen eine Person oder ihr Eigentum. Die Gusii machen zwar einen terminologischen Unterschied zwischen Hexerei und Zauberei, sind aber der Meinung, daß auch die 'abarogi' (Hexen bzw. Hexer) magische Substanzen gebrauchen, obwohl sie schon durch den bloßen bösen Willen töten können. Auch die Taita unterscheiden nicht terminologisch zwischen Hexerei und Zauberei. Sie glauben nicht, daß man jemanden ohne Medizinen, ohne Zauberspruch und ohne böswillige Handlungen schaden kann. Die Cewa gebrauchen für Hexen und Zauberer den gleichen Terminus, nämlich 'mfiti' (Plural: mfiti). Beide treiben 'ufiti', wozu sie magische Substanzen gebrauchen, die ihnen übernatürliche Fähigkeiten verleihen. Die Cewa haben noch einen Ausdruck, der einen Hexer oder eine Hexe bezeichnet, deren Hauptmotiv der Haß ist (mpheranjiru). Dieser wird aber, so teilt uns Max Marwick mit, nicht häufig gebraucht.

Die Gonja unterscheiden einerseits Hexen, die nachts körperlos umhergehen, als Feuerball erscheinen, die Seelen ihrer Opfer verschlingen und andererseits Zauberer, die Zaubermittel gebrauchen. Beide Konzeptionen schließen sich jedoch nicht gegenseitig aus. Hexen können nur fliegen, wenn sie Medizinen getrunken haben.

Bei den Nyakyusa kann Zauberei gegen jeden angewandt werden, Hexerei nur gegen Dorfnachbarn, gegen die man einen Groll hegt. Bei den Yakö wird Zauberei im Gegensatz zur Hexerei nur von Männern ausgeübt. Sie fällt in den Bereich der Taghexerei. Frauen gelangen bei den Yakö nicht so ohne weiteres in den Besitz von Medizinen, mit denen sie schaden können.

Die Nyoro unterscheiden Hexerei (busezi) und Zauberei (burogo). 'Basezi' tanzen nachts nackt, exhumieren Leichen und fressen sie. 'Busezi' ist angeboren, kann aber auch gelernt werden. Die Nyoro, wie auch die Fipa, fürchten sich aber mehr vor Zauberei als vor Hexerei.

Die Lovedu unterscheiden terminologisch nicht zwischen Hexerei und Zauberei. Für beides gebrauchen sie den Ausdruck 'vulsi'. Sie unterscheiden jedoch deutlich zwischen zwei Typen von Hexerei, der Nachthexerei (vuloi va vasiu) und der Taghexerei (vuloi vya matsiare).

Die Lugbara unterscheiden klar zwischen Hexern und Zauberern. Zu den Hexen gehören Nachthexer, Männer mit dem bösen Blick und die Speichelspucker. Die Zauberer gebrauchen Zaubermittel. Auch die Shona unterscheiden terminologisch zwischen Hexerei und Zauberei, nennen Zauberer aber auch 'muroyi'. Die Azande unterscheiden ebenfalls klar zwischen Hexerei (mangu) und Zauberei (ngua; gbegbere ngua oder kitikiti ngua). Um die Verwirrung noch komplett zu machen, sei auch noch das Beispiel der Ibibio in Nigeria erwähnt. Sie unterscheiden nicht zwischen Hexern und Zauberern (beide 'ifot'), jedoch zwischen weißer (afia) und schwarzer (obubit-) Hexerei. Auch bei den Mkako in Kamerun verschwindet der Unterschied zwischen Hexerei und Zauberei. Medizinen sind wirksamer, wenn Hexer oder Hexen sie gebrauchen und weniger wirksam bei Zauberern und Zauberinnen. Manche Medizinen können nur von Hexern und Hexen benützt werden. Bei ein und demselben Todesfall kann mal Hexerei, mal Zauberei als Ursache behauptet werden. Synchrone Untersuchungen tendieren bisweilen dazu, dem Bedeutungswandel dieser Begriffe nicht genügend Aufmerksamkeit zu schenken. Dies belegt z.B. eine historische Untersuchung über den Wandel des Begriffs der Zauberei bei den Kerebe. Zauberei, so weist der Autor nach, hat sich erst mit dem Aufkommen des Elfenbeinhandels, der Zunahme des Geldflusses und der Abnahme der rituellen Autorität der Geronten voll entfalten können, während Hexereikonzeptionen zunehmend in den Hintergrund traten. Bei den Bakweri in Kamerun kam um die Zeit des I. Weltkrieges eine neue Form von Zauberei auf, genannt 'nyongo'. Sie soll von außerhalb eingeschleppt worden sein. 'Nyongo'-Hexer und Hexen waren immer wohlhabend. Sie fraßen keine kleinen Kinder, sondern verschleppten sie in Gegenden, wo es ganz modern zuging und Lastwagen umherfuhren. 'Nyongo'-Hexer und Hexen hatten moderne Dächer auf ihren Häusern und ihre Häuser wurden mit der Arbeit ihrer toten Verwandten erbaut, die als Zombies für sie arbeiteten. Leute mit modernen Berufen (Schneider) und modernen Häusern gebrauchten 'nyongo'.

Bei der Zauberei finden Formeln, Riten und Medizinen Anwendung. Im Gegensatz zur Hexerei ist Zauberei in den meisten Fällen empirisch nachweisbar, denn Zauberer sind ganz und gar auf ihre 'materia magica'[47] angewiesen. Bei den Lele und Nyoro kaufen sie ihre magischen Medizinen oder Techniken von einem professionellen Zauberer. In Mashonaland ist der Preis für besonders wirksame Medizin ein Inzest oder Mord. Bei den Gisu hat jedes Zaubermittel einen eigenen Namen und wird mit bestimmten Krankheitssymptomen in Verbindung gebracht. Einige Medizinen, wie etwa schwarze Haare, die bei der Autopsie in den Eingeweiden gefunden werden, verursachen Bauchschmerzen und führen zum Tod. Ein anderes Zaubermittel der Gisu verursacht wunde Stellen am ganzen Körper. Nur Zauberer, die genug mystische Stärke besitzen, dieses Zaubermittel handzuhaben, verstehen sich auf diese Art von Zauberei. Zaubermittel mit geringerer Wirkung werden in Bugisu verkauft oder im Auftrag eines Kunden ausgeführt. Wenn ein Zaubermittel verkauft wird, liegt die Verantwortung für die Wirkung bei dem, der den Zauber gekauft hat. Ein Magier beansprucht nur Wissen über weiße Medizinen zu haben. Lugbara-Zauberer treffen sich und diskutieren die Verfeinerung ihrer Medizinen. Sie erkennen sich an einem Licht, das, nur für Eingeweihte sichtbar, auf ihrem Handrücken leuchtet. Ein Mann, der Zaubermittel von einem anderen kauft, glüht angeblich und wird so von allen anderen Zauberern erkannt.

Zaubertechniken

Zauberer gebrauchen die verschiedensten Zaubertechniken. Bei den Kongo besteht eine der Techniken darin, seinen Feind zu verfluchen.[48] In Ukaguru reicht es aus, mit dem Finger[49] auf das Opfer zu deuten. Ein mit Medizin behandelter Finger, mit dem man auf das Opfer zeigt, kann auch bei den Lovedu Tod verursachen. Auf einen Menschen in drohender Art und Weise zu zeigen und dabei die Worte zu sprechen '...du wirst schon sehen', ist ein Akt der Zauberei.

Medizinen werden ins Essen oder Trinken gegeben.[50] Nach Möglichkeit ißt man in Bugisu daher nicht im Hause einer bekannten Hexe. Gisu-Hexer rühren die Medizinen mit Menschenarmen, damit sie besonders stark werden. Mandari-Hexer legen tote Kröten, Frösche und Eidechsen ins Kochgeschirr oder geben sie ins Essen. Sie hängen Medizinen aus Stöcken und Blättern, die zu Bündeln zusammengesteckt werden unter die Rinnen der Mahlsteine oder an den Ziegenkral und sprechen dabei Verwünschungen gegen ihr Opfer. Die Medizinen verursachen Durchfall, Lepra, Anfälle, Wahnsinn, Impotenz, Unfruchtbarkeit, Fehlgeburten und andere Gebrechen. Lugbara-Hexer schieben Harz oder den Saft von Gummibäumen unter ihren Fingernagel und geben ein wenig davon in die Trinkschale oder ins Essen des Opfers. Bei den Konkomba müssen Daumen- und Fingernägel deshalb immer kurz geschnitten sein. Kaguru-Hexer reiben sich die Handfläche mit Medizin ein und schütteln dann die Hand des Opfers. In Betschuanaland kippen sie die Medizin ins Bier, in den Hirsebrei oder in andere Nahrungsmittel. Diese Substanzen verwandeln sich im Bauch des Opfers in winzige Krokodile oder in Löwen und nagen an den Gedärmen, bis es stirbt. Sie verwandeln sich in ein unverdauliches Stück Fleisch oder in ein Objekt, das krank macht. Wirkliches Gift wird selten ins Essen getan und soll erst neuerdings üblich sein. In Ufipa bietet niemand einem Gast Bier oder Hirse an, ohne vorher selbst davon genommen zu haben. Trotzdem kann immer noch etwas Gift unter dem Fingernagel versteckt sein, das zu Schwellungen des Unterleibes führt und zu einem qualvollen Tod. Bei den Yakö kann ein Zauberer die Macht punitiver Geister zum Zaubern mißbrauchen, indem er 'materia magica' von den Schreinen dieser Geister nimmt und sie in Nahrungsmittel oder Getränke des Opfers tut oder auch dort hinterlegt, wo es sich häufig aufhält. Zauberei dieser Art kann sich aber auch gegen den Zauberer selbst wenden und ihn zerstören, doch dieser Preis muß für die Zerstörung des Wohlhabenden und Erfolgreichen bezahlt werden. Lovedu und Konkomba-Zauberer schicken gefährliche Tiere wie Schlangen, Leoparden oder Büffel auf den Weg, damit sie das Opfer beißen oder verletzen.[51] Nicht jeder, der zufällig vorbeikommt wird von der Schlange gebissen, denn sie töten nicht blindlings, sondern nur die, die sie beauftragt sind zu töten.

Zaubermittel werden auf den Weg gelegt oder an Kreuzungen vergraben.[52] Oft muß dabei der Name der Person genannt werden, die geschädigt werden soll. Sobald das Opfer vorbeikommt, wird es verzaubert oder behext. Rotse-Zauberer vergraben Schildkröten mit Messerspitzen auf dem Weg und verstecken Medizinen an Toreingängen und Türschwellen, damit sie gleich beim Eintreten gesehen werden können. Zauberer in Betschuanaland verstecken Bündel mit Lappen, die behandelte Wurzeln und Substanzen enthalten in den Traufen der Hütten ihrer Opfer. Bei den Nandi legen sie Stöcke, Steine, Knochen oder andere kleine Gegenstände in den Weg, damit das Opfer weiß, daß es von jemandem verhext wurde. Die bloße Präsenz dieser Substanzen bringt Krankheit und Tod über die Bewohner. Nyoro-Zauberer blasen gewisse Medizinen, wie beispielsweise zu Pulver zerstampfte Blätter bestimmter Pflanzen bei Sonnenaufgang von der Handfläche in Richtung des Opfers und rufen dabei den Namen des Opfers aus. Zauberer gebrauchen auch Spuren der Fußabdrücke des Opfers zur Herstellung von Medizinen. Zauberer in Lovedu mischen Proben von Fußabdrükken mit Medizinen oder legen einen magisch behandelten Dorn auf den Weg. Schmerzen im Bein sind die Folge. Lovedu-Taghexen tun Medizinen auf ihre Fußsohlen und laufen durch die Felder ihrer Opfer. Zauberer bei den Safwa und in Betschuanaland betreten nachts die Hütten ihrer Opfer. Nachdem sie sie in einen Tiefschlaf versetzt haben, machen sie verschiedene Einschnitte am Körper und führen kleine Steine, Stücke Fleisch und andere Partikel ein, die mit Medizinen behandelt wurden. Sie machen ihr Opfer krank und wenn der Doktor nicht in der Lage ist, die Partikel rechtzeitig herauszuholen, stirbt es. Die Shona haben eine Medizin, die sich im Körper des Opfers in ein Lebewesen verwandelt, das der Doktor aussaugt. Zulu-Zauberer machen sich den Blitz dienstbar, indem sie in die Lüfte aufsteigen und in Gestalt eines Blitzes auf ihr Opfer herabkommen. Diese Methode wird von den Magiern favorisiert, die Zänkereien mit ihren Kollegen auf diese Weise ausfechten. Zulu und Lovedu-Zauberer beherrschen den Blitzzauber. Natürliche Blitze treffen nur Bäume und Felsen weitab von menschlichen Siedlungen, aber Zauberblitze treffen menschliche Siedlungen. Das Erscheinen des Blitzvogels deutet auf Zauberei. Der Blitzvogel hat blaue Federn und erscheint nur, wenn es regnet und blitzt. Der Zauberer schickt ihn auf eine Mission. Sein weißer Kot dient den Zulu-Doktoren zum Zubereiten von Medizinen.

Nyoro-Zauberer stecken Medizinen in die Tabakpfeife ihrer Opfer oder reiben sie ihnen in die Augen, damit sie blind werden. Zauberinnen können Krankheiten über einen Mann bringen, wenn sie während und nach dem Geschlechtsakt Medizinen mit seinen Geschlechtsorganen in Berührung bringen. Zauberer reiben sich getrocknetes Schlangenpulver in die Augenwinkel oder schieben es unter den Fingernagel und rufen so Unterleibsschmerzen bei ihren Opfern hervor. Zauberer in Lugbara zaubern gegen gute Ernten und gesundes Vieh. Der Zauberer geht zum Feld seines Opfers, nimmt eine Handvoll Hirsepflanzen und hält die vorderen Enden in der rechten Hand. Dann umwickelt er sie mit Blättern, die er in seiner linken Hand hält und sagt: "Seine Ernte ist reif. Wenn er davon ißt, soll er krank werden." Wenn er die oberen Enden der Hirse vier Mal umwickelt, wird ein Mann krank und wenn er sie drei Mal umwickelt, wird eine Frau krank. Er nimmt einen Viehstrick und reibt ihn mit Blättern ein oder legt ihn in ein Loch in einen Ameisenhügel. Daraufhin wird das Vieh krank und stirbt.

In Konkomba schicken Zauberer nachts ihre Schatten aus, die die Schatten ihrer Opfer verzehren. Wenn ein Mensch seinen Schatten verliert, stirbt er einen langsamen Tod. Gegen das Nachtfahren hilft in Konkomba das Schließen der Tür. Außerdem schläft niemand alleine. Jeder, der sich nach Einbruch der Dunkelheit uneingeladen einem Gehöft nähert, muß seine Ankunft laut ankündigen, sonst kriegt er einen glühenden Stock an den Kopf. Glühende Kohle wird an der Eingangstür zum Schlafraum aufgestellt, sodaß jeder, der eintritt, gleich gesehen werden kann. Nur Hexer und Zauberer treiben sich nachts in der Dunkelheit herum.

Medizinen, die durch Inzest oder Mord erworben wurden, erkennt man bei den Shona schon an der schwarzen Farbe. Sie werden gebraucht, um die Ernte wachsen zu lassen. In Matabeleland wird Salz als Überträger von Zauberei gefürchtet. Wer nachts nach Einbruch der Dunkelheit Salz von einem Nachbarn erbittet, gilt als Zauberer. In den Städten bewirken die Zaubermedizinen, daß das Opfer von einem Auto überfahren wird, sobald es die Straße überquert. Auch wer versehentlich ein stromführendes Kabel berührt oder vergißt, den Wasserhahn zuzudrehen, sodaß das Wasser in Strömen ausläuft, ist ein Opfer der Zauberei.

Zauberer und Zauberinnen der Gisu schicken Rattenpaare in die Häuser derjenigen, denen sie Schaden wollen, um Haare, Finger- und Fußnägel,[53] sowie die Hinterlassenschaften von Kleinkindern und andere Beute einzusammeln, die sie benötigen, um destruktive Medizin zu machen. In Betschuanaland gießen sie Blut über den Gehöftplatz. Das Blut ist in der Regel das des Totemtiers oder eines Mitglieds der Familie. Sollte das Opfer darauftreten, kann es seine Beine nicht mehr bewegen und stirbt. Bei den Lovedu stehlen Zauberer das Waschwasser, in dem das Opfer gebadet hat oder sie stehlen die Kleider, die es getragen hat. Eine Frau, die nicht will, daß ihr Mann eine zweite Frau heiratet, nimmt in Bunyoro von dem Gras, auf das die Rivalin getreten ist und spricht eine Zauberformel darüber, um sie unfruchtbar zu machen oder Fehlgeburten herbeizuführen. Frauen, die andere Ehefrauen ihres Mannes verzaubern wollen, nehmen in Lugbara und bei den Rotse ein Stück der Plazenta der Mitfrauen, um damit zu zaubern.

Zauberer und Zauberinnen schaden, indem sie Exkremente, Körperexkrete, Fingernägel und Fußabdrücke ihrer Opfer zur Schadenszauberei gebrauchen. Jede Körpersubstanz verursacht eine andere Krankheit. Finger- und Fußnägel, Zähne, Haare und Wimpern, Kleider oder Stücke davon, Unterwäsche und kleinere oder größere Mengen von allem, womit das Opfer Berührung hatte, wie Bettzeug oder Papierfetzen, worauf es geschrieben hat, werden zur Herstellung von Schwarzzauber gebraucht. Bei den Nyoro verzaubert eine Frau ihre Mitehefrau, indem sie Spuren ihrer Exkremente nimmt und sie ihrem Mann ins Essen gibt. Die Rivalin, scheint es ihm, riecht so übel, daß er sie bald darauf wegschickt. Urin oder Exkremente, die gestohlen wurden, bewirken bei den Shona, daß das Opfer nicht mehr Wasser lassen oder seine Notdurft verrichten kann. Einige der Medizinen der Shona verursachen Lähmungen oder ständiges Erbrechen nach dem Essen. Alle möglichen Arten von Magen- und Darmbeschwerden sind auf diese Arten von Medizinen zurückzuführen. J.Crawford berichtet in seinem Buch 'Witchcraft and Sorcery in Rhodesia' (1967, S.99), wie einmal Stuhlproben von Schülern auf Bilharziose hin untersucht werden sollten. Nur zögernd wurden die Proben zur Untersuchung gebracht, denn die Schüler fürchteten, daß sie für Schwarzzauber verwendet werden könnten. Erst nachdem die Schüler aufgeklärt wurden, was damit geschehen sollte, machten sie mit.

Wer in Matabeleland beim Suchen von Leichenteilen wie Schädeln oder Zähnen angetroffen wird, macht sich der Zauberei verdächtig. Frauen sollten besonders sorgfältig darauf achten, daß sie nichts Persönliches herumliegen lassen, dessen die Zauberinnen habhaft werden könnten. Einer der Einwände der Native Authority gegen Geburtskliniken in Ukaguru war der, daß dadurch die Möglichkeit der Verzauberung von Mutter und Kind durch Unverwandte vergrößert würde. Das Problem wurde dadurch gelöst, daß man die Nachgeburt den Verwandten gab, damit sie sehen konnten, daß sie nicht für Schadenszauber verwendet worden war.

Wenn sich Hexer und Hexen bei den Rotse zu ihren nekrophagen Gelagen treffen, sezieren sie Leichen und nehmen Körperteile wie Arme und Schädel zu sich, um daraus magische Substanzen herzustellen. Die Leichen werden exhumiert und Schädel, Hände und Arme in Verwahrung genommen. Damit sich die Hexer und Zauberer nicht an den Leichen zu schaffen machen, werden die Toten in Konkomba bewacht, ihre Haare geschoren, die Nägel geschnitten, der Körper gewaschen und der Mund ausgespült. Haare, Augenwimpern und Nägel werden in Konkomba sorgsam verbrannt oder vergraben und ebenso wird der Hocker vernichtet, auf den der Tote während der Prozedur gesetzt wurde. Das Wasser, mit dem der Tote gewaschen wurde, schafft man diskret beiseite, zerbricht die Schale und vergräbt die Stücke an einer Weggabelung. Der Zauberer soll nichts von dem Toten in die Hände bekommen.

Kaguru-Medizinen bestehen aus pflanzlichen und tierischen Substanzen.[54] Neuerdings enthalten Medizinen bei den Safwa auch Fahrradöl, Insektizide oder Brennspiritus. Tiersubstanzen wie Schlangenhäute, Schlangenherzen und Schlangenköpfe, Schlangengift und Krokodilsgalle werden in Bunyoro entweder äußerlich oder innerlich mit dem Opfer in Berührung gebracht. Männer gebrauchen bei den Lugbara Harz oder den Saft von Gummibäumen zum Zaubern, ebenso wie eine Knollenart, die sie von Wanderarbeitern kaufen. Die zerstampfte Knolle verstreuen sie auf dem Boden, an Markttagen und bei Tanzfesten, und wer darauf tritt, wird krank.

Die Medizinen der Safwa lassen sich nach Form und Funktion klassifizieren.[55] Sie bestehen aus getrocknetem Pulver, Infusionen aus Blättern und Pflanzen oder Wurzeln und Rinde. Die Medizinen haben die Aufgabe, Beziehungen und persönliche Lagen zu verbessern oder wiederherzustellen, gegebenenfalls aber auch zu beeinträchtigen. Wenn ein Mitglied der Verwandtschaft bei der Einnahme der Medizinen fehlt, bringen sie Tod und Mißernten über seine Verwandten. Gift und Zauberartikel müssen bei den Gusii im Haus des Opfers deponiert werden.[56] Sie werden im Dach, in einer Wand, im Boden und nahe der Türschwelle versteckt. Von diesen Plätzen aus erreicht die Medizin die inneren Organe des Opfers, seine Leber, seine Milz und sein Herz und verursacht Tod. Schlechte Medizinen sind in Ukaguru rot oder schwarz und werden in kleinen Halmen aus Riedgras aufbewahrt. Stroh vom Dach eines Hauses und Asche von der Feuerstelle des Nachbarn gebrauchen die Yakö und Rotse zur Zauberei. Die Mbugwe verwenden Kuhmist zum Zaubern. Er muß aber noch am selben Tag in die Hände der Hexe gelangen, damit er rheumatische Schmerzen beim Opfer verursacht. Es gehört sich deshalb nicht, Kuhmist aus einem Nachbarhaus zu entfernen oder über den Misthaufen des Nachbarn zu laufen.

In Bunyoro werden Hörner von Kühen, Ziegen und kleineren Antilopenarten mit Medizinen, z.B. Steinen von bestimmten Hügeln gefüllt, die magische Macht haben sollen und Träume verursachen. Zur Herstellung von Medizinen gebraucht der Zauberer den Kot bestimmter Vögel und Stücke verschiedener Hölzer und Pflanzen. Er fügt manchmal Blut von einem Huhn oder anderen Tieren bei, er gebraucht Schneckenhäuser und Perlen. Menschliche Körpersubstanzen finden in den Hörnern der Nyoro keine Verwendung. Die Hörner werden von professionellen Zauberern verkauft. Man versteckt sie im Hause des Opfers, unterm Dach, Boden oder Herd, im Hof und auf dem Weg zum Haus. Jedes Mitglied des Haushalts kann damit getötet werden.

Zaubermittel sind Vehikel einer mystischen Macht, die durch Worte, standardisierte Redewendungen oder Formeln angesprochen werden können.[57] Sie erhalten Befehle und führen sie aus. Eine Frau, die bei den Shona eine Mitehefrau verzaubern will, nimmt ihre Monatswäsche weg und bespricht sie mit einem Zauberspruch: 'Du wirst verbluten und ein Verwandter wird es getan haben..." Medizinen können auch ohne Zauberformel angesprochen werden und es wird ihnen gesagt, was sie tun sollen. Sie bekommen den Auftrag zu töten oder krank zu machen, arm, impotent oder unfruchtbar. Es muß aber wenigstens ein Wunsch ausgesprochen werden, um das Opfer zu verletzen. Die Lovedu sagen den Namen einer Person, der der Zauberspruch gilt. Die 'ndoki' der Kongo nehmen eine Prise Erde und sprechen einen Zauberspruch darüber

> Mach ihn dünn, so dünn wie ein Aal! Laß ihn anschwellen wie den ndoko-Baum! (zit.n. K.E.Laman, 1962 III:224)

Er spuckt auf die Prise Erde, wirft sie in die Anpflanzung oder auf das Tier oder was immer er zerstören will. Die Ernte wird eingehen und die Tiere verenden. In Betschuanaland werden Zaubersprüche nicht für alle Arten von Schwarzzauber verwendet und haben auch nicht immer die gleiche Phraseologie.

Motiv

Zauberer verzaubern diejenigen, gegen die sie einen Groll haben.[58] Ein Nyoro-Zauberer droht

> Du wirst schon sehen, wer von uns der Stärkere ist. Wart's nur ab, wir werden Beutel aus unserer Haut machen... (J.Beattie, 1963:30)

Solche Drohungen werden post-hoc, nachdem das Unglück eingetroffen ist, als Folge der Zauberei interpretiert. Die Handlungen der Hexen und Hexer sind im Gegensatz zu denen der Zauberer und Zauberinnen im Grunde unerklärlich und nicht durch gelegentlichen Neid, vorübergehenden Haß und Ärger oder zeitweilige Eifersucht verursacht. Während bei den Lele jeder ab und zu 'bupih' (Neid) verspürt, sind Hexer und Hexen ständig neidisch. Sie sind alt, haben ein Ressentiment gegen die Jungen, sie sind arm und gegen die Reichen. Hexen und Hexer töten aus purer Lust am Töten. Alles, was sie tun, machen sie aus purer Boshaftigkeit, Rachsucht, Eifersucht, Machtgier, Eigennutz und Ehrgeiz, Gier, Neid, Haß, Zorn und Frustration. Sie hexen aus innerem Antrieb. Zauberer dagegen töten wegen eines zeitweiligen Vorteils, sie haben ein klares Motiv. Zauberer können sich bessern und sind daher keine ständige Bedrohung für ihre Mitmenschen. Zauberei kann man vermeiden, indem man den Zauberer oder die Zauberin nicht provoziert. Hexen und Hexer dagegen handeln aus unbegreiflichen, aber immer schlechten Motiven. Sie zeigen keinen Respekt für andere und haben auch kein Mitgefühl. Blick, Rede und Erscheinung der Hexer und Hexen atmen Böses.

Zur Frage der Erblichkeit von Hexerei

Im allgemeinen gilt Hexerei als eine angeborene Fähigkeit, die oft unbewußt praktiziert wird.[59] Nachthexerei gilt immer als angeboren, während Taghexerei oft erworben wird und damit der Zauberei vergleichbar ist. Bei den Shona wird Hexerei durch einen Geist verursacht, der von einem Gönner erworben oder in weiblicher Linie vererbt wird. Ein Hexengeist kündigt sich einer Frau an, wenn ihr Kind krank wird oder wenn die Frau unfruchtbar ist und von anderem Unglück heimgesucht wird. Eine solche Frau kann den Hexengeist akzeptieren und betätigt sich dann als Heilerin der Unfruchtbarkeit der Frauen. Auch für die Gisu ist Hexerei Teil der Natur einer Person und wird entweder in männlicher oder weiblicher Linie geerbt. In patrilinearen Gesellschaften richten sich Hexereiverdächtigungen oft gegen die mutterseitige Verwandtschaft, während die Angehörigen der eigenen Abstammungsgruppe frei vom Verdacht bleiben. Obwohl Hexerei bei den Nyakyusa in männlicher und weiblicher Linie erblich ist, fällt ein Verdacht nicht automatisch auf die eigenen Lineagemitglieder. Ein Mann, der selbst ein Hexer ist, kann einen Vater oder Bruder haben, der kein Hexer ist. Nur eine Autopsie kann den Verdacht bestätigen und das auch nur für den Beschuldigten selbst.

Die Frage der Erblichkeit von Hexerei hängt auch davon ab, ob es in einer Gesellschaft Personen oder Personengruppen gibt, die permanent als Hexer oder Hexen verdächtigt werden. Bei den Mandari im Südsudan werden Flüchtlinge und Migranten aus anderen Stämmen, Verarmte und mittellose Klienten regelmäßig des bösen Blicks verdächtigt. Die Befähigung dazu wird von Männern auf Männer und von Frauen auf Frauen vererbt. Der böse Blick wird mit Kategorien von Personen in Verbindung gebracht, die gesellschaftlich schlecht integriert sind und sich aus der Sicht der Mandari fremd und feindlich verhalten. Alteingesessene landbesitzende Clans werden hingegen nicht verdächtigt. Landbesitzende Clans können nicht kontaminiert werden, wenn sie Hexen heiraten, denn sie vererben ihre Hexerei an die Tochter und die heiratet wegen der Exogamieregel nicht in den gleichen Clan. Fremde Frauen zu heiraten ist daher ungefährlich für eine landbesitzende Lineage. Männer vererben ihre Hexerei an die Söhne und Söhne von verdächtigen Vätern gelten automatisch als Hexer. So entstehen ganze Gruppen stigmatisierter Lineages, obwohl es auch die Chance gibt, individuell einem Verdacht zu entgehen, da nur eine gewisse Anzahl der Nachkommen Hexer werden. Auch sind sich die Mandari im Einzelfall nicht wirklich sicher, ob jemand ein Hexer ist, nur weil es der Vater war und sie verhalten sich durchaus aufgeschlossen und nicht ablehnend gegenüber den Verdächtigen. Die Fremden werden jedoch verdächtigt, Hexerei in eine reine Lineage einzuschleppen.

Die Macht der Hexer und Hexen ist nicht immer erblich und angeboren. Sie kann auch erworben worden sein.[60] Obwohl die Macht der Hexerei bei den Lugbara nicht erblich ist, kann ein Sohn dem schlechten Beispiel seines Vaters folgen. Wer in Gonja die Macht zu haben wünscht, bekommt sie von einem Verwandten. Eine Frau bringt ihrem letztgeborenen Kind das Hexen bei oder es lernt es von seinen Geschwistern. In Nupe kauft man Hexerei von jemandem, der das Wissen darüber besitzt, vorzugsweise vom Oberhaupt der Hexen. Das Wissen wird dann von einer Generation an die andere weitergegeben. Wird die Hexenkunst erworben, so muß sie bei den Mbugwe in einem geheimen Initiationsritus von den Eltern gelernt werden, die selbst hexen. Man kann Hexerei auch von einem Unverwandten erwerben, das soll aber selten vorkommen. Der Theorie nach akzeptiert ein Mbugwe die Initiation freiwillig, doch in der Praxis wird Druck ausgeübt.

Die Hexen der Mbugwe sollen sich ihrer Hexerei und ihrer maliziösen Akte immer voll bewußt sein. Sie sind deshalb auch voll verantwortlich für den Schaden, den sie anrichten. Wer auch immer hext, ob Mann oder Frau, muß seine Fähigkeiten an die Kinder weitergeben und auch an die Ehefrauen, wenn sie nicht sowieso schon Hexen sind. Ein Vater lehrt seine Kinder eins nach dem anderen, gleich nach der Initiation, die Hexenkunst. Nachdem die Kinder alle in die Hexenschaft eingetreten sind, müssen auch die Ehefrauen die Hexenlehre mitmachen. Weigern sie sich, müssen sie das Gehöft verlassen, damit sie nicht verhext werden. Wenn die Ehefrau die Hexe ist, muß der Ehemann die Hexenlehre machen. Sie kann das Leben eines oder mehrerer seiner matrilinearen Verwandten fordern. Hexer und Hexen lernen in der Hexenlehre ein Geheimwissen, mit dem sie anderen Schaden zufügen können. Sie lernen, wie man Hyänen zähmt und reitet. Sie lernen die Gegenmittel, um ein Opfer wieder zu enthexen und den eigenen Spruch unwirksam zu machen. Übungsweise wird eine neutrale Person behext und dann wieder enthext.

Eine Frau, die in Nupeland eine Hexe werden will, geht zu einer anderen Frau, die eine Hexe ist oder sie geht direkt zum offiziellen Haupt der Hexen und ohne komplizierte Initiation wird sie bald selbst eine Hexe. Sie tritt der Zunft bei. Auch im Erwachsenenalter kann man Hexerei noch lernen. In Gusiiland wenden sich oft verheiratete Frauen dieser Betätigung zu. Die Schwiegermutter versucht die Schwiegertochter für die Hexerei anzuwerben. Ältere, verheiratete Frauen, die viele Kinder verloren haben, sind empfänglicher für Hexerei, als Frauen mit vielen gesunden Kindern. Versucht eine solche Frau ihre Hexenlehre abzubrechen, kann sie krank oder geistig wirr werden.

II. Soziale Beziehungen und Hexerei in Afrika

Wertvorstellungen und Hexerei

Hexerei und Zauberei sind das Idiom, in dem existentielle Erfahrungen wie Unglück, Leiden und Tod auf eine ganz spezifische Weise erklärt werden. Unglück, Krankheit und Tod rufen die Vorstellung einer böswilligen Handlung seitens eines Hexers oder Zauberers hervor, der im Besitz okkulter Macht sein soll und damit anderen Menschen schadet und sie tötet. Die zentrale Vorstellung ist die, daß einige Menschen die unerklärliche Fähigkeit besitzen sollen, anderen auf empirisch nicht nachweisbare Art zu schaden. Hexerei- und Zaubereivorstellungen kulminieren in einer Auffassung vom Tode,[1] die auch ihn als das Werk neidischer Hexer und Zauberer interpretiert und nicht nur als einen natürlichen Prozeß des Aussetzens der Körperfunktionen. Die sozial relevante Erklärung unserer modernen Zivilisationen betont hingegen die 'natürlichen' und 'rationalen' Ursachen von Unglück, Leiden und Tod und sieht von möglichen metaphysischen Ursachen ab. Wir zählen die Kette der Ereignisse auf, die zu einem Unglück, einer Krankheit oder gar zum Tod geführt haben. Uns interessieren die empirischen, nicht die metaphysischen Ursachen des Mißgeschickes. Wenn wir sie nicht finden können, sprechen wir von Pech oder Zufall. Für den Hexengläubigen sind die empirischen Ursachen sekundär. Die eigentliche Ursache ist immer die Verhexung oder Verzauberung.

Die Todesvorstellungen, die in der Hexerei zum Ausdruck kommen, betreffen die Wertvorstellungen einer Gesellschaft, genauergesagt, die Vorstellungen über den mitmenschlichen Umgang. Der Hexer und die Hexe legen Verhaltensweisen an den Tag, die ein harmonisches Zusammenleben 'vergiften' können. Sie handeln aus Motiven wie Rachsucht, Eigennutz, Eifersucht, Streitsucht, Machtgier, Neid, Mißgunst, Ehrgeiz und Bösartigkeit. Der Hexer verkehrt, ja karikiert die Wertvorstellungen seiner Gesellschaft. Zu diesen Werten gehören u.a. Solidarität, Friedfertigkeit und Gegenseitigkeit. Die christliche Universalethik hat im Gebot der Nächstenliebe die Forderung erhoben, daß diese für alle Menschen zu gelten habe, ungeachtet ihrer Herkunft oder Geschlechtszugehörigkeit. Auch die traditionale afrikanische Ethik kennt das Gebot der Nächstenliebe, die in diesem Kontext besser 'Verwandtenliebe'[2] genannt werden sollte, bezieht sie aber nicht auf die Menschheit insgesamt - wodurch sie übrigens Gefahr läuft bloß ein abstraktes Gebot zu bleiben - sondern nur auf einen bestimmten Personenkreis. Dazu gehören vor allem die Mitglieder der eigenen Abstammungsgruppe. Sie sollten einander lieben und achten, schweren Streit meiden, Rache für ein erlittenes Unrecht unterlassen, die Einheit der Abstammungsgruppe wahren, den Eigennutz zurückstellen, weder neidisch noch mißgünstig gegeneinander sein. Sie sollten sich gegenseitig Rechtsbeistand und Wirtschaftshilfe leisten. Die Verletzung des Gebotes der 'Verwandtenliebe' führt zu Hexereiverdächtigungen. Wer seine Bestattungspflichten nicht erfüllt, macht sich der Hexerei verdächtig; wer seine Verwandten bestiehlt, wer eine notorische Klatschbase ist, macht sich der Hexerei verdächtig. Der unverbesserliche Misanthrop, der gehässig, mürrisch und übellaunig ist, macht sich verdächtig, ebenso der Rüpel, der herumpoltert und kein Benehmen hat. Oft sind es Nonkonformisten, die der Hexerei verdächtigt werden. Aber auch die Unglücksraben, die Schwachen und Hilflosen, die sich nicht wehren können, sind hexereiverdächtig. Die Gesellschaft unterstellt ihnen - mehr oder weniger berechtigt - Ressentiments gegen ihre Situation, die sie zum Hexen verleiten. Diese Ressentiments verursachen eine extreme, manchmal perfide Form des Hasses gegen die Mitmenschen. Die häufigsten Abweichungen von der gesellschaftlichen Norm kehren in den Metaphern des Hexereiidioms wieder: Extreme Gier wird zu einem Kannibalismusverdacht. Exzentrik, Eigenbrödelei und Unfreundlichkeit wird zur Verschlagenheit und Hinterlist der Hexen und Hexer. Ein ungepflegtes, nachlässiges Äußeres wird stereotypisiert im zerzausten Haar der Hexe. Extreme Häßlichkeit in einem Buckel und unverschämtes Glück bei allen Unternehmungen zu übermenschlichen Fähigkeiten. All das ist nur möglich, weil der Hexer und Zauberer ein Normbrecher ist. Er bricht die Normen aus Haß wegen einer Kränkung oder Demütigung, wegen eines erlittenen Unrechts - sei es tatsächlich oder nur eingebildet - das ihm die zu Liebe und Achtung verpflichteten Verwandten zugefügt haben oder einfach, weil er Gefallen findet an der Transgression moralischer Gebote. Doch damit verstößt er gegen das Axiom der 'Verwandtenliebe' und das macht ihn so gefährlich. In Gesellschaften ohne Staat, wie z.B. bei den Tiv in Nigeria, für die die Gleichheit der Stammesmitglieder ein hoher gesellschaftlicher Wert war, machte sich jeder der Hexerei verdächtig, der politisch übermäßige Ambitionen zeigte und andere beherrschen wollte.[3] In einer Gesellschaft mit zentralisierten politischen Institutionen, wie die der Azande, machte sich jeder der Hexerei verdächtig, der die etablierte Ordnung herausforderte.[4] In einer Gesellschaft mit rigiden geschlechtsspezifischen Rollenmustern, macht sich jeder Mann und jede Frau der Hexerei verdächtig, wenn er/sie davon abweicht.[5] In egalitären Gesellschaften ist zuviel Reichtum und Macht hexereiverdächtig, denn er wurde wahrscheinlich auf Kosten anderer erworben. Schönheit, die ostentativ zur Schau gestellt wird, ist hexereiverdächtig, denn sie macht Häßlichkeit sichtbar. Talent ist hexereiverdächtig, denn es macht den Talentierten angesehen. Daher kann ein Hexereiverdacht auch als ein Signal angesehen werden, das Sozialverhalten zu korrigieren. Sozial standardisiert wird korrektes Verhalten in der Etikette, d.h. gespieltem Anstand, der aufkommende Ressentiments im Umgang mit anderen beschwichtigen soll. Wenn Wohlanständigkeit und Freundlichkeit bloß vorgetäuscht werden und nicht ernst gemeint sind, so verkehrt sich Etikette zur Heuchelei und auch das ist typisch für Hexer und Hexen. Ein Hexereiverdacht signalisiert also auch, daß jemand sein Verhalten ändern soll. Dahinter steckt ein manchmal pharisäischer Konformitätsanspruch, der in einen Appell an die Solidarität gekleidet wird.

Hexerei ist ein Sentiment, besser: ein Ressentiment und weil Gefühlshaltungen wie Haß, Neid und Mißgunst nur in konkreten Beziehungen entstehen können, ist ein Mindestmaß an dauernder sozialer Interaktion Voraussetzung für einen Hexereiverdacht. Das trifft in afrikanischen Gesellschaften noch am ehesten auf Mitglieder einer Abstammungsgruppe zu, die Schwiegerverwandten, und Nachbarn oder die Ehefrauen in einem polygynen Haushalt. Diese Personen sind aufeinander angewiesen und erwarten von einander Liebe, Achtung und Beistand. Verweigerung von Liebe, Achtung oder Beistand und die daraus entstehenden Enttäuschungen werden typischerweise im Idiom der Hexerei artikuliert. Hexerei wird deshalb nur in bestimmten Sozialbeziehungen virulent, in solchen nämlich, in denen an solidarische Beziehungen überhaupt appelliert werden kann. Einen Hexereiverdacht kann man daher auch bis zu einem gewissen Grad vermeiden, wenn man nämlich den akzeptierten Standards des sozialen Verhaltens genügt und dazu gehören in vielen afrikanischen Gesellschaften das Bezeugen einer freundlichen Gesinnung, gutes Benehmen, Gastlichkeit und Großzügigkeit. Wer dauernd verdrießlich dreinblickt und sich absondert, wer nie jemanden einlädt, und nie selbst eine Einladung von seinen Nachbarn annimmt, wer aufdringlich ist und seine Nase in die Angelegenheiten anderer steckt, wer bösartig und gehässig ist, wird über kurz oder lang der Hexerei verdächtigt werden und zwar von jemandem, den er durch sein Verhalten gekränkt und beleidigt hat. Daraus folgt, daß die Neigung, einen anderen der Hexerei zu verdächtigen, mit der persönlichen Empfindlichkeit zunimmt. Daraus folgt auch, daß gerade solche Menschen der Hexerei verdächtigt werden, die in ihrem Leben viel Grund hatten, Ressentiments anzuhäufen, wie die Schwachen, die Hilflosen, die Armen und häufig eben auch die Frauen.

Gerade sie sind es dann aber auch, die ihre Ressentiments gegen andere, vorzugsweise andere Frauen oder noch Schwächere wenden, denn meistens verhexen und verzaubern sich in Afrika nur sozial Gleichgestellte: Männer untereinander um Einfluß, Prestige und Führungspositionen und Frauen in einer polygynen Familie oder in Frauenfreundschaften. Verdächtigungen von Frauen gegen Männer oder von Söhnen gegen ihre Väter können zwar vorkommen, führen aber nicht zu Anklagen und bleiben daher folgenlos, da Frauen und Söhne im traditionellen afrikanischen Recht ihre Rechtsangelegenheiten nicht selbst vertreten konnten, sondern nur durch den Vater, Ehemann oder Mutterbruder. In einer stratifizierten Gesellschaft mit Verhältnissen der Über- und Unterordnung, ist es auch nicht ratsam, von unten nach oben anzuklagen, da die Folgen sehr unangenehm sein könnten. Abgesehen davon war es auch selten möglich, weil die Rechtsinstitutionen, die Hexerei- und Zaubereidelikte verfolgten, Monopole der Väter, Mutterbrüder, Ehemänner oder Herrscher und ihrer Beamten waren. Wer die akzeptierten Standards des Sozialverhaltens und des Umgangs miteinander verletzt, gerät über kurz oder lang in einen Hexereiverdacht. Nonkonformisten, obwohl sie auch bewundert werden, sind bei den Mandari im Südsudan hexereiverdächtig und auch Exzentriker, die bei jeder Gelegenheit bissige oder giftige Bemerkungen und allzu offene, obskure Anspielungen über das Erscheinungsbild anderer machen.[6] Wer in Mandari Leute dauernd bei ihrem Vornamen ruft und schwatzhaft ist, verletzt das Verhaltensideal der Mäßigung und Diskretion im mitmenschlichen Umgang und bezeugt damit Respektlosigkeit. Respektlosigkeit ist nur in ritualisierter Form zulässig, z.B. in Scherzbeziehungen. Scherzpartner dürfen sich bei den Kaguru gegenseitig als Hexer bezeichnen und sagen, wenn sie sich treffen: "Hier kommt eine Hexe..."[7]

Manche Leute versuchen, ihr unmoralisches Verhalten dadurch zu entschuldigen, daß sie behaupten, sie seien verhext worden. Sie sagen dann, sie seien zum Ehebruch verhext worden oder dazu, im betrunkenen Zustand die Ehefrau, den Vater oder die Mutter zu verprügeln. Bei eigener moralischer Verantwortung wird Hexerei als Erklärung nicht zugelassen, wohl aber als Entschuldigung hervorgebracht. Man kann nicht lügen, stehlen, Ehebruch und vorsätzlich Verwandtenmord begehen, weil man verhext wurde. Für diese Handlungen trägt man selbst die Verantwortung.

Hexerei- und Zaubereianklagen

Bei den Kaguru in Tanzania kann theoretisch jeder der Hexerei bezichtigt werden, unabhängig von Alter, Geschlecht oder Clanzugehörigkeit.[9] Gewisse Personen werden jedoch häufiger verdächtigt als andere. Tom Beidelman zählt sie auf: 1. Die ökonomisch erfolgreichen Männer, die viele blühende Felder haben, gesundes Vieh, schöne Kleider, attraktive Frauen und viele Liebhaberinnen und 2. die mächtigen Häuptlinge, die Oberhäupter der Lineages und einige afrikanische Kirchenführer, dann 3. die Nonkonformisten und die mit den neuen Ideen, wie auch die, die immer Bargeld in der Tasche haben. Dazu gehören auch 4. die Eigenbrödler, Eigensinnigen und Individualisten, die trotz der Einwände ihrer Nachbarn und Verwandten ihre eigenen Wege gehen. Außerdem verdächtigen sich auch 5. Ehefrauen in polygynen Ehen gegenseitig der Hexerei, weil die eine mehr Kinder hat als die andere oder mehr Zuwendung vom Ehemann bekommt. Schließlich werden auch Personen verdächtigt, die 6. ihre Verwandtschaftsverpflichtungen, z.B. die Bestattungsverpflichtungen vernachlässigen oder diejenigen, die - besonders wenn sie reich sind - keine Wirtschaftshilfe leisten und 7. Einwanderer, die sich in Ukaguru niedergelassen haben. Sie sind reicher, gebildeter und verfügen über mehr politische Beziehungen, sind aber den Kaguru kulturell doch so ähnlich, daß diese ihre Ressentiments im gleichen kulturellen Idiom der Hexerei und Zauberei artikulieren können. Hexereianklagen ereignen sich auch zwischen unverheirateten Rivalen, die um die Gunst der gleichen Frau werben.[10]

Auch bei den Nandi in Kenia gibt es keine bestimmte soziale Gruppierung, innerhalb der Hexereianklagen gemacht werden.[11] Jeder kann zur Zielscheibe der Verwünschungen eines Hexers oder einer Hexe werden. Mitglieder der eigenen Patrilineage werden aber normalerweise nicht angeklagt und auch nicht die matrilaterale Verwandtschaft. Ein Mann kann jedoch seine Schwiegerverwandten und umgekehrt eine Frau ihre Schwiegerverwandten anklagen.

Die Gisu in Uganda verhexen Männer, Frauen und Kinder.[12] Frauen, gelegentlich auch Männer, haben den bösen Blick. Bei den Gonja in Nordghana waren von 44 Fällen weiblicher Hexerei 40% gegen Schwiegerverwandte, Mitehefrauen oder deren Kinder und Kinder der Töchter der Mitehefrauen, sowie gegen klassifikatorische Verwandte gerichtet; 33% waren gegen die eigenen Blutsverwandten, 23% gegen Unverwandte und 2% gegen Verwandte, von denen man nicht genau den Verwandtschaftsgrad sagen konnte, gerichtet.[13] Auch bei den Lovedu in Transvaal verhexen sich Verwandte und Unverwandte.[14] Hier verhext eine Mutter allerdings nie ihr eigenes Kind (auch die

Kinder verhexen die Mutter nicht) und ein Bruder, der mit seiner Schwester wegen des Viehs verbunden ist, das sie durch ihre Heirat bekommt und ihm zu seiner Verheiratung zur Verfügung stellt, verhext sie nicht, obwohl ihre Beziehung wegen der Viehverbindung sehr gespannt sein kann und er auf seine Schwester angewiesen ist. Bei den Yakö in Nigeria sind zwar Männer und Frauen fähig zu hexen, jedoch richten sich die Verdächtigungen hauptsächlich gegen Frauen. Sie ziehen bei ihrer Heirat zu ihrem Mann und seiner Verwandtschaftsgruppe.[15] Bei den Ibibo in Nigeria scheint es auch kein regelmäßiges Muster der Anklage zu geben.[16] Ehefrauen und Ehemänner (ehemalige oder gegenwärtige), Brüder und Schwestern, Schwiegertöchter, Vettern, Neffen und Mitehefrauen, Rivalen um eine Frau, Dorfangehörige, die einen Streit miteinander haben, werden verhext. Einige Hexen gestanden, sie hätten Mädchen verhext, die zu stolz waren, junge Männer aus dem Dorf zu heiraten oder sie verhexten junge Männer und deren Geld, weil sie zu sehr mit ihrem Reichtum auftrumpften. In keinem einzigen Fall waren Fremde in Hexereiverdächtigungen verwickelt, immer nur Leute, die in engem Kontakt zueinander standen. Von 52 in den Jahren 1978 bis 1981 untersuchten Fällen, ereigneten sich 17 in polygynen Familien, 10 unter Schwiegerverwandten, 25 unter Unverwandten wegen Wettbewerbs um ökonomische Resourcen, um Kunden oder um die Gunst des Vorgesetzten.

In den ethnographischen Beschreibungen wird nicht immer genau unterschieden zwischen einem bloßen Hexereiverdacht und einer Hexereianklage, bzw. einer Hexereibeschuldigung. Nicht jeder, der einen Verdacht hat, klagt gleich an oder kann überhaupt anklagen. Verdächtigungen sind weit häufiger als Anklagen. Ehefrauen verdächtigen zwar ihre Ehemänner hin und wieder der Hexerei, aber meistens können sie sie nicht anklagen, da die Ehemänner ihre Rechtsangelegenheiten vertreten. Bei einem schweren Verdacht kann sie sich unter Umständen an ihre eigenen männlichen Verwandten wenden, die den Wahrsager für sie über den Ehemann konsultieren oder das Orakel befragen.

Hexerei- und Zaubereianklagen sind selten zwischen Personen, die sich nicht kennen.[17] Bei den Nyoro in Uganda sind sie nicht typisch für politische Beziehungen und Beziehungen zum Staat. In dieser zentralisierten Gesellschaft sind die Beziehungen zwischen Bauern und Notablen beschränkt und durch Gehorsam und Respekt gekennzeichnet. Das ist unvereinbar mit der Konkurrenzsituation und der Art von Konflikten, die kennzeichnend sind für Zauberei. Dem Anthropologen J.Beattie war kein Fall von Zauberei im politischen Kontext bekannt. Im familiären Kontext sind Hexereianklagen zwischen einem Mann und den Verwandten seiner Mutter selten, häufiger jedoch zwischen entfernt verwandten und unverwandten Personen, z.B. Nachbarn. Bei den Azande verdächtigten die Notablen alle Gemeinen der Hexerei und brachten die Sache vor das Orakel, wo sie fast alle schon einmal überführt worden sein sollen. Verdächtigungen von Gemeinen gegen Notable kamen wahrscheinlich vor, aber sie und die Gemeinen in einflußreichen Positionen wurden nicht angeklagt, da die Instrumente der Wahrheitsfindung (Orakel, Ordale) in den Händen der Herrscher und ihrer Beamten lagen.

Autoritätspersonen, wie z.B. die Eltern, die Geschwister der Eltern oder die Großeltern werden bei den Gisu meist nicht von Jüngeren verhext. Das zu tun zeugt von mangelnder Elternliebe, ist pietätlos und zerstört die Person, die es versucht. Der Zorn der Älteren auf die Jüngeren wirkt dagegen wie Hexerei und spiegelt die Ambivalenz gegenüber familialer Autorität wider, die oft als ungerecht und despotisch empfunden wird. Wo Hexerei geerbt wird, wie bei den matrilinearen Kaguru, verdächtigt sich jeder selbst, der einen matrilinearen Verwandten beschuldigt. Dennoch sind Hexereianklagen unter Matriverwandten nicht ausgeschlossen, wenn es um Erbangelegenheiten und politische Macht geht. Männer einer Lineage und eines Patriclans verhexen sich bei den Yakö in Nigeria in der Regel nicht, obwohl Rivalitäten wegen des gemeinsamen Besitzes von Land und Gehöften da sind. Hexerei zwischen ihnen wird verhindert durch die Intervention eines Patriclan-Geistes, der denjenigen bestraft, der ein Clanmitglied verhexen will. Im übrigen kommt es selten zu offenen Anklagen. Klatsch hinter vorgehaltener Hand geht konkreten Beschuldigungen voraus.

Hexereianklagen wurden auch selten bei ostafrikanischen Viehnomaden festgestellt.[18] Hexereivorstellungen, insbesondere der böse Blick sind weit verbreitet, doch Anklagen kommen kaum vor. Der böse Blick wird 'Einwanderern' (Mandari), 'Eindringlingen' (Nandi), 'Turkana' (Samburu) und 'Schmieden' (Boran) nachgesagt, also Kategorien von Personen, die aufgrund ihrer peripheren sozialen Stellung im fremden ethnischen Milieu schlecht integriert sind. Der böse Blick ist erblich. Wer beispielsweise der Gruppe der Schmiede angehört, ist per se schlecht und kann allein aufgrund der Zugehörigkeit zu dieser Gruppe verdächtigt werden. Leute mit dem bösen Blick verursachen nur kleinere Übel wie juckende Hautausschläge, leichte Reizbarkeit, Gleichgültigkeit und Appetitlosigkeit bei Kindern, sowie das Erscheinen von Blut in der Milch von Kühen, die sonst gesund sind. Viele Kinder, einige Erwachsene und Tiere tragen Amulette gegen den bösen Blick. Schweres Unglück und große Leiden werden meist anderen Instanzen, wie beispielsweise Gott, zugeschrieben. Der Hauptgrund, warum Hexereibeschuldigungen und Hexereianklagen so selten bei Viehnomaden vorkommen, liegt nach P.T.Baxter in der

Notwendigkeit, freundliche und aktive Kooperation unter den Hirten zu sichern, um die Herden in einer gefahrvollen Umwelt zu erhalten. Die Ältesten sind dafür verantwortlich. Rechte über Vieh liegen außerdem gebündelt bei mehreren Personen, die zusammen eine Herde beaufsichtigen und jeder, der einen anderen anklagt, sein Vieh anzugreifen, involviert zwangsläufig die Mitbesitzer seiner Herde. Diejenigen, die des bösen Blicks angeklagt werden, besitzen meist kein Großvieh, sondern nur Schafe und Ziegen und sind auch nicht in die kooperativen Beziehungen integriert. Sie werden wegen der schlechten Lebensbedingungen leichter seßhaft und gehen der verachteten Tätigkeit der Ackerbauern nach oder wandern mit ihren Ziegen- und Schafherden auf der Suche nach besserem Weidegrund umher. Sie werden verantwortlich gemacht, wenn das Vieh herumstreunt und allgemeines Unglück die Herden trifft. Schweres Unglück wie Rinderpest, Viehdiebstahl oder Trockenheit und Tod wird ihnen aber nicht zugeschrieben, sondern ist eine Strafe Gottes, wie die vielen Hiobs-Geschichten über dramatisches Unglück in der Folklore der Boran belegen.

Ein anderer Grund warum Viehnomaden kaum Hexereianklagen machen, soll daran liegen, daß Vorstellungen über die Begrenztheit von Reichtum, Gesundheit und Wohlstand bei Viehnomaden fehlen, während sie in Bauerngesellschaften vorherrschen sollen.[19] Bauern, so Baxter, erfahren leichter die Begrenztheit ihrer ökonomischen Anstrengungen und ökonomischer Erfolg wird egoistischem Mißbrauch okkulter Kräfte zugeschrieben. Viehnomaden erleben das sichtbare Anwachsen ihrer Herden und investieren den ökonomischen Zuwachs direkt in die Verbreiterung ihrer Allianzbeziehungen und Gefolgschaft. Überschüsse an Fleisch und Milch werden sofort umverteilt. Wasser und Weidegründe sind allen Mitgliedern des politischen Gemeinwesens gleichermaßen zugänglich und nicht einzelnen Individuen vorbehalten. Boran interpretieren die Zunahme ihres Wohlstandes als Segnung Gottes und nicht als einen auf Kosten anderer erschwindelten Vorteil. Ackerbauern hingegen interpretieren die Zunahme des Wohlstandes eines anderen als Minderung ihres eigenen Wohlstandes. Neid und Konkurrenzangst sollen bei ihnen ausgeprägter sein und man kann ihnen auch nicht dadurch entgehen, daß man einfach wegzieht, denn Ackerbauern sind wegen ihrer Ernten und ihres immobilen Eigentums gebunden.

Die Gründe, die Baxter anführt, mögen bei der geringen Frequenz von Hexereianklagen in nomadischen Gesellschaften eine gewisse Rolle spielen, wirklich erklären können sie sie aber nicht. Die Entgegensetzung von Ackerbau und Viehzucht übersieht, daß nicht in allen Ackerbaugesellschaften Hexerei- und Zaubereianklagen an der Tagesordnung sind und auch dort Kooperation und Arbeitsorganisation notwendig sind für das Überleben. Die Konkurrenzsituation unter Ackerbauern, die typisch für sie sein soll, wird durch andere Faktoren beeinflußt, wie z.B. Markt- oder Klassenverhältnisse und die Aneignung des Mehrproduktes durch einen fremden Eigentümer. Sie ist keineswegs 'natürlich' für Bauerngesellschaften. Nur die Gebundenheit an den Boden unterscheidet Ackerbauern von Viehzüchtern und selbst der Zwang unbedingt miteinander auskommen zu müssen, ist relativ, da bei Hexereiverdacht fast immer der Wohnort gewechselt wird. Im übrigen kommen Hexereianklagen, bzw. der böse Blick tatsächlich auch bei Viehnomaden vor, die gemeinsam ihre Herden hüten, wie das Beispiel der Mbugwe zeigt, die ihre Sektionsoberhäupter des bösen Blicks verdächtigen.[20] Die Mbugwe sind Bauern und Viehzüchter. Hexerei oder präziser der böse Blick ereignet sich zwischen Familien in den Sektionen, die beim Viehhüten miteinander kooperieren. Die Größe einer Sektion umfaßt zehn bis fünfzig Häuser. Die Mbugwe halten ihr Vieh nachts im Haus und am Tage führen sie es auf die Weide, die einige Meilen entfernt liegt. Die Leute im Viertel sammeln jeden Morgen ihr Vieh und dann wird es von zwei Viehhirten auf die Weide getrieben. Sie wechseln sich reihum bei dieser Aufgabe ab und bleiben dort jeweils vier aufeinanderfolgende Tage. Jede Sektion hat einen oder zwei Führer, die von den Leuten gewählt werden. Sie sind Experten in Viehzucht, geben Anweisungen und sorgen dafür, daß die Anweisungen befolgt werden. In Viehangelegenheiten haben sie die oberste Autorität. Sie sind verantwortlich für die Gesundheit des Viehs und führen Rituale aus, um die Gesundheit und Fruchtbarkeit des Viehs sicherzustellen. Wenn das Vieh verhext wird, gehen sie zum Wahrsager. Wenn der Hexer aus einer anderen Sektion ist, wird die Angelegenheit vor den Häuptling gebracht. Der Hexer muß den Spruch vom Vieh entfernen und Strafarbeit leisten, z.B. Holz fällen. In den meisten Fällen gehört der Hexer aber der eigenen Sektion an. Er wird aufgefordert seine Taten zu gestehen. Wenn er es nicht tut, darf er sein Vieh nicht mehr mit den anderen weiden. Sektionsälteste werden oft beschuldigt, das Vieh zu verhexen. Gray berichtet über einen Fall, wo solch ein Mann die Sektion verließ, aber wieder zurückkehrte, als alles noch schlechter ging und die Ältesten ihre Beschuldigungen zurückziehen mußten. Hexerei in Verwandtschafts- und Lineagebeziehungen spielen bei den Mbugwe keine Rolle. Hexerei ist häufiger in sehr großen Sektionen mit über 50 Häusern, die sich dann spalten. Die Leute ziehen in andere Sektionen, die sie dadurch vergrößern.

Hexereianklagen größeren Ausmaßes als bisher dokumentiert sind auch in nomadischen Gesellschaften denkbar, besonders wenn der Hexenglaube latent vorhanden ist, wie in allen angeführten Beispielen. Hexereianklagen konnten lediglich zum Zeitpunkt der Untersuchung nicht festgestellt werden. Dagegen hat die Häufigkeit von Hexereianklagen in Ackerbaugesellschaften eher etwas mit der politischen Verfassung dieser Gesellschaften zu tun. Dort, wo politische und rechtliche Institutionen des Kampfes gegen Hexerei und Zauberei vorhanden sind, kann man sich auch schwer einem Verdacht und einer Anklage entziehen oder einfach fliehen. Dort, wo staatliche Instanzen zur Verfolgung und Bekämpfung von Hexerei und Zauberei fehlen, wie in den akephalen nomadischen Gesellschaften, kann es auch keine organisierte Reaktion dagegen geben.

Spezifische Anklagen gegen andere fehlen auch dort, wo Hexen oder Hexer Hexereiuntersuchungen gegen sich selbst in Gang setzen.[21] Bei den Effutu in Ghana wird die eigene Hexerei auch das 'innere Feuer' genannt. Hexerei wird von den Eltern geerbt, Hexen haben keine Kontrolle über ihre Handlungen und wollen diese Fähigkeit los sein. Unfreiwillige Hexerei führt zu Selbstanklagen und Geständnissen. Hexerei, die sich nach innen wendet, kann den Träger körperlich und geistig krank machen oder ihm ökonomischen Mißerfolg bringen. Introspektive Hexerei ist häufig auch Thema der freien Kirchen und Prophetenbewegungen, deren Führer heilen und selbstanklagende Hexen von ihrer Hexerei reinigen.[22] In den Sekten suchen all diejenigen Behandlung durch Reinigung, die Hexen zu sein meinen. Die Propheten sehen in ihrer Existenz einen Beweis für die Macht des Satans und führen Exorzismen durch, die die Macht bannen sollen. Die Macht kann aber wieder zu den Personen zurückkehren, wenn sie ihre spirituelle Verteidigung nicht aufrechterhalten. In Ashanti und bei den Kuranko sind es meist Frauen, die gestehen, in Hexereiaktivitäten verwickelt zu sein. Ihre Hexerei, wie auch die der Kinderhexen gilt immer als destruktiv und anti-sozial. Kinder gestehen, Geschwister, Schulkameraden und enge Verwandte verhext zu haben. Im Gegensatz zur destruktiven Hexerei der Frauen und Kinder gilt die der wenigen Effutu-Hexer sozial nicht als schädlich. Die Männer klagen sich nicht selbst an, vielmehr verstehen sie sich als Verteidiger derer, die als Opfer von den nachtfliegenden Hexen ausgesucht wurden. Die Selbstanklage wird meist von Personen in untergeordneten sozialen Positionen gemacht.

Anklagende und selbstanklagende Kinderhexen kommen auch bei den Ngwa in Kamerun vor. Dort werden Kinder häufig der Hexerei bezichtigt und gestehen, andere Kinder und auch Erwachsene verhext zu haben, deren Namen sie nennen. Die Opfer der Kinderhexer sind die Bewohner des Gehöftes oder die Nachbarn. Ein Gehöft bei den Ngwa besteht aus mehreren verbundenen Familien verschiedener Ehefrauen eines Mannes. Jede Frau führt ihren eigenen Haushalt. Feindschaft zwischen Halbgeschwistern zeigt sich schon früh als Folge der Feindschaft zwischen Mitehefrauen. Nach dem Tod des Gehöftoberhauptes bricht der Streit zwischen den Mutter-Kind-Einheiten um Eigentum und Eigentumstitel des Haupterben aus. Diese Antagonismen zwischen Halbgeschwistern werden in Hexereibeschuldigungen und Geständnissen unter Kindern ausgetragen. Kinder schaden nur ihren Halbgeschwistern. Der Anthropologe Robert Brain berichtet von zwei Ehefrauen, die sich wegen irgendeiner Kleinigkeit in den Haaren hatten. Einmal prahlte eine von ihnen vor Zeugen mit ihren großen Feldern, um damit zu sagen, daß sie viele Münder zu stopfen habe. Sie brach damit ein Tabu, das Männern und Frauen verbietet, die Anzahl der Kinder der Mitehefrau in einem Streit zu erwähnen. Einige Zeit später wurde ihr drei Monate altes Baby krank und dann ihr zwölfjähriger Junge. Er hatte Tetanus. Der Junge gestand, sich in ein Reh verwandelt zu haben. Mit seiner 'Schlange' habe er seinen Halbbruder fressen wollen. Seine 'Schlange' verletzte sich aber, als sie über zerbrochenes Glas auf dem Rückweg vom Gehöft kroch. Sein 'Elephant' sei in einem Sumpf gefangengehalten worden und konnte nicht freikommen. Sein 'Regenbogen' sei wie eine riesige wassergefüllte Blase in seinem Bauch angeschwollen und mit seinen Ausflügen zum Himmel wollte er seiner Mutter bei ihrem Streit helfen. Nach diesem grauenvollen Geständnis konnte der Vater nichts mehr für sein krankes Kind tun. Er konnte es nicht zum Arzt bringen, denn durch dieses Geständnis waren ihm die Hände gebunden. Heimlich gab er der Mutter das Geld und sie und ihre engsten Verwandten brachten es ins Krankenhaus. Das Kind aber starb, bevor sie dort ankamen.

Derartige Geständnisse lösten allergrößtes Befremden unter der Matriverwandtschaft aus. Ein anderes Kind, das ein ähnliches Geständnis ablegte, wurde zur Behandlung in den Süden von Kamerun geschickt, damit es durch 'Kontakt mit Elektrizität' wieder gesund werden würde.

Kinder haben viele Motive, warum sie solche Geständnisse ablegen. Zum einen wollen sie ihren Eltern gefallen, meint R.Brain, obwohl sie damit nur das Gegenteil erreichen. Sie gestehen auch, weil sie dann Hähnchen essen dürfen. Manche Kinder ergötzen sich auch an den grausigen Details ihrer Beschreibungen und anderen Kindern sind die dauernden Krankenbesuche und die vielen Fragen lästig, mit denen sie überschüttet werden. Viele Leute stehen um ihr Bett herum, wenn sie krank sind und reden durcheinander, während sie doch nichts mehr wünschen, als in Ruhe gelassen zu werden.

Fremde, die nicht in feste soziale Beziehungen eingebunden sind, werden leicht der Hexerei oder Zauberei verdächtigt. Europäer werden zwar nicht angeklagt, meist vermutet man aber, daß sie hexen.[23] Solange sie aber nicht in festen dauerhaften Beziehungen stehen - was selten vorkommt - haben sie keine Veranlassung, jemandem konkret zu schaden. Ihre Ignoranz in diesen Dingen schützt sie jedoch nicht vor dem Verdacht. Europäer wurden bei den Kongo besonders in der Kolonialzeit als Kollektiv verdächtigt, weil sie die Afrikaner zur Zwangsarbeit rekrutierten. Angeklagt wurden sie nur deshalb nicht, weil sie die Kolonialmacht repräsentierten und Afrikaner vor den Kolonialgerichten, die nach europäischen Rechtsnormen sprachen, mit ihren Hexerei- und Zaubereianschuldigungen auf taube Ohren stießen oder bestraft wurden. Fremde, die aus einem anderen Dorf kommen, zu dem keine Verwandtschaftsbeziehungen bestehen, sind besonders verdächtig. Man vermutet, daß sie ihr eigenes Dorf verließen, weil sie dort als Hexer verschrien waren.

Manche Gegenden werden mehr von Hexerei heimgesucht als andere, z.B. große Ansiedlungen in Ukaguru, wo nur gearbeitet und gehandelt wird und die Kooperation der Leute untereinander gering ist. Dies betrifft vor allem Ansiedlungen in der Nähe von Missionsstationen, wo die Christen mit ihren neuen Wertvorstellungen die traditionale Religion ablehnen oder sich familiären Verpflichtungen entziehen. Katholische Priester sind nicht einmal verheiratet! Dort, wo sich arabische Händler und indische Geschäfte befinden, Regierungseinrichtungen wie Gerichte, Schulen und Polikliniken, treiben sich die meisten Hexer und Zauberer herum, denn dort gibt es selten gegenseitige Hilfe und jeder geht seinen eigenen Geschäften nach. Bei den Lovedu werden rund 30% der Verdächtigungen gegen Fremde (genauer gesagt 'Unverwandte') gemacht und 10% gegen entfernt verwandte Personen.

Die Mandari im Südsudan verdächtigen Flüchtlinge umliegender Stämme und verarmte Leute, die zu ihnen kommen, als Hexer. Flüchtlinge genießen bei den Mandari Asylrecht, aber ihre Anwesenheit wird als Bedrohung empfunden. Sie sind verschiedenen ethnischen Ursprungs und bekommen einen Rechtsstatus im neuen ethnischen Milieu, indem man aus ihnen Verwandte einer speziellen Kategorie, nämlich Klienten, macht, die sich einem reichen Haushalt anschließen und dort einheiraten. Vor allem fremde Frauen werden auf diese Weise sozial integriert. Flüchtlinge sind als Arbeitskräfte willkommen und weil sie zur Vergrößerung der Mitgliederzahlen ihrer Gastlineages beitragen. Doch fehlen ihnen die vollen Rechte. Die landbesitzenden alteingesessenen Clans der Mandari betrachten sie daher mit Mißtrauen und unterstellen ihnen Neid und Minderwertigkeitsgefühle. Sie nehmen von diesen Klienten an, daß sie ihnen schaden wollen und unterstellen ihnen Ressentiments gegen ihre Abhängigkeit. Sie stellen fest, daß Verwandtschaftsbindungen und Loyalitäten diesen Fremden wenig bedeuten. Sie können kein Land besitzen, ärgern sich deshalb und hexen die Fruchtbarkeit ihrer Gastlineages weg, denn sie wollen sie nicht vergrößern. Sie werden beschuldigt, Unfälle, Krankheit und Tod zu verursachen. Es kam auch schon vor, daß die Außenseiter die politische Macht an sich rissen. Manch mächtiger Clan wurde kleiner und kleiner, während die Klienten immer zahlreicher wurden. Wo ehemalige Klienten zu politischer Bedeutung gelangten, wird leicht das Klischee von den hexenden Fremden reaktiviert. Alteingesessene landbesitzende Clans sind dagegen durch ihre lange Ahnenreihe geschützt. Sie sind nicht wie die, die aus dem 'Busch' kommen. Dort, wo die Fremden dann beginnen, eine Gastlineage zu dominieren, fürchten die alteingesessenen Clans um ihren Ruf. Der gemeinsame Glaube an die verkommene Moral der fremden Abstammungslinien wahrt das Selbstbild der landbesitzenden Clans von der eigenen Tugendhaftigkeit. Ihre Fehler werden nicht mit der gleichen Latte gemessen. Wenn Landbesitzer sich wie Hexer verhalten, ist das bloß bedauerlich, sie sind aber keine Hexer.

Große Entfernungen begrenzen die Gefahr der Hexerei. Mandari sagen: "Eine Hexe kann ihre Augen nicht meilenweit werfen..." Die Gehöfte werden aus diesem Grunde in einigem Abstand voneinander errichtet, mit einem Streifen unkultivierten Landes dazwischen.

Hexereianklagen haben etwas mit Verwandtschaftsbeziehungen zu tun, Zaubereianklagen mit Nachbarschaftsbeziehungen. Zaubereianklagen zwischen Verwandten bei den Lugbara in Uganda, haben nichts mit der Lineageautorität zu tun.[24] Sie sind auch kein Zeichen für die Verletzung von Verwandtschaftsverpflichtungen. Spannungen zwischen unverwandten Nachbarn entstehen wegen Streits und Uneinigkeit über Landnutzung, Weidegründe und Wasserrechte. Mangelnde Gastfreundschaft, Gier nach Bier und Tabak, Verführung der Frauen des Nachbarn sind Akte der Zauberei. Nachbarn in Lugbara verzaubern sich mit Harz und gebrauchen den bösen Blick. Bei den Nyoro in Uganda ereignete sich folgender Fall von Zauberei unter Nachbarn über den der Anthropologe John Beattie berichtete. Ein Mann namens P. kaufte ein paar Bretter, mit denen er eine Tür für sein Haus machen wollte. Er ließ sie vor seinem Haus zum Trocknen liegen und kurze Zeit darauf wurden sie ihm gestohlen. Sie fanden sich bei seinem Nachbarn, doch dieser behauptete, die Bretter gehörten ihm. Einige Zeit später brannte das Haus von P. Er ging zu einem bekannten Hexenspezialisten und Wahrsager und erhielt eine Medizin, die er auf die abgebrannte Ruine seines Hauses geben sollte, damit sie den Brandstifter krank machen sollte. Kurze Zeit darauf wurde der Nachbar krank. Schließlich legte er ein Geständnis ab, starb aber doch. P. wurde wegen Besitzes von Zaubermitteln, die er zubereitete, um sich gegen die Vergeltung der Verwandten des Verstorbenen zu schützen, zu einer kurzen Gefängnisstrafe verurteilt.

Sozialbeziehungen I: Männer

Reiche und mächtige Männer

Reiche Männer werden oft von armen und neidischen Nachbarn verhext, besonders wenn eine Verwandtschaftsbeziehung vorhanden ist und der reiche Mann seinen armen Verwandten nicht hilft.[25] In Ukaguru wurde ein wohlhabender Landwirt verdächtigt, Zombies zu haben, die nachts seine Felder für ihn bebauten, weil einer allein nicht so viel arbeiten könne. Auch Ladenbesitzer, die sich geschäftstüchtig verhalten und nicht anschreiben lassen wollen, sind in Ukaguru der Hexerei verdächtig. Wohlhabende Menschen bringen sich in Verdacht, da sie ihren Reichtum unmöglich durch eigenen Fleiß und eigene Anstrengung erworben haben können. Rücksichtslos haben sie vielmehr Vorteile aus anderen geschlagen. Ehrgeizige und zum Wettbewerb neigende Personen werden oft beschuldigt Hexer zu sein. Reichtum wird nicht zur Schau gestellt, man versteckt ihn, um nicht das Interesse oder den Neid möglicher Hexer anzuziehen. Als Tom Beidelman einmal die Felder und Gärten der Kaguru ausmaß, weil er empirische Daten für seine Forschung brauchte, fragten ihn die Kaguru scherzhaft, ob er denn ein Hexer sei.

Reichtum und Macht sind der ideale Nährboden für einen Hexereiverdacht. Oberhäupter der Clans und Lineages sind oft beides, reich und mächtig. Häuptlinge stehen meistens im Verdacht, okkulte Mächte zu manipulieren. Sie legen sich ganz bewußt eine Reputation als gefährliche Hexer zu und Geschichten kursieren, wie sie ihre Gegner mit ihrer Hexenmacht austricksten. Die politischen Führer der Kaguru geben selten offen zu, daß sie Hexenmacht besitzen, aber sie lassen es bei passender Gelegenheit durchblicken. Sie geben Kostproben ihrer Macht, indem sie die Frauen anderer Männer verführen. Von einem Dorfoberhaupt in Ukaguru, das dafür bekannt war, daß es seine Gegner mit seiner Hexerei einschüchterte, erzählte man sich, wie es eines Tages der Ehefrau eines Rivalen eine verzauberte Taube schickte. Die Taube ließ sich auf der Schulter der Frau nieder und sprach sie in Kaguru an. Bevor die Taube ihr jedoch etwas anhaben konnte, nahm sie sie und ging damit zu einem Experten, der sich in der Abwehr von Hexerei auskannte. Der verwandelte die Taube in ein Chamäleon. Es ging zu seinem Herrn zurück und setzte sich auf seinen drahtlosen Rundfunkempfänger. Als der Häuptling das Radio anstellen wollte, sah er ein Chamäleon, das ihn in Kaguru ansprach und fürchtete sich sehr.

Die okkulte Macht der Häuptlinge fügt anderen zwar Schaden zu, aber dennoch ist sie nicht illegitim, ja, sie wird sogar als sozial nützlich angesehen.

Bei den Mbugwe wird Zauberei der eigenen Häuptlinge gutgeheißen, die der anderen hingegen als gefährlich und schädlich abgelehnt. Häuptlinge müssen über okkulte Macht verfügen, um das Wohl ihrer Anhängerschaft zu sichern. Politische Rivalitäten zwischen verschiedenen gleichrangigen Oberhäuptern werden im mystischen Idiom eines magischen Krieges zwischen verschiedenen Häuptlingstümern ausgedrückt. Mbugwe-Häuptlinge verfügen über den Regenzauber, mit dem sie die Regenmacherei anderer Häuptlinge vereiteln und so das Land mit Hunger und Dürre überziehen können. Sie schicken Heuschreckenschwärme und Vögel, die die Ernte wegfressen, weil sie ihr Häuptlingstum vergrößern und stärken wollen. In Mbugwe erzählen sich die Alten die Geschichte von Häuptling Shani Gutadi, der zu Zeiten der deutschen Kolonialherrschaft in Tanzania die Deutschen mit seiner Magie veranlaßte, eine Strafexpedition gegen ein benachbartes Häuptlingstum zu schicken. Ein anderer Häuptling, Magoni Jongo, kontrollierte menschenfressende Löwen und ließ sie auf die Untertanen rivalisierender Häuptlinge los und manchmal auch auf die eigenen. Häuptling Mjengi liebte es, seine Gegner auszutricksen. Er lud sie zu sich ein und schmeichelte ihnen. Er bezeugte seine allertiefste Freundschaft und schlug ihnen vor, ihre Magie zu tauschen. Doch er war ein Schwindler und es gelang ihm immer, die Geheimnisse ihrer Magie zu erfahren und seine vor ihnen geheimzuhalten.

Die Geronten, die mächtigen Alten, sind bei den Tiv häufig Hexer. Auch die von der Kolonialverwaltung eingestellten Häuptlinge wurden in Tivland der Hexerei verdächtigt. Bei den Lovedu werden sie manchmal in den Würfeln gesehen, aber nie öffentlich angeklagt, da die Respektbeziehungen solche Anklagen nicht ratsam erscheinen lassen. Wenn sie jedoch ihre Macht mißbrauchen und ihre Anhänger mit Hexerei terrorisieren, machen sie sich unbeliebt, und die Leute verlassen ihr Häuptlingstum.

Die Gonja in Nordghana gehen davon aus, daß politische Führer mystische Macht besitzen müssen. Wer Oberhaupt eines Gehöftes werden will, muß stärkere Medizinen besitzen als sein Rivale. Gonja-Männer wollen in den Besitz von Zauberkräften gelangen, damit sie ihre Gefolgschaft gegen die Zauberei ihrer Rivalen schützen können. Sie streben nach einer Reputation als Zauberer und wollen gefürchtet und geachtet sein. Einmal im Amt, muß ein politisches Oberhaupt die schützende Kraft seiner Medizinen immer wieder unter Beweis stellen, indem es die zauberischen Angriffe seiner Rivalen zurückschlägt. Der gute Ruf seiner Medizinen hängt davon ab. Männer erwerben Hexenmacht von einem Verwandten. Er unterweist sie in der Hexenkunst. Zunächst muß der Anwärter aber einen Eignungstest bestehen. Verschwiegenheit ist notwendig, denn Hexerei ist Vertrauenssache und Kenntnisse darüber sind illegitim. Außerdem muß jeder Novize seine Ernsthaftigkeit dadurch beweisen, daß er einen ihm teuren Verwandten verspeist, der schön und fett sein sollte. Der Besitz dieser außerordentlichen Macht ermöglicht es, andere Hexer zu 'sehen' und zu bekämpfen. Hexer sehen kann man aber nur, wenn man selbst ein Hexer ist und die Tricks kennt, mit denen sie arbeiten. Zauberische Aggressivität gehört zum selbstverständlichen Wettbewerbsverhalten der Männer um Einfluß und Macht. Wer Oberhaupt werden will, muß starke Medizinen besitzen, er muß im Kampf mit den Medizinen der Rivalen bestehen können. Häuptlinge sollen ihre Anhänger gegen Hexerei und Zauberei schützen. Kraft seiner Hexereikraft kann das Oberhaupt eines Gehöftes sehen, wie sich die Hexen in der Nacht unter den Bäumen nahe des Gehöfts versammeln und erkennen, um welche Frauen es sich dabei handelt.

Nur, wenn das Gehöftoberhaupt selbst ein Hexer ist, kann es den Kampf mit den Hexen aufnehmen. Seine Hexereikraft gilt als zehn Mal stärker als die einer Frau. Häuptlinge müssen die Hexen kontrollieren, sonst geraten ihre Schutzbefohlenen in Panik. Ein sehr starker Häuptling kann eine notorische Hexe auch heiraten, um sie außer Gefecht zu setzen.

Männer hexen in Gonja nur wegen der Häuptlingswürden. Die politischen Ämter zirkulieren innerhalb der Segmente der Patriverwandtschaft. Innerhalb der einzelnen Segmente, auch 'Pforten' genannt, fällt die Entscheidung, wer das Amt erhalten soll, durch die stärkere mystische Macht, d.h. Hexerei. Nur der Kandidat, der im Besitz der besten Medizinen ist, hat die Chance, die mystischen Angriffe auch der stärksten Rivalen abzuwehren. Damit ein Häuptling seine politischen Aufgaben erfüllen kann, muß er die Macht seiner Medizinen dauernd unter Beweis stellen, vor allem, indem er tötet. Das Töten eines politischen Rivalen durch Zauberei bestraft niemand, denn niemand gibt zu, daß seine eigenen Medizinen dem Angriff eines anderen nicht standhielten. Die Gefolgschaft würde in Panik geraten. Selbst nach dem Tod eines politischen Rivalen gibt es in Gonja keine Anklagen, weil Vergeltung notwendig wäre, die die Autorität der Territorialherren untergraben würde. Ein mit dieser außerordentlichen Macht ausgestattetes politisches Oberhaupt kann sogar seine eigenen Kinder töten, ohne Vergeltung fürchten zu müssen. Niemand kann es herausfordern, denn niemand kann den mystischen Homizid eines politischen Oberhauptes bestrafen. Von ihm wird jedoch erwartet, daß es seine mystische Macht nicht mißbraucht, sondern zum Wohl seiner Gefolgschaft einsetzt. Die Hexerei der politischen Oberhäupter macht die Männer stark, nicht böse, im Gegensatz zur Hexerei der Frauen, die als destruktiv gilt und die viel häufiger von ihrer Hexenmacht Gebrauch machen sollen als die Männer. Politische Rivalen wollen, daß ihre Gegner wissen, was für mächtige Zauberer sie sind. Die

Gelegenheit, die eigene mystische Macht zur Schau zu stellen, bietet sich bei der 'Damba'-Zeremonie, wenn alle Oberhäupter einer Föderation sich in der Hauptstadt einfinden, um dem Häuptling der Föderation die Ehre zu erweisen. Anlaß ist die 'Einkleidung' der neuen Häuptlinge, d.h. die Einführung in ihr Amt. Die Zeremonie bietet die Möglichkeit der Selbstdarstellung durch Herausforderung der Hexen und Hexer. Sie ist ein Testfall für den Nachweis der Stärke der eigenen Medizinen. Dabei finden einige typische Insignien der Macht und Gegenstände Verwendung, die auf den Besitz starker Medizinen hindeuten: ein Fliegenwedel aus Pferdehaar, Symbol der Macht. Je nachdem, ob die Abstammung von der herrschenden Lineage durch den Vater oder durch die Mutter hergestellt wird, trägt man ihn in der linken oder in der rechten Hand. Der Tänzer trägt eine Brille, Symbol okkulter Macht, um damit besser das Unsichtbare sehen zu können. Er trägt einen Hut oder ein Gewand mit riesiger Kaputze, die magischen Schutz symbolisiert.

Patrilineare Gesellschaften

Auch bei den Lugbara in Uganda sind Hexereianklagen unter Männern politisch begründet.[26] Die politische Macht liegt in dieser akephalen Gesellschaft bei den Geronten. Sie sind die Ältesten einer drei bis vier Generationen umfassenden Patrilineage. Über diesen Lineageältesten gibt es keine weitere politische Autorität. Lugbara haben keine Häuptlinge, außer jenen, die von der Kolonialmacht installiert wurden. Jedes Cluster von Agnaten lebt unter der alleinigen Autorität eines Lineageältesten. Lineages sind Segmente größerer Einheiten wie Clans und Subclans. Mit jedem Lineagesegment ist eine territoriale Einheit verbunden. Jede Territorialgruppe oder Sektion umfaßt mehr Personen als bloß die Agnaten des dominanten Lineagesegments, wie z.B. Klienten oder die Ehefrauen der Agnaten. Eine Minimallineage hat eine genealogische Tiefe von drei bis vier Generationen. Die Autorität des Lineageältesten zeigt sich in der Macht, die Geister der verstorbenen Lineageangehörigen anrufen zu können. Nur der Lineageälteste kann die Ahnen anrufen, wenn einer seiner Lineagemitglieder krank wird, denn erst muß der eigene Vater tot sein, damit er als Ahne angerufen werden kann. Eine Krankheit kann verschiedene Ursachen haben. Ein Ältester der Minimallineage beschwört die Ahnengeister gegen ein Lineagemitglied oder die Ahnengeister selbst schicken die Krankheit ohne angerufen worden zu sein, weil sie über das Verhalten des Lineageangehörigen verärgert sind. Ein Ältester ruft die Geister gegen seine Abhängigen an: Sohn, Bruder, Frau, Tochter, Schwestersohn oder gegen die Frauen und Kinder all dieser Verwandten. Er ruft die Geister an, wenn die harmonischen Beziehungen im Familiencluster (ca. 15 bis 30 Personen) durch Handlungen gestört werden, die "das Zuhause zerstören", etwa bei Ungehorsam gegenüber der Autorität des Ältesten oder Ehemannes. Innerhalb einer Lineage reichen die Sanktionen des Ahnenkultes aus. Innerhalb dieser Segmente werden Verwandtschaftsbezeichnungen gebraucht. Jeder Totschlag gilt als Brudermord und sexuelle Beziehungen werden als Inzest definiert. Gewalt als Mittel bei Auseinandersetzungen wird gemieden und alle Vergehen werden als 'Sünde' und nicht als 'Verbrechen' definiert. Sünden, d.h. moralische Vergehen, werden von den Geistern geahndet, entweder automatisch oder durch vorherige Anrufung seitens eines Lineageoberhauptes. Er ruft die Ahnen an, damit "unser Heim rein bleibe". Damit verfügt er als einziger über legitime religiöse Sanktionsgewalt. Mit dem Tod eines Geronten werden die genealogischen Beziehungen restrukturiert und die Autoritätsbeziehungen neu verteilt. Die Ältesten sterben, die Jungen rücken nach. Je mehr die Jungen danach streben, die Alten zu ersetzen, desto eher wird die religiöse Strafgewalt der Alten von den Jungen in Frage gestellt. Die Autorität der Alten zerfällt, die Jungen nehmen sie nicht mehr hin. Konflikte über die rechtmäßige Ausübung von Autorität nehmen zu. Die legitime mystische Strafgewalt der Alten wird von den Jungen nunmehr anders interpretiert: als eine illegitime okkulte Macht der Zerstörung. Den Anspruch der Jüngeren nach politischer Selbständigkeit interpretieren die Alten als Gehorsamsverweigerung und greifen immer häufiger zum Mittel der Geisteranrufung, um die renitenten Jungen im Zaum zu halten. Die Jungen ihrerseits interpretieren das Verhalten der Alten als exzessives und selbstsüchtiges Festhalten an Privilegien und bezichtigen die Alten der Hexerei. Das stereotypische Bild eines Hexers bei den Lugbara ist das eines übellaunigen, giftenden alten Mannes, der hauptsächlich nachts hext. Nachthexer in Lugbara sind alte Männer, die ihre mystische Strafgewalt mißbrauchen und bei jeder Gelegenheit die Rache der Geister gegen die Jungen beschwören.

Männer sind auch aus anderen als politischen Gründen in Hexereifälle verwickelt. Bei den Gisu in Uganda bezichtigen sich Agnaten der gleichen Generation der Hexerei und vor allem verdächtigen sich Halbbrüder, d.h. Kinder eines Vaters und verschiedener Mütter, der Hexerei, während Vollbrüder, d.h. Kinder eines Vaters und einer Mutter, sich selten verdächtigen. Der Grund dafür liegt meist in Streitigkeiten wegen Land, Vieh und Brautgut. Alle initiierten Männer einer Patrilineage sind untereinander gleich. Sie haben gleiches Anrecht auf Lineageland und können gegenseitige Erbansprüche geltend machen. Sie dürfen Land nur einvernehmlich an Nichtmitglieder geben und verteidigen es gemeinsam gegen Außenseiter. Dadurch wird die Einheit ihrer Lineagegruppe unterstrichen. Führerschaft innerhalb einer Lineagegruppe ist bei den Gisu nicht geregelt und kann nur durch Verdienst erworben werden. Politische Macht erwirbt ein Mann durch Reichtum, der in Allianzbeziehungen und Gefolgschaft reinvestiert wird. Der Zugang zu ökonomischen Ressourcen, besonders Land, ist der Schlüssel zur politischen Macht. Da Land knapp ist, entsteht eine Konkurrenzsituation um politischen Einfluß unter den Agnaten. Die Wertvorstellungen der Lineage - Solidarität und Reziprozität - sind nicht vereinbar mit der ökonomischen und politischen Konkurrenz unter Agnaten. Sie bereiten den Nährboden für Hexereiverdächtigungen. Aber auch vergleichsweise geringe Anlässe wie die Verweigerung einer Kuh als Leihgabe an den jüngeren Bruder, kann Spannungen unter Agnaten verursachen, die dann in Hexereidrohungen, wie: "Du wirst schon sehen ..." enden, vor allem, wenn diese Beleidigungen in aller Öffentlichkeit von dem jüngeren Bruder gegen den älteren Vollbruder gesprochen werden. Hexerei- und Zaubereianklagen gegen die eigenen Agnaten bergen jedoch die Gefahr der Selbstverdächtigung in sich, wenn die Hexerei, wie beispielsweise bei den Shona, in männlicher Linie vererbt wird. Dagegen ist die eigene Abstammungsgruppe gegen einen Verdacht geschützt, wenn die Hexerei uterin, d.h. durch die Mutter vererbt wird. Die möglichen Rivalitäten und Hexereianklagen zwischen Agnaten wegen Land und Gehöftplätzen, werden bei den Yakö durch die Intervention eines Patriclangeistes verhindert. Hexereianschuldigungen unter Agnaten führen auf die Dauer zu Abspaltungen von Lineages und Haushalten. Die neuen Segmente wandern aus dem Patriclangebiet aus, wo dann auch die Schutzkraft des alten Patriclangeistes nachläßt. Nicht immer führt Hexerei unter Agnaten auch zu Anklagen. Es bleibt dann erst einmal bei Klatsch und Gerüchten. Wenn aber die Interessengegensätze unter Agnaten nicht mehr beigelegt werden können, verdächtigen sich die eigenen Clanmitglieder einander zu töten.

Lineageverwandte klagen einander in Konkomba nicht sofort offen an. Sie warten auf eine günstige Gelegenheit, wenn die Stimmung gegen den Verdächtigen ist. Unverheiratete Männer klagen dann jüngere verheiratete Männer oder junge verheiratete, aber kinderlose Frauen an. Fast alle Anklagen beschränken sich auf die Sektion des Anklägers.

In Bunyoro beschuldigen Halbbrüder einander der Hexerei wegen Erbangelegenheiten.[27] Hier liegen starke Interessengegensätze. In diesen Beziehungen sind Status und Rechte im Gegensatz zu denen unter Vollbrüdern schlecht definiert.

Bei den Ibibio sollen Mütter ihre Kinder gegen Halbbrüder und Halbschwestern aufstacheln. Sie erzählen ihren Kindern, wieviel Gutes der Vater für die anderen Frauen und deren Kinder getan hat. Wenn der Vater tot ist, ermutigen sie ihre Kinder, sich einen Teil des Eigentums oder der Erbschaft zu sichern.

Die Gegensätze zwischen Vollbrüdern und Vollschwestern müssen eingehender betrachtet werden. Bei den patrilinearen Shona in Zimbabwe sind diese Beziehungen besonders intim und Beschuldigungen sind rar. Solange der Vater lebt, wird - wenn überhaupt - die Vollschwester beschuldigt. Sie heiratet exogam und lebt bei ihrem Ehemann. Feindseligkeiten gegen sie stören die Lineagesolidarität nicht so sehr, wie wenn sie sich gegen einen Bruder richten würden. Bruder und Schwester sind ökonomisch nicht voneinander abhängig, solange der Vater noch lebt. Der Vollbruder ist aber in Brautangelegenheiten von seiner Schwester abhängig und wenn seine Schwester sich scheiden läßt, kann es passieren, daß der Vater seinen Söhnen nicht bei der Aufbringung des Brautgutes behilflich ist, weil er das Brautgut für die geschiedene Schwester zurückzahlen muß. Unter diesen Umständen können Beschuldigungen gegen die Vollschwester vorkommen. Die Lovedu entschärfen solche möglichen Strukturkonflikte durch die präferentielle Kreuzkusinenheirat. Ein Mann wird zu Brautgutzwecken mit einer bestimmten Vollschwester verbunden. Das Brautgut, das bei ihrer Heirat hereinkommt, gebraucht er für seine Heirat. Dadurch verpflichtet er sich, seine Tochter mit dem Schwestersohn zu verheiraten. Die Viehschulden gegenüber seiner Schwester macht er also in der nächsten Generation wieder wett, wenn er seine Tochter mit dem Sohn der Schwester verheiratet. Diese Heirat verstößt nicht gegen das Inzestverbot und ist wegen ihrer Vorteile sehr beliebt. Bei den Shona und Ndebele gibt es die präferentielle Kreuzkusinenheirat nicht und die Gegensätze zwischen Brüdern und Schwestern werden in Hexereiverdächtigungen ausgedrückt, die jedoch rar sind.

Hexereibeschuldigungen der Söhne gegen ihre Väter sind bei den Shona die Ausnahme.[28] Der Verhaltenskodex zwischen Personen, die einer Lineage angehören, behindert normalerweise ernsthafte Hexereianklagen. Vater und Sohn sind in einem polygynen Haushalt wegen des Brautgutes mögliche sexuelle und ökonomische Rivalen. Ein Vater sollte seinem Sohn Brautgut geben, damit er heiraten kann, aber er kann das Brautgut seiner Töchter auch für sich gebrauchen, um eine andere Frau zu heiraten. Dies bringt Vater und Sohn in Konkurrenz um das Brautgut. Wenn der Vater alt ist, kommen außerdem noch Rivalitäten um mehr politische Macht hinzu. Söhne werfen auch bei den Taita ihren Vätern vor, ihre väterliche Gewalt zu mißbrauchen und ihnen Rechte vorzuenthalten. Die alternden Väter verweigern ihnen Rechte über Land und Vieh und wollen die Kontrolle über die Söhne so lange wie möglich auf-

rechterhalten. Anklagen zwischen Vätern und Söhnen ereignen sich aber nicht so ohne weiteres, da sie die Lineageeinheit zerstören könnten.
Die übermäßige soziale Macht der alten Männer macht sie auch bei den Lele zur Zielscheibe von Zaubereiverdächtigungen.[29] Obwohl die Ökonomie der Lele zum Zeitpunkt der Untersuchung größtenteils Angelegenheit der jungen Männer war, monopolisierten die alten Männer die jungen Mädchen und praktizierten Polygynie. Sie zwangen damit die jungen Männer ledig zu bleiben. Kaum verhüllte Feindseligkeiten prägten deshalb bei den Lele die Beziehungen zwischen den älteren und den jüngeren Männern.

Altersklassen

Bei den Nandi in Kenia schützt Mitgliedschaft in der gleichen Altersklasse nicht vor Hexerei und bei den Nyakyusa in Tanzania kommt Hexerei sogar hauptsächlich innerhalb einer Altersklasse vor.[30] Anklagen innerhalb einer Lineage sind dagegen rar, denn Mitglieder einer Lineage leben in verschiedenen Dörfern und ein Hexereiverdacht fällt selten auf ein Mitglied eines anderen Dorfes und geht auch nicht über die Grenzen eines Häuptlingstums hinaus. Nyakyusa wohnen in Altersklassendörfern. Ganz oben auf der Wertskala rangiert Geselligkeit. Das Zusammengehörigkeitsgefühl der Mitglieder einer Altersklasse wird gestärkt durch gemeinsames Essen. Dagegen essen Vater und Sohn, Mann und Frau bei den Nyakyusa niemals zusammen. Von klein auf lernen die Jungen, Freunde mit nach Hause zu bringen und gemeinsam mit ihnen ihr Mahl einzunehmen. Wer viele Freunde mitbringt, gilt als 'Häuptling'. Mit zehn oder elf Jahren verlassen die Jungen das Haus des Vaters und bauen sich ein eigenes Dorf. Sie erhalten vom Vater Land. Bis zu seiner Heirat ißt ein junger Mann bei seiner Mutter, schläft aber bei seinen Freunden im Altersklassendorf. Nach ihrer Heirat essen alle Mitglieder einer Altersklasse reihum bei den Ehefrauen. Sie nennen sie 'unsere Ehefrau'. Die eigentümliche Struktur der Altersklassendörfer der Nyakyusa basiert auf einer rigiden Meidung der Generationen, hauptsächlich, um mögliche Rivalitäten mit den Geronten wegen Frauen aus dem Weg zu gehen. Nyakyusa-Männer heiraten sehr spät und dann wesentlich jüngere Frauen. Der Altersunterschied beträgt zehn bis vierzig Jahre. Die Alten monopolisieren die Frauen und ebenso monopolisieren sie das Vieh wegen des Brautgutes. Die Rate der Junggesellen ist sehr hoch. Nur 37% haben wenigstens eine Frau und 34% sind überhaupt nicht verheiratet. Vieh wird gemeinsam von den Altersklassenmitgliedern gehütet. Nyakyusa legen allergrößten Wert auf das Teilen von Milch und Fleisch unter den Mitgliedern einer Altersklasse. Wer nicht teilt, macht sich der Hexerei verdächtig. Selbst wenn ein Altersklassengenosse uneingeladen zu einem Bierfest erscheint, darf ihm ein Schluck nicht verweigert werden. Die Anthropologin Jean La Fontaine berichtete einen ähnlichen Fall von den Gisu in Uganda. Dort erschien einmal ein ungebetener Gast bei einem Bierfest und drohte seinem Altersklassengenossen: "Du wirst schon sehen ...", weil dieser ihm einen Schluck Bier verweigert hatte. Einige Zeit danach begann sich der so Angeredete seltsam zu verhalten. Er wurde gewalttätig und litt unter wirren Geisteszuständen. Er griff seine Eltern an und schlug seine Frau, sodaß sie ihn verließ. Auch als der Vater des Altersklassengenossen den Gekränkten bat, die Versöhnungsgabe entgegenzunehmen, weigerte sich dieser. Der Gekränkte galt nun als Hexer, weil er die Versöhnungsgabe seines Altersklassengenossen ausschlug.

Matrilineare Gesellschaften

Einen eindrucksvollen Kontrast in Bezug auf das Vorhandensein bzw. Nichtvorhandensein von Hexerei stellen die beiden matrilinearen Gesellschaften Korongo und Mesakin in den Nubabergen im Sudan dar. Beide stimmen hinsichtlich ihrer Ökonomie, der politischen und sozialen Organisation und ihrer Religion überein. Doch die Korongo kennen keine Hexerei, während die Mesakin besessen davon sind. Beide Gesellschaften besitzen ein stark formalisiertes Altersstufensystem. Auf jeder Stufe gibt es ein genau festgelegtes Recht der Teilnahme an den sportlichen Wettkämpfen. Vor der Pubertät nehmen die Jugendlichen überhaupt nicht an Ringkämpfen teil. Die Teilnahme an den schweren Ringkämpfen markiert das Ende der Adoleszenz und die Speerkämpfe bilden den Schluß aller sportlichen Wettkämpfe. Danach beginnt das monotone Leben des Familienvaters, ein Zeichen des herannahenden Alters, das nur widerstrebend akzeptiert wird. Nach dem ersten Ringkampf muß der Mutterbruder seinem Neffen eine Ziege aus seiner Herde geben. Diese Ziege ist ein vorgezogenes Erbe. Während die Korongo das vorgezogene Erbe niemals verweigern (aber aufschieben können), wird diese Gabe bei den Mesakin regelmäßig verweigert und muß oft mit Gewalt entrissen werden. Die Mesakin dulden keinen Aufschub. In der Regel kommt es zum Streit zwischen dem Onkel und dem Neffen. Wenn der Neffe in dieser Zeit krank wird oder ein anderes Unglück ihn befällt, wird der Onkel der Hexerei verdächtigt. Beide Altersstufensysteme parallelisieren soziales Alter und biologisches Alter unterschiedlich. Die Korongo haben sechs Altersstufen, die Mesakin jedoch nur drei. Bei den Korongo entspricht das biologische Alter eher dem sozialen Altersprozeß, während bei den Mesakin ein Mann von 25 Jahren schon zum alten Eisen zählt und nur noch häusliche Pflichten zu erfüllen hat. Ring- und Speerkämpfe und das Leben im Viehcamp enden oft abrupt. Im Alter von etwa dreißig Jahren ist bei den Mesakin das vorgezogene Erbe fällig und kann nicht hinausgezögert werden. Dieses Erbe erinnert den Mutterbruder daran, daß ein junger Nachfolger schon in seine Fußstapfen treten will und heftige Zurückweisung der Forderung ist die Folge. Sie erwecken den Verdacht, daß der Mutterbruder Hexerei gegen seinen Erben praktiziert.

Im Unterschied zu den patrilinearen Gesellschaften, wo Hexereianklagen innerhalb der korporativen Gruppe vermieden werden und die internen Spannungen oft projiziert werden auf die uterine Verwandtschaft bzw. die fremden, eingeheirateten Frauen, sind Hexereianklagen innerhalb der korporativen Gruppe in matrilinearen Gesellschaften die Regel.[31] Bei den Kongo besitzt jeder Matriclan ein eigenes 'kundu' und dieses wird matrilinear in der Clansektion weitergegeben. Hexereibeschuldigungen entstehen bei den matrilinearen Cewa in Malawi um Probleme der Nachfolge für das Amt des Lineageoberhauptes oder wegen Erbangelegenheiten. Mitglieder einer Matrilineage verhexen sich, weil ihre Streitigkeiten nicht durch legale Vermittlung beigelegt werden können. In 60% der von Marwick gesammelten Fälle war das Opfer ein matrilinearer Verwandter der Hexe. Die Cewa legen großen Wert auf die gegenseitige Loyalität zweier Vollbrüder und weniger auf die Loyalität zwischen den Söhnen zweier Schwestern, die meist zum Ursprung neuer Lineagesegmente werden. Wegen der geringen Solidarität unter den Schwestern, entstehen Rivalitäten zwischen den Söhnen der Schwestern. Die Nachfolgeregel für das Amt des Lineageoberhauptes ist adelphisch, d.h. sie geht vom älteren Mutterbruder auf den jüngeren Mutterbruder oder Schwestersohn über. In der Praxis ist Eignung aber ebenso wichtig wie genealogische Position. Mehrere Kandidaten stehen zur Auswahl, weil entweder eine Schwester mehrere Söhne hat oder mehrere Schwestern da sind mit mehreren Söhnen. Hier ist die Spaltung einer Lineage strukturell angelegt. Konkurrenz um die Führerschaft einer Minimallineage zwischen den Schwestersöhnen führt zu Verdächtigungen und Intrigen. Die Cewa sagen: "Führerschaft tötet viele Menschen, denn nicht jeder freut sich mit dir." (Marwick 1952:217). Kerngruppe der Residenzeinheit ist eine Matrilineage mit einer genealogischen Tiefe von drei bis vier Generationen. Alle ihre Mitglieder sind zu gegenseitiger Hilfe verpflichtet. Ein Dorf besteht aus zahlreichen Sektionen mit matrilinearen Kerngruppen, die aber nicht alle miteinander verwandt sind. Sie können jedoch entfernt verwandt sein, entweder durch Clanverwandtschaft zur Ursprungssektion des Dorfes oder durch matrilineare Abstammung von ihr. Jede Dorfsektion hat eine matrilineare Kerngruppe und besteht aus einem Oberhaupt, seinen Schwestern und Schwesterkindern. Dieser matrilinearen Kerngruppe angefügt sind Ehemänner der weiblichen Matriverwandten und ihre Kinder, sowie Ehefrauen und Kinder des Oberhauptes. Außerdem wohnen dort auch gänzlich Unverwandte, die aus Sympathie für das Oberhaupt zu ihm gezogen sind. Das Oberhaupt einer Dorfsektion ist gleichzeitig auch Oberhaupt eines Lineagesegmentes. Der Status eines Lineagesegmentes gegenüber einem anderen hängt von der Seniorität ab. Die Reihenfolge der Geburt bestimmt, ob es sich um ein älteres oder jüngeres Segment handelt. Jede Frau einer Matrilineage ist potentieller Ursprung einer neuen Gruppe uteriner Deszendenten. Ob sie es tatsächlich wird, hängt davon ab, wie groß die Gruppe ist und ob sie in der Lage ist, ein selbstständiges Segment zu bilden. Solange die Führerschaft vom älteren Bruder an den jüngeren Bruder geht, kommt es nie zur Spaltung einer Lineage. Erst wenn die Führerschaft an die erste absteigende Generation übergeht, kommt es zu Spannungen, da mehrere potentielle Bewerber in Frage kommen, wobei die Präferenz beim ältesten Lineagesegment liegt. Hier ist die Spaltung einer Lineage angelegt. Die Spannungen durchlaufen zwei Phasen. Solange die Matrilineage zusammenbleibt, rivalisieren die Führer der Segmente um die Gesamtkontrolle. Zaubereianklagen haben die Funktion, den Rivalen zu diskreditieren. So klagte beispielsweise der Schwestersohn eines jüngeren Segments den Schwestersohn eines älteren Segments an, den alten Häuptling durch Zauberei getötet zu haben, indem er die magische Abwehr des Häuptlings durchbrach und damit den Häuptling gefährdete. Max Marwick berichtet wie in einem Fall durch eine solche Zaubereianklage die Nachfolge blockiert wurde. Eine geschickt plazierte Zaubereiverdächtigung kann den Rivalen für einige Zeit und manchmal auch für immer aus dem Rennen werfen. Wenn die Spaltung schon eingesetzt hat, haben Hexereianklagen nicht mehr die Funktion, einen Rivalen auszustechen, sondern sie beschleunigen und rechtfertigen die Trennung. In dieser Phase ist Hexerei ein Dauerthema.

Ein anderer sozio-strukturell bedingter Konflikt in matrilinearen Gesellschaften ist die geteilte Loyalität eines Mannes gegenüber Schwester und Schwestersohn einerseits und Ehefrau und seinen Kindern andererseits. Häufig gibt es Spannungen zwischen Onkel und Neffe in matrilinearen Gesellschaften, weil der Onkel seine eigenen Kinder vorzieht und der Neffe den Onkel (oder einen älteren Vetter) der Zauberei verdächtigt. Max Marwick schildert den Fall eines Mannes namens Martin, der seinem Sohn Salomon einen seiner drei Gärten gab. Als der Neffe von der Wanderarbeit zurückkam, verlangte er auch ein Stück Land und Martin gab ihm ein ziemlich mieses Stück von seinem Sohn ab. Neffe und Onkel fingen an zu streiten und der Neffe verpaßte seinem Onkel eine Ohrfeige, woraufhin der Onkel ihn aus dem Garten warf. Als der Neffe ein Fest veranstaltete und der Onkel auftauchte, jagte ihn der Neffe mit den Worten davon: "Komm bloß nicht her. Du hast ja eigene Kinder." (Marwick 1952:221) Danach wurde Martin sehr krank und starb. Als der Neffe zum Begräbnis kam, jagte ihn der Sohn einer anderen Schwester mit den Worten davon: "Sitz hier nicht herum und heule wegen dem, den du getötet hast." (ebd.)

Wenn die Bevorzugung des Sohnes so weit geht, ihn in ein politisches Amt zu heben, ist es mit der Geduld der Matriverwandtschaft aus. Tom Beidelman schilderte einen solchen Fall von den matrilinearen Kaguru. Ein Dorf hatte zwei Parteien. Die Partei von Isaaks Vater war aus dem im Ort dominanten Clan, während die Partei von Isaaks Mutter in einem anderen Dorf dominant war. Die Partei von Isaaks Vater zog ihn aber vor, weil er eine aggressive Persönlichkeit hatte und außerdem lesen und schreiben konnte. Er kam dadurch in eine heikle Lage. Er mußte dem Clan des Vaters folgen, denn dort wurde er politisch unterstützt. Er durfte aber nicht seinen eigenen Clan vor den Kopf stoßen, denn auf diesen konnte er sich noch am ehesten verlassen. Die Partei von Isaaks Vater wurde - entgegen matrilinearem Recht - von seinem Sohn geführt. Die Gegenpartei von einer älteren, unverheirateten Frau aus Isaaks eigenem Clan. Dadurch entstanden bei Isaak Konflikte wegen gegensätzlicher Loyalitäten. Von seiten seines Clans wurde ihm die Vernachlässigung seiner Matriverwandten vorgeworfen. Isaak galt wegen seiner politischen Macht als Hexer. Er war wegen seiner unangenehmen Persönlichkeit unbeliebt und weil er seine ärmeren Verwandten nicht unterstützte. Auch seine Gegenspielerin und ihre Töchter galten als Hexen, weil sie nicht verheiratet waren und Bierfeste veranstalteten, auf denen viel getrunken wurde und die Männer ein und aus gingen, sodaß sie Isaak oft in Verlegenheit brachten.

Bei den matrilinearen Yao in Malawi wird die Teilung der Schwestergruppe von Zaubereianklagen begleitet. Söhne zweier Schwestern bezichtigen sich gegenseitig der Hexerei und der Neffe verdächtigt den Onkel. Auch Vollbrüder tragen ihre Rivalitäten im Idiom der Zauberei aus, da sie miteinander um die Kontrolle über die Geschwistergruppe wetteifern Wenn der jüngere Bruder die Schwester davon überzeugen kann, daß der ältere Bruder ein Zauberer ist, machen sie sich gemeinsam auf und davon. Zauberer nehmen Zank innerhalb einer Matrilineage zum Anlaß, eines ihrer Mitglieder zu töten. Wer hinter dem Rücken der Verwandten über sie schimpft, gilt als potentielle(r) Hexe oder Hexer. Meistens werden Frauen beschuldigt. Männer werden des Inzests mit der Schwester verdächtigt. Wenn ein Onkel mit seinem Neffen streitet, riskiert er, sich mit seiner Schwester zu überwerfen, die die Interessen ihres Sohnes gegenüber ihrem Bruder verteidigt. Das Bruder-Schwester Verhältnis ist in matrilinearen Gesellschaften oftmals sehr gespannt. Bei den Yao in Malawi verhexen sich viehverbundene Brüder und Schwestern. In Ashanti tritt Hexerei nur innerhalb des engen Rahmens der Matri-Verwandtschaft auf, wo auch das Inzestverbot gilt. Eheleute verhexen sich nicht und auch Patri-Verwandte sind gegen einen Verdacht geschützt. Das stereotype Bild einer Hexe in Ashanti ist eine alte Frau, Großmutter oder Mutter, die von Boshaftigkeit und Neid verzehrt wird. Vor allem Großmütter, Mütter, Schwestern, Brüder und Mutterbrüder sind die mutmaßlichen Hexer und Hexen, insbesondere aber Frauen. Ihre ambivalente Rolle als Mutter und Schwester und seine ambivalente Rolle als Bruder, Vater und Mutterbruder tragen zu den in matrilinearen Gesellschaften sozio-strukturell angelegten Spannungen bei, die im Idiom der Hexerei artikuliert werden.

Bei den matrilinearen Mbugwe in Tanzania sind Hexereianklagen unter Lineagemitgliedern selten.[32] Wenn allerdings Hexereianklagen im Kontext der Lineagebeziehungen vorkommen, sind hauptsächlich Frauen in sie verwickelt. Die häufigsten Opfer sind Frauen einer Schwesterlineage. Jeder der acht matrilinearen Clans der Mbugwe ist unterteilt in Matrilineages mit einer genealogischen Tiefe von fünf oder sechs Generationen. Diese Lineagesegmente werden nicht namentlich hervorgehoben. Die Kohäsion einer 'tombo' d.h. eines Lineagesegmentes wird aufrechterhalten durch eine wichtige Strukturbeziehung: die Kinder zweier Schwestern, die sich jeweils mit einem besonderen Terminus anreden (übersetzt: Kind der älteren Schwester/Kind der jüngeren Schwester). Kinder dieser Kinder stehen ebenfalls in einer besonderen Beziehung zueinander. Kinder zweier Parallelkusinen heißen 'vora na vora'. 'Vora na vora' haben besonders intime Beziehungen. Sie kommen als korporative Gruppe nur bei Begräbnissen ihrer Mitglieder zusammen. Wenn zwei Leute wissen, daß ihre Mütter oder Großmütter 'vora na vora' waren, wissen sie, daß sie zur gleichen Lineage gehören. Das schrecklichste Verbrechen ist es, wenn 'vora na vora' sich verhexen. Wenn das geschieht, können die beiden Frauen nicht in der gleichen Lineage bleiben. Ihre Nachkommen müssen verschiedene Lineages bilden. Hexerei ist bei den Mbugwe gewöhnlich eine Sache älterer Frauen, die Kinder oder Enkelkinder haben. Wenn eine 'tombo' ihre Maximalgröße erreicht hat, ist sie reif für die Spaltung. Wenn das geschieht, verschwindet die Ahne, die an der Spitze der Ursprungslineage stand und ihre Töchter bilden den Anfang neuer Lineagesegmente. Die besondere Stärke der 'vora na vora'-Beziehung soll den Spaltungstendenzen entgegenwirken. Dies ist jedenfalls die idealtypische Vorstellung von dem Prozeß. Post hoc wird behauptet, die Lineage habe sich gespalten wegen Hexerei unter 'vora na vora'. Oft stellt sich aber heraus, daß die Hexe und ihr Opfer gar nicht 'vora na vora' waren. Auf jeden Fall führte die Spaltung aber dazu, daß 'vora na vora' sich hinterher feindselig betrachteten.

Großmütter gerieten wegen ihrer exponierten Strukturposition in matrilinearen Gesellschaften häufig in Verdacht, Hexen zu sein. Max Marwick berichtet von einem solchen Fall von Hexereiverdacht gegen eine Großmutter bei den Cewa in Malawi.[33] Eine Frau namens Tessa wurde krank. Ihre Großmutter (MM) Maria ging zu einem Wahrsager, der sagte, Tessas Krankheit sei durch den Geist von Marias Mutter verursacht. Nachdem Tessa starb, gingen die Großmutter und ihre Schwester zu einem anderen Wahrsager, der sagte, die Großmutter selbst habe Tessa getötet. Tessas Vormund, ihr Onkel, ging zu einem dritten Wahrsager, der sagte Tessas Tod ginge zurück auf Tessas Ehemann, der drei Mal Ehebruch beging, als sie schwanger war, denn Cewa glauben, daß Schwierigkeiten bei der Geburt oder gar Tod, auf die Untreue des Ehemannes oder der Ehefrau während der Schwangerschaft zurückzuführen sind, die durch den Tabubruch die rituelle Reinheit verletzen. Nach Tessas Tod starb plötzlich auch ihr kleines Kind, als es von der Großmutter auf der Schulter getragen wurde. Alle hielten die Großmutter für die Hexe und auch die Schwester der Großmutter wurde verdächtigt. Beide machten ein Ordal. Der Schwester geschah nichts, aber bei der Großmutter hoppelte sogar ein lebender Hase davon.

Sozialbeziehungen II: Frauen

Die Illegitimität zauberischer Aggression bei Frauen

Während zauberische Aggression bei Männern in Gonja sozial akzeptiert wird, weil sie zum selbstverständlichen Wettbewerbsverhalten der Männer um Prestige und politische Macht gehört, ist zauberische Aggression bei Frauen in Gonja illegitim. Es heißt, sie töteten aus Bosheit und Ranküne, und insbesondere ältere Frauen stehen im Verdacht zu hexen.[34] Um ihre politische Autorität durchzusetzen, 'müssen' Männer über diese außerordentliche Macht verfügen. Wo das Streben um Einfluß und Macht sozial gebilligt wird, ist auch zauberische Aggression der Männer zwar nicht gerade legitim, jedoch weniger anrüchig als die der Frauen. Männer legen sich eine Reputation als gefährliche Hexer zu, um ihre Gegner einzuschüchtern. Gelegentlich geben sie Kostproben ihrer mystischen Macht und verbreiten 'Märchen' über ihre hexerischen Fähigkeiten und Zaubertaten.

Gegen Frauen, die hexen wird bei den Gonja in Nordghana in den meisten Fällen auch etwas unternommen. 44 von 54 Hexereifällen, die die Anthropologin Esther Goody während ihrer Feldforschung sammelte, betrafen Frauen. In 22 Fällen wurden die Frauen angeklagt, aber nur ein Mann der zehn Hexer. Auf die Frage, warum Frauen hexen, erhielt die Anthropologin Esther Goody bei den Gonja die Antwort: "Weil wir böse sind... Weil die Kinder der Mitehefrauen miteinander streiten und die Mütter hineinverwickelt werden... Weil die unfruchtbaren Frauen verzweifeln..." (E.Goddy 1970:240). Frauen dürfen legitime Aggression nur gebrauchen, um sich und ihre Kinder gegen gewaltsame Angriffe zu verteidigen. Physische Aggression ist ihnen manchmal erlaubt, mystische dagegen nie. Im häuslichen Bereich, unter Verwandten und in Frauenfreundschaften kommt Hexerei bei Frauen in Afrika am häufigsten vor. Die politische Sphäre ist ihnen in Gonja aufgrund ihrer Geschlechtszugehörigkeit verschlossen. Frauen, so eine nicht nur bei den Gonja verbreitete Ansicht, brauchen zur Erfüllung ihrer gesellschaftlichen Rolle keine Aggression; sie sind Mütter und Ehefrauen. Sie sind dem Ehemann zu Gehorsam verpflichtet und Aggressionen gegen die Männer fordern die geschlechtsspezifischen Dominanzhierarchien heraus. Darum sind sie nicht zulässig. So darf ein Mann seine Frau bei den Gonja schlagen, nicht aber umgekehrt. Schlägt sie ihn doch, wird er impotent. Die wenigen weiblichen Häuptlinge, die es bei den Gonja gibt, gelten alle als Hexen. Sie können sich nur in ihren Ämtern halten, wenn sie starke männliche Fürsprecher haben. Weder ein politischer noch ein ritueller Status gestattet es Frauen in Gonja mystische Aggressionen zu gebrauchen.

Die Legitimität hexerischer und zauberischer Aggression der Männer im Gegensatz zu der von Frauen, gründet in der sozialen Ungleichheit der Frauen. Wenn Frauen durch ihr Verhalten die geschlechtsspezifischen Dominanzhierarchien in Frage stellen, geraten sie in den Verdacht Hexen zu sein. Wenn Frauen nach politischer Macht streben und dies in einer Gesellschaft sozial nicht gebilligt wird, sind sie potentielle Hexen. Wenn sie im häuslichen Bereich versuchen, ihre Männer zu dominieren, werden sie leicht als Hexen verdächtigt. Sobald sie ihre ökonomische Macht für andere Zwecke gebrauchen als zum Wohle ihrer Familie, geraten sie in den Verdacht Hexen zu sein. Die Folgen mystischer Aggression der Frauen gelten als fataler als die der Männer. Sie werden härter bestraft. Frauen werden aber nicht wegen ihres "Frauseins" als Hexen verfolgt, sondern weil sie durch ihr Verhalten die geschlechtsspezifischen Dominanzhierarchien in Frage stellen, entweder gewollt oder ungewollt. Wenn sie durch ihr Verhalten die männlichen Vorrechte im häuslichen und gesellschaftlich-politischen Bereich herausfordern, gelten sie als Hexen. Jede Gesellschaft, die Frauen als Hexen verfolgt, teilt etwas über das Gesellschaftsbild von Frauen in ihr mit. Bei den Nupe in Nigeria hexen nur Frauen. Männer kooperieren manchmal mit Frauen, gelten aber allein nicht als bösartige Hexer. Sie gehen nachts nicht wie die Frauen auf Suche nach Opfern. Die schlimmsten Effekte der Hexerei stellen sich jedoch ein, wenn beide Geschlechter zusammen hexen. Es gibt weniger Hexer als Hexen, weshalb mehrere Hexen mit einem Hexer zusammenarbeiten. Hexer liefern Frauen Medizinen und stellen den günstigsten Tag für die Verhexung fest. Die Hexen benötigen die Kooperation der Männer, damit ihre Hexerei voll wirksam, also tödlich, wird. Manche Männer verraten ihr Geschlecht und werden zu Helfershelfern der Hexen. Sie treffen sich nachts mit den Hexen um einen Pakt mit ihnen zu schließen. Solche Hexer sind häufig Wahrsager. Als Hexe gilt eine Frau, die nie lacht, keine Witze mag, die sich gleich über jede Kleinigkeit aufregt, die immer mürrisch ist und alles verbietet. Die Nupe haben ein Sprichwort: "Unsere Hexerei ist im Mund..." (Nadel 1954:170), d.h. sie zeigt sich in der Abwesenheit von freundlicher Rede und Lächeln. Als der Ethnograph S.F.Nadel allerdings mit den so charakterisierten Frauen sprach, fand er, daß sie freundlich waren und leicht lachten. Auf diesen Widerspruch hin angesprochen, sagten die Informanten, daß diese Frauen sich nur verstellt hätten und gegenüber den eigenen Leuten mürrisch und unfreundlich seien.

Die meisten Opfer der Hexen in Nupeland sind Männer, vor allem junge Männer. Sie stehen unter dem Einfluß einer älteren Frau. Hexen tun in Nupeland nur selten ihren eigenen Blutsverwandten etwas an. Oft verhexen sie Schwiegerverwandte. Hexen in Nupe gelten als männerfeindlich bzw. als feindselig gegenüber männlicher Autorität. Sie sind meist schon jenseits des gebärfähigen Alters. Das stereotype Bild einer Hexe bei den Nupe ist eine ältere, dominante Frau, die jüngere Männer angreift. Der Hintergrund für die Hexereibeschuldigungen gegen Frauen zum Zeitpunkt der Untersuchungen S.F.Nadels war ihre ausgesprochen starke ökonomische Stellung. Viele von ihnen waren erfolgreiche fahrende Händlerinnen. Die Ehemänner waren häufig bei ihren Ehefrauen verschuldet und konnten ihre Verantwortung als Mann, Vater und Familienoberhaupt nicht übernehmen. Die Frauen beschafften den Brautpreis für den Sohn, Schulgeld und Ausgaben für Familienfeste. Die Verkehrung der institutionalisierten Rollen wurde von den Männern als demütigend empfunden. Sie hielten an überkommenen Rollenbildern für Männer und Frauen fest, die längst nicht mehr der Realität entsprachen, weil sie Unterordnung und Gehorsam der Frauen gegenüber den Männern forderten, während ihre ökonomische Macht bereits so stark war, daß sie dem Rollenbild nicht mehr entsprechen konnten und wollten. Die Männer waren unfähig ihre Rollenerwartung gegenüber sich selbst und den Frauen zu korrigieren.

Die Hexen in Nupe sollen sich in Zünften und Zirkeln organisiert haben, die ihr Vorbild in den tatsächlich existierenden Vereinigungen der Händlerinnen hatten. Die Händlerinnen galten als 'schlechte Ehefrauen'. Sie waren lange auf Reisen und die Männer verdächtigten sie der Prostitution. Ihre Sexualmoral soll lax gewesen sein und häufig wollten sie keine Kinder. Sie waren die fleißigsten Käuferinnen von Verhütungsmitteln und wiesen damit ihre Rolle als Ehefrau und Mutter zurück. Hexen wurden angeführt von einer Frau, die auch im wirklichen Leben der Vereinigung der Händlerinnen vorstand. Sie war eine Reformhexe, weil sie die Aktivitäten ihrer Gesinnungsgenossinnen unter Kontrolle hielt. Sie warnte den Häuptling vor fremden Hexen, die das Dorf bedrohten und mußte die ortsansässigen Hexen im Zaum halten.

Ein Ursprungsmythos der Geheimgesellschaft zur Bekämpfung der Hexerei in Nupeland erzählt von einem jungen König, der eine herrische alte Mutter hatte, die ihm ständig in seine Pläne funkte. Schließlich entschloß sich der Sohn des Königs, ihren Einfluß abzuschütteln. Er ging zu einem Wahrsager, der ihm das Geheimnis der Tuchmaske verriet, die er nur über die Alte zu werfen brauchte, um sie für immer von der Erde verschwinden zu lassen. In einer anderen Erzählung ist die Rede von einer gesetzlosen Zeit, in der die Leute nicht auf die alten Männer hörten. Männer stahlen sich gegenseitig die Frauen und begingen Ehebruch ohne Scham. Die älteren Frauen zankten sich unaufhörlich und gaben keine Ruhe. Die Gesetzesfürchtigen unter den Männern wurden zornig und warnten die Frauen. Aber diese antworteten frech zurück. Ein starker junger Mann ging in die Wildnis. Er bedeckte seinen Kopf mit einem Tuch. Er erreichte den Platz, wo die Frauen zankten und stieß den Schrei der Geheimgesellschaft der Männer aus, sodaß die Frauen wegrannten. Nur eine alte Frau lief nicht weg. Die Männer ergriffen und töteten sie. Nur Männer können bei den Nupe die Macht der Hexen brechen. Sie setzen ihre hexerischen Fähigkeiten nicht zum Schaden, sondern zum Nutzen des Gemeinwohls ein. Sie durchkreuzen die Pläne der Hexen, bekämpfen und kontrollieren sie, denn ihre Macht gilt als gut. Männer versuchen das Böse abzuwenden und diesem Zweck dienen auch die geheimen Männerbünde. Theoretisch besitzen nur Männer die Fähigkeit, die Macht der Hexen zu brechen. In der Praxis sind sie jedoch immer ihre Opfer.

Bei den Nupe, meint S.F.Nadel, ist der Glaube an die Hexe der einzig zulässige Ausdruck des unterdrückten Hasses der Männer auf die Frauen.

> Wenn die Männer das sozial dominante Geschlecht sind, fürchten sie sich vor den Ressentiments der Frauen. Wenn ihre Dominanz reduziert wird, produzieren sie selbst Ressentiments und neurotische Ängste. (Nadel 1954:179)

Dies erklärt jedoch nicht, warum auch Frauen häufig der Ansicht sind, daß

Frauen die böseren Hexen sind. Die psychologische Deutung Nadels muß daher durch eine soziologische Erklärung erweitert werden. Frauen verinnerlichen ebenso wie Männer die geschlechtsspezifischen Rollenmuster. Sie identifizieren sich ebenso wie die Männer mit ihnen und vermerken daher Abweichungen vom Rollenmuster ebenso negativ wie diese. Sie sind oft sogar noch härter als Männer in ihrer Verurteilung weiblicher Rollenabweichungen, ähnlich wie Männer stärker männliche Rollenabweichungen verurteilen. Auf diese Weise reproduzieren die Frauen die geschlechtsspezifischen Rollenerwartungen, ohne die männlichen Werte, die darin enthalten sein könnten und zu gesellschaftlichen Leitbildern werden, zu reflektieren. Daher erscheinen auch ihnen die hexenden Frauen - gemessen an den männlichen Rollenerwartungen gegenüber Frauen - bösartiger als die hexenden Männer.

Bei den Gwari, einer den Nupe benachbarten, ebenfalls patrilinearen Gesellschaft, stehen dagegen Rollenerwartung und tatsächliches Rollenverhalten der Frauen nicht in einem so krassen Widerspruch zueinander. Männer und Frauen hexen und ihre Opfer sind gleichermaßen Männer und Frauen.

Uterine Verwandtschaft

Bei den Tallensi, einer anderen patrilinearen Gesellschaft, werden Hexereiverdächtigungen auf die uterine Verwandtschaft projiziert, d.h. all diejenigen, die durch die Mutter miteinander verwandt sind. Hexerei wird in weiblicher Linie vererbt, sie geht über von einer Mutter auf ihren Sohn und ihre Tochter. Die agnatische Verwandtschaft wird nie der Hexerei beschuldigt, weder der eigene Vater, noch die Halbgeschwister. Bei den Tallensi sind die Angeklagten immer Frauen, jedoch spielt Hexerei keine große Rolle bei ihnen. Weniger als zehn Fälle von Hexerei vermerkte Meyer Fortes innerhalb der letzten dreißig Jahre vor seiner Feldforschung. Auch bei den duolinearen Yakö in Nigeria wird Hexerei hauptsächlich von den Frauen gefürchtet. Jede Übertragung von Hexerei geschieht durch die Mutterseite, jedoch wird sie in Bezug auf die eigene mutterseitige Gruppe geleugnet und nur für andere mutterseitige Gruppen behauptet.

Bei den patrilinearen Shona richten sich Hexereianklagen gegen Frauen, Zaubereianklagen gegen Männer. Da Hexerei vererbt wird, bringt sich jemand, der seinen Hexereiverdacht gegen einen Agnaten äußert, selbst in Verdacht. Eine Hexereianklage gegen eine Ehefrau zerstört nicht die Lineageeinheit, denn die Frau wird zu ihrer Familie zurückgeschickt. Bei den Shona und Ndebele-Kalanga in Zimbabwe werden meistens Frauen wegen Hexerei angeklagt. Die Anthropologen John Middleton und Edward Winter behaupten, daß

Hexereianklagen gegen Frauen nur in solchen patrilinearen Gesellschaften vorkommen, die den 'house-property complex' haben,[35] d.h das Eigentum des Mannes wird gleichmäßig zwischen den Häusern der verschiedenen Frauen aufgeteilt. Bei dieser Form der Eigentumsübertragung ist das Levirat (Levirat = Ehe eines Mannes mit der Frau seines kinderlos verstorbenen Bruders) üblich. Scheidung wird abgelehnt. Die Kinder werden dem soziologischen und nicht dem biologischen Vater zugeordnet. In Gesellschaften mit dem 'house-property complex', in denen die reproduktiven Fähigkeiten der Frau ganz und gar an den Ehemann und seine Lineage gehen und sie in die Lineage ihres Mannes inkorporiert wird, stellt man sich Hexerei als eine angeborene Eigenschaft vor. Im Gegensatz dazu sind in Gesellschaften, in denen der 'house-property complex' unbekannt ist und die Beziehungen einer Frau zu ihrem Mann vertraglicher Art sind, auch Vorstellungen über eine angeborene Eigenschaft nicht relevant. Diese Frauen praktizieren eher Zauberei als Hexerei.

Bei den Shona wird das ökonomisch wichtige Vieh des väterlichen Besitzes nicht gleichmäßig zwischen den verschiedenen Frauen aufgeteilt. Sie haben keinen 'house-property complex' und klagen Frauen trotzdem der Hexerei an. Es gibt einen Universalerben. Anstelle des Levirats wird die Witwe geerbt und die Kinder können auch vom biologischen Vater beansprucht werden, wenn der soziologische Vater die Rechte aufgibt. Doch auch die Shona lehnen die Scheidung ab. Die Frauen werden in die Lineage des Ehemannes integriert und daher wird ihre Boshaftigkeit eher als Hexerei, denn als Zauberei interpretiert, d.h. sie ist eher angeborene Charaktereigenschaft als erworben und wird auch weitervererbt. Crawford leitet aus diesem Beispiel eine Kritik an Middletons 'house-property'-These ab, die auch nicht für Europa gilt, wo Frauen als Hexen verfolgt worden sind, obwohl es keinen 'house-property complex' gab. Doch zur Verteidigung der These Middletons und Winters läßt sich sogar das Beispiel der Shona anführen, wenn der Akzent darauf gelegt wird, daß die Frauen bei ihrer Heirat in die Lineage des Ehemannes integriert werden. Der 'house-property complex' kann, muß aber nicht, eine Konsequenz dieses Sachverhaltes sein.

Bei den Gisu beziehen sich Hexereianklagen gegen Frauen auf die häusliche Domäne.[36] Die Gisu sind patrilinear und patrilokal. Gisu-Frauen bewahren aber gewisse Rechte in ihrer Geburtslineage und durch Heirat gehen sie nicht vollständig an die Lineage des Ehemannes über. Sie bleiben deshalb immer Fremde im neuen Heim. In den ersten Jahren der Ehe sind sie unsicher. Eine neu verheiratete Frau muß sich erst als gute Ehefrau und Mutter beweisen, bevor sie ganz akzeptiert wird und die gleiche Loyalität wie in ihrem Elternhaus erwarten kann. Die Interessen ihrer Kinder sind auch ihre Interessen. Ihre Söhne unterstützen sie im Alter und die Heirat ihrer Töchter wird den Reichtum ihres Haushaltes erhöhen. Ein Gisu-Mann sollte alle seine Frauen gleich behandeln, das Land gleichmäßig unter ihnen verteilen, jeder eine eigene Hütte bauen, wo sie selbständig kocht. Sie beansprucht den gleichen Luxus wie die anderen Ehefrauen in einem polygynen Haushalt. Gisu haben den 'house-property complex', obwohl die Frauen die Bindungen an die Ursprungslineage nicht ganz aufgeben.

Hexerei in polygynen Ehen

Die Beziehungen zwischen den Mitehefrauen in einem polygynen Haushalt sind oft schlecht, Eifersucht zwischen ihnen ist fast unvermeidlich und Hexerei häufig. Die Gisu haben einen besonderen Ausdruck für die Beziehung zweier Mitehefrauen zueinander. Sie nennen sie 'engareka', d.h. 'Haß unter Mitehefrauen' und bei den Luo nennen sich die Mitehefrauen auch gegenseitig 'meine Eifersuchtspartnerin' (nyieka).[37] Ehefrauen eines Mannes helfen bei den Gisu einander nicht bei der Geburt, damit Plazenta, Nabelschnur und Blut auf der Erde nicht für Schwarzzauber verwendet werden. Die Ehefrauen verdächtigen einander, sich die Zuneigung des Ehemannes zu nehmen und die Ursache der Kinderlosigkeit zu sein. Wenn eine Frau dauernd Fehlgeburten hat, wenn ihre Kinder krank werden und sterben, klagt sie die anderen Ehefrauen ihres Mannes an oder, wenn sie die einzige Frau ist, die Frau des Bruders ihres Ehemannes, die sie ebenfalls mit dem Titel "Ehefrau" anredet. Die Frauen stehen zueinander in Konkurrenz um die Gunst des Ehemannes. Hat sie weniger Kinder, bekommt sie auch weniger. Ist sie die einzige Ehefrau ihres Mannes, fürchtet sie die Feindseligkeiten ihrer klassifikatorischen Ehefrauen, deren Ehemänner die Erben ihres Mannes werden, wenn sie keine Kinder hat. Mißtrauen herrscht zwischen den Frauen eines Mannes und offene Feindschaft bricht zwischen ihnen aus, wenn ein Mann eine Präferenz für eine Frau zeigt oder wenn einer Frau ein Unglück zustößt.

Söhne verschiedener Ehefrauen eines Mannes tragen die Rivalitäten ihrer Mütter auch noch in die nächste Generation. Bei den Gusii in Südwest-Kenia wohnen enge Agnaten in benachbarten Gehöften, sie besitzen gemeinsam Land und Eigentum. Jede Frau und ihre (verheirateten) Söhne konstituieren eine Wohneinheit innerhalb eines Gehöftes. Die Söhne rivalisieren miteinander um die Wohltaten des Vaters, vor allem um das Vieh für das Brautgut, das sie zu ihrer Verheiratung benötigen. Eine Mutter und ihre Kinder bilden eine Einheit beim Aufbringen des Brautgutes. Die Söhne einer Mutter sollten nur das Vieh, das durch die Heiraten ihrer Vollschwestern hereinkommt, zu ihrer eigenen Verheiratung benutzen. Der Vater kann aber auch nach anderen Gesichtspunkten das Vieh unter den einzelnen Haushalten zuteilen, z.B. nach Seniorität seiner Ehefrauen oder indem er Brautschulden zwischen den matrifokalen Häusern eines Gehöftes schafft. Diese Schulden schaffen oft bittere Feindseligkeiten zwischen den Häusern, einmal, weil sie die Heiraten eigener Söhne verzögern können und auch, weil sie jahrelang nicht zurückgezahlt werden. Ein anderer Grund für den Zwist unter Halbbrüdern ist Land: Solange das Gehöftoberhaupt lebt, besitzt es alles Land des Gehöftes und teilt es seinen Ehefrauen und Söhnen zu. Wenn er die Söhne eines Hauses favorisiert oder wenn die Söhne einer älteren Frau der Meinung sind, sie sollten mehr bekommen und der Vater verweigert es ihnen, so können böse Gefühle zwischen den Ehefrauen aufkommen und sich unter den Halbbrüdern in der nächsten Generation fortsetzen. Wenn eine junge Frau eine Fehlgeburt hat, kann sie die Hexerei ihrer Mitehefrauen in einem anderen Haus dafür verantwortlich machen. Die Männer ignorieren oft solche Anklagen. Nachdem das Oberhaupt des Gehöftes gestorben ist, beginnen die Halbbrüder sich zu streiten. Die Mütter beschuldigen sich der Hexerei. Eine volkstümliche Erzählung über den Ursprung des Kochens bei den Gusii erzählt von einer Frau, die nicht wollte, daß ihr Mann noch eine zweite Frau nahm und die ihr immer das Essen brachte, nachdem sie das erste Kind bekommen hatte. Sie dachte, wenn sie das Mehl in Wasser erhitzen würde, töte es die zweite Frau und so brachte sie ihr tagelang gekochtes Essen. Die zweite Frau genoß das Essen, wurde gesund anstatt zu sterben und deshalb kochen die Gusii nun immer ihre Nahrung.

Bei den Shona in Zimbabwe ereignen sich Hexereianklagen im allgemeinen innerhalb der Verwandtschafts- und Lokalgruppen. Die Segmentation alter Dörfer und die damit verbundene Entstehung neuer Dörfer wird in Begriffen von Hexerei erklärt. Gewöhnlich stecken dahinter Konflikte über Land und Macht und Spannungen zwischen den verschiedenen Häusern einer polygynen Familie. Landknappheit verschärft die Konflikte.

Ehepartner

Auch Eheleute verhexen einander.[38] Hexerei ist ein Scheidungsgrund. Lovedu-Christen verhexen ihre Frau nicht, weil sie nur eine Frau haben dürfen und sich nicht scheiden lassen sollen. Ein Ehemann, der bei den Nyoro seine Frau der Hexerei verdächtigt, fürchtet, sie gehe fremd. Die Furcht, die Kontrolle über die Ehefrau zu verlieren, ist bei den Männern in matrilinearen Gesellschaften wie z.B. den Kaguru noch ausgeprägter. Die Verpflichtung der Ehegatten gegeneinander tritt oft in Gegensatz zu den Verpflichtungen und

Loyalitäten gegenüber dem eigenen Clan. In matrilinearen Gesellschaften hat der leibliche Vater nicht die elterliche Gewalt über seine eigenen Kinder, sondern über die Kinder seiner Schwester. Seine leiblichen Kinder gehören der Matrilineage seiner Ehefrau an und er muß sich um die Kinder seiner Schwester kümmern, deren Vormund er ist. So muß er einen Ausgleich finden zwischen den Pflichten gegenüber seiner eigenen Familie und gegenüber seinen matrilinearen Verwandten. Eine Frau muß ihre Interessen und die ihrer Kinder gegen die Forderungen der Verwandten ihres Mannes verteidigen, besonders gegen die Schwägerin und ihre Kinder. Tom Beidelman sagt, daß die Kaguru-Männer gegenüber ihren Ehefrauen eine große Unsicherheit empfinden, obwohl die Residenz jetzt virilokal ist und die Rechte eines Mannes über Ehefrau und Kinder gestärkt wurden. Sie fürchten die Unabhängigkeit ihrer Ehefrauen. Väter meinen, die Ehefrau treibe einen Keil zwischen ihn und seine Kinder, indem sie sie lehrt, den Bruder und nicht den Vater zu favorisieren. Kaguru-Männer sagen, daß die Frauen und ihr Clan nur Kinder wollen, um den eigenen Clan zu vergrößern und es keine Rolle spiele, wer der Vater sei. Viele Lieder und Sprichwörter der Kaguru betonen die sexuelle Gier der Frauen, die ein Mann allein nicht befriedigen könne. Besonders reiche, alte Männer, die junge Frauen haben, hegen diesen Verdacht. Kaguru sagen: "Du weißt, wer deine Mutter ist. Aber der Vater!" Frauen in Ukaguru sind auch ökonomisch unabhängig von ihren Männern, da das Bierbrauen ihre Domäne ist und eine Hauptquelle ihrer Einkünfte darstellt, obwohl sie dieses Geld ihren Männern geben sollten. Männer meinen, daß dort, wo Bier verkauft wird, auch häufig Ehebruch begangen wird. Das Christentum mit seiner Verurteilung der Polygynie und Scheidung hat die Verunsicherung der Männer nur noch erhöht, besonders gegenüber christlichen Mädchen. Kaguru-Männer sagen, daß diese Mädchen sich nicht von ihren Männern scheiden lassen können, wenn sie ihrer müde sind und sie daher verhexen oder vergiften müssen.

Hexerei wird bei den Yoruba in Nigeria nur Frauen zugeschrieben. Sie hexen gegen Kinder und Ehemänner. Männer dagegen praktizieren Zauberei. Hexerei kann bewußt oder unbewußt ausgeübt werden. Eine Gruppe männlicher Patriverwandter bildet ein Gehöft. Diese korporative Gruppe von Agnaten hat politische, ökonomische und religiöse Funktionen. Frauen verlassen das väterliche Gehöft, wenn sie heiraten und ziehen zum Ehegatten. Die Residenz ist virilokal. Die Stellung der Frauen in den korporativen patrilinearen Lineagegruppen ist prekär. Hexerei wird Müttern, Töchtern oder Mitehefrauen zugeschrieben. Eine Frau, die keine Kinder hat, wird verdächtigt, ihren Mann nicht zu mögen und ihm keine Kinder geben zu wollen oder die Schwiegermutter wird verdächtigt, aus Eifersucht gegen die Schwiegertochter das

Kind verhext zu haben. Die Mitehefrauen verhexen einander aus Neid und Eifersucht. Eine Frau, die keine Kinder bekommt, entwickelt Schuldgefühle und fürchtet sich vor der Zurückweisung durch den Ehemann und seine Verwandtschaft. Sie ist daher umso bereitwilliger, eine Schwiegermutter oder Mitehefrau für ihr Unglück verantwortlich zu machen. Die Hexereifurcht erhält bei den Yoruba ihre spezifische Ausprägung durch die polygyne Eheform. Sie erzeugt Spannungen, die sich in Hexereiverdächtigungen entladen. Durch sie werden die eigenen Ängste auf andere Frauen projiziert, denen die Schuld für das Unglück zugeschrieben wird. Die Ehemänner fürchten sich vor der Unzulänglichkeit der mütterlichen Fürsorge, weil wohl ihre Kinder, nicht aber die Mütter die Sicherheit der Mitgliedschaft in einer korporativen Gruppe genießen. Folglich unterstellen sie den Frauen Ressentiments, die sie zum Hexen verleiten. Im Alter fühlen sich die Frauen ungeliebt, denn nach der Menopause können sie ihre Rolle als Mutter nicht mehr ausüben, aus der sie ihr ganzes Sozialprestige ziehen. Ihre Söhne sind ihr einziger Schutz, sie überschütten sie mit ihrer ganzen Liebe. Dies beeinträchtigt das Verhältnis der Schwiegermutter zur Schwiegertochter. Die Schwiegertöchter klagen ihre Schwiegermütter der Hexerei an.

Schwiegerverwandte

Auch Schwiegerverwandte werden der Hexerei verdächtigt.[39] Bei den Gisu in Uganda verdächtigen Schwiegersöhne die Schwiegerverwandten der Hexerei, wenn sie noch Brautgutschulden ausstehen haben. Die Brautgutforderungen bei den Gisu sind hoch und können oft nur über Jahre hinweg zurückgezahlt werden. In dieser Zeit muß der Schwiegersohn (und seine Brüder) den Schwiegerverwandten helfen, da sie die Gläubiger sind. Spannungen zwischen ihnen sind häufig. Der Brautvater kann jederzeit Zahlungen fordern. Schwiegerväter werden als unersättlich angesehen, die nach dem Eigentum anderer gieren. Die Schwiegersöhne können aber ihre Gefühle nicht offen ausdrücken, da sie den Schwiegervätern Respekt und Achtung schulden. Wenn Frauen mit ihrem Ehemann streiten, erwarten und bekommen sie in der Regel Unterstützung vom Vater und von den Brüdern. Frauen beschuldigen ihrerseits die Schwiegerverwandten, besonders in den frühen Jahren der Heirat, sie zu verhexen, vor allem dann, wenn die Dinge nicht gut laufen. Eine Gisu-Frau klagt aber keine bestimmte Person an, sondern geht zu ihrem Vater zurück und überredet ihn, das Brautgut zurückzuerstatten. Ihre Bitten haben besonders dann Erfolg, wenn sie keine Kinder bekommt, denn niemand gibt gerne zu, daß eine Frau der eigenen Familie unfruchtbar ist. Stattdessen glaubt man lieber, sie sei verhext worden. Ein Ehemann läßt eine solche Beschuldigung nur dann auf seinen Agnaten sitzen, wenn er auf schlechtem Fuß mit ihnen steht.

Typische Anklagen in Pondoland laufen auch zwischen Schwiegermutter und Schwiegertochter, die im gleichen Gehöft wohnen. Schwiegermütter versuchen bei den Ibibio die Eheentscheidung ihrer Söhne zu beeinflussen, da sie im Alter auf ihre Unterstützung angewiesen sind. Die Schwiegermutter stellt Untersuchungen darüber an, ob es in der Familie der Frau Hexen gibt. Wenn eine Frau keine Kinder bekommt oder die Kinder sterben, wird die Schwiegermutter verantwortlich gemacht, selten umgekehrt. Der Schwiegervater macht die Schwiegertochter gelegentlich verantwortlich für die Vernachlässigung der Sohnespflichten.

Schwiegermütter sollen bei den Gusii auch versuchen, ihren Schwiegertöchtern Hexerei beizubringen. Aber nicht überall, wo große Spannungen zwischen Schwiegermüttern und Schwiegertöchtern aufkommen, wie z.B. bei den Dinka, führen sie zu Hexereibeschuldigungen. Sie sind niemals in Konflikt als Gleiche, denn Alter und Position der Schwiegermutter geben ihr eine unstrittige Seniorität im Status.

Moderne Hexerei in Afrika

Die Forschungen der Sozialanthropologie widerlegen die gängige Ansicht, daß Hexerei und Zauberei in Afrika mit zunehmender Schulbildung und Industrialisierung verschwinden würden. Untersuchungen über Hexerei und Zauberei im urbanen Milieu zeigen, daß dort der Hexerei- und Zaubereiglaube fortexistiert, auch wenn er einige signifikante Transformationen erfährt.[40] Bei den Zulu in der südafrikanischen Stadt Durban waren Hexerei- und Zaubereifurcht unter den lokalen Fußballclubs verbreitet. Jeder Club hatte seinen eigenen 'inyanga' (Doktor), der das Team durch magische Rituale stärken und die Zauberei der rivalisierenden Doktoren der anderen Teams abwehren sollte. Obwohl keiner der 'izinyanga', mit denen N.A.Scotch sprach, zugab, daß er Zauberei gegen ein anderes Team gebrauchte, waren alle überzeugt, daß die Rivalen es taten. Erfolg und Geschicklichkeit im Fußball war weniger Ausdruck individueller Begabung, als vielmehr Ergebnis der magischen Fähigkeiten des 'inyanga'. So wurde der 'inyanga' entlassen und nicht der Trainer oder Spieler, wenn ein Team dauernd verlor. Wenn man hingegen befürchtete, daß ein Spieler verzaubert war, so ließ man ihn fallen, aus Furcht, der Zauber könnte sich auch auf die anderen negativ auswirken. Magische Hilfsmittel wurden bei den Durban-Zulu eingesetzt, um ein erfolgreiches Fußballteam hervorzubringen. Bevor die Fußballsaison eröffnet wurde, schlachtete man eine Ziege, "...um dem Glück das Tor zu öffnen." Am Ende der Saison schlachtete man noch ein Tier. Diese Opfer waren zur Sühne gedacht, dienten aber auch der Abwehr von Zauberei. Ein Zulu-Gesundheitserzieher berichtete über das Ritual, das von den Doktoren in der Nacht vor dem Spiel durchgeführt wurde

> Alle Fußballteams haben ihren eigenen inyanga, der sie betreut. Die Nacht vor dem Spiel müssen sie zusammen um ein Feuer kampieren. Sie verbringen die Nacht dort zusammen, sie müssen nackt bleiben und der inyanga gibt ihnen umuthi und andere Medizinen. Einschnitte werden an Knien, Ellbogen und an Gelenken gemacht. Am Morgen wird veranlaßt, daß sie sich übergeben. Sie müssen alle im gleichen Bus zum Spiel fahren und sie müssen zusammen auf das Spielfeld gehen. Auch die christlichen Spieler machen das, selbst wenn sie lange in der Stadt gelebt haben. (Scotch 1961:72)

Ein anderer Informant erklärte, was der Zweck des Nachtlagers war

> Damit niemand Alkohol zu sich nimmt, Geschlechtsverkehr hat, vom Gegner verhext wird oder mit Personen zusammenkommt, die Unglück bringen. (Scotch 1961:72)

Als die Gruppe am nächsten Morgen zum Spielfeld ging, bildeten sie eine dichtgedrängte Reihe. Schulter an Schulter, wie ein Tausendfüßler ging es im stilisierten Trippelschritt auf das Fußballfeld. Die Spieler waren in der Mitte des Tausendfüßlers, die Reservespieler, Kluborganisatoren und einige Fans schützten sie vor den Außenseitern, die die Spieler behexen konnten. Diese Formation entsprach den militärischen Formationen der Zulu-Krieger, die zu Shakas Zeiten (ca. 1800) so in die Schlacht zogen. Am Abend zuvor wurde ein Lagerfeuer veranstaltet und magische Medizinen auf die Waffen - heute Schuhe und Hemd - gegeben, um sie kräftiger zu machen. Auch wenn ein Team mal ganz und gar auf die Fußballmagie verzichten wollte, so wurde es verdächtigt, Medizinen zu gebrauchen. Ein Gesundheitserzieher berichtete

> Wir Gesundheitserzieher starteten ein eigenes Team und alles klappte bestens. Wir erzählten überall herum, daß wir keinen inyanga hatten. Wir luden auch einige Außenstehende ein, damit sie sehen konnten, daß wir nicht hexten. Na, wir gewannen also eine ganze Reihe von Spielen - und wissen Sie, was die Leute sagten? Sie sagten, das sei so, weil wir mit europäischen Doktoren zusammenarbeiteten, die uns Spritzen geben, damit wir stark werden und gewinnen würden. Wir konnten sie nicht vom Gegenteil überzeugen. (Scotch 1961:73)

Die moderne Medizin wurde hier mit der Magie der Zulu verglichen, sie galt als Magie der Europäer. Zulu gingen früher nur in Ausnahmefällen zu euroäischen Ärzten, denn sie meinten, die europäische Medizin helfe nur Europäern. Heutzutage akzeptieren sie auch, daß ihnen in vielen Fällen durch die europäische Medizin geholfen werden kann. Sie meinen nur noch von einigen Krankheiten, den sogenannten 'Bantu-Krankheiten' (bestimmte psychosomatische Störungen), daß sie nicht von Europäern geheilt werden können. Die Injektionen, die die europäischen Ärzte verabreichten, galten ganz und gar als magisch und Zulu, die einen europäischen Arzt aufsuchten, bestanden auf einem 'jovo' als Teil der Behandlung. Sie sahen keinen Unterschied zwischen einem 'jovo' eines europäischen Arztes und den Wurzeln und Kräutern, die ihnen der 'inyanga' in die Haut einrieb. Erfolg im Fußball wurde der Magie des 'inyanga' zugeschrieben, der Erfolg des Teams der Gesundheitserzieher der Magie der Europäer.

Alle, die bei den Cewa miteinander um einen Gegenstand, Status oder eine Person wetteifern, verhexen und verzaubern sich. Leute, die sich mit ihrer Stellung bei der Regierung hervortun oder die einen Job gefunden haben und die Gunst des Vorgesetzten genießen, fürchten sich bei den Gisu vor den neidischen Angriffen der Hexer und Hexen. Bei den Shona verzaubern sich Regierungs- und Missionsangestellte, Besitzer von Bussen, sowie zu Reichtum gelangte afrikanische Arbeitgeber, die bei den Shona auch 'mein Europäer' genannt werden. Viele Geschäftsleute zahlen hohe Preise für Medizinen, die ihnen Erfolg garantieren sollen. Angestellte in Harare (Zimbabwe) kauften Zaubermittel, um ihren Arbeitsplatz zu erhalten oder zu sichern, denn aus ihrer Sicht heuerten und feuerten die europäischen Arbeitgeber aus purer Lust und Laune. Eine Arbeitsstelle zu finden oder zu verlieren schien eine reine Glückssache zu sein. Die Angestellten lagen miteinander im Wettbewerb um die wenigen hochbezahlten Dauerstellungen mit Aufstiegschancen. Die Konkurrenz unter ihnen war groß. Von 15 Angestellten benutzten bei einer Untersuchung des britischen Anthropologen Clyde Mitchell in den Fünfziger Jahren nicht weniger als 8 Arbeitszauber. Die Masse der ungelernten Saisonarbeiter dagegen vertraute nicht einmal mehr den Medizinen. Um Arbeit zu bekommen und zu sichern, suchten aus einer Gruppe von 13 ungelernten Arbeitern, die den Doktor in Harare aufsuchten, nur zwei Zaubermittel.

Der ökonomische Wettbewerb unter den Händlerinnen und Bierbrauerinnen war der Hintergrund von Hexereiverdächtigungen in Harare, die der Anthropologe Clyde Mitchell untersuchte. Zum Zeitpunkt der Untersuchung war das Bierbrauen dort illegal. Die Frauen taten es aber trotzdem, um damit ihr Einkommen aufzubessern. Jede dieser 'shebeen queens' war bekannt und hatte ihre reguläre Kundschaft. Der Wettbewerb unter diesen Frauen um die Kundschaft war scharf. Kam dann noch die Rivalität um einen Liebhaber ins Spiel, verschärfte sich die Sache noch. So berichtete Clyde Mitchell, wie eine Frau, um einer Rivalin das Geschäft zu verderben, ihr die Polizei auf den Hals hetzte. Der Polizist, ein verflossener Geliebter der Beschuldigten, sorgte jedoch dafür, daß sie keine Anzeige bekam.

Eine mikrosoziologische Studie von B.Kapferer in einem Arbeitsraum einer zentralafrikanische Kupfermine beschreibt Zaubereiverdächtigungen am Arbeitsplatz. Die meisten Arbeiter glaubten, daß Zauberei persönliches Unglück wie Krankheit, Tod, Arbeitsunfälle, vorzeitige Pensionierung oder die Verzögerung der Beförderung zugunsten anderer, scheinbar weniger qualifizierter Mitkonkurrenten verursachte. Nicht alle Unglücksfälle wurden auf Zauberei zurückgeführt, sondern nur die, die keine andere Erklärung hatten. Die Arbeiter waren der Meinung, daß Zauberei einen Keil zwischen die Arbeitskollegen treibe, die miteinander kooperieren sollten. Die Arbeitsweise im Zellenraum begünstigte die Zauberei zwischen den Arbeitern und stärkte den Glauben an sie. Da die verschiedenen Arbeitsgänge schnell und leicht gelernt werden konnten, waren die Arbeiter austauschbar. Wer von der Arbeit wegen Krankheit oder persönlicher Schwierigkeiten fernblieb, konnte sofort ersetzt werden. Die Arbeiter hatten Angst vor plötzlicher Entlassung. Lohnunterschiede unter den Arbeitern für mehr oder weniger gelernte Arbeit ließen sich nur durch Beförderung ausgleichen, also erst, wenn ein Platz frei wurde. Zauberei wurde zur Beförderung eingesetzt. Nicht nur unter Arbeitern der gleichen Lohngruppe florierten Zaubereianklagen, sondern auch unter den Arbeitern verschiedener Lohngruppen. Arbeiter in besser bezahlten Tätigkeiten verdächtigten die in schlechter bezahlten Tätigkeiten der Zauberei. Sie verursachten Krankheit, Unfälle und Tod, um Lücken zu schaffen. Einige der älteren Männer gebrauchten Zauberei auch, um ihre Autorität am Arbeitsplatz durchzusetzen. Wegen ihres Alters und wegen ihrer Vertrautheit mit den traditionalen Hexereipraktiken galten sie als die gefährlichsten Hexer. Sobald sie angeklagt wurden, leugneten sie die Vorwürfe heftig und versuchten den Vorwurf als lächerlich abzutun. Die alten Männer waren aber nicht abgeneigt, Zaubereiängste bei jungen Männern zu schüren. Dadurch verfügten sie über eine außergewöhnliche Waffe und durch die konstante Drohung, sie zu gebrauchen, konnten sie das Verhalten der jüngeren Arbeiter kontrollieren. Als einmal ein älterer Arbeiter mit gelbem Ton an seinem grünen Arbeitsanzug zur Arbeit erschien, glaubten die Arbeiter, er habe sich die zurückliegende Nacht auf dem Friedhof herumgetrieben und dort die Leichen geschändet, um Zauberei zu praktizieren. Der Mann hatte jedoch nur seinen Garten außerhalb der Minenstadt bestellt.

Die Verbreitung der Schulbildung hat wenig dazu beigetragen, mystische Erklärungen in Ghana zurückzudrängen, meint G.Jahoda in seiner Studie "Social Aspirations, Magic and Witchcraft in Ghana". In Ghana gehören auch Gebildete zur Kundschaft der Heiler und Wahrsager. Nur 5% der 500 in der Studie befragten erwachsenen Studenten waren ganz frei vom Glauben an Hexerei und Magie. Soziale Aufsteiger hatten drei Gründe, warum sie sich magischer Mittel bedienten: 1. Sie wollten ihre persönliche Wirkung verbessern; 2. Sie wollten eine Autoritätsperson zu ihren Gunsten beeinflussen; 3. Die magischen Handlungen sollten auf physische Gegenstände Einfluß nehmen. Im Kontext der Arbeit hieß das a) die Zaubermittel werden gebraucht, um besser zu lernen oder solche Arbeiten hervorzubringen, die dann zur weiteren Förderung führten, b) der Prüfer sollte die schriftliche Arbeit des Kandidaten in angemessener Form würdigen oder 'Liebe' sollte ihn befallen, und wenn das nicht ging, sollte er von seinem Vorgesetzten entfernt werden, c) Geld sollte in die richtigen Taschen fließen. Bei den Shona in Zimbabwe verdächtigte ein Schüler seine Brüder ihn verhext zu haben, damit er bei den Prüfungen durchfalle.

Eine vergleichende Untersuchung von W. D. Hammond-Tooke in zwei Xhosa-sprachigen Gemeinden am Ostkap, zeigte den Wandel in der Interpretation von Glück und Unglück im urbanen und ruralen Milieu. Ausgangspunkt der Untersuchung war die Frage, ob und wie sich die Bedeutung von Unglück im urbanen Kontext änderte. Bei den Mfengu-Xhosa waren 82% der Angeklagten Bluts- oder Schwiegerverwandte. Die Gemeinde war zum Zeitpunkt der Untersuchung schon ziemlich verwestlicht, wenn auch wenig industrialisiert. Der Autor sammelte während seiner zweimonatigen Untersuchung alle Unglücks- oder Todesfälle. Die Fälle basierten auf Aussagen der Informanten und bezogen sich auf einen Zeitraum von sechs Jahren. Die Untersuchung wurde dadurch erschwert, daß Hexereianklagen in der Republik Südafrika strafbar sind und es daher keine öffentlichen Anklagen gab. Die Wahrsager nannten keine Namen, sie nannten nur Geschlecht, Status und Beziehung zum Opfer, sodaß der Ratsuchende selbst seine Schlüsse ziehen mußte. Die Untersuchung über den Vergleich von urbaner und ruraler Hexerei kam zu einigen aufschlußreichen Ergebnissen. In den urbanen Zentren fielen die Hexerei- und Zaubereianklagen von 72,8% auf 45%. Es gab keine Zunahme von ahnenzentrierten Erklärungen, wie sie Clyde Mitchell beobachtete. Die nichtmystischen Erklärungen für Unglück nahmen von 17,3% auf 48% zu. Die meisten Anklagen ereigneten sich zwischen Schwiegerverwandten und nicht zwischen Agnaten. Früher dagegen sollen bei den Xhosa Anklagen unter Agnaten häufig gewesen sein. Die Anklagen von Ehemann und Ehefrau nehmen dagegen von 9% auf dem Land auf 25% in der Stadt zu. In der Stadt nehmen Anklagen gegenüber Nichtverwandten rapide zu: 84% richteten sich in der Stadt gegen die Nachbarn, während es nur 44,2% auf dem Land waren. Konflikte zwischen

Nachbarn auf dem Land bezogen sich hauptsächlich auf größeren Reichtum und mehr Glück oder Neid wegen Kinderlosigkeit und Streit. In der Stadt drehten sie sich um Neid wegen eines begabten Kindes und um Streit wegen unterlassener Hilfeleistung oder verweigerter Nahrung. Die nicht-mystischen Erklärungen für Todesfälle waren durchweg empirischer Art: "...weil er die Anordnungen des Arztes nicht befolgt hat..." oder "...weil er zu viel trank...", bzw. "...wegen erhöhten Blutdrucks..." und "...weil sie zu dick war...". Die hohe Anzahl von Messermorden in der Stadt wurde als urbanes Phänomen erklärt, das sich meist im Zustand der Trunkenheit ereignet. Alkoholismus und Gewalt in der Stadt wurden nicht mystisch erklärt.

Während W.D.Hammond-Tooke eine Zunahme nicht-mystischer Erklärungen im urbanen Kontext konstatierte, stellten Clyde Mitchell und John Crawford eine Zunahme der ahnenzentrierten Erklärungen fest. Max Marwick konstatierte dagegen eine Zunahme der Beschäftigung mit Hexerei und Zauberei. Diese abweichenden Ergebnisse zeigen, daß rationale und mystische Erklärungen im urbanen Kontext koexistieren. Als Gründe für die Zunahme von rationalen Erklärungen geben die Sozialanthropologen die unpersönlicher werdenden Beziehungen in den Städten und industrialisierten Zentren an.[41] Dies führe zu unpersönlicheren Erklärungen der Unglücks- und Todesfälle, die sich in der größeren Verbreitung rationaler Deutungen des Unglücks niederschlagen. Der größere Grad der Abstraktheit von Leidensdefinitionen korrespondiert mit der größeren persönlichen Autonomie in den Städten. Einige Faktoren der modernen Gesellschaft begünstigen diese Atomisierung der Sozialbeziehungen. Sie verlangt ein hohes Maß an residentieller Mobilität und Bereitschaft zum Wechsel des Arbeitsplatzes. Die Nuklearfamilie schält sich immer deutlicher als Elementarstruktur der Verwandtschaft heraus. Dies hat zur Folge, daß sich die Muster des Hexereiverdachtes ändern. In der Stadt verdächtigen sich Eheleute, Nachbarn und Schwiegerverwandte häufiger als auf dem Land. Auf der anderen Seite behaupten die Sozialanthropologen auch eine Zunahme von Hexerei und Zauberei unter den Bedingungen des sozialen Wandels.[42] Kapitalisierung der Landwirtschaft und Lohnarbeit haben den Individualismus erhöht und die Abhängigkeit von der Gruppe verringert. Männer und Frauen können sich in Bunyoro zunehmend selbst versorgen, ohne auf die Verpflichtungen gegenüber Lineage und Häuptling Rücksicht nehmen zu müssen. Wanderarbeiter bei den Lugbara, die ihren Verdienst nicht mehr mit ihren Verwandten teilen wollen, werden verdächtigt, Zauberei zu praktizieren. Meist sind sie schon deshalb verdächtig, weil sie als Kleinhändler und Höcker herumziehen. Die ökonomische Unabhängigkeit der Frauen und der Wertwechsel durch die Morallehre des Christentums in Bezug auf die Polygynie erhöhten bei den Nyoro und Nyakyusa die ehelichen Spannungen. Der Glaube an die Schutzfunktionen der Ahnengeister hat bei den Gisu unter dem Einfluß des Christentums nachgelassen. Die Ahnen werden nicht mehr so häufig angerufen. Erklärungen für Unglück haben sich von den Ahnen weg, zur Hexerei hin verlagert. Durch den Wandel der politischen Strukturen ist es nicht mehr so wichtig, die Einheit im Dorf aufrechtzuerhalten. Konflikte unter den Dörflern sind mystisch weniger bedrohlich. Hinzu kommt, daß die traditionalen Mechanismen gegen Hexerei vorzugehen, außer Kraft gesetzt wurden. Hexereianklagen und Ordale wurden von den Kolonialmächten verboten. Dies führte in einigen Fällen zu unpersönlicheren Erklärungen von Unglück. Heutzutage kann man überdies bei den Kaguru ohne das Risiko der Todesstrafe die eigene Blutsverwandtschft verdächtigen. Die subjektiv empfundene Zunahme der Hexerei, die objektiv jedoch wohl eher eine Zunahme der Hexereifurcht ist, erklärt sich durch die vielfältigeren Wettbewerbssituationen in der modernen Gesellschaft. Rivalitäten um Ämter und Aufstiegschancen sind ausgeprägter, weil der Status erst erworben werden muß und nicht fest zugeschrieben ist. Anderseits ist der Status auch durch den Grad der Vorbildung zugeschrieben, sodaß Rivalitäten nur unter Personen auftreten, die die gleichen Bildungsvoraussetzungen haben. Neben den Missionaren, die das Problem der Hexerei durch die Verbreitung des Christentums zu lösen versuchten, machten auch Entwicklungsexperten Vorschläge zu ihrer Beseitigung. Sie vertrauen auf die Langzeitwirkungen von Aufklärung und Bildung. So meinte der Anthropologe J.L.Brain, daß neben der Bildung, die den Hexereiglauben zwar vermindern, aber nicht beseitigen könne, auch die Kindersterblichkeit reduziert werden müsse und Ängste offen diskutiert werden sollten.[43] Die Kinder müßten schon frühzeitig mit Ursache und Wirkung im Spiel vertraut gemacht werden und "Geschichten, die von harter Arbeit, Energie und Erfolg erzählen", sollten verbreitet werden. Die "größere Säkularisierung des Lebens, kombiniert mit einer totalen sozialen Mobilität" würde dann die endgültige Befreiung von der Hexerei- und Zaubereiplage bringen.

Es bleibt abzuwarten, ob solche technokratischen Eingriffe wie sie die Entwicklungsexperten propagieren, die gewünschten Effekte haben werden. Vielleicht ergeht es den Entwicklungsexperten aber auch wie ihren kongenialen Kollegen, den Missionaren. Auch sie mußten schon begreifen, daß Glaubenspropaganda die Hexereifurcht nicht beseitigen kann. Die Verurteilung der Hexerei durch Regierung und Mission hat nämlich die Überzeugung der Afrikaner, daß es Hexen und Zauberer wirklich gibt und daß sie eine große Gefahr darstellen, eher noch verstärkt. Der christliche Satan und seine bösen Machenschaften haben dem afrikanischen Hexereiglauben eine neue Dimension hinzugefügt. Manche Christen in Ukaguru sagen, daß die Hexen das Holz entfachen, mit dem die Hölle ausgeleuchtet wird.[44] Sie verweisen darauf, daß auch in der Bibel Hexerei erwähnt wird.[45]

Hexerei und Zauberei gründen in existentiellen Erfahrungen und gesellschaftlichen Verhältnissen. Sie erklären Unglück auf eine ganz spezifische Art und Weise. Schuld an meinem persönlichen Mißgeschick sind bestimmte Personen, die sich nicht so verhalten, wie sie sich verhalten sollten oder wie es dem Bild entspricht, das andere oder die Gesellschaft vom richtigen Verhalten haben. Persönliches Versagen ist, außer bei Selbstanklagen, keine sozial relevante Erklärung für ein Unglück. Oft stecken hinter Hexereianklagen repressive Konformitätsansprüche oder, positiver ausgedrückt: Sie sind Appelle an die Solidarität der Beschuldigten. Die Ursache eines Unglücks wird nicht in 'natürlichen', empirisch verifizierbaren oder außerweltlichen Instanzen gesucht, sondern in Beziehungen, die schiefgelaufen sind. Nach unserer rationalen Auffassung von Kausalität, haben diese Dinge nichts miteinander zu tun, obwohl auch wir gelegentlich in Versuchung kommen, für ein persönliches Mißgeschick, das uns widerfährt, andere verantwortlich zu machen und das ist die Wurzel des Hexereiglaubens. Unsere sozial akzeptierte Erklärung sieht in Fällen von Unglück, Leiden und Tod von einem menschlichen Verursacher im allgemeinen ab. Wir sprechen von 'natürlichen' oder 'gesellschaftlichen' Ursachen, oder vielleicht von 'Zufall' oder 'Pech'. Wir sind nicht dauernd am Grübeln, wer uns nun wieder ein Leid zugefügt haben könnte und würden so etwas als paranoid abtun. Doch zu allen Zeiten haben Menschen ihre Übel und Leiden bestimmten Personen oder Personengruppen angelastet und sie mit hexenhaften Zügen ausgestattet. Dies kommt einem anscheinend weitverbreiteten menschlichen Bedürfnis entgegen, Leiden und Unglück nicht einfach nur als Schicksal oder gottgewollt hinzunehmen, sondern eine Erklärung dafür zu suchen, die ein Eingreifen erlaubt oder von der eigenen Schuld ablenkt.

III. Methoden der Kontrolle von Hexerei und Zauberei

Erste Reaktionen

Wenn Hexerei oder Zauberei bei Tod oder Krankheit einer Person vermutet wird, beginnen die Leute zu flüstern, dieser oder jener könne sie verhext haben.[1] Bei den Lele wurde selten sofort und offen ein Verdacht geäußert.[2] Der Verdächtige wird durch Anspielungen gewarnt. Shona-Frauen geben ihren Kindern Beinamen wie 'der Verhexte' und 'ohne Verwandte' oder 'der Letzte, der lebt'. Die Kinder heißen 'sei zufrieden' und 'wir bleiben' oder 'mach Schluß mit mir'.[3] Sie wollen damit kundtun, daß sie über die Aktivitäten der Hexen informiert sind. Gibt es keinen spezifischen Verdacht gegen jemanden, so wird der Hexer bei den Azande öffentlich gewarnt, ohne daß sein Name genannt wird.[4] Ein Verwandter des Opfers übernimmt diese Aufgabe. Er fordert den verdächtigen Hexer auf, den Verwandten in Ruhe zu lassen. Er bittet ihn, seine Hexerei zurückzuziehen und den Verwandten nicht zu töten. Die Warnung kann aber auch unterbleiben und der Verdächtige direkt mittels eines Boten aufgesucht werden. So erfährt der Verdächtige oft erst auf diese Weise, daß er jemanden verhext haben soll. Er entschuldigt sich dafür, denn bei den Azande ist es möglich, jemanden zu verhexen, ohne daß man davon weiß. Der Beschuldigte wünscht dem Kranken Glück und Gesundheit und segnet ihn, indem er den Flügel, der ihm überbracht wurde, mit Wasser bespuckt. Er bezeugt auf diese Weise seinen guten Willen und seine guten Absichten. Wenn der Kranke trotzdem nicht gesund wird, befragt man noch einmal das Orakel, um festzustellen, ob der Verdächtige Reue nur vorspielte oder ein anderer Hexer seine Hände im Spiel hat.

Das Bezeugen einer freundlichen Gesinnung ist ein ganz wesentliches Moment, um einen Hexereiverdacht zu vermeiden. Dabei ist ein bestimmter Kodex an Verhaltensweisen einzuhalten. Im gewissen Sinne hat es also jeder selbst in der Hand, einen Hexereiverdacht gar nicht erst auf sich zu lenken, obwohl auch das Wahren der Etikette nicht vor einer Anklage schützt.

Nachbarn oder die Verantwortlichen der Dorfsektion kommen zusammen und warnen die Hexen und Zauberer.[5] Das Opfer oder einer seiner Verwandten hält eine öffentliche Rede[6]

Leute dieses Dorfes. Ich möchte, daß ihr es alle wißt. Laßt meine Person in Ruhe. Tötet sie nicht. Wenn ihr sie tötet, hole ich den Doktor, der alle eure Verwandten töten wird. Wenn meine Person etwas getan hat, werde ich für sie bezahlen; wenn sie nichts getan hat, habt ihr kein Recht, sie zu töten. Morgen möchte ich, daß sie wieder gehen kann. Wenn sie stirbt, werdet ihr schon sehen... (E.Krige 1943:259)

Bei den Nyakyusa verraten Hexer oder Hexen sich durch ihr Verhalten.[7] Sie blicken nervös umher und werfen Seitenblicke auf ihre Freunde. Nur ein geringer Prozentsatz der Hexereiverdächtigungen führt überhaupt zu Anklagen und zur Vergeltung. Entweder wird gar nichts unternommen oder der Betroffene geht zum Wahrsager, der die Krankheit magisch an den Absender zurückschickt. Wenn ein Toter zu beklagen ist, wird das Grab magisch behandelt, um den Tod zu dem zurückzuschicken, der ihn gesandt hat. Der Name des Zauberers wird bei den Lele nicht immer ausfindig gemacht,[8] denn wer herausfinden will, wer der Zauberer ist, riskiert für den Tod eines Angehörigen verantwortlich gemacht zu werden, weil er durch die Nennung des Namens Schwierigkeiten heraufbeschworen hat.

Wegzug ist eine der Möglichkeiten, einem Hexer zu entfliehen.[9] Da Hexereianklagen und Maßnahmen gegen Hexer und Zauberer heutzutage verboten sind, ist das oft die einzige Möglichkeit, sich dem bösen Einfluß zu entziehen. Bei den Kaguru verläßt der Hexer selbst den Ort.[10] Die Kaguru glauben nicht, daß Hexerei über weite Entfernungen wirkt, denn eine Hexe muß in Kontakt mit ihrem Opfer stehen. Selten zieht der oder die Verhexte weit weg, vor allem dann nicht, wenn sie gute Felder am Ort besitzen. Es reicht schon, sein Haus in Sichtweite des alten Hauses neu zu bauen. Verdächtige, die nicht wegziehen, werden bei den Mandari gemieden.[11] Niemand besucht sie. Sie haben keine Freunde und bleiben für sich. Es empfiehlt sich, im Umgang mit ihnen Mäßigung zu zeigen, da man mit ihnen auskommen muß. Verdächtige begeben sich nicht unter Menschen, weil alle Mißgeschicke ihnen angelastet werden und früher, wenn etwas nach ihren Besuchen passierte, tötete man sie. Höfliche Distanz ohne allzu große Intimität ist ratsam im Umgang mit ihnen. Schutz gegen den bösen Blick bietet bei den Mbugwe das Essen im kleinen Kreis unter absolut vertrauenswürdigen Personen.[12]

Hexer und Hexen lassen sich manchmal beschwichtigen.[13] Wenn das Opfer meint, es habe der Person, die es verzauberte, Anlaß dazu gegeben, weil es ihr Unrecht getan hat, dann kann es seine Fehler anerkennen, Wiedergutmachung versprechen und um Gegenmittel bitten.[14] Bei den Lugbara bittet das Opfer den Hexer zu einem Mahl und erweicht dadurch das Herz des Hexers, der dann seine Hexerei zurückzieht.[15] Es soll auch vorkommen, daß jemand direkt zu dem Hexer geht - Middleton traf allerdings niemanden, der es getan hatte - und ihn bittet, seine Hexerei zurückzuziehen.[16] Der Hexer nimmt geweihte

Gräser und segnet damit das Opfer. Die Gräser dienen auch Reinigungsriten nach Opferhandlungen.[17] Hexen kann man bei den Ashanti auch geistig 'einzäunen'.[18] In Bunyoro begeben sie sich zum Krankenlager ihres Opfers und legen die Hand auf den Bauch bei Schmerzen in der unteren Leistengegend und Ruhrerkrankungen.[19] Das Opfer erbricht dann die schlechte Medizin. Als Zeichen des guten Willens segnen sie das Opfer durch rituelles Bespucken.

Verdächtige werden über kurz oder lang vor dem Häuptling oder vor der Gemeinde angeklagt,[20] bei den Nyoro aber nur im Falle notorischer Zauberer, die mehrere Mitglieder der Gemeinde getötet hatten. In alten Zeiten wurden in Bunyoro gewohnheitsmäßige Hexer und Zauberer in Bananenblätter gewickelt und verbrannt.[21] Alte Leute führen bei den Nyoro die hohe Frequenz von Zauberei heutzutage auf die viel zu milden Strafen zurück, die Hexen und Zauberer erwarten. Wenn die Dörfler sich allzu sehr durch Zauberei belästigt fühlten, schickten sie dem Häuptling einen Brief und baten ihn, mit einem Hilfspolizisten das Haus eines Verdächtigen durchsuchen zu lassen

> Sehr geehrter Herr,
> wir haben die Ehre, Sie zu informieren, daß wir, die Leute dieses Dorfes, uns am 7. Juli trafen, um die Angelegenheit eines gewissen T. zu besprechen, der im Hause des Y.T. wohnt und mit uns viel Schwierigkeiten mit seiner Zauberei verursacht. Er gebrauchte bidandi und tötet die Leute mit Hörnern. Er ist ein Medium von Kapumbuli und ist sehr bekannt als ein murogo. Er lebt in Kibanda, wo er burogo gegen eine alte Frau praktizierte und die Leute dort brannten sein Haus nieder. Deshalb verließ er den Ort dort und kam, um bei uns zu leben. Er schlug die drei Kinder eines Mannes mit bidandi nieder und sie starben; er tötete auch noch eine andere Person hier durch Zauberei. Auch hier wurde sein Haus niedergebrannt, aber er ging zu seinem Schwiegervater. Doch er hörte nicht damit auf, burogo gegen die Leute zu praktizieren. Er ist dem Dorfoberhaupt hier wohl bekannt, für das er als Wahrsager arbeitet, wie wir glauben, sonst würde man ihm nicht erlauben hierzubleiben, denn jeder weiß, daß er ein Zauberer ist. Herr, wir bitten Sie, seien Sie so gut und kommen Sie, um sein Haus zu durchsuchen und sie sollten auch einen klugen Polizisten mitbringen, denn wenn er bei der Wahrsagerei feststellt, daß sie kommen, kann es sein, daß er seine Hörner und Medizinen draußen versteckt. Wir bitten Sie also, uns schnell zu helfen; dieser Hahn verdirbt unser Dorf und bringt schlechte Dinge hierher, die es vorher nicht gab. Bitte, tun Sie, worum wir Sie bitten.
> Wir sind die gehorsamen Bauern von K.
> Geschrieben am 8.9.1954 (J.Beattie 1963:46/47)

Bei den Nyoro besitzen die Häuptlinge nicht die gleiche magische Macht wie die Hexen, um ihre Untertanen gegen deren Attacken zu schützen. Sie schützen sie als politische und nicht als rituelle Autoritäten. Ein Häuptling, der einen derartigen Brief erhielt, tat gewöhnlich, worum er gebeten wurde. Das Haus des Verdächtigen wurde durchsucht und fast immer wurden einige verdächtige Artikel gefunden. Er bekam dann einen Prozeß vor dem einheimischen Gericht und konnte bis zu einer Gefängnisstrafe von sechs Monaten verurteilt werden. Oft gestand der Angeklagte seine Schuld, weil es schwierig war, den Besitz einiger dieser Artikel, wie z.b. flüssige oder pulvrige Medizinen, getrocknete Pflanzen, kleine Stücke Holz, Schneckenhäuser, Überbleibsel von Tieren, menschliche Knochenstücke, Schädel usw. zu rechtfertigen. Oft wurden Leute der Zauberei in Gerichten überführt, die noch vom British Protectorate Law eingerichtet wurden. Nach Abschnitt 44 der Uganda Laws (vgl. Anhang I) machte sich jede Person

> who holds himself out as a witchdoctor or witchfinder or pretends to exercise or use any kind of supernatural power, witchcraft, sorcery or enchantment...

eines Vergehens schuldig, das mit einer Gefängnisstrafe bis zu fünf Jahren bestraft wurde.[22] So existierten lange Zeit zwei Rechtsauffassungen nebeneinanderher. Nach traditionalem afrikanischem Recht ist Hexerei und Zauberei strafbar, nach europäischem Recht die Verfolgung von Hexen und Zauberern.

In allen Kolonien machten sich diejenigen strafbar, die Hexer und Zauberer anklagten, Ordale durchführten oder Schutz gegen Hexerei und Zauberei anboten. Nachdem die Kolonialbehörden Hexerei- und Zaubereianklagen unter Strafe gestellt hatten, wurden die Verdächtigen nicht mehr getötet, sondern aus dem Dorf vertrieben. Hexereianklagen wurden nicht mehr offen gemacht, stattdessen wurden z.B. bei den Nyakyusa verdächtigen Personen Dornen auf die Türschwelle gelegt.[23]

Das Verbot der Hexenfindung durch die Europäer empfand die heimische Bevölkerung als Unrecht. Die Europäer wurden vedächtigt, Hexen zu schützen. Die Missionskirchen gaben ihnen Zuflucht. Mit Europäern sprach man also am besten gar nicht über solche Dinge, sondern tat, was getan werden mußte. Der traditionalen politischen Autorität oblag ja vielfach die Pflicht des Schutzes gegen Hexerei und Zauberei. Die 'abamanga' (Beschützer) der Nyakyusa besaßen die Fähigkeit, Hexen zu erkennen und zu überführen.[24] Sie bekämpften sie, indem sie sie nachts dorthin schickten, woher sie gekommen waren. Sie verjagten sie mit Speeren oder schlugen sie mit ihrer Hexenschlange. Die 'abamanga' erhielten ihre Macht aus der gleichen Quelle, wie die Hexen und Zauberer, doch sie gebrauchten diese Macht in Übereinstimmung mit Recht und Moral. Gutartige Hexer, wie die 'Beschützer', hatten nur eine Schlange im Bauch, die sie von Hexen mit vielen Schlangen im Bauch erworben hatten. Die Herrscher, Häuptlinge, und Dorfoberhäupter hatten alle nur eine Python. Sobald die Beschützer nicht mehr von Hexen träumten, konnten diese ungestört ins Dorf eindringen. Manchmal ließ man es sogar zu, daß sich Hexer im Dorf niederließen, denn man schätzte ihre gefährliche Macht, die sich ja auch zur Verteidigung gebrauchen ließ.[25] Wer sich jedoch unpopulär machte, mußte gehen und manche Hexer wanderten von einem Häuptlingstum zum anderen.

Wahrsager, professionelle Zauberer und Hexenfinder

Wahrsager werden häufig verdächtigt, Hexer zu sein.[26] Bei den Nandi gibt es zwei Clans, deren Mitglieder alle Hexer sein sollen.[27] Die Männer dieser Clans werden 'orkoik' (sing. orkoiyot) genannt. Der 'orkoiyot' der Nandi ist Zauberer und Gegenzauberer zugleich. Der Gegenzauberer gebraucht seine okkulte Macht anders.[28] Er ist kein Häuptling und hat keine formelle Autorität oder exekutiven Befugnisse. Er ist auch kein Richter, sondern ein Ritualexperte. Er ist verantwortlich für die Fruchtbarkeit des Viehs, der Frauen und der Ernte. Er wird gefürchtet und gehaßt und ist Maasai-Ursprungs.

Wahrsager und professionelle Zauberer sind zwei verschiedene Experten. Beide bekämpfen Hexerei und Zauberei. Bei den Gusii waren die professionellen Zauberer in der Vergangenheit wegen ihrer Gefährlichkeit schlecht beleumundet. Professionelle Zauberer wurden bei ihnen meist nur mit der Absicht geheuert, Vergeltung gegen eine Hexe oder einen Zauberer zu üben.[25] Ein professioneller Zauberer mußte nicht nur magische Kräfte besitzen, sondern selbst mysteriös und furchterregend sein. Im Gegensatz zu den Wahrsagern der Gusii wurden professionelle Zauberer oft von weit her gerufen und kannten ihre Kunden nicht sehr gut. Um sich ein furchterregendes Äußeres zu geben, rasierten sie sich den Kopf an einer Seite kahl. Sie legten sich einen furchteinflößenden Namen zu und fielen durch ihr arrogantes, bizarres und aggressives Verhalten auf, während sie ihre Kunst praktizierten und die Hexer und Hexen bekämpften. Professionelle Zauberer waren bei den Gusii immer Männer, während Frauen häufiger als Wahrsagerinnen praktizierten. Ein professioneller Zauberer wurde beauftragt, mit magischen Mitteln die Hexe zu töten, die dem Kunden schadete. Gewöhnlich wurde ein professioneller Zauberer geheim gerufen und nur die Mitbewohner des Gehöftes wußten Bescheid. Die Häuptlinge bestanden bei den Gusii darauf, daß sie um Erlaubnis gefragt wurden, bevor ein professioneller Zauberer geholt wurde. Wenn der Zauberer zu einem verhexten Gehöft gerufen wurde, bevor irgend jemand gestorben war, machte er keinen Versuch, den Schuldigen zu identifizieren, sondern ging sofort daran, Medizinen zu vergraben, die auf Distanz töten konnten. Ein Huhn wurde getötet, in einen Topf gesteckt und begraben oder ein Saatkorn wurde in eine mit Wasser gefüllte Flasche getan und begraben. Wenn das Saatkorn sich teilte, wurde die Hexe krank. Der Zauberer streute Asche auf den Weg der Hexe oder wenn der Tod durch Hexerei schon eingetreten war, band er seine Standardmedizin mit einem Kleidungsstück des Verstorbenen zusammen und begrub sie in der Erde. Wenn das Grab Risse bekam, starb die Hexe. Diese Medizin konnte auch heuchelnden Trauergästen schaden. War der Verstorbene eine bekannte Persönlichkeit, z.B. ein reicher alter Mann, führte der professionelle Zauberer eine öffentliche Anhörung durch. Er rief die Leute aus den benachbarten Gehöften zum Haus des Verstorbenen. Er befragte das Klebbrettorakel und zählte viele Namen auf, bis das Orakel bei einem bestimmten Namen zusammenklebte. Die Person, deren Namen in diesem Zusammenhang fiel, wurde der Hexerei angeklagt. Sie wurde aufgefordert, ihren gefährlichen Bann zurückzuziehen. Manchmal rannte der Zauberer wild schreiend und gestikulierend umher, um die Leute einzuschüchtern und die Hexe zu ängstigen oder er hatte einen Korb mit einem Hahn und einer Henne bei sich, die er auf die vor ihm Sitzenden losließ. Wem sie auf den Kopf sprangen, der wurde der Hexerei angeklagt. Der Zauberer mußte seinen Kunden außer Vergeltung gegen Hexen auch noch Schutz gegen Hexerei bieten. Das tat er, indem er kleine Einschnitte mit einer Rasierklinge an den Körpern aller Mitbewohner des verhexten Gehöftes machte und dann ätzende Asche hineinrieb, die die verletzende Magie abwehren sollte. Doch ohne Gegenmagie war diese Maßnahme unwirksam, denn die Zaubersubstanz mußte entfernt werden. Professionelle Zauberer wurden bei den Gusii gut bezahlt. Sie erhielten ein bis acht Kühe für ihre Dienste und das entsprach dem Brautpreis. Manche Zauberer behaupteten im Besitz sehr starker magischer Kräfte zu sein, die böse Menschen auf der Stelle erstarren ließ. Die professionellen Zauberer konnten bei den Gusii auch zur Zielscheibe gewalttätiger Angriffe seitens aufgebrachter Nachbarn werden, besonders wenn sie schon seit langem verdächtigt wurden, unschuldige Personen durch Zauberei getötet zu haben.

Die Wahrsager der Lele lernen bei ihrer Ausbildung etwas über Zauberei, aber der offizielle Wahrsager muß selbst ein mächtiger Zauberer sein.[30] Der offizielle Wahrsager soll das Dorf vor feindlichen Angriffen der Zauberer schützen. Er muß in der Lage sein, Blitze gegen andere Dörfer zu schleudern und die Gestalt eines Leoparden annehmen können, um die Leoparden, die aus anderen Dörfern geschickt werden zu bekämpfen. Er mußte sich die Geister seiner Opfer zu dienstbaren Geistern für seine Wahrsagerei machen. Nachts sucht er andere Zauberer bei ihren nächtlichen Tänzen auf. Dort feilscht er mit ihnen um das Leben seiner Freunde und überlistet sie zugunsten seines Dorfes. Früher, bevor ein Überfall auf ein feindliches Dorf gemacht wurde, trafen sich die Zauberer der verfeindeten Dörfer bei Nacht, um den Verlauf der Schlacht zu planen. Sie handelten die Anzahl ihrer Opfer aus und die besonders gefährdeten Männer durften nicht an den Kampfhandlungen teilnehmen. Wenn ein Dorf weniger Tote hatte als abgemacht, erwartete man vom Zauberer, daß er seine Zauberei gegen die eigenen Leute einsetzte, damit die Zahl wieder stimmte.

Wenn sich bei den Nyoro jemand verhext oder verzaubert glaubt, geht er selbst oder ein anderer, der in seinem Auftrag handelt, zu einem Wahrsager, um herauszufinden, woher die Schwierigkeiten kommen.[31] Der Wahrsager stellt die Ursache des Unglücks und die Identität des Zauberers fest, indem er einen Verdacht des Kunden bestätigt. Um ganz sicher zu gehen, konsultieren manche Kunden mehrere Wahrsager, sofern sie genug Geld haben.[32] Die Mandari im Südsudan besitzen überhaupt keinen wirksamen rituellen Apparat, um Hexerei festzustellen oder zu kontrollieren.[33] Bei Krankheiten wird spirituellen Wesen größere Bedeutung zugemessen als Hexen und Hexern. Ein eigenes Verschulden wird auch nicht ausgeschlossen und aggressive Beschuldigungen werden kaum gegen Nachbarn gerichtet. Die Wahrsager der Mandari holen Fremdkörper aus den Körpern ihrer Kunden. Sie gebrauchen Rasseln, um das Leben einer Hexe in einen Wasserkrug zu ziehen und sie dann zu pfählen. Bei den Nandi in Kenia gibt es fünf Kategorien von Wahrsagern (norindet), die Hexerei und Zauberei feststellen.[34] Zwei davon beschäftigen sich nur mit Hexerei- und Zaubereifällen und immer sind es Männer. Sie gehören allen Clans an und erben ihre Kräfte nicht, sondern lernen die Kunst von einem anderen Wahrsager. Wahrsager arbeiten bei den Nandi alleine, sie bilden keine Zünfte. Professionelle Zauberer werden nur ungern geholt, weil sie sehr gefürchtet sind. Die anderen beiden Experten werden hinzugezogen, wenn ein plötzlicher Tod auftritt und die Ursache unbekannt ist. Sie stellen fest, ob das Unglück durch einen Ahnengeist verursacht wurde oder durch Hexerei und ergreifen die nötigen Maßnahmen, um mit der Angelegenheit fertig zu werden, z.B. durch Umkehrung des Zaubersspruches. Soll der Hexer festgestellt werden, wird das Opfer befragt und ihre Beziehung zueinander analysiert, denn meist handelt es sich um Personen, die in einen Konflikt miteinander verwickelt sind. Der Hexenfinder wird nicht herbeigerufen, wenn die Identität der Hexe bereits bekannt ist. Wenn der Wahrsager hinzugezogen wird, stellt er nicht nur fest, wer der Hexer ist, sondern er gibt den Leuten auch moralische Unterstützung und seine Präsenz sanktioniert alle rechtlichen Schritte. Er spricht dem Opfer Mut zu. Wenn der Wahrsager nicht gerufen wird, unternimmt man auch nichts gegen den Hexer. Manche Wahrsager erledigen nur die Vorarbeiten und überlassen den Rest des Falles den anderen Spezialisten. Der Wahrsager begibt sich zur Hütte des Kranken und befragt ihn dort, um eine Diagnose zu stellen. Die Antworten, die er hört, helfen ihm zu verstehen, ob die Krankheit auf Hexerei zurückzuführen ist oder auf den Zorn der Ahnengeister. Er findet heraus, was die kranke Person getan hat und wo sie sich in der letzten Zeit aufgehalten hat. Er bohrt in der Familiengeschichte, fragt nach der Beziehung zu den Verwandten und Schwiegerverwandten und zu den Ahnengeistern. Nachdem er festgestellt hat, ob es sich um Hexerei handelt, beginnt er mit dem spektakulärsten Teil seiner Arbeit. Er reibt die Brust der kranken Person mit einigen ausgewählten Gräsern ein und riecht vorsichtig daran. Die Gräser übertragen vom Opfer den Geruch des Hexers. Der Hexenfinder identifiziert den Hexer durch Beschreibung oder durch Geruch. Im ersten Fall gibt er eine vage Beschreibung des Täters, wie z.B. "...ein sehr schwarzer Mann mit hervorspringenden Zähnen...". Wenn er den Hexer durch Ausriechen feststellen will, läuft er mit dem Gras umher und riecht ab und zu daran, bis er zur Hütte des Hexers oder der Hexe kommt. Für seinen Dienst wurde er mit einer Ziege und heutzutage auch mit Bargeld entlohnt.

Ohne Wahrsager kann Hexerei bei den Gisu nicht festgestellt werden.[35] Der Wahrsager stellt gegen Gaben die Ursache der Leiden fest und verordnet auch ein Gegenmittel. Bei den Gusii gebraucht er Orakel, um mit den Ahnengeistern zu kommunizieren und Unglück zu diagnostizieren.[36] Wahrsagerei wird bei den Gusii meistens von Frauen ausgeübt. Ihr Status ist zwar nicht sehr hoch, aber sie werden respektiert wegen ihrer Nützlichkeit beim Aufspüren von Hexerei. Man geht zu mehreren Wahrsagerinnen und folgt dem Rat jener Wahrsagerin, die am ehesten die eigenen Ängste und Überzeugungen artikuliert. Es stehen vier Möglichkeiten der Reaktion offen: 1. Man kann einen Streit mit der verdächtigen Hexe beginnen; 2. man kann den Häuptling überreden, die Ortsältesten anzuweisen, eine Hexenprobe durchzuführen; 3. man kann einen professionellen Zauberer anheuern, damit er die Hexe durch Magie tötet. 4. man heuert einen professionellen Ausriecher, der die Hexenartikel aufstöbert. Ein Streit mit einer Hexe lohnt sich heutzutage nicht, da die Ältesten nicht mehr tun können, als die Hexe zurechtzuweisen und ihr nahezulegen, ihren bösen Einfluß zurückzuziehen.

Auch bei den Lugbara betätigen sich Frauen als Wahrsagerinnen.[37] Sie reinigen das Opfer durch Waschung mit Medizinen oder Aussaugen der Zauberei mittels eines Objektes, das sie in den Mund tun. Sie wenden Gegenmittel gegen Zauberer und Nachthexer an, die sie paralysieren sollen, damit sie gefangengenommen werden können. Zauberer, die durch den bösen Blick schaden, werden nicht identifiziert. Haben sie einmal Ernte und Vieh des Opfers angegriffen, so sind sie zufrieden und begeben sich zum nächsten Held. In Ukaguru wird der Wahrsager geheim konsultiert.[38] Bei den Rotse kann ein Hexendoktor aber auch aus eigenem Antrieb tätig werden, ohne dazu aufgefordert worden zu sein.[39] Er will die Angriffe der Hexer oder Zauberer niederschlagen, ihr böses Tun öffentlich machen, sie kurieren und sie veranlassen, von ihrem bösen Tun abzulassen. Wenn nötig, tötet oder zerstört er sie. Der Wahrsager wird nur hinzugezogen, wenn eine Krankheit mysteriös und unerklärlich ist. Bei den Rotse in Sambia sind die Doktoren Männer oder Frauen.[40] Im allgemeinen beschränken sich Frauen jedoch auf die Behandlung mit Kräutern. Zauberdoktoren sind spezialisiert. Der 'sikuyeti'-Doktor zerstört die schädlichen Hexer, während gewöhnliche Doktoren nur den bösen Einfluß von ihren Patienten entfernen oder die Hexen bloßstellen bzw. ihr Tun vereiteln wollen. Manche Hexer bzw. Zauberer sind zu mächtig für den gewöhnlichen Doktor. Aber der 'sikuyeti'-Doktor kann auch den schlauesten Hexern eine Falle stellen und sie töten. Der 'kaliloze'-Doktor der Lunda-Luvale ist mit einem Gewehr bewaffnet. Das traditionelle 'kaliloze'-Gewehr wird hauptsächlich gegen Hexer angewandt. Die heutigen Hexentöter wenden ihre Waffen gegen jedermann, der dafür bezahlt, z.B. gegen den Ehebrecher. Die Hexendoktoren unterscheiden sich zwar von den Wahrsagern,[41] oft wird Wahrsagerei aber von der gleichen Person gemacht.

Bei den Ndebele in Zimbabwe wird der 'isangoma' unter den verschiedenen Wahrsagern, die sich mit Hexerei beschäftigen, am meisten geschätzt.[42] Der 'inyanga' wirft Knochen. Der 'umelangi' ist ein Heiler und der 'isangoma' kann durch Besessenheit die Ursache der Leiden feststellen. Der 'isangoma' behandelt den Patienten aber nicht selbst, sondern schickt ihn zu einem Kräuterexperten. Er sagt durch Besessenheit von einem Ahnengeist wahr, stellt dabei Fragen an die Leute und sie erzählen ihm ihre Schwierigkeiten. Die Zeremonie, die er ausführt, wird 'wir stimmen zu' genannt. Er kann nur besessen werden, wenn er korrekt gekleidet ist, d.h. ausstaffiert mit einem Fliegenwedel, mit dem er manchmal Wasser verspritzt, der Kopf bedeckt mit einem Hut aus Tierhaut, um die Hüften Tierfelle geschlungen und um die Schultern Schlangenhäute, sowie Ketten aus Knochen um den Hals. Diese Ausrüstung wird zum Teil von Europäern produziert und an die Wahrsager verkauft.[43] Die Gebühren, die er einnimmt, bringen ihm jedoch keinen großen finanziellen Gewinn. Das Christentum, die Propheten der Pfingstgemeinden, die wachsende Säkularisierung der Gesellschaft und die Einstellung der Regierung bedrohen die Existenz der Wahrsager in Matabeleland, die sich deshalb zusammen mit den Kräuterexperten zu einer Berufsgenossenschaft zusammengeschlossen haben (s. Anhang II, Afrikanische Nganga Vereinigung). Trotzdem hat die Zahl der Wahrsager unter modernen Verhältnissen nicht abgenommen, eher im Gegenteil: weil die Ausbildung gegen Bezahlung in einem Kurzlehrgang gemacht werden kann, hat sich ihre Anzahl noch vergrößert. In dieser

Hinsicht unterscheiden sich die Wahrsager auch von den Propheten der Pfingstgemeinden, die keine Gebühren nehmen. Moderne Formen der Divination ersetzen alte, wie beispielsweise die Spiegeldivination, die wiederum die Wasserdivination ersetzte. Ein Tsonga-Wahrsager gebrauchte Druckschriften mit Wahrsagesprüchen aus England und eine andere sehr beliebte Wahrsagetechnik ist das Lesen aus Büchern.

Die Zulu unterscheiden eine Reihe von religiösen Spezialisten, die sich mit Heilung und Wahrsagung befassen, wie die 'izinyanga' (sing. inyanga) und den 'isangoma'.[44] Der 'isangoma' sagt mit Hilfe von Ahnengeistern wahr und kann hellsehen. Träume befähigen ihn zum Hellsehen und dadurch kann er Zauberei und andere geheime Übeltaten feststellen, verlorene Gegenstände wiederfinden, Krankheiten diagnostizieren und den Grund angeben. Durch ihre hellseherischen Fähigkeiten stellen die Wahrsager zunächst den Anlaß fest, weshalb ihre Kunden sie aufgesucht haben. Sie stellen Fragen an ihre Kunden und diese reagieren entweder mit Händeklatschen oder durch Schlagen einer Gerte auf den Boden und mit feststehenden Redewendungen wie: 'Wir stimmen zu'. Daraus zieht der Wahrsager dann seine Schlüsse. Er stellt die Ursache des Übels fest und ob es sich um erzürnte Ahnengeister handelt oder um Hexer. Die 'nganga' der Kongo haben ebenfalls verschiedene Aufgaben. Sie diagnostizieren Krankheit, finden verlorene Artikel, klären Verbrechen auf und jagen Hexen.[45] Die Kongo unterscheiden verschiedene Spezialisten. Der 'nganga manga' (oder nganga ngombo) riecht die Hexen aus. Er benützt bei seiner Arbeit aromatische Kräuter, die er unter seiner Nase hin- und herschwenkt, um die korrekte Antwort auf seine Frage zu finden. Bei manchen kommt die richtige Antwort erst, wenn sie die Hände zusammenschlagen oder eine Glasmurmel aus dem Mund tritt. Der 'ngudi a nganga' führt die jungen 'nganga' in die Heilkunst ein und lehrt sie das Sammeln der richtigen Medizinen, sowie die Herstellung verschiedener 'nkisi' (= Medizinen). Wer die Riten und Zeremonien des jeweiligen 'nkisi' beherrscht, wird zum 'nganga'. Der 'nganga mvutudi' ('Erlöser') sucht die 'nsala'-Seele einer kranken Person und gibt sie ihr zurück. Der 'nganga nkasa' oder 'nganga bau' bedient das 'nkasa'Ordal und verabreicht das 'bau'-Pulver, um die Schuld oder Unschuld einer Person festzustellen. Der 'nganga samuna' ('Berichterstatter') ist ein geständiger Hexer, dem verziehen wurde und der sich in den Dienst des Kampfes gegen Hexerei stellte. Er fungiert als Wachmann des Dorfes gegen Hexen und Hexer und warnt die Dörfler vor anziehenden Hexen. Der 'nganga tobe' ist das Oberhaupt einer 'kanda' und vollzieht auch den Ahnenkult. Der 'nganga nkisi' heilt die Krankheiten, für die er einen 'nkisi' besitzt. 'Minkisi' tragen die Namen der Krankheiten, die sie heilen können. Der 'nganga' selbst wurde von der Krankheit geheilt, deren 'nkisi' er besitzt. Er hat unter der Anleitung eines Groß-'nganga' gelernt, den 'nkisi' herbeizurufen, damit er an der magischen Macht des 'nkisi' teilhaben kann. Der 'nganga' muß das Objekt oder die Medizin finden, die dem 'nkisi' die Macht verleihen. Hat er einmal die magische Macht in den 'nkisi' eingeträufelt, kann er Krankheiten schicken und heilen. Alte 'banganga' werden bei den Kongo oft verdächtigt, ihre Macht zu mißbrauchen und sich dem Schwarzzauber hinzugeben. Die Grenze zwischen einem 'nganga' und einem 'ndoki' ist fließend, denn ein 'nganga' kann mit seinem 'nkisi' auch Leute 'fressen'. Der 'nganga' kann sich auch in ein Tier verwandeln und das Eigentum oder die Ernte anderer verhexen. Er kann wilde Tiere schicken, ganz wie die Hexer, um die Ernte zu zerstören oder Schweine, um die Hühner zu stehlen.

Die Nupe besaßen die Institution der Reformhexe (lelú), die vom König der Nupe und den Stadtautoritäten anerkannt war.[46] Heute existiert sie nicht mehr. Die 'lelú' war das Oberhaupt der Hexen, gleichzeitig aber auch die oberste Marktfrau und Vorsitzende der Vereinigung der Händlerinnen. Sie organisierte die Gemeinschaftsarbeit aller Frauen und vermittelte bei Streitigkeiten unter den Frauen. Sie besaß die stärkste Hexereimacht, gebrauchte sie aber nur für gute Zwecke. Im Kriegsfall konnte ihre Medizin die Männer unbesiegbar machen. Ihre Hauptaufgabe war es, Hexen zu finden Der König oder das Dorfoberhaupt ernannten die 'lelú'. Sie vertrauten dieses Amt einer überführten, aber reuigen Hexe an. Sie mußte nicht nur die Aktivitäten ihrer Hexengenossinnen kontrollieren, sondern auch den Häuptling bei der Suche nach schuldigen Hexen unterstützen.

Wahrsager sind aufmerksame Beobachter lokaler Freund- und Feindschaften und Verwandtschaftsbeziehungen.[47] Zu den Sitzungen sollten auch die Verwandten des Kunden kommen. Der Wahrsager bezieht sie geschickt in seine Konsultationen ein. Die Wahrsagetechniken, die der Wahrsager bei den Gisu gebrauchte, sind von Individuum zu Individuum verschieden.[48] Er findet heraus, ob sein Kunde einen Verwandten verärgert hat oder von einem Geist besessen ist. Er legt eine Anzahl glatter Steinchen in ein Gefäß, das er in einem Bogen vor sich hin- und herschwingt. Bei jedem Schwung stellt er eine Frage. Wenn die Antwort "Ja" lautet, klappern die Steine und wenn die Antwort "Nein" lautet, bleiben sie zusammen. Der Wahrsager streut während dieses Wahrsagerituals Fragen an seinen Kunden über die Beziehungen mit den Verwandten und Nachbarn ein. Wenn der Wahrsager die Ursache des Unglücks festgestellt hat, kann er Gegenmagie verschreiben, um die Hexerei unwirksam zu machen oder er kann seinem Kunden raten, dem Verwandten oder Schwiegerverwandten, dessen Zorn er hervorgerufen hat, ein Versöhnungsgeschenk zu machen. Das Versöhnungsritual besteht im Teilen eines Mahles und gemeinsamer Einnahme von Bier. Die gekränkte Person muß als Zeichen der Versöhnung Bier auf den Gast blasen und Vergebung zeigen. Wenn die Ursache des Unglücks Hexerei ist und nicht der Zorn eines Verwandten, rät der Wahrsager ebenfalls Versöhnung und Wiedergutmachung an. Dauert das Übel fort, sucht der Wahrsager nach einer anderen möglichen Ursache oder verschreibt Gegenmagie gegen unbekannte Täter. Er kann ihn auch an einen Spezialisten überweisen, der die Zaubereisubstanz findet und entfernt. Der Spezialist gebraucht eine magische Technik, bei der er die Zaubereisubstanz zusammenruft, die sich dann in einem Gefäß materialisiert. Dieser Behälter enthält verschiedene Kräuter und andere Dinge von magischer Bedeutung und der Spezialist ruft die Ahnen, damit sie der Zaubereisubstanz befehlen, hervorzukommen. Oder er riecht die Zaubereisubstanz aus, indem er, mit einem magischen Schnüffelmittel versehen, um das Gehöft seines Kunden herumgeht. Auf diese Weise entdeckt er, wo die Objekte versteckt sind und dadurch wird der Spruch, der über sie gesprochen wurde, unwirksam.

Die Zeremonie, die der 'isangoma' bei den Shona ausführt, heißt: "Wir stimmen zu."[49] Der Wahrsager trifft verschiedene Feststellungen und die Zuhörer antworten: "Wir stimmen zu...". So nähert er sich langsam einem Urteil, das von den Anwesenden akzeptiert wird. Heutzutage finden solche Sitzungen privat in einer Hütte statt und selten in aller Öffentlichkeit. J.Crawford zeichnete einen Bericht von David Makwali auf, einem Mann, dem bereits fünf Kinder gestorben waren und dessen letztes Kind auch noch krank wurde. Er vermutete Hexerei und konsultierte eine Wahrsagerin. Diese Frau wurde später wegen Vergehens gegen den Witchcraft Suppression Act angeklagt. David Makwali sagte gegen sie aus

> Sie (die angeklagte Wahrsagerin, m. Anm.) kam so gekleidet, wie sie jetzt ist...In unserer Gegenwart band sie sich das Fell eines kleinen Tieres wie eine Schürze um und legte sich ein weißes Tuch um die Schulter. Sie trug einen Stock mit einem Schweif daran befestigt. Sie hatte eine Nadel in ihrem Kleid, durch die es über der Brust zusammengehalten wurde. Diese Nadel wies sie als Doktorin aus. Die Angeklagte sprach mit Makwali und während sie sprach, tanzte sie auf der Stelle und wedelte mit dem Schweif. Sie sagte: "Du bist gekommen, weil das Kind an Beschwerden im Bauch leidet...Das Kind geht in die Schule..." Nachdem sie David die Nadel gezeigt hat, sagte sie uns, wenn sie Knochen werfen solle, dann koste das L2 15s ..., für eine tote Person L3 10s ...Ich sagte ihr nicht, was wir wollten, da sie es immer schon wußte. Nachdem ich ihr das Geld gegeben hatte, nahm sie den Stock mit dem Wedel. Sie begann ihn zu schwingen und sagte: 'Vumani! Vumani!' (Stimmt zu! Stimmt zu!) Wir antworteten: 'Siyavuma! Siyavuma!' (Wir stimmen zu! Wir stimmen zu!). Sie lief auf und ab und tanzte währenddessen. Dann sagte sie: "Die Frau des Kraloberhauptes..., deine Nichte, deine Nichte, sie weiß, was die Ursache des Todes ist. Hol dein Geld heraus." Alles das sagte sie, bevor ich das Geld herausholte. Sie sagte dann: "Das Huhn ißt die Eier." Sie ließ uns zahlen, denn sie hatte uns den Grund gesagt. Sie sagte noch: "Deine Nichte hat dem Kind nicht die Medizin mit ihrer eigenen Hand gegeben,

sondern hat einen Gehilfen gebraucht und der hat dem Kind die Medizin im Schlaf gegeben. Sie beschrieb die Medizin, die aus den Teilen meiner Kinder bestand, die gestorben waren. Als wir zu meinem Kral zurückkehrten, war mein Kind tot. (J.Crawford 1967:186/87)

Die 'iziyanga' der Shona gebrauchen zur Divination Wahrsagewürfel 'hakata' genannt, die aus vier geschnitzten hölzernen Würfeln bestehen, von denen jeder einen eigenen Namen hat. Die zwei 'männlichen' Würfel und die Kombinationen, in denen sie auftreten, sind unglückliche Würfe und die zwei 'weiblichen' Würfel und die Kombinationen, die daraus entstehen, sind glückliche Würfe. Die Divination besteht darin, den Würfeln Fragen zu stellen, die sie auf der Basis glücklich/ unglücklich oder ja/nein beantworten. Bei den Lovedu ist das Verdikt der Würfel jedoch vage.[50] Es gibt nur über Totem und Geschlecht der Hexe oder des Hexers Auskunft. Der Kunde entscheidet, wer unter seinen Freunden und Feinden gemeint sein könnte. Die Würfel können auch einen Toten benennen, der zu keinem der Freunde oder Feinde gehört. Shona-Wahrsager vermeiden unpopuläre Verdikte, indem sie die Knochen nicht über solche Personen befragen, die mächtig sind.[51] Die Zusammensetzung der Gruppe, die zum Wahrsager geht, ist auch von Bedeutung. Wohnt der Wahrsager in der Nähe, gehen alle Verdächtigen zum Wahrsager oder die Nachbarn, in deren Nähe das Opfer lebt oder lebte, finden sich zur Konsultation ein. Eine Weigerung, an der Konsultation teilzunehmen, kommt einem Schuldeingeständnis gleich. Wenn der Wahrsager weiter weg wohnt - was oft der Fall ist, denn um das Verdikt eines Wahrsagers zu erhalten, der frei von jedem Verdacht ist, sein Wissen über die Nachbarschaft für seinen eigenen Vorteil zu mißbrauchen, gehen die Leute meilenweit - ist die Gruppe dann kleiner. Man ist nicht nur auf einen Wahrsager angewiesen, sondern kann mehrere konsultieren. Oft wird das Verdikt des Wahrsagers erst akzeptiert, nachdem er wütend geworden ist und den Kunden auffordert, zu einem anderen Wahrsager zu gehen. Fremde Wahrsager genießen deshalb einen besseren Ruf. J.Crawford zeichnete den Bericht eines Mannes namens Amos auf, der vor Gericht von einer solchen Konsultation berichtete. Er hatte einen Wahrsager angezeigt, den er für den Tod seines Vaters verantwortlich machte

> Um etwa 15 Uhr betraten wir alle die Hütte des Angeklagten. Er hieß uns Männer uns in eine Reihe zu setzen und die Frauen gegenüber. Ich sah, wie die Wahrsagepuppe in der Mitte der Hütte an einem Faden hing... (Sie bestand aus einem Menschenkopf mit einem Perlenornament, m. Anm.) Einer der Wedel lag außerhalb des Krals auf dem Weg. Die restlichen Paraphernalien wurden von dem Angeklagten angeordnet, außer dem Schlangenhautkopfband, das er um den Kopf trug. Der Angeklagte nahm seine Rassel und schüttelte sie an seinem rechten Ohr und starrte in eines der Tierhörner, nachdem er zunächst ein Stück Tuch von der Öffnung des Hornes entfernt hatte. Nachdem er in das Horn hineingeschaut hatte, rief er Jayina, die Witwe von Mahlambi...Der Angeklagte

schmierte etwas schwarze Salbe von einem der Hörner, die er auf einem hölzernen Stand aufgebaut hatte, auf das Gesicht von Jayina, ein bißchen oben und an den beiden Seiten der Augen. Er bat sie dann in das Horn zu schauen und fragte sie, was sie gesehen hätte. Sie antwortete, sie habe das Bild eines Mannes gesehen. Der Angeklagte sagte ihr, daß sie niemandem erzählen dürfe, wessen Bild sie gesehen habe und daß wir nach Hause gehen sollten. Wir weigerten uns, denn wir wollten wissen, wer Mahlambi getötet hatte. Wir hatten von der Wahrsagepuppe gehört und baten ihn, sie zu gebrauchen, um den Hexer zu identifizieren. Er sprach zu der Puppe. Wir sollten alle zu der Puppe sagen: "Wenn ich derjenige bin, der Mahlambi getötet hat, laß es uns sehen." Der Angeklagte sagte meiner Mutter Tula, daß sie die Frage stellen solle. Als sie fragte, ließ der Angeklagte die Puppe am Faden hochspringen und sie kam wieder herunter. Der Angeklagte ging von Frau zu Frau und fragte die gleiche Frage...Dann fragte er die Männer...und auch meinen Vater...Da stoppte die Puppe. Mein Vater sollte daraufhin sagen: "Wenn ich Mahlambi tötete, komm herunter, laß es uns sehen." Die Puppe kam herunter...Das Ganze wurde wiederholt mit dem gleichen Ergebnis...Die Puppe machte noch jemanden ausfindig, der dem Vater beim Töten geholfen hatte...Die Frauen fragte er nicht...Der Angeklagte sagte, er käme mit dem Häuptling Siposo vorbei, um die Medizin abzuholen, die Mahlambi getötet hatte...Später verschwand mein Vater und ich sah ihn nicht wieder. Wir suchten ihn vergebens. Später fanden wir ihn erhängt an einem Baum. (J.Crawford 1967:199-201)

Der Kunde eines 'nganga' bei den Kongo kann zweierlei wollen. Er möchte die Ursache eines Ereignisses wissen, das ihm zugestoßen ist und bittet darum, daß Maßnahmen ergriffen werden.[52] Wenn letzteres der Fall ist, kann er den Hexer oder Schadenszauberer leiden lassen oder nach seinem Leben trachten, z.B. indem er einen Fallenzauber bauen läßt. Der Fallenzauber und der Fluch, den der 'nganga' im Auftrag seines Kunden schickt, werden ihre Wirkung tun. 'Banganga' (sing. nganga), die selbst Hexerei besitzen, können Personen zurückkehren lassen, noch bevor sie von ihren Verwandten verspeist werden.[53] Nachdem sie die Person in ihre Gewalt gebracht haben, können sie sie aufbewahren, um sie einer besonders bösartigen Hexe auszuliefern. Der 'nganga' ist in der Lage unter dem Schutz von Hexerei anderen Hexern ihre Opfer wegzustehlen.

Zu den Gegenmitteln, die der 'isangoma' der Zulu anordnet, gehören Opfer an die Ahnen[54] oder bei den Gusii das Ausriechen des Hexers.[55] Manche Krankheiten werden den Einwirkungen der Schwarzzauberer zugeschrieben, andere Geistern, die fremden Stämmen angehören und wieder andere, wie Nasenbluten und Stiche, werden auf die Unzufriedenheit von Ahnengeistern zurückgeführt. Wenn bei den Nyoro Zauberei festgestellt wird, hängt alles, was getan wird, davon ab, wie gravierend die Sache eingeschätzt wird, welchen Ruf und Status der angebliche Zauberer hat, vom Temperament des Opfers oder vom Ratschlag des Doktors und anderen Faktoren.[56]

Wenn das Leiden nicht sehr schwer ist - z.B. verursacht durch den bösen Blick - oder es sich nur um eine milde Form des Vergiftens durch ungezielte Bösartigkeit eines Vorbeiziehenden handelt, behandelt der Wahrsager-Doktor den Patienten selbst und gibt ihm eine Medizin zu trinken oder macht kleine Einschnitte in die Haut an Kopf und Körper und reibt Medizin hinein oder er läßt ihn mit einem Horn auf Rücken oder Schulter zur Ader. Hexerei zwischen Eheleuten beseitigt der 'nganga' der Shona, indem er die beiden anweist, eine Grashütte auf einer Insel in einem Fluß voller Krokodile zu bauen.[57] Ehemann und Ehefrau müssen zur Insel waten. Dort kochen sie ein Gebräu aus Wurzelwerk, Rinde, Häuten und anderen Medizinen, die der 'nganga' ihnen gibt. Der 'nganga' schwimmt zur Insel und steckt die Grashütte in Brand. Der Ehemann muß seine Frau unter Wasser tauchen und sie versenken den Topf mit dem Hexengeist darin. Dann hilft der Ehemann seiner Frau aus dem Wasser und beide laufen ans Land, ohne hinter sich zu blicken.

Bei den Mbugwe in Tanzania wird die Kunst des Wahrsagens vom Vater dem Sohn beigebracht oder, wenn keine Söhne da sind, der Tochter.[58] Der Unterricht ist privat, da es sich um geheimes Wissen über Medizinen und Zaubertechniken handelt. Divination wird bei den Gusii in Kenia meist von Frauen ausgeübt.[59] Nach einer Lehre wird die Frau in Gegenwart von fünf Wahrsagern initiiert. Der wichtigste Teil der Initiation ist die Besessenheit durch einen Ahnengeist und findet am ersten Tag statt. Die Initiation wird am folgenden Tag durch ein großes Fest abgeschlossen.

Träume künden bei den Zulu eine Anlage zum Wahrsageberuf an.[60] Die Ahnen beabsichtigen mit dem künftigen Wahrsager in Kontakt zu treten. Er vernimmt ihre Stimmen, wandert einsame Pfade und verbirgt sich in Büschen. Er springt in tiefes Wasser, um von den Ahnengeistern wertvolle Mitteilungen zu erhalten. Er wird menschenscheu, streift tagsüber in einsamen Gegenden umher und hält Zwiesprache mit den Vögeln. Wenn er nachts zum Kral zurückkommt, so zeigt er sich launenhaft und verweigert das Essen. Er hat Visionen, die ihm die Ahnen schicken. Der Novize erhält den Auftrag, aus einer tiefen teichartigen Stelle im Fluß eine Schlange zu holen, die er tötet und kocht. Er löst das Fleisch von den Wirbeln und reiht die Wirbel auf eine Schnur. Diesen Schmuck trägt er als Teil seiner Berufskleidung. Laduma, der 'isangoma' der Zulu, dessen Texte von Professor Otto F.Raum gesammelt und von der Ethnologin Katesa Schlosser herausgegeben wurden, spricht auch zu den Bäumen und sagt, es sei schwer, die Felsen anzusprechen und zum Reden zu veranlassen. Laduma Madela sagt, daß die 'isangoma' sich heutzutage ausbilden lassen, ohne krank gewesen zu sein,[61] um auf betrügerische Weise Geld zu bekommen. Sie wissen, daß sie selbst dann, wenn ihr Betrug entdeckt wird, nicht getötet werden. Es gibt auch keine echten 'izinyanga' mehr, stellt Laduma Mandela bedauernd fest, sondern nur Leute, die umherziehen und nach kranken Leuten Ausschau halten. Für diese sagen sie wahr. Sie sagen:

"Du wirst von deinem Bruder getötet...", obwohl der Betreffende bloß eine Erkältung hat.

Der Hexenfinder oder Ausriecher der Gusii ist ein Spezialist, der die Wirkungen der Hexerei beseitigt und nicht so sehr Vergeltung übt.[62] Wer sich verhext glaubt, kann entweder gleich zum Ausriecher gehen oder erst, wenn der professionelle Zauberer die erwünschten Resultate nicht erbringt. Im Unterschied zum professionellen Zauberer, praktiziert der Ausriecher im öffentlichen Auftrag. Gelegentlich behauptet er, eine Genehmigung von der Regierung zu haben und bei ihr angestellt zu sein, um Hexerei zu beseitigen. Er trägt Briefe bei sich von Häuptlingen und Polizei und zeigt sie seinen - meist analphabetischen - Kunden. Die Ausriecher gebärden sich jedoch nicht so auffällig, wie die professionellen Zauberer. Für seine Arbeit verlangt der Ausriecher Honorar in Form von Kühen und Ziegen. Er riecht Hexerei aus, gräbt Hexereisubstanz aus und verabreicht schützende Medizinen. Zuerst sagt er mit Hilfe von Kaurimuscheln, Nüssen, Bolzenschlössern und anderen Objekten wahr. Dabei stellt er Fragen an die kranke Person. Er praktiziert zwar nicht nackt wie andere Wahrsager - damit kein Verdacht aufkommt, sie hätten etwas zu verbergen - aber er wechselt die Kleider. Anschließend bereitet er eine Medizin aus Ziegenblut, Wasser, Pulver und dem Zweig eines Buschgewächses. Der Ausriecher taucht seine Hand in die Medizin, riecht daran und eilt voran, wobei er mehrmals die Richtung wechselt. Dann springt er auf ein Dach, zieht Gras heraus und wirft es auf den Boden. Die Hexereisubstanz wird aus dem Strohdach entfernt. Er zerteilt für alle sichtbar ein Stück Riedgras, um das Gift und die Haarreste zu zeigen und gibt dann etwas von der Medizin aus dem Essenskorb darauf, um die giftige Wirkung zu neutralisieren. Das wiederholt er einige Male. Er riecht die Hexereiartikel aus und gibt sie an seine Kunden, die sie für Magie gegen die Hexer gebrauchen. Der Hexenfinder macht Einschnitte am Körper der Mitbewohner des Gehöftes und reibt ätzende Asche hinein, womit er beabsichtigt, sie gegen die Wirkungen der Hexerei zu schützen. Er verwarnt die Anwesenden, daß er wiederkommen und ein Ordal durchführen werde, wenn er noch einmal etwas von ihren Feindseligkeiten hören würde. Er riecht an den Anwesenden und fragt sie in aller Öffentlichkeit, ob sie etwas versteckt hätten Schließlich warnt er alle vor dem Gebrauch von Zauberei. In einer öffentlichen Rede wendet er sich gegen Hexerei und gegen den Haß der Männer untereinander. In diesem Punkt unterscheidet sich der Hexenfinder vom professionellen Zauberer, der im Geheimen praktiziert und seinen Kunden bei Vergeltung hilft. Der Ausriecher entfernt schädliche Medizinen, tut aber niemanden ein Leid, auch nicht den Hexen und Hexern. In Ukaguru arbeiteten 1961 während einer Hungersnot illegale Hexenfinder.[63] Von einem dieser Hexenfinder hieß es, daß er eine Trommel besaß, die mit Menschenhaut überzogen war. Nachts schlug er sie, um die Hexen anzulocken und zu fangen. Er verriet sie dann an seine Kunden oder ließ sich von den Hexern und Hexen bestechen, damit er sie nicht an Kunden verriet.

Die 'ndoki' der Kongo wurden auf viele Weisen durch den 'nganga' und seinen 'nkisi' überführt.[64] Der 'nganga samuna' ('Berichterstatter') war ein ehemaliger Hexer, der durch ein Geständnis überführt wurde. Nachdem er gestanden hatte, konnte er nicht länger Leute fressen, sondern spionierte die 'ndoki' aus. Wenn ein 'nganga samuna' einen Rückfall erlitt und jemanden fraß, bekam er Tobsuchtsanfälle. Der 'Berichterstatter' warnte das Dorf vor anziehenden Hexern: "Paßt auf! Die Hexen kommen durchs Dorf gezogen. Sie bringen ihre Körbe und Messer und suchen nach Fleisch..." Wenn eine Respektsperson plötzlich krank wurde oder starb, nahm man an, daß sie von einem oder mehreren 'ndoki' gefressen worden war. Der Ausriecher wurde herbeigerufen, um den Fall zu untersuchen. Alle Mitglieder der Clansektion, auch solche aus anderen Dörfern, wurden zur Untersuchung herbeigerufen. Sie wurden erst in großen Gruppen untersucht, dann wurde ein Segment der Lineage ausgewählt und Männer und Frauen wurden getrennt untersucht. Dann stellte der Ausriecher den Schuldigen durch Ekstase fest. Nachdem der Hexer oder die Hexe festgestellt worden war, informierte man alle Mitglieder seiner 'kanda' und seine Schwiegerverwandten. Der Beweis für die Hexerei wurde durch ein Ordal erbracht. Bevor die Leute erwogen, das 'nkasa'-Ordal zu machen, stellten sie fest, ob der Vedächtige tatsächlich ein Hexer sein konnte. Sie kochten bei Nacht eine Speise und ließen davon etwas in der Nähe des Verdächtigen zurück. Nahm er davon, wußten sie, daß er ein Hexer war. Manche Hexer legten daraufhin ein Geständnis ab und erzählten, wie und wo sie in die Kunst eingeführt worden waren. Sie offenbarten, wieviele Leute sie gefressen hatten und wer ihre Helfershelfer waren. Ein geständiger Hexer gab zu, Anpflanzungen, Vieh und Palmbäume zerstört zu haben. Bei den Lovedu in Südafrika wurde nie jemand angeklagt, bevor nicht einer oder mehrere Doktoren und oft auch ein Hexenfinder hinzugezogen worden waren.[65] Die Ausriecher bewiesen oft ein erstaunliches Talent im Herausfinden von Namen und Verstecken von Objekten. Ihre Methode der Identifizierung eines Hexers oder einer Hexe basierte auf der Methode der Falsifizierung ihrer Hypothese durch die Reaktion der Zuhörer. Zu ihrer Hypothese gelangten sie durch freie Assoziation und Suggestion. Daraus zogen sie ihre Rückschlüsse, wobei ihre Angaben über die Verdächtigen sehr vage blieben.

Wahrsager stehen im Dienste des Kampfes gegen Hexerei und Zauberei. Sie stellen fest, wer für ein Unglück verantwortlich ist und verordnen Gegenmittel. Ihre Wahrsagetechniken sind vielfältig. Sie werfen Kaurimuscheln und interpretieren das Ergebnis. Sie bedienen das Gift-, Reibbrett- und Klebstockorakel und lernen deren korrekten Gebrauch in einer Zauberlehre. Das Wasserorakel wird durch das Hineinstarren in einen mit Wasser gefüllten Topf bedient und das Tonorakel durch die Interpretation von Geräuschen. Das Werfen von Bohnen und Sandalen sind weit verbreitete Wahrsagetechniken. Natürlich irren sich die Wahrsager auch, dann geht man eben zu einem anderen, notfalls solange, bis einem das Ergebnis zusagt. Berühmte Wahrsager, also solche, die sich selten irren, werden vorgezogen, denn nicht jeder Wahrsager beherrscht seine Kunst und es gibt gute und schlechte unter ihnen. Der Wahrsager vereinigt gleich mehrere Rollen in einer Person. Er ist Psychologe, denn er spricht über die Konflikte, die das Individuum belasten. Er ist Soziologe, denn er spürt die Unstimmigkeiten in den Verwandtschafts- und Schwiegerverwandtschaftsbeziehungen auf, die die Konflikte erzeugen. Er ist Therapeut, denn er soll Abhilfe schaffen und Versöhnung stiften. Nachdem der Wahrsager die Ursache des Leidens festgestellt hat, kann er ein Gegenmittel oder auch Wegzug verordnen oder ein Versöhnungsritual anraten, sofern der Verdächtige ein Verwandter ist. Es besteht in der gemeinsamen Einnahme eines Mahles. Wenn der Verdächtige kein Verwandter ist, ordnet er eine Wiedergutmachung an. Er kann den Kunden auch an einen anderen Spezialisten verweisen, der Hexer 'ausriecht' und Zaubermittel sucht.

Orakel und Divination

Wahrsager gebrauchen die verschiedensten Wahrsagetechniken. Die Nyoro-Wahrsager werfen Kaurimuscheln auf eine Matte und interpretieren anschließend das Muster.[66] Rotse-Wahrsager gebrauchen den Wahrsagekorb, der aus einem flachen Worfelgerät besteht.[67] Dieser Korb enthält hundert oder mehr Objekte, die alle Aspekte des Dorf- und Stammeslebens symbolisch repräsentieren. Der Wahrsager schüttelt den Korb drei oder vier Mal, bis er zufrieden ist und ein Muster erkennbar wird. Dieses Muster interpretiert er. Im Falle eines kranken Mannes, wird die Figur, die ihn repräsentiert, durch ihre Stellung anzeigen, ob er sterben oder geheilt werden wird. Wenn die Ursache einer Krankheit gesucht wird, steht das entsprechende Symbol in einer Nebenstellung zur Hauptfigur. Wenn die Art der Krankheit diagnostiziert werden soll, wird sie in eine dem Symbol, das sie repräsentieren soll, benachbarte

Stellung gebracht. Im Falle eines Zauberers sucht man den Verdächtigen. Der Wahrsager verkleinert das Feld der möglichen Verdächtigen auf einige Verwandtschafts- und Sozialbeziehungen. Ein Name braucht dabei nicht immer zu fallen. Beim Knochenwerfen finden geschnitztes oder verziertes Elfenbein, Horn oder Holz Verwendung. Die Objekte werden aus der Hand oder aus einem Behälter geworfen und das daraus entstehende Muster wird interpretiert. Kieselsteine werden zwischen den Handflächen geschüttelt und wenn ein Steinchen aus den Händen auf die ausgebreitete Tierhaut fällt, wird das bestimmte Objekt, die Person oder der Ahnengeist, dessen Namen oder Codewort in diesem Augenblick fällt, als Ursache der Krankheit benannt. Beim Knochentafelorakel, das aus verziertem Elfenbein besteht oder aus wirklichen Knochen, hat jedes Täfelchen seinen eigenen Namen. Ein Set kann bestehen aus einem Vater, einer Ehefrau, einem Sohn und der Ehefrau des Sohnes. Das Muster entsteht durch die Position der Täfelchen in Bezug auf den Boden, d.h. ob sie oben oder unten zu liegen kommen, in welcher Richtung sie liegen und wie sie zueinander stehen. Eine zweite Art von Täfelchen ist weit weniger formell. Sie enthält eine abwechslungsreiche Auswahl von Knochentäfelchen, zusammen mit einigen Stöcken und anderen seltsamen Gegenständen wie Münzen, Knöpfen oder europäischen Pokerwürfeln, Samen und zweigeteilten Nußschalen. Die Nußschalen müssen durch den Bauch eines Elephanten gegangen sein. Die Wahrsagenüsse werden in gleicher Weise geworfen wie die Täfelchen. Die Korbdivination wird bei den Rotse nur von Männern praktiziert, andere Wahrsagearten dagegen auch von Frauen. Bei der Divination mit der Wahrsagematte wird diese geöffnet und an den Enden gehalten, so daß sie frei schwingen kann. Eine positive Antwort macht die Matte steif und gerade, eine negative macht sie schlaff.

'Doktoren der Stöcke', wie sie bei den Zulu heißen, werfen das Stockorakel.[68] Die Stöcke beantworten die an sie gestellten Fragen dadurch, daß man sie heftig auf den Boden schleudert. Bleiben die Stöcke nach dem Wurf flach auf dem Boden liegen, so bedeutet das eine Verneinung der Frage. Springen sie auf den Kunden zu, so ist die Antwort "Ja". Bei einem kranken Magen springen sie auf den Bauch des Patienten; hüpfen sie aber auf ein anderes Körperteil, so ist mit diesem etwas nicht in Ordnung. Wahrsagestöcke oder Hörner werden bei den Rotse in Richtung auf den Boden gehalten.[69] In einer Hexenfinderangelegenheit deuten sie direkt auf den Verdächtigen oder antworten, indem sie sich in den Boden eingraben oder indem sie ruckartig nach links oder rechts in Richtung auf die Symbole ausschlagen, die die Verwandtschaftsgruppe oder Schuld/Unschuld repräsentieren.

Bei der intuitiven Divination der Fipa kommuniziert der Wahrsager mit einem dienstbaren Geist oder einem Ahnengeist, entweder durch Träume und Besessenheit oder indem er ein materielles Symbol des Geistes oder ein ähnliches Objekt als Verbindung zur Geisterwelt benützt.[70] Manche Wahrsager gebrauchen geschnitzte Figuren, die die dienstbaren Geister repräsentieren. Der Wahrsager kommuniziert im Besessenheitszustand mit dem Geist via Figur; er spricht zu ihr und lauscht ihren gleichermaßen geheimen Antworten. 'Doktoren mit den Flüstergeistern'[71] sprechen bei den Zulu in einem leichten Pfeifton. Sie sind von mehreren Geistern besessen und Medien der Toten. Die 'Kalebasse der Geister', sagt Laduma Madela, wirkt in gleicher Weise wie das Radio der Weißen, aus dem Stimmen unsichtbarer Personen kommen. Die 'Kalebasse der Geister' ist ein Schnupftabakbehälter, in dem sich Schnupftabak und Schmer von verschiedenen Tieren befinden. Der 'inyanga' spricht zu dem Schnupftabak und sagt ihm, mit welchem Geist er sprechen will. Die Medizin in der Kalebasse versetzt den 'inyanga' in einen ekstatischen Zustand, sodaß er mit demjenigen, den er zu sprechen wünscht, Kontakt aufnehmen kann. Der herbeigerufene Geist greift die Person an, die der 'inyanga' ihm anzeigt und die Stimme des Geistes spricht zu dem Erwählten. Die Stimme des Geistes erreicht den Betreffenden wie die Wellen eines Radios und macht ihn besessen.

Bei der Radiodivination[72] der Rotse wird ein Stock als Sendemast und ein sehr langer Faden als Richtantenne gebraucht. Der Wahrsager kontaktiert die Geister mit Hilfe eines kleinen 'Radios', das aus einer ausgehöhlten Palmnuß besteht und Medizin aus Herz und Schnauze einer bestimmten Rattenart enthält. Ein Stück Stoff wird um den Stock gewickelt, um die Stimme des Geistes einzufangen. Nur der Wahrsager kann sie hören. Auch die 'shave'-Doktoren der Shona, Ndebele und Kalanga sagen durch Geister wahr, die von ihnen Besitz ergreifen,[73] ebenso wie die Propheten der apostolischen Kirchen und die, die in Spiegel und Hörner schauen. Zur Divination eignen sich auch Träume, die der Wahrsager deutet.[74] Es sind Angstträume, die beispielsweise von Landenteignung handeln, weil jemand sein Land nicht richtig bebaute, und nur der Land zur Verfügung gestellt bekommt, der Geld hat, um für Verbesserungen zu bezahlen oder der ein Zertifikat als Bauer besitzt. So berichtete J.Crawford von einem Shona-Bauern, der von einem Geist träumte, der zu ihm sagte: "Ich komme von Muneri, um dich zu töten." Muneri war der Mann, der die Farm übernehmen wollte. Der Wahrsager-Prophet sagte dem Bauern, daß Muneris Vater ihn töten wolle und daß Muneri einen 'mudzimu' habe, der wie ein Hexer handelt und daß Muneri deshalb selbst ein Hexer sei, denn nur ein Hexer könne einen solchen 'mudzimu' haben.

Die Lele in Zaire verwenden ein Pfeiforakel, das mittels Bauchreden funktioniert[75] und gebrauchen das Horn- und Schnüffeltaschenorakel. Wenn ein Verdikt von beiden Seiten nicht akzeptiert wurde, so konnte es durch ein anderes Orakel revidiert werden. Der Wahrsager der Lele beschuldigt meist solche Leute, über deren Schuld kein Zwist entstand. Die Verdikte sollten das Dorf nicht spalten. Deshalb wurde der Verdacht von Dorfmitgliedern weg, z.B. auf fremde Wahrsager gelenkt, die hinzugezogen wurden, um einen Patienten zu retten. Sie wurden verdächtigt, in den Besitz des Geistes eines toten Mannes gelangen zu wollen, um ihn als Gehilfen zu gebrauchen. Widersprüche bei der Divination hinsichtlich der Todesursache führten zu Ergebnislosigkeit einer Konsultation.[76] Wenn eine Divination einen Namen ergab, der schon mehrmals gefallen war, gewann auch die unglaublichste Version mit der Zeit an Überzeugungskraft. Die Mandari im Südsudan verwenden eine Wahrsagetechnik, bei der ein Ei abends auf ein Häufchen Asche an einer Weggabelung plaziert und angesprochen wird:[77] "Du Ei, wenn es einen Hexer gibt, orte ihn! Das Ei soll gegessen werden, wenn dort eine Hexe ist. Wenn nicht, laß es dort bleiben!" Wenn das Ei am nächsten Tag unberührt da ist, hat die Krankheit eine andere Ursache als Hexerei. Wenn es weg ist, sucht der Älteste eine schwarze Ziege, die der Doktor bespricht: "Du, Auge eines anderen, bleibe kühl!" Die Ziege wird getötet, das Herz herausgenommen und mit Sesamöl eingeölt, damit es kühl bleibt und dann wird das Fleisch gegessen. Das Herz der Hexe soll so besänftigt werden.

Ordale und Bestrafung

Bevor die Europäer nach Afrika kamen, wurden Hexer und Zauberer vielerorts durch ein Giftordal überführt. Bei den Cewa wurde die Rinde des 'mwabvi'-Baumes eingenommen.[78] Diejenigen, die sich erbrachen, waren unschuldig und diejenigen, die sich entleerten oder starben, waren schuldig. Die Kolonialverwaltungen verboten die Ordale. Sie werden aber heute noch unter größter Geheimhaltung da und dort weiterpraktiziert.[80] Ankläger und Angeklagte suchten hierfür einen Spezialisten auf. Wer sich weigerte, das Ordal mitzumachen, gestand damit seine Schuld. Bei den Gisu mußte sich auch der Ankläger dem Ordal unterziehen, denn es war ja möglich, daß er eine falsche Beschuldigung gegen einen Unschuldigen gerichtet hatte.[81] Die Ordale bestanden in allerlei Tests, von denen der verbreitetste in der Einnahme einer Medizin bestand, die im günstigsten Fall Erbrechen, im Extremfall aber auch

Tod herbeiführen konnte. Statt der Ordale am Menschen wurden Ordale auch an Tieren durchgeführt.[82]

Wer durch ein Ordal überführt worden war, hatte schwere Strafen zu erwarten. Auf Hexerei stand die Todesstrafe. Hexer und Hexen wurden erschlagen, verbrannt oder verbannt. Ihr Eigentum wurde zerstört, ihr Haus niedergebrannt. Alle Spuren ihrer Existenz wurden ausgelöscht. Hexer und Hexen durften nicht begraben werden, sondern wurden draußen in der Wildnis den Hyänen und Aasgeiern zum Fraß vorgeworfen. In der Vergangenheit scheinen aber Hinrichtungen dieser Art nicht häufig gewesen zu sein. Massenordale sind aus Afrika erst seit der Kolonialzeit dokumentiert. Das rigorose Verbot der Ordale hat nämlich dazu geführt, daß sie illegal weiterpraktiziert wurden, jedoch ohne das komplizierte Prozedere, das nach traditionalem Recht dafür notwendig war. Der belgische Ethnologe J.Vansina berichtete über Massenordale bei den Bushong im Zaire im Oktober 1958, kurz vor der Unabhängigkeit, bei denen von 120 Bushong-Dörfern 58 plötzlich öffentliche Ordale abhielten, an denen rund 500 Personen teilnahmen, von denen 255 dem Tod entgingen, aber 250 Personen starben. Die meisten davon waren Frauen.[83]

Bei den Shona war das Ordal vor der europäischen Okkupation die einzige Methode der Divination[84] und wurde als unfehlbar angesehen, da damit ein für allemal klar war, ob eine Person ein Hexer war oder nicht. Das Ordal bewies auch bei den Mandari die Schuld eines Verdächtigen oder stellte seinen Ruf wieder her.[85] Wenn der Angeklagte seine Schuld nicht gestand, mußte er sich bei den Nyakyusa dem 'mwafi'-Ordal unterziehen.[86] Der Häuptling konnte ein Ordal anordnen. Angeklagter und Ankläger gingen zuerst zum Häuptling, um Bericht zu erstatten und offizielle Zeugen zu holen. Begleitet von diesen Zeugen und Fremden gingen sie zu einem Doktor, der Medizinen besaß. Dort tranken sie zusammen die Medizinen. Beide mußten sich erbrechen, sonst waren sie schuldig. Manchmal nahmen die betroffenen Personen gar nicht selbst das Ordal ein, sondern verabreichten es ihren Kindern. Nicht immer wurde das Ordal sofort durchgeführt, sondern die Hexe wurde erst einmal verwarnt. Bei den Nupe zitierte der Häuptling die 'lelú' und die angebliche Hexe zu sich, er forderte sie auf, ihre Übeltaten zu gestehen und befahl ihr, den Schaden wiedergutzumachen.[87] Sie wurde mit einer hohen Geldstrafe belegt und gewarnt, daß sie im Wiederholungsfalle verbannt werden würde oder sich dem Ordal zu unterziehen hätte. Das Ordal bestand in der Einnahme einer Medizin, die normalerweise gut gegen Schlangenbisse wirkte. Wenn die Hexe sie jedoch trank, wurde sie innerhalb von 14 Tagen von einer Schlange gebissen. Bei den Lele wurden unterschiedliche Standpunkte früher durch das Giftordal entschieden.[88] Heutzutage werden dort Ordale aber nicht mehr öffentlich durchgeführt, sondern Hexer und Zauberer werden verbannt. 1924 wurden die Giftordale durch die belgische Kolonialverwaltung verboten, doch wurden sie geheim weiterpraktiziert. 1950 war das Giftordal dort verschwunden.[89] Die Ethnologin Mary Douglas konnte es nicht mehr selbst beobachten. Die Lele waren der Ansicht, daß ihnen durch das Verbot der Ordale das einzig sichere Mittel zur Elimination von Zauberei genommen worden war. Kulte zur Austreibung von Hexerei und Zauberei, so Mary Douglas, traten an ihre Stelle. J.Vansina dagegen stellte fest, daß beide nebeneinander bestanden[90] und leitete daraus die These ab, daß die Antihexereibewegungen noch andere Funktionen gehabt haben könnten als bloß die Überführung von Hexen und Hexern.

Wenn bei den Kaguru ein Verdächtiger gefunden worden war, wurde er oder sie verurteilt.[91] Sie mußte einen Eid schwören und sich mehreren Ordalen unterziehen. Ordale waren bei den Gisu nur in schweren Fällen üblich[92] und nur bestimmte Personen hatten das Recht, sie durchzuführen. Ankläger und Angeklagter besuchten den Operateur des Ordals an einem vereinbarten Tag. Oft war eine weite Anreise nötig. Ein Ordal zu verweigern kam auch bei den Gusii einem Schuldeingeständnis gleich.[93] Das Ordal bedurfte der öffentlichen Zustimmung. Bei den Amba in Uganda wurde das Giftordal meistens nach einer Serie von Todesfällen, die die Spannungen ansteigen ließen, in einem bestimmten Dorf durchgeführt.[94] Der Verdacht fiel auf eine kleine Anzahl von Leuten, selten mehr als drei oder vier, die gezwungen wurden, sich dem Ordal zu unterziehen. Das Ordal wurde sogar als Möglichkeit begrüßt, sich von einem Verdacht zu befreien. Wer sich erbrach, war unschuldig. Im allgemeinen erholten sich die Leute wieder. Bei den Amba gehörten diejenigen, die sich dem Ordal unterziehen mußten, meist nicht zur Kerngruppe der Lineage. Es waren Männer und Frauen anderer Lineages, die ins Dorf eingewandert waren. Oft wurden gerade diejenigen, die am stärksten unter Verdacht standen, übergangen, weil sie aus der eigenen Verwandtsgruppe waren.

Einige Ordale bestanden darin, einen Stein aus einem Topf mit kochendem Wasser oder Schafsfett zu holen, ohne sich zu verbrennen.[95] Kräuter wurden zerstampft und der verdächtigen Person um den Arm gebunden[96] und dann legte der 'omoriori' der Gusii einen eisernen Ring in einen Topf mit Wasser, der erhitzt wurde. Sobald das Wasser kochte, tat der Angeklagte seine Hände hinein und zog den Ring heraus. Wenn seine Hände Spuren von Verbrühungen zeigten, war er schuldig.

Der Heißwassertest war auch in Rotseland bekannt.[97] Vierundzwanzig Stunden nachdem der Beschuldigte seine Hände in einen Topf mit kochendem Wasser getan hatte (Abwandlung: einen Stein herausholte), durfte die Haut nicht abgehen, sonst war er überführt und wurde verbrannt. Nicht wenige Personen überstanden das Heißwasser-Ordal und konnten so ihre Unschuld beweisen. Reynolds erwähnt den Fall eines fast hundertjährigen Mannes, der so robuste Hände hatte, daß er den Heißwassertest unbeschadet überstand. Bei den Shona soll das Heißwasserordal ursprünglich nicht angewandt worden sein, um Hexerei sondern um Ehebruch festzustellen.[98] Ein Mann sagte vor Gericht gegen seinen Peiniger aus

> Der Angeklagte ist mein Schwager. Vor etwa drei Monaten starb ein Mädchen...Sie war die Tochter des Angeklagten. Nach der Bestattung des Kindes, kam der Angeklagte zu mir und nannte mich einen Hexer und behauptete, ich hätte sein Kind getötet. Am Donnerstag, dem 15. November 1951 saßen der Angeklagte und ich am Abend außerhalb meiner Hütte im Uronga Gehöft. Das Feuer brannte nicht an unserem Sitzplatz. Musindi war da, als der Angeklagte zu mir sprach: "Du bist ein Hexer und hast den Tod meines Kindes verursacht. Ich will, daß du den Heißwassertest machst." Der Angeklagte sagte zu mir: "Wenn du den Test nicht machst, vergifte ich dich, sodaß du stirbst." Angesichts dieser Drohung erklärte ich mich einverstanden mit dem Heißwassertest. Der Angeklagte zündete ein Feuer an und holte einen Topf mit Wasser. Er tat ihn auf das Feuer. Das Wasser kochte. Ich tat meine Hände hinein. Ich verbrannte mich schrecklich und schrie vor Schmerz. Der Angeklagte stand auf und ging in seine Hütte. Ich ging ins Krankenhaus und wurde behandelt. Meine Hände waren schwer verbrannt. (J.Crawford 1967:219)

In einem anderen Falle, es handelte sich um einen Ehebruch, akzeptierte der Ehemann das Verdikt des Ordals nicht, das seine Frau vom Ehebruch freisprach. Wieder und wieder mußte sie die Heißwasserprobe machen, bis sich das von ihm gewünschte Resultat zeigte.[99] Die Gisu führten Ordale mit einer Messerklinge durch, die im Feuer zusammen mit Medizinen erhitzt wurde.[100] Die erhitzte Klinge wurde dem Probanten kurz ans Bein gehalten und wenn er sich verbrannte, war er schuldig, entweder wegen falscher Anschuldigung oder wegen Hexerei.

Eine sehr verbreitete Form des Ordals bestand in der Einnahme von Medizinen.[101] Nachdem die Medizin getrunken worden war, wurde der Angeklagte bei den Kaguru befragt.[102]

Log er, sollte die Medizin ihn krank machen. Durch diese Medizin würde er zeitweise wahnsinnig werden und nach den Hexen greifen, die dann Ordale machen mußten.

Die Medizinen konnten Menschen oder Tieren verabreicht werden.[103] Bei den Rotse gab man zwei Hühnern, von denen jeweils eines einer der streitenden Parteien gehörte, in Medizin eingeweichte Getreidekörner.[104] Das Huhn, das diese Getreidekörner nicht fressen wollte, bezeichnete auf diese Weise den Schuldigen oder aber die Medizin wurde dem Ankläger und Angeklagten verabreicht und sollte den Schuldigen langsam töten. Nach der Einnahme der Medizin mußte bei den Gusii der Ankläger, der Angeklagte oder beide schnell

157

laufen und wer ohnmächtig wurde, war schuldig.[105] Ordale wurden bei den Gusii meistens bei Todesfällen angesehener Personen durchgeführt. Wasser wurde mit Erde vom Grab des Verstorbenen vermischt und die Mixtur in einen Behälter getan und auf einen Hocker auf das Grab gestellt. Die angeklagte Hexe mußte davon am Grab trinken. Wenn sie sich weigerte, kam das einem Schuldeingeständnis gleich.

Ein Mann, dessen Unschuld zwei Mal durch ein Ordal bestätigt wurde, berichtete einmal der Ethnologin Mary Douglas, wie das Ordal bei den Lele im Zaire ablief.[106] Drei Tage lang aßen die zum Ordal bestimmten Personen nichts als Bananen, durch die ihre Überlebenschancen verbessert werden sollten. Ihre Verwandten und Freunde trauerten für sie. Die Angeklagten mehrerer Dörfer hielten zusammen ein Ordal am Rande des Dorfes ab. Manche Verwandten wollten das Ordal mitmachen und mit dem Angeklagten sterben. Die offiziell mit der Durchführung des Ordals beauftragten Operateure des 'ipome' tranken zuerst davon. Dann gaben sie jedem der Angeklagten davon zu trinken. Diejenigen, die die Medizin eingenommen hatten, mußten sich dauernd in Bewegung halten, laufen, tanzen oder rennen, denn durch die Bewegung sollte der Magen das Gift von sich geben. Sobald einige sich übergaben, war der Applaus groß bei Freunden und Verwandten. Andere hatten Schmerzen und wollten alleine bleiben. Aber der 'bahike' jagte sie umher, schlug sie und trieb sie auf einen Hügel hinauf, wo einige von ihnen zusammenbrachen, überführt, bestraft und eliminiert zugleich. Bei den Bushong im Zaire mußte sich das Oberhaupt des Matriclans mit einem Ordal für eines seiner Mitglieder einverstanden erklären.[107] Er klagte entweder selbst ein jüngeres Mitglied seines Clans an oder ein anderes älteres Mitglied des Clans tat es. Auch Außenstehende konnten förmlich darum bitten, daß ein bestimmtes Individuum sich dem Ordal unterziehen sollte. Keine Clansektion wagte es, eine solche Bitte auszuschlagen, aus Furcht, sie könne als Mörder und Beschützer krimineller Elemente gelten und deshalb aus dem Dorf verjagt werden, wie es einmal - so berichten es die Clangeschichten - vorgekommen sein soll. Wenn die Person das Ordal überstand, mußte der Ankläger Wergeld bezahlen oder einer aus seiner Gruppe mußte sich dem Ordal unterziehen. Anklagen wurden vom Dorfoberhaupt auch vorgebracht, wenn Jagd und Fischfang mißlangen und insbesondere nach einer Serie von Todesfällen. Jede Clansektion, die im Rat saß, mußte daraufhin eine Person aus ihren Reihen nominieren, die das Ordal machen sollte. Ehemänner oder Ehefrauen, deren Lineagemitglieder nicht im Dorf wohnten, mußten sich nicht dem Test unterziehen, ebensowenig wie Sklaven oder Frauen, die verpfändet worden waren, ohne die Einwilligung ihrer Besitzer daran teilnehmen durften.

In vorkolonialen Zeiten markierte ein kleines Ritual bei den Bushong die Anklage.[108] Der Doktor rannte, den Körper bemalt, Federn in den Haaren, Leopardenfell um die Hüften, Messer schwingend und Schellen läutend, einen Weg auf und ab, hielt johlend vor jeder Tür und blieb dann unvermittelt vor einer Tür stehen, wo er die Hexe vermutete. Der Verdächtige wurde in ein spezielles Hexenhaus gebracht, das es in jedem Dorf gab und dort besuchten ihn Verwandte und Freunde.

Ein Ordal, das Vansina 1959 beobachtet hatte, fand eine Woche nach der Anklage statt, doch wurden die Angeklagten nicht ins Hexenhaus gebracht, das bei den Bushong zu diesem Zeitpunkt nicht mehr existierte. Im Laufe der Woche gingen die Ankläger zu den Wahrsagern. Mindestens drei Wahrsager waren nötig, um herauszufinden, wo die mutmaßliche Hexe ihren 'Lebensbehälter' versteckt hatte. Auch der Gift-Operateur wurde herbeigerufen, der aus der Hauptstadt kam, wenn das Dorf keinen eigenen besaß. Der Gift-Operateur riskierte vor jedem Ordal, von der Hexe vergiftet zu werden und wenn er zu freundlich mit ihr war, setzte er sich dem Verdacht aus, das Ordal zu ihren Gunsten zu manipulieren. Bei diesem Ordal wurde nur der Operateur krank, aber keine der sechs angeklagten Frauen. Da die Frauen keine Galle spuckten, waren sie auch nicht wirklich unschuldig. Die Bushong wiesen darauf hin, daß die Hexen schon vorher wüßten, ob sie das Ordal überleben oder nicht. Vor einem Ordal im Jahre 1960 zerrissen zwei Hexen vorsorglich alle ihre Banknoten, bevor sie sich dem Ordal unterzogen. Am Abend vor dem Ordal rasierten die Freunde der Angeklagten sorgfältig deren Körper und brachten ihnen Totengaben. Dann trennten sie sich von ihnen. Der Ankläger zahlte den Giftspezialisten für seine Dienste und bestätigte ihn durch eine Gabe Palmweins in seiner öffentlichen Funktion. Am nächsten Morgen ging der Operateur zum gifttragenden Baum und sprach ihn an, daß er sie töten solle, wenn sie schuldig und leben lassen solle, wenn sie unschuldig waren. Dann schnitt er ein Stück Rinde vom Baum und ließ sie zu Boden fallen. Je nachdem auf welche Seite sie fiel, bedeutete das Schuld oder Unschuld. Dies wiederholte er zweimal. Doch auch wenn die Rinde Unschuld zeigte, mußte das Ordal durchgeführt werden. Der Giftspezialist bereitete den Sud, indem er die Rinde zerstampfte und dabei spielte er vor, wie die Hexe taumelte und starb. Das wurde gemacht, damit das Gift wußte, wie es töten sollte. Unterdessen sangen die Zuschauer neun Lieder. Nachdem die Rinde zu einem feinen Pulver zerstampft worden war, probierten die Umstehenden ein wenig davon, um zu sehen, daß wirkliches Gift darin war. Als nächstes nahm der Giftspezialist zwei Messer und rief drei Mal laut nach der Hexe. Erst beim dritten Mal antwortete sie mit "Ja" und dann sagte er: "Komm schnell, so schnell wie dein Bruder, die Feldmaus." Er setzte sich auf eine Matte, während die Angeklagte vor ihm kniete. Dann mußte sie einen Eid schwören

> Seit dem meine Mutter mich zur Welt gebracht hat, seit dem mein Vater mich erzogen hat...Sollte ich jemals auch nur ein Huhn oder einen Hund verhext haben und dann einen Menschen, der ein Recht auf Leben hat oder sollte ich neidisch auf seinen Reichtum gewesen sein, dann, Gift, schneide mein Herz, zerreiße meine Leber, schlage mich vor die Stirn, damit ich zu Boden falle. (J.Yansina 1961:250)

1953 ersetzte im Miko mi Yool-Antihexereikult eine Formel den Schwur

> Miko mi Yool! Wenn es eine Hexe ist, eine Kriminelle, dann schneide ihr das Herz, zerreiße ihre Lunge...(ebd.)

Durch diese Formel erhielt das Gift seine Wirksamkeit. Der Operateur rezitierte einen Vers, dessen Beginn die Krankheit beschrieb, die die Hexe verursacht hatte und er warnte, daß die Wahrheit ans Tageslicht kommen würde. Der zweite Vers rief die Sonne herbei, deren neun Geister das Ordal geschaffen haben sollen. Der dritte Vers wandte sich an das Gift, um seine Stärke zu sammeln und stellte fest, daß die Ursache des Unglücks gefunden werden würde und die Angeklagte nicht entrinnen könne. An jeden Vers schloß sich ein Refrain an, der wahrscheinlich von allen gerufen wurde und lautete: "Aufgepaßt! Das Gesetz! Ah!" Während das Motto hergesagt wurde, nahm die Angeklagte drei kleine Schalen von dem Gift und jedes Mal kippte sie noch eine Schale reinen Wassers hinterher. Dann entspann sich ein Dialog zwischen der Hexe und dem Operateur, indem er sie nach Symptomen fragte, die er einzeln aufzählte und die anzeigen sollten, daß sie eine Hexe war. Diese Fragen sollten sicherstellen, daß es keine Mißverständnisse hinsichtlich der Deutung der Symptome der Vergiftung gab. Schließlich wurde die Angeklagte gebeten, einen rituellen Namen anzunehmen und dieser Name kündete an, was sich dann ereignete. Oft wählten die Angeklagten solche Namen, die ihre Schuld eingestanden und sie bemühten sich nicht, sich zu rechtfertigen. Die Namen lauteten z B. "Dieb von Kassawa-Blättern", "Läßt nie eine Chance aus", "Sei freundlich mit dem Wald und nehme das Geschenk" oder "Der Lügner war die Verwaltung" (die die Ordale verbot, Anm. J.Vansina), "Meine Mutter hat mich hineingeschmuggelt" und "Ich gehe mit meinem Kind". Dann legte die Angeklagte ihre Begräbniskleidung ab und begab sich in die Wildnis. Nach ein paar Stunden starb sie, doch vorher sagte sie noch, wo sie ihren 'Lebensbehälter' versteckt hatte oder sie übergab sich mehrere Stunden und war gerettet. Damit sie aber wirklich unschuldig war, mußte sie schwarze Galle spucken. Wenn sie starb, wurde sie von ihrem Ehemann oder den engsten Verwandten verbrannt. Auf diese Weise war sichergestellt, daß sie nicht ins Land der Toten, sondern zum Wohnsitz der Hexen und Hexer einging, von wo es kein Zurück gab. Auch nachdem sie schwarze Galle gespuckt hatte, war sie noch nicht frei. Sie zog sich die feinsten Tanzkleider an und warf eine Kaurimuschel in einen hohlen, eisernen Gong. Überstand sie auch das, wurde sie wieder in die Gemeinschaft aufgenommen. Der falsche Ankläger hatte eine hohe Strafe zu bezahlen oder die Lineage des falschen Anklägers konnte ein Ordal unter ihren Mitgliedern veranstalten und dies wurde auch oft vor der ersten Probe, ohne den Angeklagten gemacht. Wer sich weigerte, das Ordal zu machen, riskierte heimlich vergiftet zu werden, also durch ein heimliches Ordal ohne öffentliche Kontrolle.

Ordale hatten Rechtscharakter und waren bis zu ihrem Verbot Teil des Rechtsprozesses. Anklagen durch das Dorfoberhaupt bei den Bushong erforderten eine Entscheidung des Dorfrates,[109] Anklagen des Lineageoberhauptes wurden innerhalb der Lineage entschieden. Mord lag in der Jurisdiktion von Gerichtshöfen bei den Bushong, aber Hexerei wurde bei ihnen als Verbrechen definiert, das nicht in die Sphäre des öffentlichen Rechts fiel. Im Gegensatz dazu wurden Zaubereifälle im allgemeinen durch die zentralisierte Gerichtsbarkeit auf der Ebene der Häuptlings- und Unterhäuptlingstümer geahndet. Hexerei war bei den Bushong hauptsächlich eine Angelegenheit der Frauen, Zauberei eher der Männer. Ein Mythos der Bushong über den Ursprung des Ordals berichtet von einem Mann namens "Gerechtigkeit", der das Ordal einführte. Zunächst wurde es in allen Fällen angewendet, wo es keine Zeugen gab und später nur noch in Fällen von Hexerei. Jeder Verdächtige galt als schuldig, solange nicht das Gegenteil erwiesen war und dies zeigte sich darin, daß er oder sie als "Hexer" oder "Hexe" angeredet wurde.

Für die Giftordale wurden adstringierende Substanzen verwandt,[110] die so entnervend wirkten, daß sie die Bereitschaft zum Geständnis förderten. Die Infusionen bestanden aus Rinden und Wurzeln gewisser Pflanzen und Bäume, die Erbrechen und Durchfall verursachten. Es handelte sich um Alkaloide, die ein Absinken des Blutdruckes zur Folge hatten. In Rotseland wurden Ordale schon 1891 verboten.[111] Nach M.Gluckman sollen sie vor diesem Zeitpunkt angewandt worden sein, um Zauberer zu testen. Der mutmaßliche Zauberer wurde aus einer Gruppe von Verdächtigen isoliert und auf einen Hügel geführt. Er wurde auf eine Plattform gesetzt, unter der ein Feuer brannte und 'mwafi', eine Pflanze, die Strichnin enthielt, wurde ihm zum Trinken gereicht. Wenn er das 'mwafi' erbrach, war er unschuldig, wenn es ihn benommen machte, sodaß er ins Feuer fiel, war er schuldig und wurde getötet. Der Test konnte auch geheim beim Biertrinken im Kreis der erweiterten Familie gemacht werden, sodaß niemand davon erfuhr. Der überführte Zauberer wurde stillschweigend begraben.

In der Vergangenheit soll das Giftordal bei den Shona in manchen Gegenden regelmäßig von allen Einwohnern des Dorfes eingenommen worden sein, um sicherzustellen, daß keine Hexe in ihm existieren konnte.[112] Eine Frau, die selbst um ein Ordal gebeten hatte, weil ihre Kinder gestorben waren, sagte am 28.3.1958 gegen einen angeklagten Wahrsager aus

> In der letzten Trockenzeit habe ich ein Kind verloren. Ich war sehr traurig und dachte daran, zu meinem Vater zurückzukehren. Ich sagte meinem Vater, daß ich das Ordal machen wollte. Ich wollte wissen, ob ich eine Hexe bin und meine Kinder verhexen würde. Ich bat meinen Bruder, einen Wahrsager zu suchen. Ich gab dem Angeklagten einen Topf und er tat Wasser hinein...Nachdem ich die Medizin eingenommen hatte, übergab ich mich. Durchfall hatte ich nicht. Der Angeklagte sagte, jetzt sei klar, daß ich keine Hexe sei..." (J.Crawford 1967:216)

Exkurs: Das Nkasa der Kongo

Yakobi Munzele schreibt

> 'Nkasa' sollte eine Gefahr abwenden, die alle Clans bedrohte: die Hexe und ihr 'kundu'. Die Ältesten definierten diese Begriffe folgendermaßen: 'Kindoki' verhext (loka) die Leute und 'kundu' greift den Clan an. Die Leute glaubten, daß 'kundu' Tod über ihr Land brachte. Also fanden sie heraus, wer in ihrem Clan 'kundu' hatte. Sie glaubten, daß jeder, der 'kundu' hatte, auch ein Menschenfresser sei, d.h. daß er innerlich Schaden verursachte. Man glaubte, 'kundu' werde in einer Art Sack aufbewahrt und im Körper der Hexe getragen. Man konnte 'kundu' nur auf eine Art aus dem Sack herausbekommen, indem man das 'nkasa' trank. Der Sack explodierte und das 'kundu' kam heraus, sodaß der Hexer starb. Man gab einer Person, die der Hexerei verdächtig war, ein Messer, mit dem sie beide Seiten ihres Körpers berühren und sagen sollte: "Wenn ich Magie gemacht habe, soll der Tag, an dem ich sie machte, mein letzter gewesen sein." Nachdem sie das drei Mal gesagt hatte, strich sie sich drei Mal kurz an und warf das Messer von sich. Alle, die das 'nkasa' machen werden, sagen drei Mal: "Wenn ich jemandem die Haut abgezogen habe, soll das Gift gewinnen! Wenn nicht, soll das Gift verlieren!" Jedes Mal fällt ein Stück der Rinde, mit der das Ordal gemacht werden sollte, herunter. Fällt es drei Mal mit der Innenseite nach oben, so kann der Betreffende den Test nicht überstehen. Wenn das Ergebnis gemischt ist, wird er den Test gewinnen, aber mit Schwierigkeiten. Alle, die getrunken haben, müssen einen ganzen Tag lang tanzen, bis abends die Schnüre und Abwehrmittel, mit denen sie behängt wurden, entfernt werden. Wenn kein 'Schmutz' (Durchfall) zu sehen ist, gratuliert man der Person, denn sie hat gewonnen! Nach dem Tanz würde sie 'das Schwein der Reinigung' vom Ankläger fordern. Schande und Leiden erwarteten diejenigen, die den Test nicht bestanden. Wenn ein Mann am Gift starb und es niemanden gab, der stark genug war, ihn aufzuheben und zu begraben, wurde er an Ort und Stelle verbrannt. Diese Leute wurden nicht auf dem Friedhof begraben. Wenn jemand 'nkasa' ausschied und keinen Fürsprecher hatte, wurde er auf den Kopf geschlagen und lebend verbrannt oder an einem Baum erhängt. (Yakobi Munzele zit.n. J.Janzen/W.Mac Gaffey 1974:44/45)

Wer sich weigerte, das 'nkasa' einzunehmen, konnte auf der Stelle erschossen werden.[113] Es konnte auch heimlich verabreicht werden, indem ein wenig davon in eine Tasse mit Palmwein gegeben wurde. Wer 'kundu' in der Kehle besaß, eine sogenannte 'Barriere', der erlag dem 'nkasa' sofort.[114] 'Makundu' in der Nase fällte den Betreffenden schon beim bloßen Geruch von 'nkasa'.

Eine strenge Kontrolle lag über der ganzen Prozedur.[115] Gesänge wurden angestimmt, um die Hexer und anderen bösen Wesen, die 'nkisi' oder die 'nganga' davon abzuhalten, ihre magischen Kräfte zu gebrauchen oder dem Verdächtigen Abführmittel zu reichen. Der 'nganga nkasa' schwor beim großen 'nkisi' einen Eid und versprach nicht einzugreifen. Dann bat er die 'nkisi' den Verdächtigen zu bewachen, damit weder Hexen, noch andere 'nkisi', noch sonst jemand ihn verhexen konnte. Als der 'nganga' das 'sidika nkasa' machte, d.h. rituelle Maßnahmen zum Schutz gegen äußere Einflüsse ergriff, kamen alle Leute um seine Taten zu sehen. Die Zuschauer sammelten einige Bündel Feuerholz. Der 'nganga' nahm einen Stock aus jedem Bündel und band sie zusammen. Dann nahm er 'nsonya'-Gras und brachte es mit dem Holz auf den Feuerplatz. Er bereitete die 'nkisi'-Medizin, spuckte darauf und ließ sich Wasser geben, um die Ingredienzen zu mischen. Er rieb sich damit den Körper, das Haar und den Lendenschurz ein, denn die Medizin sollte ihn gegen die Macht des Feuers schützen. Der 'nganga' orderte trockenes Gras, zündete es an und zeigte damit drei oder vier Mal gen Himmel. Er zündete das Holz mit dem brennenden Gras an und sang

> Schlag zu, nkisi, setze frei...Ihr, die ihr die Hacke schwingt (Frauen, Anm. Laman); ihr, die ihr das Messer schwingt, um den Palmwein anzuzapfen (Männer). Soll ich dieses Lied alleine singen? Oh, Mama, sie brennt heiß kingundunga (eine Drüse, die dem kundu ähnelt, Anm. Laman). Oh, Mama, bring das Feuer kingundunga. (K.E.Laman 1962, III: 226)

Als er durch das Feuer ging, umgaben ihn die Flammen vollständig und doch verbrannte er sich nicht, denn er hatte sich mit der Medizin eingerieben, die ihn gegen die Macht des Feuers beschützen sollten. Anschließend ging er zu einer Straßenkreuzung, nahm von der Erde, tat sich davon auf die Zunge und stellte sie wieder her. Er nahm Palmwein und sang

> Auf der großen Straße gingst du nicht lang, nicht wahr? Als ich sagte: Herunterschlucken Schlucktest du nicht herunter, nicht wahr? Als ich sagte: Entleere
> Entleertest du nicht, nicht wahr? (K.E.Laman 1962, III:227)

Unterdessen wurde der Beschuldigte, der das 'nkasa' einnehmen sollte, unter Aufsicht gestellt. Manchmal blieb er drei Tage hintereinander ohne zu essen und zu trinken. Der 'nganga nkasa' setzte ihn dann auf den 'nkasa'-Stein, auf dem die 'nkasa'-Rinde zermahlen wurde. Der Stein wurde dadurch geweiht, daß ein Kreis mit weißer Kreide und gelbem Ocker um ihn herum gezeichnet wurde. Alle, die die Rinde geholt hatten und dann auch die Rinde selbst, wurden geweiht und immun gemacht gegen alle unzulässigen Beeinflussungen durch die 'ndoki', die 'nkisi' oder die Leute. In manchen Gegenden kniete der Verdächtige neben dem Stein, als die Rinde zermahlen wurde. Der 'nganga' fragte: 'Wirst du essen?' Der Verdächtige sagte: "Oh, ich werde nicht essen!" Der 'nganga' warf das 'nkasa' weg, nahm eine neue Rinde und fragte: "Wirst du essen?" Die Antwort lautete: "Ja, ich werde essen, ich werde mich nicht weigern." Drei Mal wiederholte er den Satz. Diejenigen, die das 'nkasa' trinken sollten, sagten

> Um des Kranken willen werde ich das nkasa trinken. Wenn ich von dem Verbrechen, dessen er mich beschuldigt, Wissen haben sollte, wenn tatsächlich ich es sein sollte, dann soll sich meine Blase entleeren und meine Exkremente ausgestoßen werden, wenn ich schlafe! Seit meiner Jugend bin ich so wie ich bin. Ich kenne nicht den Geschmack von Menschenfleisch. (K.E.Laman 1962, III:ebd.)

Der 'nganga nkasa' knetete das 'nkasa' in drei runde Kuchen und ließ den Probanten davon nehmen, der sie zusammen mit einer Brühe herunterspülte. Der 'nganga' begann mit den Invokationen

> Du hast eine Frau gegessen, du hast einen Mann gegessen. Deswegen, nkasa, sprenge den Felsen im Bauch, sprenge die Bergschluchten, mach ein Loch in das Faß!...Nkasa, leere, leere! Nimm das Herz fort, nimm es fort! Trenne den Lebensfaden, trenne ihn! (K.E. Laman 1962, III:ebd.)

Danach mußte der Probant draußen auf dem Platz tanzen, wo die Leute zusammen gelaufen waren, um das Ganze zu beobachten. Der 'nganga' ermahnte ihn zu gestehen, ob er als 'ndoki' initiiert worden war und beschwor auch einige unbelebte Objekte, kundzutun, wo die 'kundu'-Drüsen versteckt waren, damit das 'nkasa' überall hingelangen konnte. Tat er das nicht, wurde der Verdächtige freigesprochen. Der 'nganga' versuchte das Versteck der 'kundu'-Drüse, den Sitz des 'kindoki', ausfindig zu machen. In seinen Liedern zählte er alle Arten von Tieren, Pflanzen, Wasserstellen und Schluchten auf, wo das 'kundu' versteckt worden sein konnte. Während dieser Zeremonie, begleitet von Singen, wurde der Verdächtige auf Zeichen der Schuld hin beobachtet, z.B. ob er sich entleerte oder plötzlich zu Boden fiel. Das passierte, wenn der 'nganga' herausfand, wo das 'kundu' versteckt worden war. Man glaubte, daß die 'ndoki' ihre magischen Drüsen an diesen Orten versteckten, gefährlichen Orten, wo gewöhnliche Leute nicht wagten, hinzugehen. Nachdem der 'nganga' diese Orte mehrmals benannt hatte, ohne daß der Probant umfiel oder sich entleerte, war er unschuldig und wurde freigelassen. Wenn er das 'nkasa' einnahm, gab man ihm ein Tuch, das er sich um die Lenden band und mit dem er sich den Mund wischen konnte, wenn er sich übergab. Wenn das 'nkasa' einen Klumpen im Bauch bildete, wurde ein Lied gesungen, damit der Verdächtige sich nicht erbrach oder sich entleerte. Eine Reihe von Objekten - Messer, Nadeln, Töpfe, Löffel, Teller - wurden aufgezählt, um herauszufinden, ob der Proband ohne zu stammeln und zu flüstern "Nein" sagen konnte, denn dann war er kein Hexer. Der Verdächtige tanzte und wirbelte unaufhörlich umher. Er bekam noch einige Becher. Er trank und hüpfte, bis die Dunkelheit hereinbrach. Seine Freunde ermahnten ihn, auf sein Hinterteil zu achten

> Bleib stark! Zieh den Hintern zusammen! Wenn du merkst, es kommt, gib nicht nach, sonst leert sich dein Darm. (K.E.Laman 1967, III:229)

Seine Verwandten paßten auf, daß niemand von den Anwesenden ihm einen bösen Streich spielte. Wenn sie ihn haßten, gossen sie Wasser auf die Stelle, wo er saß und behaupteten, er habe seine Blase entleert. Wenn er weder seine Blase noch seinen Darm vor dem nächsten Morgen entleerte, war er unschuldig. Der 'nganga' rieb ihn mit Kreide ein und er wurde für unschuldig erklärt. Salven wurden abgefeuert und seine Verwandten freuten sich. Nachdem er mit Kreide eingerieben worden war, konnte er seinen Darm und seine Blase entleeren. Wenn er dann drei Mal zur Sonne bei ihrem höchsten Stand aufschaute, aber beim vierten Mal auf den Boden fiel, war er schuldig. Wenn er bis zum Sonnenuntergang nicht starb, hatte er den Test bestanden. Ein Sklave oder Schweine mußten als Entschädigung gezahlt werden. Er bekam zu Essen und zu Trinken. Die Haare wurden ihm geschoren und er wurde geehrt und gepriesen. Laute Freudenschreie waren zu vernehmen. Wenn jemand am 'nkasa' starb, trauerten die Leute nicht, denn es war nur gut, wenn ein Kannibale starb. Die Mitglieder seiner 'kanda' (Clansektion) schoben eine frische Palmnuß in seinen Anus und rieben sich dann mit Nüssen ein. In alten Zeiten konnte ein Hexer einen 'nganga' konsultieren, der verhinderte, daß das 'nkasa' wirkte. In manchen Gegenden konnte ein 'ndoki' auch freigekauft werden, wenn es sich um eine geachtete Person handelte. Dann suchte man nach einem anderen 'ndoki', der seinen Platz einnehmen sollte. Wenn jemand sich entleerte, bevor die Sonne im Zenit stand, wurde er in Gewahrsam genommen, denn er war ein 'ndoki'. Seine Verwandten waren wütend und seine Schwager wollten ihn auf der Stelle töten. In einigen Gegenden wurde zur Durchführung des 'nkasa' ein Haus gebaut. Der Beschuldigte mußte einen Hügel hinauf- und hinablaufen, während die Leute sangen. 'Mbundu' wurde ihm verabreicht. 'Mbundu' war ein Gift, das denjenigen, der es trank und der 'kundu' hatte, zu Boden warf und seinen Körper zerbersten ließ als ob er von einem Messer aufgeschlitzt worden wäre. Der 'ndoki' wurde folgendermaßen angesprochen

> Gestehe! Hast du nicht den Uninitiierten auf deinem Schlaflager gegessen? Oh, Mbundu, foltere, foltere! (K.E.Laman 1962, III:230)

Danach sangen sie

Oh, peinige, peinige, Vater Mbundu! (K.E.Laman 1962, III:ebd.)

Nachdem der Verdächtige das 'nkasa' eingenommen hatte, suchte es nach dem 'kundu'. Das 'kundu' verschloß den Mund, sodaß der 'ndoki' nicht erbrach. Wenn der 'ndoki' schließlich doch erbrach, hatte das 'nkasa' den Mund des 'kundu' so gebunden, daß es niemals mehr nach Menschenfleisch lechzte. Er wurde eine normale Person ohne 'kundu'. Die Entschädigungszahlung für eine falsche Beschuldigung bestand aus Körben, zwei Längen Stoff, um den Schweiß wegzuwischen, zehn Hennen, um das Keuchen zu vermindern und Palmwein. Es kam auch vor, daß nachsichtige Leute versuchten, das Leben eines 'ndoki' zu retten, indem sie ihm Medizinen gaben, die seine Benommenheit lindern sollten. Kam das 'nkasa' aus dem Mund heraus, war die 'kundu'-Drüse schon geplatzt. Wenn das Leben eines 'ndoki' so gerettet wurde, heilte er die Drüse, indem er wieder jemanden fraß und deswegen konnte man es nicht zulassen, daß er lebte.

Auf Hexerei stand bei den Kongo die Todesstrafe. Ein Hexer konnte weder gemaßregelt noch belehrt werden. Ermahnungen schenkte er kein Gehör. Ein 'ndoki', der angeklagt wurde, gab niemals zu, daß er Menschenfleisch gegessen oder wen er gefressen hatte. Die Verwandten desjenigen, der gefressen wurde, konnten nach einem Ladestock greifen und dem Hexer die Augen ausstechen, seine Glieder brechen, Schwarzpulver in Augen und Ohren zur Explosion bringen und ihm ein Messer in den Bauch stoßen, um zu sehen, wo das 'kundu' sich befand. Den 'ndoki' wurden Arme und Beine abgehackt. Sie konnten am Straßenrand hingerichtet werden als Warnung für andere 'ndoki', denn so zu sterben war ein schimpflicher Tod. Hexen und Hexer wurden geköpft oder erschossen. Sie wurden seziert, um festzustellen, wo ihr 'kundu' sich befand. Einige wurden stranguliert und am Wegrand aufgehängt, andere wieder wurden wie Schweine erschlagen. Wenn ein 'ndoki' getötet wurde, zogen ihn seine Richter über den Boden und folterten ihn als Warnung für andere Leute. Es konnte auch passieren, daß ein 'ndoki' Zeichen von Reue zeigte. Die Leute wollten dann nicht, daß er starb. Sie gingen mit ihm zu einem 'nhingu nganga', der ihm von seinem 'nkisi Nhingu' aus einer Muschel zu trinken gab. Sie schnitten ihm das Haar, kratzten seine Haut, bis er blutete und rieben seinen Körper mit Schwarzpulver ein. Danach erholte er sich. Er hatte seine Strafe und konnte nicht länger Leute fressen. Wenn ein Mann bei den Nyakyusa früher der Hexerei überführt worden war, aber es nicht zugab, zwang man ihn aus dem Dorf wegzuziehen und oft sogar das Häuptlingstum zu verlassen.[116] Vieh und Ernte wurden, ohne Entschädigung an die Verwandten zu zahlen, vom Häuptling beschlagnahmt oder die Verwandten selbst warfen ihn hinaus. Hexen wurden geschieden, selten wurden sie getötet. Unter britischer Besatzung durfte Eigentum wegen Hexerei nicht mehr beschlagnahmt werden und Hexerei wurde als Scheidungsgrund nicht anerkannt. Bei den Lovedu wurden Hexer und Hexen verbannt.[117] Die Strafe für Zauberei war in der Vergangenheit Folter und Tod durch Pfählen. Wer einmal der Hexerei bezichtigt wurde, blieb nicht mehr derselbe. E.Krige berichtete, wie sich ein als Hexer beschuldigter Mann von einem fröhlichen Menschen in einen ganz und gar reservierten wandelte und schließlich den Ort verließ, um sich woanders niederzulassen.

Manche Opfer greifen die Hexer an und brennen ihr Haus nieder.[118] Sie taten dies bei den Nyoro nur in Fällen bekannter und habitueller Zauberer. Wer durch das Ordal überführt wurde, galt auch in Ukaguru als Hexe(r).[119]

Ein schuldig gesprochener Hexer wurde in den Busch gebracht und erschlagen. Seinen Kadaver überließ man den Geiern. Wenn der Angeklagte jedoch unschuldig war, mußte der Ankläger eine empfindliche Strafe an den Angeklagten und seine matrilinearen Verwandten bezahlen. Bei den Mandari wurde Hexern die Kehle durchgeschnitten.[120] Der Leichnam wurde in einen nicht mehr gebrauchten Termitenhügel getan oder in der Wildnis verscharrt. Hexen wurden davongejagt, ihr Haus wurde in Brand gesetzt, ihr Eigentum zerstört.[121] Die Zunge wurde herausgezogen und mit einem Dorn oder Stock am Kinn festgesteckt, damit sie ihren Mörder nicht verfluchen konnte. Sie wurden gepfählt. Die Agnaten übten keine Vergeltung und forderten kein Blutgeld. 1949 wurden in Mandari zwei junge Männer wegen Mordes verurteilt, weil sie einen alten Mann getötet und ihm Nägel in den Kopf geschlagen hatten, der als Hexer überführt worden war. Wenn ein Hexer nicht getötet wurde, so hatte er hohe Entschädigung an sein Opfer zu zahlen.

Bei den Gusii war Entschädigung für eine getötete Hexe kaum zu bekommen.[122] Verwandte, insbesondere Söhne einer Hexe, die erschlagen werden sollte, versuchten sie zu retten und griffen nach ihren Waffen. Bei den Lugbara wurde eine Nachthexe früher mit dem Speer niedergestochen.[123] Wenn der Tod sich nahe ihres Hauses ereignete, übten ihre Verwandten Vergeltung.

Medizinen

Gegen die Aktivität von Hexern und Zauberern kann man sich durch eine ganze Palette ausgesuchter magischer Medizinen schützen, die eingenommen oder eingerieben und von einem Doktor oder Medizinmann erworben werden, der ein Spezialist ist für die Herstellung protektiver Medizinen. Die Medizinen basierten auf der Homöopathie, d.h. Gleiches sollte Gleiches bewirken. Dabei wird eine Ähnlichkeit zwischen den Eigenschaften der verwendeten Substanzen und dem gewünschten Resultat unterstellt. Beispielsweise wird üppig blühendes Gras für Medizinen verwandt, die die Fruchtbarkeit erhöhen sollen. Die Medizinen werden nach dem Zweck unterschieden, den sie erreichen sollen und danach richtet sich auch ihre Zusammensetzung. Die legitime weiße und protektive Magie soll die Wirkung eines Zaubers aufheben.

Die Zusammensetzung der legitimen weißen Medizinen unterscheidet sich vom illegitimen Schwarzzauber, bei dem Körpersubstanzen Verwendung finden (Haare, Fußnägel), die das Opfer 'pars pro toto' repräsentieren.

Die Azande verwendeten bei der legitimen Vergeltungsmagie ebenfalls Körpersubstanzen.[124] Bei den Azande durfte man Vergeltungsmagie nur besitzen, wenn der König die Vergeltung durch ein Urteil erlaubt hatte. Die Azande unterschieden noch andere legitime Medizinen, die nicht der Abwehr von Hexerei und Zauberei dienten, sondern Naturphänomene beeinflussen sollten, wie Regen und Sonnenschein oder Medizinen, die in Zusammenhang mit Jagd, Fischfang und Sammeln verwendet wurden und Medizinen für handwerkliche Tätigkeiten wie Töpferei, Eisenarbeiten und Bierbrauen. Sie besaßen Medizinen für Kriegsglück, Tanz und Gesang. Einige Medizinen waren mit sozialen Tätigkeiten verbunden und dienten dazu, Anhänger zu gewinnen, Glück in der Liebe oder Reichtum zu erhalten und um gesund zu bleiben. Medizinen sollten auch für Sicherheit auf Reisen garantieren und wurden gegen Diebstahl und Ehebruch eingesetzt. Verwendung fanden Wurzeln und Blätter von Pflanzen und Bäumen, das Holz oder die Rinde bestimmter Bäume, Baum- oder Pflanzenparasiten. Die Medizinen wurden zerstampft, verbrannt und gekocht. Sie wurden mit Öl gemischt und mit Wasser und bekamen dann zusammen mit einem Zauberspruch einen Auftrag. Sie wurden eingenommen und eingerieben.

Schutzmedizinen, die zur Abwehr von Hexerei und Zauberei eingesetzt werden, müssen stärker sein als die der Angreifer. Bei den Nyoro werden sie im Hof des Kunden gepflanzt.[125] Dazu gehören auch Schädel geopferter Tiere. Diese Maßnahmen sollen die von den Zauberern ausgelegten Hörner von der Rückkehr abhalten und zukünftige Angriffe abwehren. Wenn solche Hörner nachts gefunden werden, muß der Betreffende ein Fest geben. Ein Feuer wird mit einem speziellen Holz entfacht, das eine sehr helle Flamme macht. Der Wahrsager-Doktor, sein Assistent, der Patient und andere Mitglieder seines Haushaltes setzen sich um das Feuer. Sie schütteln rhythmisch ihre Rasseln, die aus Flaschenkürbissen bestehen, in die die trockenen Samen einer wilden

Lilienart gelegt wurden. Die Rasseln induzieren dissoziative Zustände während der Seancen. Der Wahrsager kann sein eigenes magisches Horn mitbringen und den Patienten halten lassen. Nach einiger Zeit beginnt dieser zu zittern und schreit jämmerlich. Das Horn, das gesucht wird, ruft: "Hilfe! Hilfe!" Der Wahrsager sagt: "Hab keine Angst...Wo bist du? Wer ließ dich zurück? Ein Mann oder eine Frau?" Dann beginnt das Horn zum Wahrsager zu sprechen und erzählt von wem es beauftragt wurde, den Patienten zu töten. Es sagt, was es verlangt (ein schwarzes Huhn, eine Eidechse, ein Chamäleon), damit es den Patienten in Ruhe läßt. Der Wahrsager sucht nach den Dingen, die das Horn verlangt hat, bindet sie zusammen und legt sie neben das Bett des Patienten. Er ruft nach dem Horn, nimmt es auf, trägt es einen langen unwegsamen Pfad in die Wildnis und schaut dabei nicht zurück. Dort wird es an einen Baum gelegt und aufgefordert, nicht wiederzukommen. Die Hörner können auch verbrannt werden, in einen Fluß geworfen oder in einen Termitenhügel gesteckt werden. Ein Ziegenopfer oder das Opfer eines Huhnes ist manchmal notwendig, damit es nicht länger feindselig ist. Man kann es auch gegen den Zauberer wenden, der es geschickt hat.

Oft wird Gegenmagie von einem Doktor gekauft.[126] Um Hexerei und Zauberei unwirksam zu machen, rät der Doktor seinem Kunden, dem Verwandten oder Schwiegerverwandten ein Versöhnungsgeschenk zu machen, dessen Ärger er verursacht hat.[127]

Das Ritual der Versöhnung besteht aus dem Teilen eines Mahles und dem Trinken von Bier. Schutz gegen Angriffe durch bereits verstorbene Zauberer bietet bei den Yakö das laute Ausrufen des Namens einer kranken Person, kurz bevor der Zauberer mit ihrer Seele das Reich der Toten erreicht,[128] und auch so einfache Mittel helfen wie das Aushängen der Tür über Nacht, die gegen den Rahmen gelehnt wird und nach innen fällt, sobald die Hexe kommt, die dann verprügelt wird.[129]

Schutzzauber dient dazu, die eigene Person und das Eigentum zu schützen.[130] Eine magisch behandelte Wurzel wird auf ein Halsband aufgezogen und dann von einer schwangeren Frau oder einem Baby als Amulett gegen die Angriffe der Hexen getragen. Ein Horn, das verbrannte Medizin enthält, um die Geister vom Betreten des Hauses abzuhalten, wird in der Nähe des Kopfes der kranken Person plaziert, um Verhexung zu verhindern. Auch ein Schildkrötpanzer läßt sich für diesen Zweck gebrauchen. Eine magisch behandelte Kürbisflasche wird auf die Türschwelle getan und ein Stück Holzkohle darauf gelegt, um die Nachtruhe der Bewohner nicht zu stören. Anstelle der Kürbisflasche mit dem Holzkohlestück werden auch die Zähne der Puffotter in einem präparierten Horn aufgestellt, damit sie die marodierenden Geister beißen. Der Patient erhält einen Schädel oder andere Teile des menschlichen Körpers als protektiven Zauber oder er bekommt Nadeln, die in seinen Körper hineingesteckt werden, um ihn in Zukunft zu schützen.

Einige Medizinen schützen und strafen zugleich. Unsichtbare Waffen fliegen durch den Äther, kehren aber, zusammen mit den unsichtbaren Waffen des Gegners zum Absender zurück, wenn sie abgewehrt werden. Der Zauberer und Doktor gebraucht dienstbare Geister, die die bösen Geister, die einen Patienten belästigen, entfernen. Sie riechen die Hexer aus und zerstören sie. Wenn ein Mensch einen scharfen Schmerz, begleitet von Krankheit spürt, wird bei den Rotse in Sambia 'siposo', ein tödlicher Zauber, der von ferne wirkt, angewandt.[131] Mit einem Horn wird der Schmerz herausgezogen. Der Spezialist, der 'siposo' behandelt, findet manchmal eine Perle oder ein Stück Stein im Blut. Unsichtbare Nadeln, Nägel oder Fliegen können als 'siposo' dienen und als protektive Maßnahme werden sie vom Doktor in den Körper des Opfers oder der Person eingeführt, die Schutz braucht. Grammophonnadeln, halbe Nähnadeln, Nägel, Drahtstücke, die aber vorher behandelt werden müssen, sind bei Röntgenaufnahmen im Körper gefunden worden. Menschliche Gliederknochen, bei denen das Gelenkstück entfernt wurde, werden als Gewehre gebraucht.[132] Manchmal wird der Knochen auf einen Stock aufmontiert oder das Gewehr wird aus einem Stück Holz geschnitzt. Es wird aus den Tragen einer Totenbahre hergestellt oder aus den Beinknochen eines Marabu. Ein moderner Typ von 'kaliloze'-Gewehr hat ein Stück Gasleitung als Gewehrlauf. Das Ganze wird mit Schnüren und Drähten an einem hölzernen Kolben befestigt. Bohnenförmige Samen werden in das Bienenwachs gedrückt. Sie sind von hellroter und schwarzer Farbe und enthalten sehr giftige Stoffe, wie Albumine und Abrin. Als Dekoration an einem Objekt gefunden, bedeuten sie Hexerei und Zauberei. Das Gewehr lädt man mit behandeltem Schießpulver aus Fingerknochen und Wurzelstücken oder einem Stoffstück von der Kleidung des Verdächtigen. In den modernen 'kaliloze'-Gewehren werden Drähte oder Fragmente von Kupfer und anderen Metallen verwendet. Manche Rotse sind der Meinung, 'kaliloze'-Gewehre wirkten nur auf die nächste Nähe. Andere sagen, man brauche nicht einmal den Namen des Hexers zu kennen. Doktoren mit den 'kaliloze'-Gewehren feuern es gegen die Sonne, denn sie meinen, die Geschosse werden so in die richtige Bahn gelenkt und treffen, wer immer es ist und wo immer er sich aufhält oder sie sind der Meinung, daß die Hexen sich am frühen Morgen unter der Sonne versammeln. 'Kaliloze'-Gewehre können nicht von Laien benützt werden, sondern nur von initiierten Doktoren und Schützen.[133]

Eine andere Art von Schutzzauber ist der 'sikuyeti'-Zauber, der normalerweise aus zwei, drei oder vier zugespitzten Stöcken besteht, die innen ausgehölt sind und Antilopenhörnern gleichen. Wenn jemand sich vor Hexerei schützen will, erwirbt er die Stöcke oder stellt den 'sikuyeti'-Doktor an, der insgeheim Holzkohle oder Gras vom Dach eines jeden Hauses sammelt, wo der Hexer vermutet wird. Der Doktor nimmt die Zaubermittel, das Gras, die Kohle und ein Stück von der Kleidung des Verstorbenen und geht damit in den Busch. Er legt zwei oder drei Stöcke auf den Boden, nimmt einen Stock und das Kleidungsstück auf und ruft den Geist des Verstorbenen um Vergeltung an. Dann bläst er auf seiner magischen Pfeife und legt alles zusammen. Der Geist des toten Menschen soll sich am Hexer, der seinen Tod verursacht hat, rächen.

Vergeltungsmagie schadet nur dem Übeltäter,[134] dem Dieb oder Ehebrecher. Wenn ein Mann einer Frau Medizin gegen Ehebruch gibt, fängt sich jeder Liebhaber, der mit ihr schläft, eine Krankheit ein und wird sie an andere Frauen weitergeben. Geschlechtskrankheiten werden dieser Medizin zugeschrieben. Medizinen werden auch in Häuser und Felder getan, um Dieben von Lebensmitteln geschwollene Genitalien, Jucken oder Verrutschen der Kniescheibe zu verpassen. Manche Medizin läßt den Felddieb die ganze Nacht umherirren, bis er entdeckt wird und seine Schuld gesteht. Vergeltungsmagie in Form von Hörnern wendet sich gegen den Absender, wenn der Adressat unschuldig ist. Wenn das Horn einem Unschuldigen hingelegt wird, schreit es: "Warum bin ich hier?"[135]

Zauberei, Vergeltungsmagie und Schutzmedizin operieren bei den Nyakyusa innerhalb und außerhalb der Dorfgrenzen und des Häuptlingstums.[136] Protektive Medizin und Vergeltungsmagie wird hauptsächlich von Familien und Individuen gegen Verwandtschaftsgruppen, Mitglieder einer agnatischen Lineage, ihre Ehepartner, Kinder und Töchter und nicht gegen Lokalgruppen gebraucht.

Die magischen Gewehre der Kongo werden hinter dem Haus, an einer Seitenwand, auf dem Vorbau oder vor der Tür aufgestellt.[137] Sie bestehen aus hohen Grashalmen, die mit Schießpulver, kleinen Steinen und 'nkisi'-Medizin gefüllt sind. Eier, die geladen sind, werden im Boden versteckt, damit die 'ndoki' sie nicht sehen können. Wenn ein 'ndoki' sich vorbeugt, um die Tür zu öffnen, explodieren die Eier und treffen ihn ins Gesicht. Er bricht vor der Tür zusammen. Der Hauseigentümer sagt sofort: "Bindet die Arme, fesselt den Hexer." Wenn am nächsten Tag jemand krank wird, wissen sie, daß er jemanden fressen wollte. Wenn die 'ndoki' ins Haus eindringen wollen, dann gehen die Gewehre los. Sobald sie getroffen worden sind, werden sie krank und sterben nach einiger Zeit. Manchmal werden die magischen Gewehre auch an

Kreuzungen und an die Ecken des Bettes gestellt. Gewehre mit den Blättern eines bestimmten Baumes werden neben der Straße aufgestellt. Wenn ein 'ndoki' vorbeikommt, fällt er um und verliert seine Macht, die Leute zu verführen. Wenn jemand durch einen Hexer krank wird, rufen die Leute den großen 'nkisi Nkosi' an. Die 'ndoki' bekommen Angst, denn sie wissen, daß der 'Nkosi' mächtig genug ist, einen 'ndoki' zu entdecken und zu Tode zu foltern. Deshalb lassen die Hexen die Leidenden in Ruhe und sie können sich erholen.

Medizin wird auch auf die Straße um das Dorf gegeben, damit die 'bakisi' den Hexer verfolgen und ihm schaden können. Konda Jean sagt

> Wahrsagerei wird mit der Klasse von nkisi gemacht, die vom Nkosi-Typus sind (kosa = zerschmettern), um sich am Übeltäter zu rächen. Wenn die Hexen sehen, daß ein solcher nkisi mobilisiert wurde, lassen sie den Gebrechlichen in Ruhe. Jede Hexe, die trotzdem weitermacht, wird vom Nkosi bei der Divination herausgefunden und der tödliche Fluch tut seine Wirkung. Der nganga vergräbt die nkisi-Medizin am Eingang zum Dorf. Wenn eine Hexe darübergeht, verfolgt sie der nkisi, aber wenn eine unschuldige Person darübergeht, wird der nkisi sie nicht verfolgen. (Jean Konda zit.n. J.Janzen/ W.Mac Gaffey 1974:45).

IV. Hexenverfolgung in Afrika

Antihexereibewegungen in Ost- und Zentralafrika

Cikanga und Kamcape (Tanzania)

1964 machte in Südwest-Tanzania eine Bewegung von sich reden, die sich den Kampf gegen Hexerei und Zauberei zum Ziel gesetzt hatte. Die Bewegung hieß 'Kamcape'. Mitglieder dieser Bewegung zogen von Dorf zu Dorf und verabreichten Medizinen, die sie von einem berühmten Wahrsager erworben hatten.[1] Der Wahrsager war ein Mann namens Lighton Chunda, genannt 'Cikanga', 'der Mutige', ein Henga aus dem Rumpi-Distrikt im Norden von Malawi. Er wirkte von 1956 bis 1964 hauptsächlich unter den Hehe in Tanzania. Lighton Chunda war Mitglied der Church of Central Africa Presbyterian und mit sieben Jahren Grundschule ein recht gebildeter Mann. Seine Berufung zum Heiler und Wahrsager erfuhr er durch eine Krankheit. Er war nach Südafrika zur Wanderarbeit aufgebrochen, wurde nach einem Streit mit seinem Bruder krank und widmete sich nach seiner Gesundung der Heilung eben jener Krankheit, die ihn selbst befallen hatte. Wundersame Geschichten rankten sich um seine Person. Es hieß, er sei gestorben, dann begraben worden und wieder auferstanden von den Toten. Von Gott habe er den Auftrag erhalten, Afrika von der Hexereiplage zu befreien. Dies genügte, um ihn aus der presbyterianischen Kirche auszuschließen. Ab 1960 strömten täglich Hunderte von Menschen zu ihm, um sich von ihm behandeln zu lassen. Ein Busverkehr wurde eingerichtet, sehr zum Mißfallen der Kolonialbehörden, die Aufruhr und Epidemien befürchteten und sehr zum Ärger auch der presbyterianischen Kirche, die Lighton Chunda bereits aus ihrer Mitte ausgeschlossen hatte. Auf ihren Druck hin wurde Cikanga von der Regierung Hasting Bandas 1967 unter Hausarrest gestellt und aufgefordert, seine Aktivitäten einzustellen. Die Heilung Suchenden warteten, vor Ort angekommen, tagelang geduldig auf einen Behandlungstermin bei Cikanga. Die Leute schliefen auf dem Boden und kochten sich selbst ihr mitgebrachtes Essen. Ein Angestellter Cikangas notierte den Namen der Lineageältesten und des Häuptlings des Dorfes, aus dem der Ratsuchende stammte. Zweimal am Tag blies er die Trillerpfeife, gab Termine bekannt und forderte nach Einbruch der Dunkelheit die Versammelten auf, die Fackeln anzuzünden und Blätter zu nehmen, denn Cikanga arbeitete vorwiegend nachts bei Fackellicht. Ein Hehe, der sich von Cikanga behandeln ließ, beschrieb dem Anthropologen Alison Redmayne, was sich bei den Sitzungen ereignete. Er wollte wegen eines Bruchs nach Dar es Salaam, um sich dort im Krankenhaus operieren zu lassen, entschied sich dann aber darauf zu verzichten, um bei Cikanga zu erfahren, was die Ursache seiner Krankheit war. Früh am Morgen nahm er den Bus zusammen mit einem Verwandten, der auch zu Cikanga wollte. Sie reisten drei Tage bis sie in Cikangas Dorf ankamen. Dort reihten sie sich in eine der fünf Reihen Wartender ein. In einer weiteren Doppelreihe standen diejenigen, die ihre schädlichen Taten gestanden hatten, zusammen mit jenen, denen sie Schaden zugefügt hatten. Als sie in die Hütte Cikangas eintraten, sahen sie einen unrasierten, ca. dreißigjährigen, europäisch gekleideten Mann. Hinter seiner Couch standen einige Personen, die tags zuvor gereinigt worden waren und sangen Lieder. Cikanga packte John und seinen Begleiter beim Hemdkragen und sagte zu einem von ihnen: "Du willst etwas über den Tod von jemandem wissen...Derjenige, der starb, ist nicht dein Verwandter, sondern das Kind deines Schwagers." Der Angesprochene stimmte zu. Cikanga fuhr fort: "Das Kind starb nicht durch Gottes Willen, sondern es wurde von jemandem getötet." "Wer hat es getötet?" wurde Cikanga gefragt. "Fundi Hassan mwa Kipala. Kennst du ihn?" "Ja." Dann nannte Cikanga noch einige andere Namen von Verstorbenen und John, der Angesprochene, fragte, warum dieser Zauberer alle seine Verwandten und Schwiegerverwandten getötet habe. Cikanga erklärte, daß er zwei Stück Vieh vom Schwager geliehen hatte und die Schwiegermutter Zeugin gewesen sei. Ihr Tod bedeutete, daß es keinen Zeugen mehr gab, der das Vieh hätte zurückfordern können. Dann kamen sie auf Johns Krankheit zu sprechen. Cikanga nannte noch einen Schwager, aber John verstand nicht, warum ihm dieser etwas getan haben sollte. Cikanga sagte, er wollte Johns Frauen. John verstand immer noch nicht, warum ausgerechnet er und seine Frauen. Cikanga fragte zurück: "Warum du nicht? Er tötete sogar seinen eigenen Bruder." John ging zu Cikangas Angestellten, um einige Briefe mitzunehmen, die die Zauberer aufforderten zu Cikanga zu kommen. Diese Briefe waren an die Dorfoberhäupter des Gebietes gerichtet, aus dem der Kunde kam und wurden öffentlich in den örtlichen Gerichten ausgehängt, damit die darin Genannten zu Cikanga gingen. John kam mit den Beschuldigten zu Cikanga zurück und kurze Zeit darauf ging es ihm besser.

Cikanga nahm kein Geld für seine Dienste und klagte auch niemanden der Hexerei an. Er verlangte nur, daß die Beschuldigten ihn aufsuchen sollten. Obwohl viele seiner Befürworter der Malawi Congress Party angehörten und gegen die Kolonialregierung kämpften, war Cikanga selbst eher unpolitisch. Seine Bewegung war weder antikolonial, noch antichristlich oder -kirchlich, noch war sie nativistisch. Sie kam aber in Konflikt mit Kirche und Staat, da sie die Realität von spirituellen Mächten behauptete, die das koloniale Christentum leugnete und die aus der Sicht der Kolonialmacht Aufruhr und Subversion förderten. Seine Behandlung bewirkte Katharsis bei seinen Kunden durch eine Art von Absolution, die er erteilte, indem er ihnen sagte, sie seien keine Hexer und durch die Einnahme seiner Medizinen geschützt vor weiteren hexerischen Angriffen und sie könnten auch selbst niemandem mehr Schaden zufügen. Körbeweise lieferten die Leute ihren Schadenszauber daraufhin bei ihm ab.

Anhänger von Cikanga gelangten nach Ufipa in Südwest-Tanzania, wo sie von Dorf zu Dorf zogen und gegen gute Bezahlung Vereinbarungen mit den Lineageältesten trafen, um eine Säuberungsaktion zu starten.[2] Die Polizei wurde 1963 auf Kamcape aufmerksam, als einmal ein alter Mann von Dorfmitgliedern krankenhausreif geschlagen wurde. Die polizeilichen Ermittlungen ergaben, daß eine Frau die Anführerin war und vier Männer die Tat ausführten. Alle Dorfmitglieder sollten Medizinen trinken und in Einschnitte auf der Stirn und an den Händen reiben, um sich auf diese Weise Immunität gegen Zauberei zu verschaffen und die Schuldigen festzustellen. Mehrere alte Männer wurden der Zauberei verdächtigt und sollten behandelt werden, einer jedoch weigerte sich, an der Prozedur teilzunehmen. Nach einer Hausdurchsuchung fand man mehrere Tierhörner, Kuhschwänze, Tierknochen und Schadenszauber im Dach seines Hauses versteckt. Ein Test, bei dem roter Rauch aus zwei Hörnern aufstieg, von der Art, wie Zauberer sie ihren Opfern schikken, um sie zu verletzen, ergab seine Schuld. Schließlich gestand der Alte seine Verbrechen und beschrieb, wie er heimlich Exkremente, Speichel und Urin des Getöteten zu sich genommen hatte und sie mit Medizinen mischte. "Daraufhin verprügelten wir ihn...", sagten die Kamcape-Anhänger bei ihrer Vernehmung. Im März 1964 besuchte der Anthropologe R.G.Willis einige andere Dörfer, in denen Kamcape-Mitglieder Säuberungen durchgeführt hatten. Dort wurden sieben alte Männer beschuldigt, Leute getötet und Vieh lahm gemacht zu haben. Sie hatten tödliche Medizinen aus den Fußabdrücken ihrer Opfer hergestellt. Die überführten Zauberer erhielten ein Kainsmal, das mit Messern und Rasierklingen in Form eines Doppelkreuzes auf die Stirn geschnitten wurde.

Das stereotype Bild des Zauberers bei den Fipa ist ein alter Mann, der nachts nackt durchs Dorf schleicht, in die Hütten seiner Opfer eindringt, Kopf- und Schamhaare seiner Opfer stiehlt, um damit tödliche Medizinen herzustellen. Oft hext seine Frau noch mit. Beide werden nackt vorgestellt, wobei die Frau ihren Mann verkehrt herum auf dem Rücken trägt und dabei seine Unterschenkel unter ihre Arme klemmt. Dieses Stereotyp des Zauberers als eines alten Mannes, läßt auf einen Generationskonflikt schließen. Junge Männer und junge Frauen waren in Ufipa besonders eifrige Anhänger von Kamcape. Alte Männer nahmen in der Ökonomie der Ufipa eine privilegierte Stellung ein. Land war in Ufipa hauptsächlich in ihren Händen konzentriert. Die jungen Männer mußten weitab von ihren Wohnstätten passendes Land suchen, um sich und ihre Familien ernähren zu können. Die Alten monopolisierten das Land und seine Erträge. Hinzu kamen einige demographische Faktoren wie Bevölkerungswachstum und Bevölkerungskonzentration in den wenigen ertragreichen Landstrichen. Schließlich hatte die Produktion für den Markt anstelle der Produktion für die Subsistenz die alten Regeln der Distribution zerstört, wodurch die Jungen ins Hintertreffen geraten waren. Hinzu kam eine Zerstörung der traditionalen politischen Institutionen. 1962 wurden die Häuptlinge aller rechtlichen und aller exekutiven Vollmachten beraubt. Die neu eingesetzten Verwaltungsbeamten hatten die Verantwortung für zwanzig und mehr Dörfer. Nur die unterste Ebene der traditionalen politischen Struktur blieb erhalten. Das Dorfoberhaupt wurde von den Lineageältesten gewählt. Die Häuptlinge büßten an politisch-rechtlicher Autonomie ein und konnten daher nicht mehr für einen Interessenausgleich im Dorf sorgen. Die Einrichtung von Dorfentwicklungskommitees, die von der Staatspartei TANU gefördert wurde und die Selbsthilfe durch Gemeinschaftsprojekte wie Straßenbau fördern sollten, entwickelten sich zu einer Nebenmacht und führten ebenfalls zu einer Erosion der Autorität der Alten. Die Konflikte, die daraus erstanden, konnten nicht mehr mit Mitteln der traditionalen politischen Autorität beigelegt werden, da den Häuptlingen die Exekutivvollmachten genommen worden waren. Die Alten, für das Wohlergehen der Dorfgemeinschaft verantwortlich, wurden nun für Spannungen verantwortlich gemacht, konnten sie aber nicht lösen. Gegen sie richteten sich in der Hauptsache die Aktivitäten von Kamcape. Konflikte, die den Verfall der Werte in interpersonalen Beziehungen betreffen, werden häufig im Idiom der Hexerei und Zauberei artikuliert. Die Anklagen betreffen hier also weniger persönliches Mißgeschick, sondern sie sind Ausdruck eines Gefühls allgemeiner sozialer Desintegration. Verschärft wurden die Probleme durch den Gegensatz von Traditionalisten, meist die privilegierten Ältesten, mit ihrer überwiegend dörflichen Orientierung und den Fortschrittlichen, meist rechtlosen Jüngeren, mit ihrer universelleren Ausrichtung, die auch das nationale Anliegen im Auge hatten und durch die Anhänger der TANU-Partei repräsentiert wurden. Die traditionale Religion, der Ahnenglaube, funktionierte nicht mehr als soziales Regulativ, das die Abstammungsgruppe als 'moral group' hätte zusammenschweißen können. Sozial integrative Institutionen der traditionalen Religion wie das öffentliche Geständnis mit dem Worfelgerät, bei dem Sand wie Hirse geworfen wurde, was einer symbolischen Reinigung des Schuldigen gleichkam, wurde nicht mehr praktiziert. Überdies verbot die Kolonialregierung in Ufipa das Giftordal 'umwaafi', das der Kontrolle von Hexerei diente. Zwar hatte der Glaube an den Schutz durch die Ahnengeister mit fortschreitenden Erfolgen der christlichen Mission nachgelassen, doch konnte man Gleiches nicht vom Glauben an Hexerei und Zauberei sagen. Vielleicht verstärkte sich die Furcht vor Hexerei und Zauberei sogar, weil die rechtlichen und rituellen Möglichkeiten dagegen vorzugehen, beschränkt wurden.

Bei seiner Feldforschung in den Jahren 1964-1970 in Upangwa (Südwest-Tanzania), stieß der Schweizer Ethnologe Hans Stirnimann auf einen anderen Schüler von Cikanga.[3] Krispo Mhakama war auf einer katholischen Missionsschule erzogen worden, wandte sich später aber einer protestantischen Missionskirche zu. Ähnlich wie bei seinem Lehrer Cikanga behauptete die Legende, daß er krank wurde, starb und wieder auferstand von den Toten. Ein Vetter Krispos, der mit ihm zur Wanderarbeit aufgebrochen war, kehrte nach dem Tode Krispos in die Heimat zurück und verlangte, daß seine Leiche ausgegraben werden sollte, weil Krispo mit einem Teil seiner Ersparnisse begraben worden war. Als die Leiche exhumiert wurde, war plötzlich ein seltsames Geräusch zu vernehmen. Krispo kroch aus dem Grab heraus und soll dabei gesagt haben: "Fürchtet euch nicht. Ich komme aus dem Totenreich und habe von den Vätern den Auftrag erhalten, das Land von Hexen, gefährlicher Magie und allen Krankheiten zu befreien." Nachdem Cikanga unter Hausarrest gestellt worden war, kehrte Krispo Mhakama in seine Heimat zurück, wo er 1967 zu praktizieren begann. Krispo wurde von einem Verwaltungsbeamten gerufen, um Ruhe und Frieden in ein Dorf zu bringen, in dem sich 1966 eine Serie nie aufgeklärter Giftmorde ereignet hatte, eine Pockenepidemie ausbrach, ein Hagelwetter die Ernte der Bauern zerstörte und Leoparden die Herden anfielen. 150 Personen waren wegen Hexerei und Zauberei angeklagt worden und einige von ihnen wurden 400 km weit deportiert. Zu jener Zeit wandten sich täglich 30 bis 40 Hilfesuchende an Krispo, unter ihnen auch Lehrer und Katecheten. Einige von ihnen glaubten sich schon seit Jahren von Dämonen durch Krankheiten verfolgt, andere ließen sich zeitweise zu heftigen Wutausbrüchen gegen Verwandte hinreißen oder waren von Rachegelüsten gegen ihre Verwandten geplagt. Manche kamen auch nur, weil sie Krispo unter Vorgabe angeblicher Diebstähle und Ehebrüche auf die Probe stellen wollten und andere, weil sie wissen wollten, ob sie tatsächlich von bösen Geistern besessen waren. Zu Beginn der Behandlung war ein öffentliches Bekenntnis vor der versammelten Verwandtschaft über geheimgebliebene Vergehen, Intrigen und

Mordversuche notwendig. Wer einen Angehörigen der Hexerei verdächtigte, wurde erst einmal geprüft, ob er nicht eine falsche Anklage aus eigensüchtigen Motiven vorbrachte. Wer überführt wurde, Medizinen gegen Verwandte gebraucht zu haben, mußte den Medizinsack bringen und Hörner, Säckchen, Kalebassen und Wurzelbündelchen abliefern. Krispo besprenkelte alles mit einer flüssigen Medizin und verbrannte den Haufen. Die Asche vermischte er mit seiner Medizin und rieb sie den Besessenen in kreuzförmige Hauteinschnitte auf Stirn, Wangen und Brust ein, wobei er die Dämonen - in Ki-Suahili 'majini' genannt - in arabischer Sprache, die den Pangwa unverständlich ist und vergleichbar mit dem Abrakadabra europäischer Zauberer, aufforderte, den Beschuldigten zu verlassen. Für die Behandlung nahm Krispo die ortsübliche Bezahlung von drei bis fünf Schillingen entgegen, die übrigens auch für Medizinen in den Missionskrankenhäusern bezahlt werden mußte. Hans Stirnimann gelang es, mit einem Tonband selbst einen Fall aufzuzeichnen, der von Krispo behandelt wurde. Es handelte sich dabei um einen fortschrittlichen Bauern, der von 40 Verwandten zur Untersuchung gebracht worden war. Schon früher war er vom Regionalkommissar verbannt worden, kehrte aber mit dem Hinweis zurück, daß seine Verbannung gegen das Gesetz gewesen sei. Dieser Bauer war allem Modernen sehr aufgeschlossen. Er hatte als erster ein Ziegelsteinhaus mit Wellblechdach, baute europäische Gemüse und Obstbäume an, pflanzte Kaffeebüsche und eröffnete auch noch einen Kaufladen. Alles, was er unternahm, gelang ihm mühelos und schon bald wurde er zur Zielscheibe neidischer Verwandter und eifersüchtiger Nachbarn. Zudem war er in einen Mordfall verwickelt gewesen, wurde aber mangels Beweisen freigesprochen. Er wurde beschuldigt, mit seiner Hexerkraft mindestens bei zwanzig Kindern tödliche Pocken verursacht zu haben, um auf diese Weise zartes Menschenfleisch verzehren zu können. Als Krispo die Anwesenden fragte, wer eigentlich mit eigenen Augen gesehen habe, daß der Bauer im Besitze gefährlicher Medizinen sei, erhob sich statt einer Antwort ein Sturm der Entrüstung: Warum nicht seine Kinder an Pocken gestorben seien, während doch die aller anderen? Warum er reich war, während die anderen alle hungerten? Er habe ihnen mit seiner Hexereikraft die Fruchtbarkeit der Äcker gestohlen. Seit er weg sei, schlügen die Leoparden nicht mehr die Herden und Frauen und Ziegen erfreuten sich wieder des Nachwuchses. Die Nachtkäuzchen bedrohten kein Haus mehr, die Ernte sei gut und die jungen Männer könnten Besuche bei heiratsfähigen Mädchen machen, ohne von ihm mit der Todesfalle bedroht zu werden. Er habe ein unverheiratetes Mädchen geschwängert, ohne die Entschädigung zu zahlen und stattdessen den Vater des Mädchens mit Tod und Medizinen bedroht. Der Wahrsager stellte fest, daß der Bauer von drei Dämonen besessen war, aber dieser widersprach ihm. Er wollte die Medizinen nur einnehmen, wenn er wieder im Land seiner Väter leben dürfte. Zermürbt vom Streit, erlaubte man es ihm schließlich und er ließ sich von Krispo die Geister austreiben. Krispo warnte ihn, falls er wieder hexte, würde sein Bauch wie der Masusa-Berg anschwellen. Er würde so sehr anschwellen, daß man seine Leiche nicht durch die Tür bekäme und sein schönes Haus zerstört werden müßte, um sie herauszutragen.

Bamucapi (Sambia)

Mitte der Dreißiger Jahre beschrieb die britische Sozialanthropologin A.Richards in einem kurzen Aufsatz die Arbeitsweise eines Vorläufers von Kamcape, den Bamucapi-Anhängern in Sambia, das zu jener Zeit britische Kolonie (Nordrhodesien) war. 'Bamucapi' bedeutet 'Medizinen'.[4] Repräsentanten des Kultes zogen alleine oder zu mehreren von Dorf zu Dorf, um für den Beitritt zum Kult zu werben. Sie nahmen Kontakt mit dem Dorfoberhaupt auf und überzeugten es von der Wichtigkeit einer Säuberungsaktion. Alle Bewohner des Dorfes mußten sich auf dem Dorfplatz versammeln. Männer und Frauen marschierten in getrennten Reihen an den Hexenfindern vorbei, die mit einem Spiegel das Bild der Vorbeiziehenden auffingen und auf diese Weise den Hexer oder die Hexe ermittelten. Offensichtlich war der Spiegel ein modernes Substitut der Divination mit einer wassergefüllten Kalebasse. Wer durch den Spiegel überführt worden war, mußte seine Hörner und schädlichen Zaubermittel abliefern. Dann kam die Behandlung. Alle Männer und Frauen tranken von der 'mucapi'-Medizin, ein feingemahlenes rotes Pulver, das eine seifige Lösung ergab. Wer von nun an wieder hexte oder zauberte, riskierte den Tod. Die Medizinen hatten Ordalfunktion, ohne jedoch wirkliche Ordale zu sein, die von der Kolonialregierung verboten worden waren. Wer wieder hexte, schwoll an wie ein Wassersüchtiger und sein Körper konnte nicht begraben werden, weil er zu schwer war. Wer sich weigerte, das Ordal mitzumachen, würde beim nächsten Mal geschnappt werden, wenn der Gründer der Bewegung wiederkäme und außerhalb des Dorfes jede Nacht eine mysteriöse Trommel schlüge, bei deren Klang alle noch unentdeckten Hexer und Zauberer draußen auf dem Friedhof zusammenlaufen würden. Einige erzählten von der Ankunft einer mysteriösen Frau, die eine Brust vorne und eine Brust hinten besaß. Die Guten würde sie vorne stillen und die Bösen hinten. Andere wunderbare Geschichten über den Gründer der Bewegung kursierten, die ihm den Ruf eines Wundertäters verliehen. Kamwende, der Gründer, habe seine Offenbarung im Grab erhalten, aus dem er zwei Tage nach seinem Tod auferstanden war. Er besaß nur ein Auge, einen Arm und hatte ein lahmes Bein, aber er brachte das Geheimnis der Bamucapi-Medizin mit und die Macht, der Schwarzzauberei zu widerstehen. Die Bamucapi verkauften Säckchen mit Pulver. Für drei Pence erhielt man Zaubermittel gegen wilde Tiere und Schlangen, für sechs Pence Pulver zum Schutz der Gärten, gegen Hühnerpest und für Glück und Erfolg. Für fünf Schillinge erhielt man ein Zaubermittel, um die Gunst der örtlichen Regierungsbeamten zu gewinnen. Die Bamucapi verboten alle Medizinen, die keine Heilwirkung besaßen, wie Adlerkralle oder Eichhörnchenknochen. Sie ließen sich alle schlechten Medizin bringen. Von 139 abgegebenen Gegenständen waren 45 Zwergantilopenhörner, die harmlose Medizinen enthielten, 16 waren Hörner einer anderen Antilopenart und enthielten zum Teil gute und zum Teil schlechte Medizinen. 17 Kalebassen waren darunter, die Schnupftabak und Öl enthielten und mit einem hölzernen Pfropfen verschlossen wurden. 36 kleine Säckchen enthielten Medizinen verschiedenster Art, die man wie Amulette um den Hals trug. Von 135 Hörnern enthielten 125 Medizinen, die harmlos waren. Einige zweifelhafte Objekte befanden sich auch darunter, wie Armbänder aus der Haut von Wassereidechsen oder des Baumiguana, die als böses Omen galten oder das Horn einer bestimmten Antilopenart, die Häuptlingen und schwangeren Frauen verboten war. Mit diesem Horn konnte der Zauberer den Geist seines Opfers niederstrecken, indem er das Horn dieser Antilope nachts zum Grabe des kürzlich Verstorbenen schickte, glühend wie die Taschenlampe des weißen Mannes, wo es dann am nächsten Morgen, völlig mit Graberde bedeckt, auf dem Grabhügel steckte und so den Geist des Verstorbenen verletzte. Ein Affenknochen wurde als Babyknochen ausgegeben, der Schädel eines Geiers mit seinem charakteristischen Schnabel wurde als Eule identifiziert, mit denen die Zauberer nachts herumschleichen, um Weizen aus den Getreidespeichern anderer Leute zu stehlen. Ein Stück geschliffenes Holz wurde als Knochen eines Löwen ausgegeben. Am meisten Schrecken erregte jedoch ein Horn, das in der Vergangenheit vom 'nganga' eines Häuptlings präpariert wurde, um damit die Geister eines Zauberers, der nach dem 'mwafi'-Ordal verbrannt wurde, außer Gefecht zu setzen und das sich besonders dafür eignete, die Leute gegen Hexerei zu schützen. Es funktionierte wie ein Blitzableiter und wurde außerhalb des Dorfes plaziert, wo es die bösen Geister anziehen sollte. Die meisten der abgegebenen Hörner dienten dem Schutz und nur wenige enthielten nachweislich destruktive Medizin.

Die Bamucapi reformierten einige traditionale Techniken der Abwehr von Hexerei und Zauberei. Sie waren keine alten verschrumpelten 'banganga', die für einen festen Kundenkreis, meist die eigene Verwandtschaft, arbeiteten. Sie traten in Gruppen auf und zogen übers Land. Sie kleideten sich europäisch und kopierten das Auftreten europäischer Kolonialbeamter, indem sie die Leute zum Zensus aufreihten, um damit den Anschein von Legitimität zu erwecken. Die Abgabe der Medizinen erfolgte nur in Apothekerfläschchen, die die Glaubwürdigkeit stärken sollten. Neu war die Predigt, mit der sie sich vor der Behandlung an die Dörfler wandten. Sie beriefen sich bei ihrem Tun stets auf Gott und behaupteten Maria stehe ihnen bei.

Bwanali-Mpulumutsi (Malawi)

Der Ursprungsmythos der Bewegung des Mpulumutsi, die 1947 in Ost-Zentralafrika aufkam, hatte ein christliches Vorbild.[5] Mpulumutsi, der 'Retter', soll gestorben, zu Grabe getragen und von den Toten wiederauferstanden sein. Er soll verkündet haben, daß ihn Gott gesandt habe, Gutes zu tun. Die kleinen Kinder im Himmel hätten sich darüber beklagt, daß nichts gegen Hexerei unternommen würde. Gott habe ihn gesandt, damit er ihre Interessen vertrete. Mpulumutsi und sein Lehrer Bwanali widersprachen allerdings dieser Darstellung und verneinten, daß es eine Auferstehung gegeben habe. Sie beriefen sich jedoch auf ihren göttlichen Auftrag und wiesen auf ihren Erfolg im Heilen hin. Wunderbare Geschichten zirkulierten über den Erfolg ihrer Bewegung und trugen zur Legendenbildung bei, die das Prestige der Gründer und ihrer Bewegung vergrößerten. Jeder, der es wagte, Mpulumutsi zu kritisieren, war auf der Stelle tot umgefallen. Die Ungläubigkeit der Europäer mußte herhalten, um die wunderbaren Kräfte Bwanalis zu beweisen. So erzählte man sich, daß die Europäer Bwanalis Wundertaten keinen Glauben schenkten, ihn testen wollten und von ihm verlangten, daß er Geld aus dem Wasser zaubern sollte, was ihm auch gelang. Daraufhin sperrten die Europäer ihn ein, ließen ihn aber wieder frei, als Gott einen Berg zusammenfallen ließ. Dieser Berg war wegen einer Flutkatastrophe zusammengestürzt, wobei ein Europäer ums Leben kam. In der Legende wurden daraus dann 'viele Europäer'. Die Menschen strömten aus den unterschiedlichsten Gründen zu Mpulumutsi. Sie mußten weder für die Behandlung, noch für die Medizinen bezahlen. Ein Mann kam, weil seine Frau eine Hexe war und nachts verschwand. Sie verschwand sogar während der Gartenarbeit, ohne Fußspuren zu hinterlassen! Eine Frau kam, weil sie keine Kinder bekommen konnte und ein anderer Mann, weil zwei seiner Kinder plötzlich starben. Ein anderer wollte wissen, warum sein Garten nur so kleine Erträge lieferte und ein weiterer Mann, warum drei Stück seines Viehs an einem einzigen Tag von Hyänen geschlagen wurden. Nach einem Geständnis, das mit 'einem Herzen' gesprochen werden mußte und eine äußerst peinliche Angelegenheit war, die das Schamgefühl aufs äußerste strapazierte, wenn beispielsweise Inzest gestanden wurde, um den Mais gedeihen zu lassen - wobei sich die Umstehenden vor Lachen bogen - oder grauenerregende Dinge wie das Verzehren von Schwiegermüttern und Kindern oder das Kochen von Menschenköpfen, erfolgte die Einnahme von Medizinen, die Ordal- und Schutzfunktionen zugleich hatten. Nie war es einfacher gewesen, sich Immunität gegen einen Verdacht zu sichern, man mußte nur die Medizinen schlucken und konnte nur noch an gottgesandten und nicht mehr an hexengesandten Krankheiten sterben. Wer mit der Medizin behandelt worden war, mußte Hexerei aufgeben. Mit der Einnahme der Medizinen ging die Befolgung einer Reihe von Geboten und Verboten einher: Niemand sollte mehr einen bösen Gedanken gegen einen anderen hegen, er sollte nicht hexen und nicht zaubern, nicht stehlen und nicht fluchen. Niemand sollte einem anderen etwas neiden und sein Eigentum zerstören; er sollte seinen Zorn mäßigen. Geschlechtsverkehr sollte nicht fernab von menschlichen Siedlungen, sondern in einem eigens dafür errichteten Haus ausgeübt werden. Drei Tage lang sollte man nur sein Gesicht waschen und keine sexuellen Beziehungen mit Personen unterhalten, die nicht behandelt worden waren, da das tödlich sein konnte. Alle alten Medizinen mußten durch unbehandelte Personen vernichtet werden. Da diese sie oft ins Wasser warfen, brach eine Panik aus. In die neuen Medizinen sollte ein wenig von Mpulumutsis Medizinen gemischt werden. Die Medizinen waren mehr oder wenig giftig. Sie verursachten Tod oder Erbrechen - 'von Menschenfleisch' wie es hieß - oder auch schwere Kopfschmerzen, die als Zeichen mangelnder Geständigkeit interpretiert wurden. Bwanali ließ die Leute einen Fluß durchqueren. Wer drüben heil ankam, war ein Mensch und kein Hexer. Er ermahnte die Leute, daß sie sich wie menschliche Wesen benehmen sollten. Gott habe sie nicht böse erschaffen. Die Medizinen wurden in Einschnitte an Hals, Brust, Rücken, Kopf, Händen und Fingern gerieben. Mpulumutsis Medizinen töteten die Schuldigen und schützten die Unschuldigen. Sie waren destruktiv und protektiv zugleich und ersetzten das verbotene Ordal. Wer sich weigerte, die Behandlung mitzumachen oder sich ihr durch Flucht entziehen wollte oder wer nicht gestand, riskierte den Tod. Mpulumutsi fing sie trotzdem, denn er brauchte nur seine Trommel zu schlagen, um die Zauberer hervorzulocken, die sich versteckt hielten. Unweigerlich wurden sie vom Klang der Trommel angezogen und strömten zum Fiedhof.

Kajiwe (Kenia)

Das Auftreten von Antihexereibewegungen als Massenphänomen ist in Afrika erst seit Beginn der Kolonialzeit dokumentiert. Das neuartige an diesen Kampagnen im Gegensatz zu den traditionalen Methoden der Abwehr von Hexerei und Zauberei, war das Ausmaß dieser Erscheinung, ihre große räumliche Verbreitung. Sie reichten weit über die ethnischen Grenzen hinaus, sie übernahmen Glaubenselemente aus Christentum und Islam. Sie inkorporierten moderne medizinische Behandlungsmethoden und kopierten bürokratische Verhaltensweisen, um sich den Anschein von Legitimität zu geben oder die Glaubwürdigkeit zu stützen. Es lag daher nahe zu vermuten, wie viele Anthropologen es taten, daß ihre Entstehung mit den sozialen, ökonomischen, politischen und ideologischen Veränderungen der Kolonialzeit in Zusammenhang stünde. Hexenkampagnen wurden als Ausdruck der Zerstörung traditionaler politischer Strukturen, Wirtschaftsweisen, Wertvorstellungen und religiöser Institutionen interpretiert. Hexenverfolgungen waren nur oberflächlicher Ausdruck tiefer sitzender politischer, ökonomischer und sozialer Konflikte, die erst in der Kolonialzeit entstanden sein sollen. Die Anthropologin Cynthia Brantley hat durch ihre Untersuchung über das wellenförmige Auftreten von Antihexereikampagnen bei den Giriama in Kenia[6] im Laufe von hundert Jahren die struktural-funktionalistischen Analysen durch eine historische Perspektive ergänzt. Ihre Untersuchungen standen in Zusammenhang mit den historischen Forschungen über afrikanische Religionen um T.O.Ranger am University College in Dar es Salaam. Mit ihrer historischen Untersuchung der Antihexereikampagnen bei den Giriama wollte sie zeigen, daß das erste und wichtigste Ziel dieser Bewegungen die Kontrolle von Hexerei und Hexereifurcht war. Die Giriama inkorporierten unter veränderten Bedingungen neue Techniken der Hexereikontrolle und kombinierten sie mit den traditionellen Methoden. Sie stellte fest, daß Antihexereikampagnen mehr endogene, denn exogene Ursachen haben und in Zeiten stärkster politischer und ökonomischer Spannungen Antihexereibewegungen bei den Giriama gerade nicht florierten. In den letzten hundert Jahren vor der Untersuchung, befanden sich die Giriama in mindestens vier unterschiedlichen politischen Situationen und nur eine von diesen bot eine wirksame Lösung für das Problem des Bösen, das nach Auffassung der Giriama durch Hexen verursacht worden war. Die ersten beiden politischen Situationen waren die des traditionellen Kaya-Systems und das Wohnmuster der verstreuten Gehöfte in der letzten Hälfte des 19. Jahrhunderts. Die anderen beiden Situationen waren die der britischen Kolonialverwaltung von 1912 bis 1963 und die nachkoloniale Zeit der unabhängigen

Republik Kenia. Die Giriama waren mit einem politischen System konfrontiert, das ihnen fremd war und ihre Hexereivorstellungen in Frage stellte. Durch alle diese Perioden hindurch, paßten sich die Giriama in ihrer Interpretation der Ursachen des Bösen den neuen Gegebenheiten an und entwickelten neue Methoden, damit fertig zu werden.

Um 1700 wohnten die Giriama in befestigten Siedlungen (genannt 'kaya') entlang den Hügeln an der Küste hinter Mombasa, wo sie sicher waren vor den sie verfolgenden Oromo-Galla. Die Giriama drangen weiter ins Inland vor als die anderern Mijikenda. In den 'kaya'-Residenzen wohnten sechs Giriama-Clans, aufgeteilt in Subclans. Die Giriama besaßen auch eine Altersklassenorganisation. Die Initiation in die Altersklasse, der bald darauf der Aufstieg in eine herrschende Altersklasse folgte, die den Ältestenrat stellte, eröffnete den Zugang zur politischen Macht. Die Ältesten kontrollierten die Ressourcen der Giriama. Der Reichtum kam hauptsächlich ihnen zugute. Alle vier Tage hielten sie Rat und schlichteten Streitfälle. Die Ältesten verfügten auch über das Geheimwissen der wichtigsten Rituale, durch die sie das Sozialverhalten kontrollierten. Der Ältestenrat war verantwortlich für die Kontrolle der Hexerei. Die Strafen, die auf Hexerei standen, waren hart und umfaßten die Prügelstrafe, Tod und Verbannung vom 'kaya'. Geständnisse und Eide gehörten zu den Maßnahmen, denen sich Hexer zu unterwerfen hatten. Die Giriama hatten vier Geheimgesellschaften, von denen in dreien die Medizinen und Eide Aufgabe einiger Medizinmänner waren, die die Medizinen verwahrten und anwendeten. Am wichtigsten war der Eid der 'vaya', einer Geheimgesellschaft, deren Mitglieder auch im Ältestenrat saßen. Der 'vaya'-Eid entschied geheim in Rechtsangelegenheiten, wenn nicht alle Mitglieder des Ältestenrates entscheiden konnten. Der 'vaya'-Eid hatte Ordalcharakter. Neben dem 'vaya'-Eid gab es noch andere Ordale, die darüber entschieden, ob ein Hexer schuldig war oder nicht. Sie basierten aber nicht auf dem Eid. Nachdem der Verdächtige gestanden hatte, wurde ihm eine Medizin zur Reinigung gegeben. Die Alten besaßen das Monopol auf die Anwendung dieser Ordale und hatten auf diese Weise Hexerei unter ihrer Kontrolle.

In der zweiten Hälfte des 19. Jahrhunderts verließen die Giriama den 'kaya' und lebten in verstreuten Gehöften. Die Autorität der Ältesten setzte sich dort nicht mehr so durch. Als Folge dieser Migration gelang es jüngeren Giriama zu mehr ökonomischer Macht zu gelangen als sie die Ältesten hatten. Wem ihre Entscheidung nicht paßte, der brachte seinen Fall vor einen anderen Rat. Die Ältestenräte und Mitglieder der Geheimgesellschaft konkurrierten miteinander anstatt zu kooperieren. Diese Entwicklung bewirkte, daß die Gemeinschaft nicht mehr in der Lage war, Hexerei zu kontrollieren und die

Hexereifurcht anstieg. Männer, die durch Handel, Viehzucht oder Anbau zu bedeutenden Positionen gelangten, fürchteten sich ständig vor der Hexerei derjenigen, die ihnen den Erfolg neideten. Der Ältestenrat zerfiel wegen Hungersnöten und anderen Störungen des Gemeinschaftslebens und so auch die Geheimgesellschaften. Die Mitgliedschaft in der Geheimgesellschaft war mehr zufällig und basierte auf einer Kombination von Alter, Befähigung und Reichtum. Dennoch wurden die Giriama abhängiger von den Geheimgesellschaften und ihren Mitgliedern, denn sie kontrollierten die Medizinen und bestimmten, wer sie kaufen durfte, wer ausbilden konnte und wem es gestattet war, den Eid anzuwenden. Die Abhängigkeit von den Mitgliedern der Geheimgesellschaft wuchs und gleichzeitig aber auch die Konkurrenz unter ihnen. Auch die Konkurrenz unter den Giriama nahm mit ihrer größeren Unabhängigkeit zu, als sich die Möglichkeit an Land zu kommen für sie vergrößerte und die Chancen Reichtum zu erwerben. Da die Kontrollen ausfielen, blieben die Hexer unbestraft. In dieser Zeit waren die Einflüsse des Islam besonders deutlich auf die Kultur der Giriama zu spüren. Fremdgeister, die ausschließlich Moslemgeister waren und als böse Geister galten, machten die Giriama besessen und konnten nur besänftigt oder ausgetrieben werden. Der Glaube an die Ahnengeister war weniger wirksam, teils wegen der erhöhten Mobilität. Eine andere religiöse Sanktion war der Fluch, der eine Hütte, einen Garten oder einen Versammlungsplatz dadurch schützen sollte, daß er den Übeltäter bestrafte, der diese Orte durch seine Handlungen in Gefahr brachte. Jeder Fluch hatte einen Namen. Die Krankheitssymptome sagten aus, welcher Fluch geschickt wurde. Der Spezialist dieses Fluchs, ein Mitglied der Geheimgesellschaft, wurde gerufen und entfernte ihn gegen das entsprechende Entgelt. Diese Flüche wurden von den Ältesten kontrolliert. Ende des 19. Jahrhunderts war Hexerei und Zauberei die Hauptursache für alles Unglück. Eine neue Technik der Hexereikontrolle entwickelte sich. Eine Serie von Bewegungen, um die ganze Gesellschaft von Hexerei zu reinigen, ging über das Land. Jedes Mal wurde die Bewegung von einem charismatischen 'muganga' (Medizinmann) geführt, der durch ganz Giriamaland reiste. Die erste Bewegung ereignete sich während einer schweren Hungersnot in den Jahren 1899 bis 1900. Seuchen drohten auszubrechen. Medizinen wurden an einem Wasserloch vergraben und der Eid der Geheimgesellschaft geschworen, sodaß jeder, der an dieser Wasserstelle badete und damit das Wasser ungenießbar machte, in den nächsten 24 Stunden starb.

Die Engländer waren der Ansicht, daß der Glaube an die Hexerei der Hauptgrund ihres administrativen Mißerfolgs gewesen war. Andererseits glaubten sie aber nicht, daß es irgendeinen Grund für die Hexereifurcht gab. Die Engländer akzeptierten Hexerei als Erklärung, wenn die Giriama sie nicht als Erklärung vorbrachten und leugneten sie, wenn die Giriama sich am meisten vor ihr fürchteten. Zwei Ereignisse machen diese unterschiedliche Interpretation deutlich. Einmal unterstützten die Giriama eine Rebellion und die Briten glaubten, sie stünden unter dem Einfluß arabischer Hexerei. Die Briten forderten, daß die Giriama einen Treueeid, den Eid der Geheimgesellschaft, auf die Briten ablegen sollten. Einige Giriama (wenn auch nicht die Ältesten), versprachen, den Rebellen keine Zuflucht zu gewähren. Die Giriama zogen ihre Unterstützung dieser Rebellion auch später tatsächlich zurück, aber nur, weil sie politisch für sie unzweckmäßig geworden war. Das andere Ereignis war die Giriama-Erhebung von 1913, eine Kampagne der Kooperationsverweigerung, als die Briten auf eine aktive Verwaltung drängten. Die Briten beschuldigten eine charismatische Frau als Hexe. Diese Frau ermutigte aber alle Giriama Eide zur Unterstützung der Briten zu schwören. Trotzdem deportierten die Briten sie und erzwangen die Entfernung des Eides und forderten, daß ein pro-britischer Eid geschworen werden sollte. Aber dies geschah nicht in der vorgeschriebenen Form und nach einigem Zögern mußten zwei britische Offiziere die Gebühren bezahlen und der Geheimgesellschaft beitreten. Ein Jahr später standen die Briten mit den Giriama im Krieg.

Anfang 1940 war ein sehr bekannter 'muganga' (pl.aganga) bei den Giriama tätig. Er arbeitete auch außerhalb von Giriamaland. Ihm folgte sein Sohn nach, der aber nicht den Ruhm des Vaters erlangen konnte. Der Vater arbeitete mit einer Erlaubnis der Briten und seine Behandlung bestand vornehmlich in Reinigungsriten, die die Hexereifurcht vermindern sollten. Kein anderer Wahrsager erhielt in der Zeit von den Briten eine offizielle Erlaubnis und so sammelten sich andere Wahrsager um ihn und wurden zu seinen Anhängern. In den Fünfziger Jahren verstärkte sich der Kampf gegen die wachsende arabische Dominanz unter den Giriama und eine Rückbesinnung auf die eigenen kulturellen Traditionen der Giriama begann, die einherging mit dem Anwachsen nationaler Bestrebungen. Antihexereibewegungen waren für manche jungen Politiker ein Forum für Profilierungsversuche. Obwohl Hexenverfolgungen verboten waren, wurden Hexer und Hexen angeklagt, geschlagen und verbannt. Vor den Gerichten, die nach europäischen Rechtsnormen urteilten, wurden die Hexer und Hexen immer wieder freigesprochen und diejenigen, die sie bekämpften, hart bestraft. Diese Rechtspraxis verstärkte die Angst vor Hexerei. Die britische Regierung wurde mit dem Hexereiproblem in der Kolonie nicht fertig und mißdeutete sie als Deckmantel für politische Aktivitäten. Die Briten beschuldigten die Giriama gegen sie zu hexen, wenn immer Giriama sich politisch betätigten und ignorierten die Hexereifurcht der Giriama, wenn sie nicht davon betroffen waren. Die Briten verweigerten es, sich mit etwas auseinanderzusetzen, was in ihren Augen eine Absurdität und außerdem strafbar war.

Antihexereibewegungen gab es bei den Giriama auch nach der Unabhängigkeit: 1977 verbot der District Comissioner des Kalifi District Tänze, die gegen Hexerei gerichtet waren mit dem Argument, daß sie die Hexereifurcht verstärkten und zu solchen teuflischen Aktivitäten wie Hexerei anstachelten. Im Verlaufe solcher Tänze identifizierten die 'aganga' Übeltäter, die ihre Hexerei gestehen sollten. Die Verbote stießen auf Mißbilligung bei weiten Teilen der Bevölkerung.

Die kenianischen Behörden gehen inzwischen davon aus, daß die christliche Erziehung dazu geführt habe, daß heute weniger Giriama an die Hexerei glauben und daher ist die Verwaltung bestrebt, den Glauben selbst zu eliminieren und nicht nur einfach neue Techniken der Kontrolle zuzulassen. Sie nehmen weiterhin an, daß alle Giriama, außer denen, die davon leben, von diesem Glauben befreit werden wollen. Sie unterstellen, daß die Medizinmänner ein Interesse daran haben, daß die Hexereifurcht fortlebt. Sie glauben, daß die Hexerei besonders im ökonomisch rückständigen Hinterland an der Küste weiterbesteht und dort, wo der Islam verbreitet ist, weil er diesen Glauben akzeptiert.

Nach der Unabhängigkeit gab es vor allem eine Antihexereibewegung, die mehrere traditionale Techniken des Kampfes gegen Hexerei und Zauberei wiederbelebte Der Führer dieser Bewegung hieß Kajiwe, 'der Felsen', und trat zum ersten Mal 1965 in Erscheinung, als er behauptete, magische Fähigkeiten zu besitzen, mit denen er die Gesellschaft von den hexenden Übeltätern befreien konnte. Die Leute des Hinterlandes an der Küste waren begeistert. Dieser Mann war nie zuvor zur Schule gegangen, er ging früh auf Wanderarbeit und lebte zeitweise in Tanzania, Somalia und im Mittleren Osten. 1965 kehrte er nach Mombasa zurück und arbeitete dort als Fischer und Palmweinzapfer. Die Leute in Kilifi waren beeindruckt von seiner Fähigkeit, Hexer zu überwältigen. Kajiwe sammelte zehn junge Männer um sich, mit denen er die ganze Umgebung von Hexerei säubern wollte. Mit einem magischen Stock und einem Zauberhalsband kündete Kajiwe sein Kommen an, drang zusammen mit seinen Assistenten und dreißig Tänzern und Trommlern in den Bezirk ein und marschierte durch in der Absicht, Hexer und Hexen zu finden. Er denunzierte mal diesen und mal jenen als Hexer oder Hexe. Die Beschuldigten wurden aufgefordert, alle Zaubersprüche zu entfernen und ihre Medizinen und Paraphernalien auszuhändigen und niemals mehr zu hexen. All das geschah öffentlich und innerhalb von zwei Monaten hatten hunderte von Personen gestanden und ihre Zaubergeräte abgeliefert. Einmal geschah es, daß ein Mann vor seinen Füßen tot umfiel, als er Kajiwe zur Befragung vorgeführt wurde. Dies versetzte die Behörden in Alarm und Kajiwe wurde verhaftet. Doch die Leute verlangten seine Freilassung und es wurde festgestellt, daß der Mann an einem Herzversagen gestorben war, woraufhin Kajiwe freigelassen wurde.

Kajiwe hatte die stillschweigende Unterstützung der Ältesten von Mijikenda. Er war zwar nur zwanzig Jahre alt, aber seine Bewegung fand Anklang bei vielen Ältesten, ob fortschrittlich oder weniger fortschrittlich, und vor allem bei der breiten Bevölkerung. Das erste Anliegen der Ältesten war, die Hexereifurcht zu beseitigen. Das zweite Anliegen der Ältesten war es, die Antihexereibewegung zu kontrollieren, die ihren Einfluß gefährdete. Insbesondere die Mächtigen und ökonomisch Erfolgreichen - junge Bauern, die zwar keine rituelle Erfahrung hatten, dafür aber lukrative Einkünfte aus dem Verkauf ihrer landwirtschaftlichen Produkte, sowie junge rituelle Spezialisten, die sie mit den von ihnen bevorzugten islamischen Medizinen versorgten und traditionale Oberhäupter der Gehöfte, die zwar viel von ihren ökonomischen Einkünften an die jungen Bauern verloren hatten, aber wegen ihres Prestiges und ihrer Fähigkeiten beim Schlichten von Streitfällen geschätzt waren - benötigten Medizinen, um ihre politische und ökonomische Macht zu behaupten. Eine Kampagne, die darauf zielte, den Gebrauch von Medizinen zu beenden, bedrohte sie alle. Alle waren sie außerdem in Hexereifälle verwickelt, sei es als Gehöftoberhäupter, die gleichzeitig Medizinmänner waren und protektive Zaubermittel anboten, sei es als Älteste, die Hexereifälle hörten, sei es als rituelle Spezialisten, die die jungen Bauern, die am häufigsten der Hexerei bezichtigt wurden, mit Medizinen versorgten. In dieser Situation machte der Minister für Soziales, ein Giriama, im Regionalparlament den Vorschlag, daß Kajiwe ein geordnetes Programm zur Überführung von Hexen machen sollte, ihnen aber nichts tun dürfe. Hexer sollten rituelles Wasser einnehmen, gestehen und dadurch gereinigt werden. Die Kampagne sollte in geordneten Bahnen und kontrolliert ablaufen. Der Test, der endgültig über Schuld und Unschuld entschied, sollte von den Ältesten durchgeführt werden, die dazu Wasser verwendeten, das durch Kajiwe und seine Assistenten geweiht worden war. Kajiwe sollte die Hexen und Hexer ausfindig machen und die Ältesten sollten sie reinigen. Unter dieser Bedingung unterstützte die Regierung die Kampagne, weil sie sich davon versprach, daß jedem damit gedient war: den Ältesten, die die Kontrolle über die Antihexereimaßnahmen zurückerhielten; der Bevölkerung, die von ihrer Angst erlöst wurde; Kajiwe, weil er als ihr Retter galt und schließlich den angeklagten Hexern und Hexen, die nicht hingerichtet wurden, sondern eine ungefährliche Reinigungszeremonie zu machen hatten. Kajiwe erhielt eine Polizeieskorte und nur seine Auslagen erstattet. Die Ältesten sollten ihn auf seinen Kampagnen begleiten und die Namen aller Angeklagten aufschreiben. An bestimmten Tagen sollte der Eid abgelegt werden, damit sie nicht länger hexen würden. Aber Kajiwe gestand den Ältesten diese Macht nicht zu. Die Allianz zerbrach, denn Kajiwe hielt sich nicht an die Abmachung. Da die öffentliche Zustimmung aber so überwältigend war, wagten die Ältesten nicht, ihn zu kritisieren. Die Kampagne geriet außer Kontrolle. Die Ältesten sahen sich nicht mehr im Stande, die Verantwortung für sein Verhalten zu übernehmen. Die Hexer, die Kajiwe überführte, waren fast ausnahmslos Moslems. Allein der Besitz des Korans war ein Beweis für Zauberei. Er schüchterte die Leute immer mehr ein, schlug sie und verbrannte den Koran. Er verlangte, daß Lösegeld für die Freilassung der Opfer gezahlt werden müsse und verabreichte seine eigenen Medizinen anstatt Reinigungen mit geweihtem Wasser durchzuführen. Er warnte die Moslems davor, sich bei den Behörden zu beschweren, sonst kämen sie in Schwierigkeiten. Kajiwe wurde verhaftet und sollte vor Gericht gestellt werden. Tausende seiner Anhänger fanden sich vor Gericht ein und verlangten seine Freilassung. Die Regierung setzte Polizei ein, um die Demonstration aufzulösen. Zeugen, die vor Gericht aussagen sollten, wurden eingeschüchtert, aber Kajiwe wurde zu einer 18-monatigen Gefängnisstrafe verurteilt, nach einem Jahr aber entlassen. Am 21. Mai 1968 verkündete der Provincial Comissioner von Kilifi vor einer Menge von 10.000 Menschen, daß die Regierung nun endgültig Schluß machen wolle mit der Hexerei. Frauen warfen sich vor seinen Landrover und baten darum, daß Kajiwe wieder Hexen jagen dürfe. Viele Frauen verließen ihr Heim, weigerten sich zur Arbeit zu gehen und verbargen sich in den 'kaya'-Wäldchen, heiligen Hainen, in denen sie vor Hexerei sicher waren. Der Provincial Comissioner von Kalifi aber entschied, daß Kajiwe keine Hexen mehr jagen dürfe, weil er nur die Hexereifurcht schüren, nicht aber mindern würde. Im East African Standard (Nairobi) war am 22. April 1968 zu lesen

> Hexendoktoren sind Leute, die nichts Vernünftiges in ihrem Leben zustandegebracht haben. Man sollte ihnen die Anerkennung verweigern und ihnen raten, Christen zu werden oder eine andere Religion anzunehmen, damit ihre Energie sinnvoller eingesetzt werden kann... (zit.n. C.Brantley 1979:127/28)

Zwei Jahre war es dann still um Kajiwe, aber sein Ruf wurde immer besser. Seine Familie wuchs auf 16 Frauen an, er erwarb ein Geschäft und ein Auto. 1970 eröffnete er eine Klinik, die die Behörden aber schließen ließen, was Kajiwe jedoch nicht davon abhielt, illegal weiter zu praktizieren. Die Leute tranken seine Medizinen und legten Eide ab, die sie vor Hexerei schützen sollten. Immer wieder kam Neid über den Wohlstand anderer als Basis der Anklagen zum Vorschein. Studenten fürchteten zu sterben, wenn sie ernsthaft arbeiteten und ihre Examina bestanden. Sie kamen in Bussen, um sich zu vergewissern, daß sie in der Schule weiterhin erfolgreich sein würden. Bauern und Geschäftsleute suchten Schutz durch Kajiwes Medizinen und den Eid. Die Regierung verbot die Aktivitäten, Kajiwe ignorierte die Warnungen. Er wurde zum Verhör geladen und 1970 erneut verhaftet. Die Regierung warf ihm vor, in

> primitive, ungesetzliche und anti-soziale Aktivitäten verwickelt zu sein und einfältige Menschen in die Irre zu führen, die in alte Bräuche zurückfielen, die mit dem modernen Kenia nicht zu vereinbaren seien. (C.Brantley 1979:128/29)

Die Regierung störte sich hauptsächlich an den Eideszeremonien, die Hexerei mit Politik vermischten. Mit diesen Eiden war es möglich, die Küstenvölker gegen die Zentralregierung zu vereinigen. In einer letzten Kampagne, die Kajiwe durchführte, beschränkte er sich dann auf Reinigung und protektive Techniken, anstatt Hexer und Hexen zu verfolgen und zu bestrafen.

Antihexereibewegungen leben von der Utopie einer heilen Welt der Einheit, Friedfertigkeit und Gegenseitigkeit. Der Hexenglaube basiert auf der Annahme, daß die Dinge schief laufen, weil sich die Menschen nicht so verhalten, wie sie sich verhalten sollten. Daher werden einzelne Menschen gezwungen, die in der Gesellschaft als Hexer und Hexen gelten, sich zu ihrer angeblichen, manchmal aber auch tatsächlichen Schuld - im Sinne gesellschaftlicher Normen, die sie verletzen - zu bekennen. Von ihrer Reinigung oder Vernichtung versprechen sich die Hexengläubigen die Wiederherstellung einer ursprünglichen Harmonie. Dieser Wunsch kann, besonders in Zeiten sozialer Umwälzungen oder der Veränderung herkömmlicher Beziehungsmuster zur wahren Obsession werden. Säuberungskulte reagieren auf diese Wünsche und können temporär befrieden. Sie appellieren an die Wiederherstellung solidarischer und freundlicher Beziehungen. Charismatische Wunderheiler treten in Erscheinung, die Hoffnungen auf Erlösung wecken und zumindest temporär befrieden können, bis das Vertrauen in die Wirksamkeit der Medizinen und Techniken zur Kontrolle der Hexerei nachläßt, weil Unglück, Leiden und Tod nicht aufhören zu existieren. Dies ist meist das Ende der Bewegung.

Medizinbünde und Medizinkulte in Zaire

Mani (Zaire/Sudan)

Zentralafrika ist das Verbreitungsgebiet von Kultvereinigungen, zu deren wichtigste Aufgabe der Schutz vor Hexerei und Zauberei gehört. Diese Kultvereinigungen bekämpfen Hexerei und Zauberei nicht aktiv durch Hexenfinderkampagnen wie Kamcape, sondern bieten Schutz durch Beitritt zu einer geschlossenen Verbindung.

Eine dieser Kultvereinigungen war Mani, ein Kultbund, der zu Beginn des 20. Jahrhunderts bei den Azande im Dreiländereck von Sudan, Zaire und Zentralafrikanischer Republik, verbreitet war.[7] Mani wurde 1919 von den Briten durch die "Unlawful Societies Ordinance" verboten und entwickelte sich so von einer 'geschlossenen' Verbindung zu einem Geheimbund. In vorkolonialen Zeiten wußte jeder, wer Mitglied war, wo die Logen sich befanden und wann die Treffen stattfanden. Der Bund bot Schutz durch die gemeinsame Einnahme von bundeigenen Medizinen, die nur die Mitglieder der Verbindung kannten. Gemeinsam wurden magische Riten abgehalten und Medizinen getauscht, die den Erfolg bei ökonomischen oder sozialen Unternehmungen stärken sollten. Die Bundmitglieder unterstützten einander bei der Ausführung von Fehden, die die politischen Autoritäten nicht regelten und bei der Schlichtung ihrer Rechtsstreitigkeiten.

Schließlich dienten sie auch dem Spaß und der Unterhaltung. Mitglieder waren vor allem junge Männer und Frauen oder junge Ehepaare. Alte Männer und Frauen gehörten dem Bund selten an, ihre Zugehörigkeit war ihrem Status nicht angemessen. Fürsten und Prinzen der Azande gehörten der Verbindung im allgemeinen auch nicht an, sie bekämpften sie sogar, da sie ihre Autorität untergrub. Edward Evans-Pritchard ist der Meinung, daß die Kultvereinigungen ein Produkt des sozialen Wandels sind. Dadurch entsteht der Eindruck, als habe es sie in vorkolonialen Zeiten nicht gegeben. Dies widerspricht aber Informationen, die uns Evans-Pritchard selbst über den Nando-Bund mitteilt, den der Zande-König Gbudwe erfolgreich bekämpfte. So liegt die Vermutung nahe, daß die Bünde bereits in vorkolonialen Zeiten existierten, sich aber überall da nicht durchsetzen konnten, wo sie auf den organisierten Widerstand einer politischen Zentralmacht stießen, wie das bei den Azande zu Zeiten ihres Königs Gbudwe der Fall war. Als die politische Macht der Zande-Fürsten durch die Engländer gebrochen war, setzten sie sich ungehindert durch und zählten bald auch Zande-Adlige zu ihren Mitgliedern.

Der Mani-Bund nahm auch Frauen auf. Er gestand ihnen mehr Freiheiten zu, als in der Zande-Gesellschaft üblich war. Diese Freiheiten standen im Widerspruch zur strikten Kontrolle, die Zande-Männer im allgemeinen und besonders die Notablen über ihre Frauen ausübten. Frauen, so fürchteten die Zande-Männer, könnten dort leicht außereheliche Beziehungen eingehen und deshalb durften sie nur mit Zustimmung ihrer Ehemänner eintreten, obwohl es vorkam, daß Frauen auch ohne Zustimmung ihrer Ehemänner beitraten. Mitglied wurde man, indem man sein Interesse an einer Mitgliedschaft bekundete und einen Sponsoren im Bund hatte. Auch mußte man über genug Geldmittel verfügen, um die Aufnahmegebühr, die Kosten für die Medizinen und die erworbenen Grade zu bezahlen. Die Aufnahme war vollzogen, sobald die Aufnahmegebühr an den Sponsor und den Logenführer entrichtet wurde. Zu jeder Sitzung, bei der Medizinen für ein Junior-Mitglied gerührt wurden, war ein Geschenk an den Logenführer üblich. Man trat der Verbindung bei, weil man die Kenntnis bestimmter bundeigener Medizinen erlangen wollte, die geheim waren. Im Laufe der Zeit und gegen ein entsprechendes Entgelt konnte man in immer höhere esoterische Grade eingeweiht werden und immer größere Kenntnisse der Medizinen erwerben oder selbst eine Loge aufmachen, um zu praktizieren. Arbeitsweise und Aufnahmezeremoniell der Kultvereinigungen ähnelten den Zünften der Zande-Doktoren, der Ausbildung ihrer Lehrlinge und ihrer Initiation in die magischen Künste.

Zande-Doktoren gingen in der Vergangenheit einer beruflichen Spezialisierung nach. Ihre Aufgabe war es, Hexen zu entdecken. Ihre Offenbarungen erhielten sie durch Trance. Die Medizinmänner waren lose in einer Zunft zusammengeschlossen. Uninitiierte waren von der Teilnahme ausgeschlossen. Das Wissen um die Medizinen, das Zunftleben, die Techniken und die Tricks des Gewerbes wurde vor Nichtmitgliedern geheimgehalten. Magisches Wissen erwarb ein Lehrling von einem Meister der Medizinen, der sein Wissen gegen Bezahlung in Form von Geschenken über einen längeren Zeitraum hinweg verkaufte. Wenn ein junger Mann Doktor werden wollte, bat er ein älteres Mitglied der Zunft, seine Aufnahme zu unterstützen und sein Lehrmeister zu sein. Für jeden Lernabschnitt zahlte der Lehrling mit Geschenken. Schrittweise wurde der Novize in die Kenntnisse der Pflanzen, Wurzeln, Blätter und magischen Praktiken eingeweiht. Lehrer und Schüler unternahmen Exkursionen zu Lehrzwecken in den Wald, wo sie an Orten, die nur der Meister kannte, ihre Studien betrieben. Doktoren hielten gemeinsam Seancen ab. Sie kochten und rührten zusammen Medizinen. Sie rezitierten Zauberformeln, in denen sie um Schutz für die Zunftmitglieder baten. Die Novizen mußten die Ansprache der Medizinen bezahlen. Medizin, für die nicht bezahlt wurde, war wertlos. Auch Medizin, über die der Käufer sich ärgerte, war wertlos. Die Ausbildung war teuer und kostete zwanzig Speere, das entsprach dem Brautpreis, bzw. dem Wergeld für den Mord an einem Verwandten. Die Ausbildung dauerte einige Jahre und nur auf lange Sicht waren die Zande-Doktoren bereit, die Tricks ihres Gewerbes und ihre Künste an andere zu vermitteln. Zande-Doktoren hüteten das Geheimnis ihrer Medizinen eifersüchtig und wollten nicht, daß andere Doktoren davon profitierten, da ihr Prestige und ihr Reichtum davon abhing.

Die Organisation des Mani-Bundes bei den Zande hatte ihr Modell in den Zünften der Zande-Doktoren. Der Logenführer, auch 'Meister der Medizin' genannt, besaß die meisten Medizinen, die er von überall her erworben hatte. Er verkaufte sein Wissen im Laufe einer langen Ausbildung an die Zauberlehrlinge. Er war Logenführer nur kraft seines überlegenen magischen Wissens und der Furcht, die die anderen vor seinen Medizinen hatten. In der Geheimgesellschaft Mani gab es mehrere Ämter. Der 'kenge' oder 'Stecken' war der Koch der Medizinen. Der 'uze' oder 'Rührlöffel' rührte die Medizinen und teilte sie an die Anwesenden aus. Der 'furuschi' (arab. 'Polizist') war der Wachposten und achtete darauf, daß niemand die Loge ausspionierte oder die Ordnung störte. Alle Mitglieder benützten eine Geheimsprache, an der sie sich erkannten und verwendeten eine bestimmte Grußformel. Die Loge hatte verschiedene Grade. Es gab den 'Wasser-Mani', den 'Blaue-Perle-Mani', den 'Nacht-Mani' und schließlich den 'Yanda'-Grad. Man konnte den 'Donner-Mani' erwerben, der seinen Besitzer durch Donner schützte, sobald dieser angegriffen wurde oder den 'Mani-der-die-Kehle durchschneidet', der seinen Besitzer schützte, wenn er verletzt wurde. Jede dieser Medizinen wurde durch einen Initiationsritus erworben. Die Initiation in einen neuen Grad erforderte das 'Sehen' des Mani. Die Stellung in der Loge hing ab von der Anzahl der gegessenen Medizinen und dies war hauptsächlich eine Frage der Zeit und der Bezahlung. Die Treffen fanden nachts im Logenhaus statt und früher auf einer Waldlichtung. In der Loge wurde eine Miniaturhütte für die Medizinen errichtet. Die Loge war in der Nähe eines Wasserlaufes, da die Novizen bei der Initiation unter Wasser tauchen mußten. Während der Zeremonie saßen die Mitglieder in einem Halbkreis in der Logenhütte beieinander. Sobald der Logenführer erschien, erhoben sie sich und grüßten mit der Grußformel des Bundes. Die 'Stecken' bereiteten die Zeremonie vor und steckten die Stöcke in den Boden, auf die dann der Topf aufgesetzt wurde. Dann erfolgte die Ansprache der Medizinen

> Mögen die Adligen keinen Groll gegen mich hegen. Möge kein Unglück auf die Mitglieder ihre unserer Loge fallen. Wenn ein Mitglied unserer Loge demnächst stirbt, dann koche nicht, Öl! Wenn niemand stirbt, dann koche, Öl! (Evans-Pritchard 1937:525)

Das Kochen war ein Zeichen für starke Medizinen. Wenn das Öl gut aufstieg, fuhr der Logenführer mit seiner Ansprache der Medizin fort

> Möge kein Unglück auf die Frauen der Loge fallen. Wenn ein Hexer oder eine Hexe zu mir kommt, möge Mani sie daran hindern. Möge sie krank werden und sterben. Laß alle, die mich hassen an Mani sterben. Mein Eigentum, meine Erdnußfelder, meine Hirse und meine Kinder, mögen sie kein Unglück erleiden, sondern in Frieden leben.(Evans-Pritchard 1937:526)

Nachdem sie die Medizinen angesprochen hatten, nahmen sie den Topf vom Feuer und stellten ihn auf den Boden. Dann trat ein Mann nach vorn, nahm den Topf in seine Hände und sagte

> Oh, Mani, ich wärme mein Gesicht in deinem Mund. Mögen die Edlen sich nicht über mich ärgern. Mögen die Leute mir wohlgesonnen sein. Mögen die Edlen mich nicht an die Europäer ausliefern. (ebd.)

Kontakt mit den Medizinen war notwendig, damit die protektiven Qualitäten absorbiert werden konnten. Die Augen sollten geöffnet bleiben, damit der magische Dampf durch sie eintreten konnte. Medizinen wurden eingerieben oder eingenommen. Die Initianden wurden ermahnt, keine Geheimnisse des Bundes zu verraten und die Tabus und die Regeln des Mani einzuhalten, da sie sonst die Magie des Mani verletzen würden. Sie erhielten einen Mani-Namen. Wenn zwei Mitglieder einer Loge sich begegneten, so stellten sie einander verschlüsselte Fragen und tauschten verschlüsselte Botschaften aus, an denen sie sich erkannten. Sie teilten einander ihren Verbindungsnamen mit und fragten, wer ihr 'Großvater' sei, woher der Mani kam, was der 'Wasser-Mani' in der Mani-Sprache sei und was 'auf dem Wasser' sei. Die richtige Antwort mußte lauten: "Auf dem Wasser sind Reifen..." und "...ich ging durch die Reifen." Er erzählte, wie man ihn auf Kopf und Knie klopfte, was bedeutete, daß jeden, der ihn so schlagen würde, der Mani ergreifen solle. Er erzählte, wie er das 'yanda' gesehen hatte, die Hauptmedizin, und zeigte seine Mani-Pfeife, die er blasen sollte, wenn ihm jemand Böses tun wollte. Blies er die Pfeife, sprach er

> Wenn jemand versucht, mir Böses zu tun, laß ihm Böses geschehen. Töte ihn. Möge ihn eine Schlange beißen. Möge jeder, der mich verhexen will, krank werden. (Evans-Pritchard 1937:537)

Eine in Öl gelegte blaue Perle, Abzeichen der Mitgliedschaft im Mani-Bund, wird auf die Türschwelle des Feindes geworfen und nach seinem Tod zurückgerufen, damit sich die Magie nicht gegen den Eigentümer wendet. Ihre magische Wirkung wird durch einen sympathetischen Ritus entfernt, indem ein Körperteil mit der Mani-Pfeife beklopft wird.

Dem Mani-Bund traten alle bei, die an magischen Praktiken interessiert waren. In ihm konnten auch jene Magie praktizieren, die keine professionellen Wahrsager waren und selbst Frauen war der Zutritt nicht verwehrt.

Der Beruf des Wahrsagers erforderte eine langjährige Ausbildung, in der Erfahrung und Wissen nur graduell erworben wurden. Manche Medizinmänner waren jedoch bereit, für schnelles Geld sehr viele Schüler auszubilden, ohne sie in langjähriger Ausbildung dafür vorzubereiten. An Interessierten fehlte es nicht, galt es doch für jeden Zande als erstrebenswert, möglichst eigene Kenntnisse über Medizinen und magische Praktiken zu besitzen. Die

Zahl der praktizierenden Magier nahm rapide zu und mit ihnen die Scharlatane. Zwei Faktoren haben diese Entwicklung begünstigt. Erstens riskierte ein Zande-Medizinmann, der sein Handwerk nicht beherrschte keine Bestrafung durch Einheimische mehr, da alle Maßnahmen, die gegen das Gesetz der Unterdrückung der Hexerei und Hexereianklagen verstießen, von den Europäern bestraft wurden. Wer einen unfähigen Medizinmann bestrafte, riskierte selbst bestraft zu werden. Ein Magier, der gravierende Fehler machte, riskierte in der Vergangenheit erschlagen oder verprügelt zu werden. Zweitens konnten sich die Bünde, die in der Vergangenheit erfolgreich von den Zande-Königen bekämpft wurden, mit dem Zerfall ihrer politisch-rechtlichen Autorität ungehindert ausbreiten. Sie übernahmen sogar Aufgaben, die der traditionalen Rechtssprechung oblagen, wie etwa Hilfe bei der Ausführung von Vergeltung für eine Verhexung mit Todesfolge. Nach traditionaler Rechtsauffassung der Azande war in solchen Fällen nur mit Genehmigung des Hofes Sühne erlaubt und sogar zwingend vorgeschrieben, nach europäischer Rechtsauffassung war die Bestrafung von Hexern und Hexen verboten. Ähnliches galt auch für Brautgutzahlungen, die die europäischen Rechtsnormen nicht anerkannten. Ein Mann konnte seine Speere und sein Geld nicht mehr zurückbekommen, wenn ihm die Frau weglief oder einen anderen heiratete. Wiedergutmachung für ein Unrecht dieser Art war bei Hofe nicht mehr möglich, aber die Mitgliedschaft in einer geschlossenen Vereinigung gewährleistete sie, da alle ihre Mitglieder übereinkamen, gegenseitige Rechte und Pflichten anzuerkennen. Mit der Beschneidung der Rechtsautorität der Zande-Fürsten durch die Kolonialmacht, blühten die Geheimgesellschaften und nahmen ihre Funktionen wahr.

Miko mi Yool

Neben den Medizinbünden existierten im ehemaligen Belgisch-Kongo Kulte gegen Hexerei und Zauberei, die durch Kauf übernommen wurden. Bei den Kuba am Kasai im Zaire, war 1952 ein Kult mit Namen Miko mi Yool verbreitet. Miko mi Yool war einem Geist gewidmet,[8] der Zauberer mit Hilfe entsprechender Riten zerstörte, die Fruchtbarkeit der Frauen erhöhte und gute Ernte und Erfolg bei der Jagd garantierte. Die Kultvereinigung verfügte über Medizinen und Riten, die alle Krankheiten heilen sollten. Jedes Dorf besaß eine eigene Zelle von Miko mi Yool, die völlig autonom arbeitete. Eine Verbindung zwischen den Zellen verschiedener Dörfer bestand nur am Anfang bei der Übernahme des Kultes, als Mitglieder einer anderen Zelle in das Dorf kamen und den Kult dort installierten. Das Kultoberhaupt der Zelle hieß 'König der Zaubermittel', sein Stellvertreter hieß der 'Polizist der Elephanten'. Er wurde noch unterstützt von zwei weiteren Würdenträgern. Einer von ihnen trug den Namen eines Hundes, der in der Mythologie des Miko mi Yool eine Bedeutung hatte und der andere den Namen einer Zwergantilope. Sie waren zuständig für die Herstellung von Medizinen und Zaubermitteln. Ein Wahrsager stellte Zauberei fest und deutete die Träume, die Miko mi Yool sandte. Sechs bis acht Wahrsager gab es pro Dorf und daneben noch sechs bis acht weibliche Würdenträger, die 'Gattinnen von Miko mi Yool'. Sie waren Medien des Geistes Miko mi Yool. Die Wahrsager kauften ihre Titel und ihr Wissen von einem bekannten Wahrsager, der ihnen die Techniken zur Herstellung von Abwehrzauber beibrachte. Eine der Regeln des Kultes lautete, daß niemand privat Zaubermittel besitzen dürfe. Die Zaubermittel wurden alle gesammelt und auf einem eigens dafür geschaffenen Platz des Miko mi Yool, dem 'ibul', aufbewahrt. Dieser Platz wurde vom Kultoberhaupt überwacht. Niemand durfte von den Gegenzauber- oder Heilmitteln Gebrauch machen, ohne die Erlaubnis eines Wahrsagers. Sobald ein Dorf den Kult installieren wollte, setzte es sich mit einem Nachbardorf in Verbindung, das den Kult schon hatte. Die Mitglieder dieser Zelle wohnten zeitweise bei ihnen. Die Einführungsriten endeten mit der Übergabe des Miko mi Yool-Steines an das Dorf. Es war ein flacher Stein, den die Kultanhänger mitbrachten und den sie sorgfältig vor den Blicken derjenigen schützten, bei denen sie wohnten. Dieser Ort wurde eine Zeit lang zum Sanktuarium. Der Stein blieb dort bis zur ersten Hälfte des folgenden Neumondes und wenn ein uneingeweihter Dörfler ihn sah, mußte er eine Strafe bezahlen. In dieser Zeit sangen und tanzten die Wahrsager und die weiblichen Würdenträger jede Nacht in der Nähe des Steines zu Ehren von Miko mi Yool. Bei Neumond suchten die Kultinitiatoren weiße und rote Porzellanerde, die als 'materia sacra' galt und bestrichen damit alle Kultobjekte. Dann wurde die Einfriedung des Platzes vorbereitet, zu der das Holz eines bestimmten Baumes verwendet wurde. Im 'ibul' plazierte man den Miko mi Yool-Stein, den Griff einer Axt, den abgeschnittenen Teil eines unterwegs gefällten Baumes und Hacken, die um einen Baum herumgesteckt wurden, eine Lanze, das Messer eines Medizinmannes, die Glocke eines Würdenträgers, eine kleine Glocke und ein Schneckenhaus, das durch einen Faden, den die Mutter von Zwillingen geflochten hatte, an einem Palmbaum befestigt wurde. All das wurde mit gelber, weißer und roter Porzellanerde besprenkelt. Die runde Umwallung wurde mit Raphiablättern bedeckt. Nachdem der Platz vorbereitet worden war, organisierte man eine große Jagd und nach der Jagd wurde neun Mal um den 'ibul' getanzt und dabei wurden neun Lieder gesungen. Bäumchen wurden gepflanzt, deren Laub und Holz zur Herstellung von Abwehrzauber dienten. Die Einsetzungszeremonie schloß mit dem Ritus der Suche nach dem Schlamm. Alle, außer den menstruierenden Frauen, begleiteten die Wahrsager und die weiblichen Würdenträger zum Quellwasser des Dorfes. Für diese Zeremonie war das Tragen eines weißen Schurzes obligatorisch. In der Nacht vor der Zeremonie bis zum Abschluß des Ritus mußte sexuelle Enthaltsamkeit geübt werden. Am Quellwasser entnahmen die Wahrsager den Schlamm. Er wurde mit feinem Sand, Wasser, Porzellanerde und Blättern mit magischen Eigenschaften gemischt. Die Blätter und den Schlamm hinterlegten sie am 'ibul'. Die Assistenten wurden gereinigt und weiße Linien mit Kaolin auf ihren Körper gezeichnet. Blätter, Schlamm und Wasser dienten zur Abwehr von Zauberei. Sie wurden zur Heilung einer großen Anzahl von Krankheiten gebraucht. Die männlichen Würdenträger streuten noch in der folgenden Nacht den Sand am 'ibul' aus und dann auf der ganzen langen Straße durch das Dorf. Dieser Sand sollte die Zauberer aufhalten. Nach der Einsetzungszeremonie pflanzten die weiblichen Würdenträger im 'ibul' alle Feldfrüchte und die Wahrsager pflanzten dort alle Pflanzen, die zur Herstellung von Zauber- und Heilmitteln verwendet wurden. Zum Schluß installierte man dort in vielen Fällen noch einen 'Telegraphenmast', einen Pfosten, der durch einen Draht mit einem anderen Pfosten verbunden war. Miko mi Yool teilte den Wahrsagern mittels dieser Telegraphenmasten mit, wenn ein Zauberer ins Dorf kam.

Miko mi Yool hatte sechs Funktionsriten: die Riten gegen Hexerei und Zauberei, Fruchtbarkeitsriten, Reinigungsriten, Heilungsriten, Wahrsageriten und persönliche Riten. Wenn der Zauberer schon festgestellt war, bereiteten die Wahrsager ein magisches Pulver, in das der Sand des Quellflusses hineingemischt wurde. Es sollte die Hexer und Zauberer zerstören und wurde ins Essen gegeben. Dabei sprach man folgende Worte

> Wenn es ein Zauberer ist, ein Übeltäter, dann schneide ihm das Herz durch, die Lunge, töte ihn! (J.Vansina 1954:10)

Die Wahrsager gingen mit einem Huhn und einem Stück Raphia-Stoff ins Gebüsch und führten dort ein Ordal durch, indem sie das Blut in die Furche fallen ließen. Floß das Blut in der Furche, wurde der Schuldige getötet, versickerte es, blieb er verschont. Das tote Huhn wurde von den Wahrsagern gegessen. Die meisten Riten dieser Art fanden statt, wenn sich ein Unglück ereignete, wenn ein Traum es forderte, oder wenn eine Jagd stattfand, bei Unglück, Streit, Krankheit, Tod und Unfällen. Eine ganze Anzahl von Geboten und Verboten mußten die Anhänger von Miko mi Yool einhalten, damit seine magische Wirksamkeit Bestand hatte. Der belgische Ethnologe Jan Vansina listete etwa 45 Verbote auf, die jeder Kultanhänger von Miko mi Yool beachten mußte. Etwa zehn der Verbote betrafen die männlichen und weiblichen Würdenträger, die nicht geschlagen werden durften. Ihre 'Häuschen' durften nicht berührt und keine Feuer aus ihnen entfernt werden. Kein Huhn durfte auf den Dächern ihrer 'Häuschen' sitzen. Sie mußten verschiedene Speiseverbote beachten, besonders, wenn sie Umgang mit Uninitiierten und zwielichtigen Gestalten hatten, von denen sie auch keine Trink- oder Essensreste annehmen durften. Rund dreizehn Verbote bezogen sich auf die männlichen Würdenträger, die das Tabu der Menstruation zu beachten hatten und die sich nicht nackt zeigen durften. Bestimmte Anteile der Jagdbeute standen ihnen zu und sie durften kein dunkles Fleisch in Dörfern essen, die den Miko mi Yool nicht eingeführt hatten. Vier Verbote bezogen sich auf die weiblichen Würdenträger, die Wasser nur mit dem Blatt einer bestimmten Pflanze im Mund schöpfen durften und dabei nur einen weißen Schurz trugen. Drei Verbote bezogen sich auf das 'ibul', das menstruierenden Frauen verboten war. Einige Verbote bezogen sich auf das Dorf, indem Miko mi Yool installiert wurde und andere auf die Lieder des Miko mi Yool, die nicht vergessen werden durften, sowie die Genealogien des Clans. Niemand sollte seinem Nächsten Böses wollen. Miko mi Yool verlangte von seinen Kultanhängern unbedingte Gefolgschaft, damit Unglück vermieden und die Zauberer abgewehrt werden konnten. Niemand durfte persönliche Zaubermittel besitzen, sonst tötete ihn Miko mi Yool ohne Erbarmen. Alle mußten Adepten des Kultes werden, denn nur, wer dabei war, genoß seinen Schutz, während die Skeptiker ein Unglück nach dem anderen auf sich und das Dorf zogen.

Kabenga-benga

Mary Douglas beschrieb die langwierigen Debatten, die der Einführung von Miko mi Yool bei den Lele vorausgingen, die diesen Antihexereikult von den Kasai-Kuba übernommen hatten und der bei ihnen Kabenga-benga hieß.[9] Das ganze Dorf mußte Kabenga-benga übernehmen. Es war unmöglich in einem initiierten Dorf zu wohnen und nicht dazuzugehören. Die christlichen Lele lehnten den Kult ab, weil er sie in Widerspruch zu ihrem Glauben brachte. Sie drohten, die Dörfer massenhaft zu verlassen, falls der Kult eingeführt werden sollte. Das Verwaltungspersonal war dagegen, weil es fürchtete, wegen Vergehens gegen die Gesetze zur Unterdrückung von Hexerei und Hexereianklagen ins Gefängnis zu kommen. Manche waren dagegen, weil sie meinten, daß sich alle Probleme durch die Übernahme des Kultes noch verschärfen würden. Die Skeptiker verwiesen darauf, daß der Kult nichts tauge, weil auch mit Kabenga-benga die Jagd nicht erfolgreicher wäre. Die Befürworter nahmen aber jedes

Unglück zum Anlaß, um eine Übernahme des Kultes zu propagieren. Viele waren dafür, weil sie die Zauberer erschrecken wollten, oder weil sie nicht verdächtigt wurden, wenn sie sich für den Beitritt aussprachen. Am meisten befürworteten all diejenigen den Beitritt, die bereits verdächtigt worden waren, denn er bot ihnen die Chance, ein für allemal vom Odium des Verdachtes freizukommen. Man mußte schon über jeden Verdacht erhaben sein, um sich gegen Kabenga-benga auszusprechen. Dörfer ohne Kabenga-benga bekamen Schuldgefühle, wenn Krankheit, Tod und Unglück nicht von ihnen weichen wollten. Andere Dörfer hatten wenigstens etwas dagegen getan. Ihr Selbstvertrauen sank mit jedem neuen Unglück. Sie fühlten sich bedroht und den zauberischen Nachstellungen wehrlos ausgeliefert. War der Kult noch nicht in einem Dorf installiert, so konnte jeder freiwillig Orakel in einem Ort mit Kabenga-benga konsultieren und sich so von einem Verdacht reinigen. Er verschärfte damit den psychologischen Druck, ihn im eigenen Dorf zu übernehmen. Mary Douglas war 1952 während ihrer Feldforschung bei den Lele selbst Zeugin der Debatten, die um die Einführung des Kultes geführt wurden. Ein Wahrsager wandte sich dagegen mit den Worten

> Alle Dörfer im Norden haben Kabenga-benga getrunken, nur wir nicht. Hören wir nicht auf sie...Geht nicht zu ihren Wahrsagern. Unsere kranken Männer sind schon wieder gesund. Zauberei konnte sie nicht töten. (M.Douglas 1963:251)

Es gelang ihm, den Beitritt noch einmal abzuwenden. Eine Woche später war die Jagd aber immer noch nicht erfolgreich. Trotzdem sprach sich der Wahrsager gegen Kabenga-benga aus. Als schließlich die Frau des Wahrsagers schwer erkrankte, beschuldigten ihn die Frauen, sie verhext zu haben. Die Vorwürfe gegen den Wahrsager wurden immer vehementer. Es hieß, er verhindere die Jagd und schicke Leoparden.

Kabenga-benga wurde gegen eine Bezahlung von 110 Raphiatüchern und vier Barren Rotholz von anderen Dörfern gekauft, die den Kult bereits hatten. Mitglieder eines Dorfes, das schon eine Zelle besaß, kamen in ein Dorf, das sie noch nicht besaß und führten die Einsetzungsriten durch. Das Dorf erwarb die Kultinsignien, einen Stein und die Regeln des Kultes, die genauestens befolgt werden mußten. Die Kabenga-benga Experten übernahmen die Verantwortung für die Gesundheit des Dorfes. Die Verheißung des Kultes war die endgültige Befreiung von Hexerei und Zauberei. Niemand würde mehr sterben, ehe seine Zeit gekommen war. Alle würden alt und grau werden, die Jagd würde prosperieren, die Frauen gebären, die Alten gesund bleiben, Krankheit und Tod wären aus der Welt. Wer hingegen versuchte zu zaubern, würde durch seine eigene Zauberkraft getötet werden. Jeder, der starb, war folglich ein überführter Zauberer. In dieser Hinsicht übernahm der Kult die Funktion des 1924 von der belgischen Kolonialverwaltung verbotenen Ordals, das jedoch 1950 noch illegal weiterpraktiziert wurde. Doch bestand Uneinigkeit über die Interpretation der Ursache bei Todesfällen. Alle im Dorf, auch die eigenen Verwandten des Verstorbenen glaubten, der Verstorbene habe sich wegen seiner Zauberei selbst gerichtet. Eine der Regeln des Kultes lautete, daß ein Zauberer wie ein Hund im Busch begraben werden sollte. Die Verwandten aus einem anderen Dorf, die den Kult noch nicht übernommen hatten, beschuldigten dagegen die Dörfler, ihn durch Zauberei getötet zu haben. Sie drohten mit Kampf und Amoklauf, wenn der Tote nicht der Sitte gemäß begraben würde. Es entstand eine ausweglose Situation. Ihn zu bestatten bedeutete für die einen, die Regeln des Kultes zu verletzen und dadurch das eigene Leben zu gefährden und für die anderen bedeutete es, einen Verwandten unbestattet zu lassen. Deshalb flehten die Frauen die Trauergäste aus dem anderen Dorf an, die Regeln des Kultes zu respektieren und ihn auch zu übernehmen. Die Übernahme des Kultes wurde auch dadurch begünstigt, daß die Regeln des Kultes forderten, den sozialen Verkehr mit Uninitiierten zu beschränken. Sie durften nicht zusammen essen, arbeiten und jagen. Der Kult löschte die bestehende rituelle Ordnung aus. Die alten Wahrsager wurden arbeitslos und alle magischen Utensilien wie Hörner, Reibbrettorakel und Pfeifen mußten abgegeben werden. Die neuen Kultoffizianten hatten eigene Kulttechniken und Riten, denen sich die Wahrsager anschließen mußten, sonst verloren sie ihren Einfluß. Es galten nur noch die neuen Verbote und Regeln. Das Übertreten der Regeln bedeutete den Fehlschlag des gesamten Kultes. Da die Menschen aber weiterhin starben, hieß das, daß sie die Regeln nicht einhielten und weiterhin zauberten. Miko mi Yool und Kabenga-benga standen Männern und Frauen offen und die Zeremonien wurden öffentlich abgehalten. Der Kult hatte politische Funktionen.[10] Jedes Kuba-Dorf wurde von einem Rat regiert, in den jeweils ein Mitglied einer Clansektion entsandt wurde. In den meisten Fällen entsprach die Anzahl der männlichen Würdenträger des Kultes der Anzahl der Clansektionen, die im Dorf wohnten. Die Clansektionen hielten die Riten gemeinsam mit ihren Mitgliedern ab und teilten sich die Kosten für die Behandlung des Patienten. Die Versammlung der Würdenträger funktionierte wie ein Dorfrat. Die innere Organisation der Dorfzelle des Kultes entsprach der weltlichen Organisation der Clansektion. Es gab einen Häuptling, seinen Stellvertreter und die Assistenten des Stellvertreters. Der 'König der Zaubermittel' hatte jedoch in seiner Sphäre mehr Einfluß als der Häuptling. Er ernannte die anderen Würdenträger und schrieb die Zeremonien vor. Die Organisation des Kultes paßte sich den hierarchischen politischen Strukturen der Kuba-Gesellschaft an. Der Kult stützte die soziale und politische Ordnung durch religiöse Sanktionen. Er stärkte die Sozialstruktur und unterstrich die Bedeutung der Clans, weil alle Mitglieder des Kultes, die die Genealogie ihres Clans nicht kannten, von Miko mi Yool verfolgt wurden. Er eliminierte die Unruhestifter, die vom Geist getötet wurden, wenn sie kein Geständnis ablegten. Er bestrafte die Kultadepten, die miteinander stritten und sich nicht an die Friedenspflicht des Kultes hielten. Er bestrafte Diebstahl durch übernatürliche Sanktionen und griff damit in die Sphäre der politischen Autorität ein, die in Fällen von Diebstahl eine gerichtliche Strafverfolgung vorsah. In dieser Hinsicht geriet der Kult in Konkurrenz zur politischen Autorität. Für Jan Vansina macht sich hier der Einfluß der Luba bemerkbar. Bei den Luba-Lulua wurde die öffentliche Ordnung allein durch religiöse Kulte aufrechterhalten, da die politische Kohäsion gering war. Die Kuba fügten in Fällen von Zauberei den rechtlichen Sanktionen nun noch eine religiöse hinzu. Der König der Kuba war allerdings gegen diese Kulte, obwohl die meisten seiner Frauen Mitglieder waren. Er verbot das Tragen seiner Amtsinsignien, wie z.b. den Hut 'lapúm', während er Glocke und Kalebasse tolerierte. Er verdeutlichte damit seinen Willen, keine Nebenmacht, die seine Autorität in Frage stellte, zu tolerieren.

Munkunkusa

Etwa zur gleichen Zeit als Miko mi Yool und Kabenga-benga im Kasaigebiet verbreitet waren, in den Jahren 1951 bis 1953, gab es im Niederkongo einen Antihexereikult, Munkunkusa, dessen Ritus der kongolesische Geistliche, Pastor Makanzu, beschrieb.[11] Der Name des Kultes leitete sich ab vom Verb 'kukusa' und bedeutete 'einreiben' oder 'reiben gegen...', 'Medizin anwenden' oder 'etwas, was schmutzig ist, durch Reiben und Massieren entfernen' oder auch 'mit Wasser wegwaschen'. Man mußte sein Gesicht mit Schlamm, der Ahnengräbern entnommen wurde, einreiben, um sich auf diese Weise von Hexerei zu befreien. Nur Erde von Ahnen, die Heiden geblieben waren, wurde genommen, denn ihnen alleine traute man zu, mit der Hexerei im Clan fertig zu werden. Das Hauptanliegen von Munkunkusa war es, so Pastor Makanzu, die Hexen herbeizurufen, um sie zu zerstören. Jeder, der nicht als Hexer verdächtigt werden wollte, nahm am 'kukusa' teil. Er wollte frei sein von Krankheit und Tod und sicher vor Hexerei. Mitten in der Nacht machte sich jeder Clan zu den Gräbern der Vorfahren auf. Eine erwachsene männliche Person aus dem Clan des Vaters begab sich zusammen mit allen Kindern des Clans dorthin. Wenn die Kinder und einer der 'Väter' mitten in der Nacht zu den Gräbern gingen, mußten die Leute, die im Dorf zurückgeblieben waren, energisch singen, denn wenn sie nicht sangen, verschwanden die Kinder für immer. Diejenigen, die zum Grab gingen, durften sich nicht umsehen, sonst wären sie blind oder verrückt geworden. Am Grab angekommen, sang eines der Kinder

> Wir aus Todi sind hier. Todi, das ihr hinterlassen habt. Wir haben viele Sorgen. Die Kinder sterben, die Jugend stirbt, die Alten sterben. Deshalb, ihr Vorväter, sind wir gekommen. Ihr müßt nach Todi zurückkehren. Kommt und urteilt. Wer immer auch schuldig ist, laßt ihn sterben. (Rev. Makanzu in: J.Janzen/W.Mac Gaffey 1974:83/84)

Nachdem das Kind diese Worte gesprochen hatte, nahm das Oberhaupt des Clans Palmwein und goß ihn auf das Kopfende des Grabes, damit dort eine große Schlammpfütze entstand. Mit dem Schlamm, dem Palmöl beigemischt wurde, rieb man alle Kinder ein. Nachdem das Oberhaupt die Kinder mit der Erde der Ahnengräber gereinigt hatte, gab es sie in eine Schale und reichte sie einem Kind, das im Dorf geboren worden war. Als es Zeit war, zurückzukehren, feuerte ein Kind des Dorfes eine Gewehrsalve ab. Danach gingen die Kinder zurück ins Dorf. Die Gewehrsalve wurde abgegeben, damit die Toten sich auf den Weg machten. Unterwegs gaben sie noch einen Schuß ab, um die Leute des Dorfes über ihre Ankunft zu informieren. Die Leute liefen am Ortseingang zusammen und alle gingen in die Kirche. Dort angekommen wurde die Schale mit dem Schlamm auf den Altar gestellt, wo die Bibel lag. Alle Clansektionen des Dorfes, die jemanden zu den Gräbern der Clans entsandt hatten, waren anwesend. Der Altar war vollständig mit den schlammgefüllten Schalen von den Gräbern bedeckt. Die ganze Nacht hindurch wurde für die längst verstorbenen Ahnen getanzt, die gekommen waren, um die Hexen zu 'binden' und die Dörfler zu segnen. Dann wurde das 'kukusa' im Beisein der Toten veranstaltet. Ein Kruzifix wurde vor dem Eingang der Kirche eingegraben. Ein zweites hölzernes Kreuz symbolisierte den Tod des Hexers, der seine Hexerei nicht aufgeben wollte. Eine Bibel, einige Nägel und ein Hammer lagen ebenfalls bereit. Nachdem diese Gegenstände vorbereitet worden waren, wurde der Schlamm in den Schalen aus der Kirche genommen und mit dem Kreuz vor dem Eingang der Kirche in den Graben gekippt. Danach wurde der Schlamm nochmals mit Palmwein befeuchtet und dann das 'kukusa' veranstaltet. Jeder mußte der Reihe nach folgendes sagen

> Man sagt, ich sei ein Hexer. Ach, wenn ich ein Hexer bin, wenn ich meine Ältesten verschlungen habe, dann laß mein Zeichen das des Todes sein...(Rev. Makanzu in: J.Janzen/ W.Mac Gaffey 1974:85)

Über das Kreuz gebeugt mußte er sagen

> Wie ich schon gesagt habe, wenn ich erneut der Hexerei verfallen bin, dann...die Nägel! (ebd.)

Die Leute antworteten: "Schlagt die Nägel!" (ebd.) Nachdem sie das gesagt hatten, nahm einer den Hammer und trieb den Nagel in das hölzerne Kreuz. Während all das getan wurde, durften die Leute ihre Blicke nicht umherwandern lassen. Sie mußten sie auf das Kircheninnere richten, denn dort waren die Toten zugegen. Nachdem der Nagel ins Kreuz geschlagen worden war, sangen sie: "Dieses Kreuz trägt es fort..."(ebd.) Dann sprang ein Mann über zwei Kreuze und die Bibel. Er mußte der Länge nach und der Breite nach darüberspringen. Schließlich sagte er: "Ihr Leute im Dorf. Soll ich jetzt das kukusa machen? Kukusa?" (ebd.) Daraufhin kniete er nieder und tauchte seine Augenbrauen in den Schlamm. Damit war das 'kukusa' beendet. Nachdem alle im Dorf das 'kukusa' gemacht hatten, wurde die ganze Nacht hindurch weitergetanzt. Früh am Morgen mußten die Kinder, die im Dorf geboren waren, Wasser holen. Die Dörfler gingen hinaus aufs Feld, um nach den Feldfrüchten zu suchen, die den Leuten nicht den erwarteten Wohlstand gebracht hatten. Sie trugen diese Reichtümer, darunter Bohnen, Mais, Avocado, Orangen, Maniok, Kolanüsse, Mangofrüchte, Eier und Geld zusammen. Sie warfen auch wertvolle französische Bücher und Schulhefte auf den Haufen. Die Dorfbewohner standen im Kreis um den Platz. Während dieser Zeremonie mußten sie zerlumpte Kleider tragen. Dann zertrampelten sie die aufgehäuften Lebensmittel und vollführten einen Tanz darauf, während die Gesichter derer, die das 'kukusa' gemacht hatten, gewaschen wurden. Man nannte diesen Haufen Lebensmittel auch 'das makundu der Hexen'. Die Lebensmittel wurden mit Schlamm vermischt. Wenn die Lebensmittel sich gut mit dem Schlamm mischten, verlor das 'makundu' der Hexen an Stärke. Die Leute im Dorf füllten einen großen Korb mit dem Schlamm und trugen ihn in den Wald, wo sie den Schlamm vergruben. Nachts fanden sich die Leute an diesem 'makundu'-Loch ein. Diejenigen, die im Dorf zurückgeblieben waren, mußten laut singen, damit die, die in den Wald gegangen waren, nicht verlorengingen. Auf dem Rückweg durften sie sich nicht umschauen bis sie das Dorf erreicht hatten. Niemandem war es erlaubt, sich dem Ort im Wald zu nähern, wo das 'makundu der Hexen' vergraben worden war. Wer dort vorbeiging, weckte die Hexengeister auf. Manchmal gab es ein Palaver, weil einige Mitglieder der Familie kein 'kukusa' gemacht hatten. Sie waren in der Stadt oder nicht auffindbar. In diesem Falle mußten die Verwandten ein Stück Papier mit dem Namen des Abwesenden mitnehmen, das sein 'kundu' repräsentierte. Der Priester warf das Blatt auf den Haufen. Nachdem der 'kukusa'-Ritus gemacht worden war, fiel ein bestimmtes Krokodil keine Leute mehr an. Wer Medizin 'leckte' oder sonstwie gegen einen anderen aktivierte, wurde selbst von ihr niedergestreckt. Leoparden schlugen keine Tiere des Dorfes mehr und die Eulen hörten nachts auf zu schreien.

Exkurs über die 'nkisi' der Kongo

Munkunkusa war eine christliche Adaptation der 'nkisi'-Kulte der Kongo. Ein 'nkisi' (pl. minkisi) ist ein Gegenstand oder Ritus, der Heil- und Schutzfunktionen hat. Nsemi Isaki, ein Informant des schwedischen Missionars K.E. Laman, definierte 'minkisi' folgendermaßen

> Nkisi ist der Name eines Dings, mit dem wir einem Menschen helfen, wenn er krank ist und von dem wir Gesundheit erhalten...Wenn ein Individuum krank ist, wird es von jemandem geheilt, der Pflanzen sammelt und sie mischt und dem Kranken zu trinken gibt. Die Mixtur wird auch nkisi genannt, weil es jemanden gibt, der die menschliche Seele vor Krankheit beschützt. Ein nkisi jagt die Krankheit und vertreibt sie vom Körper...Ein nkisi ist ein selbstgewählter Gefährte, dem alle Leute vertrauen, ein Versteck für die Seele, damit das Leben bewahrt wird. Man betet zum nkisi und verehrt ihn... Sie sind überall bekannt wegen der Hilfe, die sie geben... Ein nkisi hat Leben, aber das Leben eines nkisi ist verschieden vom Leben der Leute. Man kann ihr Fleisch zerstören, verbrennen, wegwerfen, aber sie bluten nicht und schreien nicht...Ein nkisi hat ein unauslöschliches Leben, das aus einer Quelle stammt...Ein nkisi schlägt die Leute und zerrt sie durch Krankheit umher...Er ist eifersüchtig... Ein nkisi kann aggressiv und böse werden, wenn sein Priester nicht die Regeln oder heiligen Verbote beachtet, die bei der Initiation gegeben wurden. Die Vergeltung kommt in Form von Krankheit und die Person wird nicht gleich wieder gesund, denn die Krankheit ist eine Strafe...(Nsemi Isaki, zit.n. J.Janzen/W.Mac Gaffey 1974:35)

Das "Ding", unter dem Namen "Fetisch" (portugiesisch "feitiço") bekannt, ist entweder von Menschenhand gemacht oder der Natur entnommen. Die von Menschenhand gemachten Gegenstände sind Holzfiguren, Masken, Kordeln, Hals- und Armbänder.[12] Die Holzfiguren repräsentieren im allgemeinen Männer oder Frauen und seltener Kinder. Sie stellen manchmal Hunde, Leoparden oder Krokodile dar. Die männlichen Figuren sind bekleidet oder unbekleidet und tragen Medizinen in einer Höhlung im Bauch, im Rücken oder Kopf, die durch ein Stück Stoff, mit dem man die Figuren umwickelt, festgehalten oder geschlossen werden. Die Materialien, die der Natur entnommen wurden sind Blätter, Kräuter, Wurzeln, Baumrinde, Piment, Pfeffer, Körner, Früchte oder trockenes Gras. Einige der pflanzlichen Substanzen sind aufputschend, andere kratzen oder verletzen, wenn man sie berührt. Manche sind eßbar, andere giftig und einige sind wirkliche Medizinen. Materialien wie Statuetten, Muscheln, Hörner, Flaschen, Töpfe oder Körbe dienen auch als Behälter für die Medizinen, die aus Finger- und Fußnägeln, Haut und Haaren von Tieren, Krallen und Schlangenzähnen, Vogelschnäbeln, Federn und Haaren von Albinos, gemischt mit Menstruationsblut oder Exkrementen und beigefügten Muscheln bestehen. Einige 'nkisi' heißen nach ihren Behältnissen und viele bestehen aus Materialien, die in unzähligen Varianten wieder auftauchen, wie Figuren, Hals- und Armbänder, Hörner und Muscheln. Bei ihrer

Herstellung werden ihnen Materialien hinzugefügt, die nur einmal gebraucht werden können, vor allem Blätter und andere pflanzliche Elemente. Die Basismaterialien werden immer wieder gebraucht, während die beigefügten Materialien von Fall zu Fall erneuert werden. Einige Materialien werden wegen ihrer symbolischen Eigenschaften gewählt. Die Pflanze 'kanga-nzo' schließt sich bei Berührung. Manche Bestandteile der Medizinen sind wegen ihrer Form oder Farbe Bedeutungsträger, manche werden aufgrund ihres Ursprungs gewählt, wie z.b. der Ton bestimmter Flüsse, Quellen oder Bergschluchten oder auch Blätter einer Pflanze der Hochebene, wo einmal ein Krieg stattgefunden hat. Einige Bestandteile werden ausgewählt wegen der Träger, von denen sie stammen, z.B. Klauen eines Leoparden oder Löwen und Federn bestimmter Vögel. Die Bestandteile werden entweder wegen der Reproduzierbarkeit der erwünschten Eigenschaften gewählt oder wegen der Reproduzierbarkeit eines Teils dieser Eigenschaften. Luc de Heusch nennt diesen doppelten Gebrauch der Medizinen "metaphorisch" oder "metonymisch".[13] Er dient dazu, gewisse kosmische Kräfte in die Medizinen zu integrieren.

Ein 'nkisi' hilft und heilt, wenn sein Besitzer den richtigen Gebrauch des 'nkisi' vom 'nganga nkisi' gelernt hat, seine Gebote und Verbote genauestens befolgt und die Riten nach Vorschrift anwendet.[14] Ein 'nkisi' manifestiert sich gegenüber seinem Herrn durch die Krankheit, die er ihm schickt. Es gibt so viele 'nkisi' wie Krankheiten und der 'nganga nkisi' spezialisiert sich auf einen oder mehrere 'nkisi', d.h. eine oder mehrere Krankheiten. Eine kranke Person geht zum 'nganga', der als Spezialist dieser Krankheit gilt. Der 'nganga' hat selbst unter dieser Krankheit gelitten und wurde von ihr durch den 'nkisi' geheilt. Er besitzt den 'nkisi' dieser Krankheit und kann dem Patienten zeigen, wie der 'nkisi' hergestellt wird. 'Nkisi' bezeichnet also die Krankheit und auch das Mittel, das sie heilt. Zuerst ist die Krankheit da und wenn der 'nkisi' dieser Krankheit gefunden wurde, bekommt die Krankheit den Namen des 'nkisi'. Der 'nkisi', der eine Person krank machte, kann sie auch wieder heilen.

'Minkisi' sind belebt und haben Macht. Sie haben Augen und Ohren, sie sehen und hören. Sie lauschen dem 'nganga', wenn er sie anruft und bittet, ihm seine Wünsche zu erfüllen. Sie sind belebt durch einen 'nkisi'-Geist, der in ihnen wohnt und dieser Geist verleiht ihnen die Macht zu heilen und krank zu machen. Die Macht des 'nkisi' ist die Summe der Kräfte, die in seinen Medizinen repräsentiert ist und diese werden manchmal in einem Medizinbeutel aufbewahrt. Die Medizinen werden auch 'nkisi's Beine' genannt, ihre Stärke und ihr Mut hängt von ihrer Form ab. Es gibt männliche und weibliche 'minkisi'. Die männlichen 'minkisi' gelten als gewalttätiger und beharrlicher als die weiblichen 'minkisi' während diese milder und sanfter sind und mehr dazu angetan, zu besänftigen. Das Leben eines 'nkisi' liegt in seiner Wirksamkeit und richtet sich nach seinen Bestandteilen, die nach einem genau vorgeschriebenen Reglement geordnet werden.[15] 'Nkisi Kinzenzi', der Geburten erleichtern soll, besteht aus dem Basismaterial einer großen Muschel, deren Name 'kodi' einen gewissen Gleichklang mit dem Wort 'kola', nämlich 'stark' hat. Das spiralförmige Muster dieser Muschel steht für das Leben im allgemeinen, das sich die Kongo vor dem Eindringen europäischer Zeitauffassungen zyklisch, aber doch nicht identisch wiederkehrend vorstellten. In dieser Medizin sind auch Samen enthalten, die Kleinkinder im Bauch einer Schwangeren repräsentieren. 'Kinzenzi', das ist ein Gemisch aus zerstampfter Grille und Grashüpfer und wirkt als Abführmittel. Die Beziehung zu den längst verstorbenen Vorfahren wird metonymisch durch das Hinzufügen von weißem Ton hergestellt, denn die Farbe Weiß steht für das 'Kreideweiße', das Land der Toten. Die Schwangere muß außerdem den Staub von 'kitundibila'-Blättern meiden, die als Potenzmittel gebraucht werden. Dieser 'nkisi' soll Hindernisse bei der Geburt ausräumen und eine leichte Geburt ermöglichen. Er wird angerufen, als ob er lebt

> Eh, Kinzenzi, komm in diese Person, die zu gebären wünscht, die zu schlafen wünscht. Komm, entferne die Plazenta und die Nabelschnur, damit sie nicht blockiert werden kann. Dehne für dieses unser Kind. So hatten unsere Väter Kinder und so unsere Mütter.
> (W.Mac Gaffey 1977:173/74)

'Nkisi Makwende', der 'Leopard', fängt Hexer und Diebe und gehört in die 'Nkondi'-, d.h. 'Jäger'-Klasse. In ihn werden Nägel geschlagen, um einen abwesenden oder unbekannten Übeltäter zu strafen. Die Wunden, die ihm durch die Nägel zugefügt wurden, verärgern ihn so sehr, daß er die Person 'bindet', gegen die er gerichtet wird, z.B. einen Hexer, der verhinderte, daß der Schuß des Jägers ins Ziel traf. Der Jäger spricht ihn an

> Hör, Makwende! Spitze deine Ohren, mach deinen Blick klar, mach deine Ohren auf! Lo! Sie pflanzen eine Banane am Rande des Wassers. Wird sie Blätter tragen? Schneide sie in Stücke. Ntoyo-Vogel! Kaka-Eule! Krokodil! Schlange! Sieh dir den Weg an, auf den du geschickt wirst. Beraube und schlage den Hexer oder die Hexe, die das Gewehr verschließt! Makwende, hämmere einen eisernen Keil in die Brust des Hexers, zerstöre seinen Körper!
> (ebd.)

Die Banane steht für den Hexer oder die Hexe und ist ein Sinnbild menschlicher Sterblichkeit. Der 'ntoyo'-Vogel kündet Tod an, wenn er um Mitternacht singt, ebenso wie die Eule. Das amphibische Krokodil bringt die Menschen ins Land der Toten und die Schlange steht für die lebensspendenden 'simbi'-Geister. Die gebeugten Knie der Figur zeigen, daß es sich um ein belebtes Ding handelt. Die hervorhängende Zunge bedeutet 'Medizin lecken' wie es die Hexer tun, wenn sie jemanden verhexen. Die Figur erhält ein bedrohliches Aussehen. Waffen werden ihr umgehängt, wie beispielsweise ein hohler Strohhalm, der ein Gewehr darstellen soll und mit 'Schießpulver' gefüllt wird oder Netze, um die Beute zu fangen. Die Figur wird beschädigt oder einige beschädigte Figürchen werden dazugehängt. Die Füße sind in Netze verstrickt und geknotete Lumpen werden darumgebunden, um das Opfer am Laufen zu hindern. Das Opfer wird der 'Nkondi'-Figur ähnlich gemacht, indem ihr noch Haare oder Kleidungsfetzen hinzugefügt werden oder Maniok-Schalen, die es gestohlen hat. Manche 'minkisi' verlangen Blutopfer, ein Huhn und in Extremfällen, bei mächtigen 'minkisi', die töten sollen, auch das Leben eines oder mehrerer Verwandter. Ein wenig Opferblut wurde den Medizinen beigefügt. Das Blutopfer war eine Vorleistung an den 'nkisi', damit er mit dem Opfer genauso verfahre. Indem man etwas vom Opfer - Haare, Fingernägel, Blut - in die Figur hineinlegte, glich man das Opfer der Figur an und inkorporierte es in die Figur. Die Figur repräsentierte das Opfer und den Rächer zugleich. Sie verkörperte in sich die Ambivalenz des Übels und des Kampfes dagegen.

Die Beschaffenheit der 'minkisi' und ihre Funktion steht in Bezug zur Kosmologie der Kongo. 'Funza' gilt als der Ursprung aller 'minkisi' im Norden.[16] 'Funza' wird auch manchmal 'Nzambi' genannt, die Kongo-Bezeichnung für den christlichen Gott, doch gibt es keinen 'nkisi' mit Namen 'Nzambi', sondern 'Funza' war der erste 'nkisi' und hatte seinen Ursprung in Gott. Die 'minkisi' der Kongo sind hierarchisch, nach kosmologischen Prinzipien geordnet. 'Funza' kam mit einer großen Anzahl von 'minkisi' in die Welt und verteilte sie über das ganze Land und versah jeden 'nkisi' mit einer bestimmten Macht. 'Funza' regierte über die Domäne des Heilens. 'Funza' und 'Bunzi' sind lokal verankerte, große Regionalgeister.[17] Sie stehen in der kosmologischen Hierarchie unter 'Nzambi' und über den 'simbi', den sehr alten Ahnengeistern. Nicht alle 'minkisi' sind 'Funza' untergeordnet, denn dieser Regionalgeist regiert nur über ein bestimmtes Gebiet. Der erste Heros, der 'minkisi' herstellte, war der mythische Mukulu. Als Mukulu einschlief, träumte er einen Traum

> Morgens wirst du Blätter nehmen und sie mischen und sie einem Leidenden zu trinken geben. Er wird geheilt werden, denn alle Pflanzen gehören mir, sagte eine Stimme. Als Mukulu die Augen öffnete, sah er, daß er geträumt hatte. Er schlief wieder ein und Gott oder Funza zeigten ihm die Medizin und sagten ihm, er solle alles so wie gesagt mischen, damit er denen helfen könne, die ihn brauchten. Als er die Augen öffnete, tat er, was ihm der Traum befahl. Er mischte die Blätter und heilte einen Leidenden. Die Pflanzen erhielten so ihre Macht von dem einen, der sie zum Heilen bereitete. Der Helfer Mukulu begann, nachdem ihm Gott oder Funza das beibrachte, anderen den Gebrauch der nkisi zu lehren. (Nsemi Isaki, zit.n. J.Janzen/W.Mac Gaffey 1974:35)

Die Gründer der mächtigen Stämme Kongo, Nsundi und Mbenza waren zu K.E.Lamans Zeiten (ca. 1910), Gegenstand der Verehrung. Sie wurden als 'minkisi' mit dem Namen des Stammes verehrt.[18] Nakongo oder Mukongo, der mythische Vorfahre der Kongo, war ursprünglich ein 'nkisi' und stammte vom ersten menschlichen Wesen überhaupt ab. Die Stelle, wo er zum ersten Mal die Erde betrat, ein großer Fels in der Mitte eines Tales, wird auch die 'Höhle des Mukongo' genannt.

'Mpulu Bunzi' stammte aus dem Süden und war dort der Herr aller 'simbi'-Geister, des Windes und des Wassers und aller 'minkisi'. Seine Wohnstatt war ein großer Baumstumpf. 'Bunzi' ist Stammespatron und wird dargestellt durch eine große menschliche Figur. Er schuf die 'minkisi' der 'simbi'-Linie, so wie er auch die Vorväter schuf. 'Funza' stammte aus dem Norden und soll dort alle Menschen und 'minkisi' geschaffen haben. Seine große Macht zeigt sich darin, Zwillinge zu schöpfen.

'Minkisi' werden in drei Klassen geordnet, die Wasser-, Erd- und Himmelsklasse.[19] Wasser-'nkisi' werden im Wasser hergestellt. 'Bunzi' und 'Funza' sind Wasser-'nkisi'. Das Wasser symbolisiert das Element, in dem alles Leben entsteht. Alle 'minkisi', die von 'Funza' oder 'Bunzi' abstammen, befinden sich ebenfalls in der Wasser-Klasse, wie beispielsweise die 'nkisi' der 'simbi'-Geister. Die 'simbi'-Geister sind das kommunikative Band zwischen den Menschen und den Göttern. Die 'simbi'-Geister machen die Menschen besessen. Wahrsager und Wahrsagerinnen sind ihre menschlichen Medien. Die 'simbi'-Geister werden dargestellt durch eine Kalebasse, die im Wasser gefunden wird und durch eine Riesenpython, die wegen ihrer Eigenschaft sich mehrmals im Laufe ihres Lebens zu häuten Unsterblichkeit symbolisiert, so wie die Vorfahren mehrere Transformationen durchmachen, bis sie endgültig zu 'simbi'-Geistern werden, die in Flüssen und Wasserfällen leben. Mütter und Väter von Zwillingen werden automatisch zu Heilern des 'nkisi Funza', der in der Hierarchie der 'nkisi' weit oben rangiert. 'Funza', 'Bunzi' und die 'simbi'-Geister gelten als wohlwollend und stehen für die guten Dinge im Leben, vorausgesetzt die Menschen befolgen genauestens ihre Gebote und Verbote. Sie haben Heil- und Schutzfunktion.

Die Erd-'nkisi' haben als Basismaterial Produkte, die von Menschenhand stammen, aber auch solche, die der Natur entnommen wurden. Bei diesen 'nkisi' ergreift der Mensch die Initiative, wenn er in Kontakt mit ihnen treten will. Erd-'nkisi' werden z.B. für die Jagd gebraucht.

Die Himmels-'nkisi' werden meist gegen Hexen und Zauberer eingesetzt. Ihre Bestandteile sind oft Pfeffer und Schießpulver, aber auch Holzkohle, die die Beziehung zu Blitz und Donner und zur Sonne darstellen. Sie werden für Jagd, Handel und Reise gebraucht. Eine Reihe von 'minkisi' gehört keiner der drei Klassen an und etliche gehören mehreren Klassen an. Deutlich lassen sich nur die Wasser-'nkisi' den Erd- und Himmels-'nkisi' gegenüberstellen. Wasser-

'nkisi' haben als Medien Männer und Frauen, während Erd- und Himmels-'nkisi' nur von Männern gemacht und gehandhabt werden. Zu den Wasser-'nkisi' wird der Kontakt durch Besessenheit hergestellt, zu den Himmels- und Erd-'nkisi' durch Denken und Handeln. Unterwerfung unter Riten und Beachtung von Geboten und Verboten sind kennzeichnend für die Wasser-'nkisi', die den Menschen an den natürlichen Ressourcen teilhaben lassen. Kampf gegen Hexerei und Zauberei sind typisch für die Erd- und Himmels-'nkisi' und dieser Kampf wird mit Magie und Medizinen geführt. Die Reichtümer, die diese 'nkisi' versprechen, können nur durch menschliche Tätigkeit erlangt werden. Die Wasser-'nkisi' repräsentieren eine Welt, die gut und harmonisch ist, wenn auch nicht ohne Ambivalenz, denn sie verursachen die Übel, die sie heilen, z.B. Unfruchtbarkeit und heilen sie auch. Die Erd- und Himmels-'nkisi' repräsentieren ständigen Kampf mit den Mächten des Bösen, den Hexen und Zauberern und den bösen 'nkuyu'-Geistern. Marie-Claude Dupré meint, daß dieser Repräsentationsfunktion der 'nkisi', der Gegensatz von Natur und Kultur zugrunde liege.[20] Die Wasser-'nkisi' repräsentieren die ambivalente Natur. Die Gebote und Verbote, die in der Kategorie der Wasser-'nkisi' befolgt werden müssen, sind darauf gerichtet, natürliche und kulturelle Elemente voneinander zu trennen und die natürlichen Bedingungen wiederherzustellen. Kultur dringt in bedrohlicher Weise in die Domäne der Natur ein und wird durch Gebote und Verbote daraus verbannt. Die Erd- und Himmels-'nkisi' repräsentieren dagegen nur die negative Seite, die Nacht- und Schattenseite der Natur, in der die Hexen und Zauberer ungehemmter Triebbefriedigung nachgehen.

'Funza' und 'Bunzi', die mythischen Stammesväter und die längst verstorbenen Vorfahren, dargestellt in den 'simbi'-Geistern, werden in eine genealogische Reihenfolge gebracht, die auch das Ordnungsprinzip der 'nkisi' ist. Die 'nkisi' sind gruppiert in 'Familien', die kleinen 'nkisi' stammen von den großen ab, ihre Beziehungen untereinander werden als Bruder- oder Schwesterbeziehungen dargestellt. Das Modell für die kosmologische Ordnung war die Sozialordnung der Kongo, doch mit der Zerstörung ihrer sozialen und politischen Organisation, zerfiel auch ihre Kosmologie. Die alten Kultpraktiken, in deren Zentrum die die verschiedenen Lebensbelange betreffenden und kosmologische Prinzipien widerspiegelnden 'minkisi' standen, wurden modifiziert und erfuhren unter dem Einfluß des Christentums Verschmelzungen und Umdeutungen. Munkunkusa richtete sich hauptsächlich gegen Hexerei und Zauberei. Kreuz und Bibel hatten die Funktion von 'minkisi', die Heil und Schutz durch den Segen der Ahnen, an die sie sich richteten, gewähren sollten.

Schreine gegen Hexerei und Zauberei in Westafrika

Atinga (Nigeria)

Mitte der Vierziger Jahre trat an der südlichen Goldküste in Ghana eine Antihexereibewegung mit dem Namen Tigere oder Tigari auf, die von der Goldküste in Richtung Norden zu den Yoruba wanderte, wo sie um 1950 unter dem Namen Atinga bekannt wurde. Die Alatinga kamen auf Einladung der Häuptlinge in die Dörfer, wo sie außerhalb der Siedlungen, auf einer Waldlichtung den Platz bereiteten, auf dem die Zeremonie stattfinden sollte.[21] Der Form und Anlage nach war es ein mohamedanischer Gebetsplatz. Am Fuße eines Baumes wurde ein Altar aus Schlamm errichtet. Junge Männer und Mädchen tanzten zum Trommelschlag vor dem Altar. Vor dem Altar schlachteten ältere Männer jeweils ein Exemplar eines Haustieres wie sie bei den Yoruba vorkommen. Das Blut fingen sie in einem Topf auf, einige Tropfen davon gaben sie auf den Altar und den Rest füllten sie in einen Topf mit Wasser und brachten ihn außer Sichtweite hinter den Altar. Dort mischten sie eine zerbrochene Kolanuß hinein und stellten damit eine Medizin her. Sie nahmen sie aus dem Topf, damit sie trocknen konnte, und verkauften kleine Stücke davon. Während die Medizinen zubereitet wurden, sagte man Sprüche über die Medizinen. Diejenigen, die ein Stück Kola kauften, erhielten mit einer Kalkscheibe eine Markierung auf die Stirn gezeichnet, ein Zeichen ihrer Immunität gegen Hexerei und Zauberei und ein Abzeichen ihrer Kultzugehörigkeit. Die Mitglieder von Atinga mußten einige Tabus beachten, damit sie den magischen Schutz nicht verloren. Sie sollten keine Papaya-Früchte und Pfeffer von den Feldern ihrer Nachbarn stehlen. Sie sollten keinen Ehebruch begehen und wenn sie es doch taten, es ihren Ehepartnern gestehen. Sie sollten nicht töten und einander Böses wünschen. Nachdem alle Opfer dargebracht worden waren, gingen die Trommler in die Stadt, um vor dem Haus zu trommeln, in dem die Alatinga-Gesellschaft wohnen sollte. Dort tanzten sie erneut. Im Haus ließen die älteren Männer, die die Gruppe anführten, einen Altar errichten, auf dem sie die Kultgegenstände aufbewahrten, wie Opfermesser, Taschen mit den vorbereiteten Kolanüssen, Kreide, ein kleiner Schlagstock und den Griff einer Hacke, die im Tanz Verwendung fand. Dort fand auch die Aussprache mit denen statt, die sich als Opfer von Hexen wähnten. Vor dem Haus tanzten sich junge Leute in Ekstase. Im Zustand der Besessenheit machten sie ihre Enthüllungen. Sie waren besessen von Atinga, einem Geist, der sie befähigte, Hexen in Trance zu erkennen. Sie entdeckten die Feindseligkeiten in sich selbst oder in anderen. Peter Morton-Williams berichtet, wie einer der Besessenen einen der Umstehenden, den eine hysterische Lähmung befallen hatte, fragte, ob er Hexerei habe und wenn er Hexerei habe, er es jetzt sagen solle. Sobald Atinga durch den Tänzer sprach und die Antwort 'nein' lautete, sagte der Alatinga zu ihm: "Atinga hat dich zu seinem Weib berufen. Willst du mit Atinga gehen?'" Bejahte er das, so reihte er sich unter die Besessenen ein und tanzte den Besessenheitstanz des Atinga. Gewöhnlich deuteten die Tänzer auf die alten Frauen, die mit ängstlichem Abscheu die Szenerie beobachteten. Auf diese Weise überführt, mußten sich die Frauen als Hexen bekennen und gestehen, wen sie getötet hatten. Sie mußten ihre Kalebassen zeigen, in denen sie ihren Hexenvogel aufbewahrt hatten, der ihre Seelen zu Hexentreffen trug und das Opfer angriff. Nachdem die Frauen durch Atinga überführt worden waren, legten sie meist sofort ein Geständnis ab und wurden von ihrer Hexerei losgesprochen. Die Frauen, die sich weigerten zu gestehen, wurden verprügelt und manche starben an den Folgen.[22] Andere leugneten. Sie mußten sich bis zur Hüfte entkleiden, in die Sonne setzen und warten, bis die Zeit für einen Test durch das Orakel gekommen war. Das Orakel war eine weitere Manifestation von Atinga. Jede verdächtige, aber noch nicht überführte Frau mußte eine Henne, eine halbe Flasche Gin und etwas Geld mitbringen. Der Gin wurde über den Altar gegossen, auf dem die Hacke und der Schlagstock lagen. Während er tanzte, fragte der Wahrsager die Frau, ob sie eine Hexe sei, worauf sie antwortete: "Nein." Er fragte weiter

> Hast du einen Vogel oder etwas anderes, was du von deiner Mutter bekommen hast? - Nein, ich habe nichts. - Gut, bist du eine Hexe? - Nein, das bin ich nicht. - Hast du niemanden getötet? - Ich habe niemanden getötet, weil ich keine Hexe bin. - Hast du einen Vogel oder eine Kalebasse von deiner Mutter erhalten? - Nein. - (P.Morton-Williams 1956:319)

Dann forderte er sie auf, ihr Huhn zu geben und sie sprach ein Gebet: "Wenn ich eine Hexe bin, soll mein Huhn zu Boden fallen, wenn nicht, soll mein Huhn es zeigen. Gott schütze mich, ich bin keine Hexe." Mit einem Stein, den er mehrmals auf den Altar schlug, rief der Priester Atinga herbei. Er rief ihn bei seinen verschiedenen Namen: Yakau, Obribri, Cherechekun-Cherechekun, Katinka, Ogidigidi und 'Hexentöter, der tötet, wie ein Mensch ein Tier tötet'. Starb das Huhn auf dem Rücken, war die Frau keine Hexe. Dieser Augenblick, so Peter Morton-Williams, war einer der größten Spannung und wurde von der Angeklagten mit Handbewegungen begleitet, so als ob sie das Huhn umdrehen wollte, wenn es falsch lag. Manchmal wechselte das Huhn noch im letzten Moment vom Rücken auf den Bauch und darin erblickte die Menge den siegreichen Kampf des Atinga mit der Hexe. Die Frauen, die vom Ordal als Hexen überführt wurden, mußten gestehen und eine Reinigungsgebühr bezahlen. Sie mußten ihre Zaubermittel abliefern, worunter sich auch ihre

Wahrsageperlen befanden oder Dinge von ihrem Hausaltar. Sie wurden mit der Flüssigkeit aus dem Topf gereinigt und mußten die behandelte Kolanuß einnehmen. In dem Wasser befand sich auch Blut von dem Opferhuhn. Eine der Frauen, die Atinga überführt hatte, konnte nicht sagen wie sie zur Hexe geworden war. Sie sagte, daß sie alle ihre Kinder getötet habe. Sie wußte nicht wie sie gestorben waren, aber da sie gestorben waren, mußte sie sie getötet haben. Eine andere Frau hatte 16 Kinder geboren, aber nur eins blieb am Leben. Niemand hatte sie zuvor eine Hexe genannt und sie wußte auch nicht, daß sie eine war. Sie hatte sich vor ihrem Geständnis nicht zu einem Ordal bereiterklärt und sagte

> Ich tötete zwei Erwachsene, mehrere junge Leute und alle meine Kinder. Ich konnte nichts dagegen tun. Als mein Ehemann eine Wunde bekam, ließ ich sie nicht heilen. (P. Morton Williams 1956:322)

Auf die Frage des Anthropologen, woher sie wußte, daß sie es war, die die Kinder getötet hatte und nicht eine andere Hexe, sagte sie, sie wüßte es eben, könne es aber nicht erklären. Eine weitere Frau lebte mit ihrem Mann und seinen anderen Frauen zusammen. Die Frauen stritten oft miteinander. Sie hatte fünf Kinder und eines davon starb. Nie wurde sie eine Hexe genannt, bis Atinga sie überführte. Aber sie wußte, daß sie eine Hexe war, denn sie hatte vier Männer aus der Lineage des Ehemannes getötet, die ihr nicht gestatteten, auf ihren Feldern Pfeffer zu pflücken. Sie hatte Medizin, mit der sie sich unsichtbar machen konnte und war mit einem kleinen Messer bewaffnet, mit dem sie eine Person überall hinstechen konnte. Sie sagte

> Wir töten eine Katze und ihre Augen geben uns nachts Licht genug, um unsere Taten auszuführen, ohne daß uns jemand sieht. Wir gehen mit der Katze auf das Dach des Hauses, die Katze miaut, der Mann stöhnt und stirbt. Ich habe auch Kaurimuscheln, die ich auf den Boden lege. Sie verschwinden und töten jemanden. Ich kann dir nicht sagen, wie das geht, ihr Weißen könnt das nicht verstehen. Wie ich die Hexerei bekam?...Nachdem meine Mutter gestorben war, kam eine Frau zu mir und sagte, ich solle einer egbe, einer freundlichen Gesellschaft beitreten. Eines Tages luden sie mich ein, eine Suppe mit ihnen einzunehmen. Wir gingen dort nachts hin und ließen unsere Körper zurück. Das erste Mal ging ich in meinem eigenen Körper hin. Sie sagten, wenn ich nicht die Suppe essen würde, verriete ich wahrscheinlich ihre Geheimnisse. Atinga hat alle Mitglieder der Gesellschaft gefangen. Meine Hexerei ließ mich nie im Stich, aber jetzt, wo Atinga mich gefangen hat, habe ich nicht mehr die Macht zu schaden. Wenn ich gewußt hätte, daß egbe schlecht ist, wäre ich nicht beigetreten. Ich bin froh, daß Atinga mich befreit hat. (P.Morton Williams 1956:323)

Eine andere Frau sagte, daß sie gegen ihren Willen in die Hexengesellschaft eingetreten sei. Der Preis dafür war das Kind ihres Sohnes. Alle Mitglieder ihrer Gesellschaft hätten eine Katze und einen Vogel als Gehilfen. Sie wolle nicht länger eine Hexe sein und sei froh, daß Atinga sie befreit habe. Die einzige junge Frau, die verdächtigt wurde, hatte die Macht, den Tod einer Person "herbeizudenken". Als ihr Kind krank wurde, ging sie zu einer Frau, die ihr Medizin für das Kind gab. Es waren drei Honigkugeln, von denen sie eine verlor und zwei selber aß. Deshalb dachte sie, ihr Kind müsse sterben und so geschah es auch. Von da an wußte sie, daß sie eine Hexe geworden war. Wenn sie hörte, daß jemand krank war und ihr der Gedanke kam, daß er sterben würde, so starb er auch. Als ihr nächstes Kind krank wurde, empfahl ihr eine ältere Frau eine Ziege zu opfern, aber nichts davon zu sich zu nehmen. Aber nachts verließ ihre Seele ihren Körper und aß von den Eingeweiden, die in einer Kalebasse unter einem Baum aufbewahrt wurden. Dann starb ihr Kind, denn die Ziege war nur eine Täuschung und in der Kalebasse waren die Eingeweide ihres eigenen Kindes. Alatinga erlöste sie von der Hexerei, als er sie fing und sie aufforderte die Kalebasse herbeizubringen. Doch die Geschichte mit den Honigkugeln belastete sie weiterhin.

In den ersten Wochen des Wirkens von Atinga wurden 483 Hexen aus einer Stadtbevölkerung von etwa 10.000 Einwohnern nachgewiesen. Die Alatinga wandten sich gegen die gesamte traditionale rituelle Ordnung. Sie griffen die 'orisha' an, die Götter der Yoruba. Angeführt von einem Besessenen mit Trillerpfeife stürmten die Alatinga durch das Dorf, rannten in die Häuser und zerstörten die Schreine. Sie zerstörten viele Affenbrotbäume, in denen sie Hexen vermuteten, die die Gestalt von toten Hühnern und Schafen angenommen hatten. Sie rissen die Wände ein und beschossen die 'orisha'-Schreine mit magischer Kola. Sie holten die Bilder heraus, trugen die Symbole der 'orisha' fort und häuften sie aufeinander. Diese Art von Bildersturm führte dazu, daß einige Häuptlinge sich weigerten, die Alatinga in ihre Dörfer zu lassen.

Die Einstellung der Häuptlinge in Ashanti gegenüber den Schreinen war dagegen anders.[23] Häufig waren sie es, die die neuen Kulte in ihre Städte brachten. Priester und Häuptlinge teilten sich den Gewinn. Die Schreine entschieden aber bald nicht mehr nur Hexereifälle, sondern auch Ehebruch und Diebstahl, die vordem in die Jurisdiktion der Häuptlinge fielen. Manche von ihnen ergriffen daher drastische Maßnahmen und konfiszierten das Eigentum der Schreine. Sie denunzierten die Priester bei der Regierung und verboten ihren Untertanen den Besuch der Schreine oder die Schreine selbst. Die traditionale Yoruba-Gesellschaft hatte religiöse Institutionen, um die Hexen zu beschwichtigen. Jedes Jahr führten die Mitglieder des Engungun-Bundes - ihm gehörten Männer und Frauen an - Riten durch, um den Segen der Ahnen zu erwirken, damit sie die Guten mit Wohltaten belohnten und die Bösen bestrafen sollten. Oro und Engungun richteten auf Befehl des Königs Hexer und Zauberer, aber auch politische Rivalen hin. Die Beschwichtigung geschah auf der rituell-symbolischen Ebene, die wirklichen Ursachen der Konflikte, die im

Idiom der Hexerei ausgedrückt wurden, blieben unerkannt. Gelede, beispielsweise, behandelte Hexerei als etwas, was durch 'guten Willen' überwunden werden konnte und genau das führten die Zeremonien des Geheimbundes vor. Atinga stand in Konkurrenz zu den institutionalisierten Methoden der Abwehr von Hexerei und Zauberei, wie sie die traditionalen Maskengesellschaften der Yoruba, Gelede und Engungun, oder der geheime Männerbund Oro praktizierten. In diesen Bünden waren die Alten Mitglieder und durch diese Bünde übten sie ihre politische Macht aus, die den jungen Männern viele Pflichten und wenig Rechte auferlegten. Die Alatinga waren dagegen meist junge Männer und sie wandten sich gegen die überkommene rituelle Ordnung, die der kulturelle Ausdruck veralteter Machtstrukturen war. Die Sponsoren und Befürworter von Alatinga waren außerdem reiche Männer, die aufgrund ihres Erfolges im Handel zu Ansehen und Einfluß gekommen waren, manche Häuptlinge, deren Ämter durch die Kolonialverwaltung säkularisiert und die auf diese Weise ihrer religiösen Sanktionen beraubt worden waren, und einige Sektionsoberhäupter in weltlichen Ämtern, die vom schwindenden Einfluß der 'orisha'-Priester profitierten.

Atinga kam ursprünglich vom Norden der Elfenbeinküste, wo er sich unter dem Namen Tigari bei den Akanvölkern verbreitete.[24] Tigari und andere Schreinkulte in Westafrika, Bünde in Zentralafrika und Säuberungsbewegungen in Ostafrika waren neue kultische Antworten auf den uralten Kampf gegen Hexerei und Zauberei. Die sozialökonomischen Veränderungen der Kolonialzeit waren der Nährboden, auf dem diese neuen Kulte und Bewegungen gedeihen konnten. Es mag naheliegen zu fragen, warum die sozialen, politischen und wirtschaftlichen Ursachen der Spannungen und Konflikte nicht bekämpft wurden, sondern stattdessen Hexen. R.G.Willis nennt einen der möglichen Gründe: Antihexereikampagnen versprechen die sofortige Erlösung von den Übeln und Leiden, ein 'sofortiges Millenium'[25] und vertrösten nicht auf eine bessere Zukunft, wie die chiliastischen Bewegungen. Sie versprechen die sofortige Veränderung der Verhältnisse nicht durch radikale Umwälzungen, also Revolutionen, sondern durch Reinigung oder Vernichtung solcher Personen oder Personengruppen, die als Störenfriede des Gemeinschaftslebens gelten. Antihexereibewegungen und Säuberungskulte sind daher rückwärtsgewandte millenarische Bewegungen. Sie appellieren an die Wiederherstellung von Einheit und Harmonie in der Dorfgemeinschaft, dies aber um den Preis der Verfolgung und Vernichtung des Anders- oder Fremdartigen, das die Hexen oder Hexer verkörpern. Ihre Utopie ist die heile Welt einer vermeintlichen ursprünglichen Harmonie, ihre implizite Forderung die Rückkehr zu den tradierten Werten.

Christentum und Hexerei in Afrika

'Faith healing' in den freien Kirchen (Ghana)

Das Christentum war die wichtigste ideologische Säule der europäischen Kolonialherrschaft und hat neben dem modernen Fortschrittsglauben, der die ideologische Legitimation der politischen und ökonomischen Interessen der Großmächte und ihrer Verbündeten im Afrika von heute ist, am nachhaltigsten traditionale afrikanische Weltbilder und Wertvorstellungen beeinflußt. Die praktischen Konsequenzen waren afrikanische Kirchen mit stark einheimischem Gedankengut einerseits und andererseits die Transformation afrikanischer Weltbilder und Lebensformen durch Bildung und ökonomisch-technische Entwicklung.

Für die Christen ist Hexerei Teufelswerk. Hexer und Zauberer stehen im Dienste des Teufels. Für den gläubigen Christen ist Hexerei eine Illusion der Sinne, mit der der Satan die Menschen narrt. Er arbeitet mit den raffiniertesten Mitteln der Täuschung, um die Menschen von der Einsicht in ihre Sündhaftigkeit abzuhalten. Er macht, daß die Menschen an Hexen glauben und deshalb zu Fetischen und Medizinen Zuflucht nehmen. H.Debrunner beschreibt in seinem Buch "Witchcraft in Ghana" eine Episode mit einer Ashanti-Priesterin. Sie kam eines Tages zu ihm und erzählte, sie habe von Christus geträumt. Er habe ihr gesagt, daß die Kirchen keine Hexen und Hexer mehr aufnehmen sollten. Als ob der Leibhaftige vor ihm stünde, entgegnete der Missionar, auch Hexer und Hexen seien Kinder Gottes.[26]

Nach christlicher Auffassung ist die Menschheit erlöst. Die Erbsündenlehre trat an die Stelle der verschiedenen antiken Dämonologien. Die Erbsündenlehre sagt, daß die Menschheit seit Adam und Eva in Sünde und Schuld verstrickt ist. Es kann deshalb nach christlicher Auffassung keine persönliche Schuldzuweisung für Krankheit, Unglück und Tod geben, denn sie sind die Strafe Gottes für die Sündhaftigkeit der Gattung Mensch. Deshalb darf niemand einen anderen größerer Bosheit und Gemeinheit verdächtigen als die, zu der er selbst fähig ist. Darüberhinaus hat Christus die Macht des Teufels in der Welt besiegt und wer an die Macht der Hexer und Teufel glaubt, der zweifelt an Christus. Er kann zwar an ihre Existenz glauben, nicht aber daran, daß ihnen eine entscheidende Macht in der Welt zukommt. Folglich ist es Unsinn, Hexer zu bezichtigen und zu verfolgen, denn wenn sie existieren, so wird Gott sie strafen, weil Gott mächtiger ist als alle Hexen, Zauberer und Teufel. Die christliche Glaubenslehre bietet daher eine wirkliche Chance von der Hexenfurcht loszukommen, wenn nur alle Christen wirklich glauben würden, daß es nichts zu fürchten gibt. Die Realität sieht aber anders aus. Bis in die höchsten Kirchenspitzen war und ist der Glaube an die Macht des Teufels lebendig. Die Christen fürchten den Teufel mehr als dieser das Weihwasser. Die Hexereifurcht ist duch die abstrakte, rein intellektuelle christliche Erlösungslehre nicht aus der Welt zu schaffen. Furcht vor Hexerei war der Grund, warum viele Afrikaner die christlichen Kirchen wieder verließen, in die sie eingetreten waren, weil sie sich davon die Erlösung von der Hexerei versprachen. Oft traten gerade solche Afrikaner den christlichen Kirchen bei, die am ehesten Hexereiverfolgungen ausgesetzt waren, weshalb die nicht-christlichen Afrikaner die Kirchen verdächtigten, Sammelbecken der Hexer und Hexen zu sein und zur Vermehrung der Hexerei beizutragen. Die Unfähigkeit des Missionschristentums mit dem Problem der Hexereifurcht in praktischer Weise fertig zu werden, führte zum Bruch mit dem Missionschristentum und zur Gründung freier Kirchen, in denen der Kampf gegen Hexerei und Zauberei größere Beachtung fand. Einige dieser Kirchen praktizierten das spirituelle Heilen von Krankheiten. Die Krankheit wurde als ein böser Geist oder ein böses Fluidum vorgestellt, das den Menschen befallen hatte. Beim Heilgottesdienst wurde dem Patienten die Bibel auf den Kopf geschlagen, damit der heilige Geist eindringen sollte. Singen, lautes Beten und Trommeln erzeugten die notwendige spirituelle Atmosphäre und brachte die Gemeinde in den richtigen Swing. Die eigentliche Behandlung bestand im Einreiben von geweihtem Öl auf Stirn, Ohren, Zehen und Hände. Es symbolisierte die Heilkraft von Christus über die fünf Sinne. Handauflegen und Zungenreden symbolisierten das Entfernen des bösen Geistes und des üblen Fluidums. Durch langes Massieren der schmerzenden Teile des Körpers, sollten die krankmachenden Geister zu den Extremitäten getrieben werden. Dort ergriff sie der Priester und warf sie weg. In den Heilgottesdiensten der Ashanti erteilte der Priester in Trance scharfe, unverständliche Befehle an den bösen Geist der Person, damit er sie verließ. Der Patient begann zu zittern, fiel in Trance und tanzte mehr oder weniger heftig je nach Art des Dämons, der ihn besessen gemacht hatte. Dieses Tanzen war eine letzte heftige Reaktion des Dämons, der ihn verlassen wollte. Er warf ihn zu Boden und schüttelte ihn heftig, während der Priester seine Befehle erteilte. Schließlich tat der Geist seinen Namen durch den Besessenen kund. Dann gab er sich geschlagen und entfuhr mit einem lauten Schrei des Opfers. Hin und wieder fanden Massenexorzismen statt, bei denen vierzig und mehr Männer und Frauen von ihrem Hexengeist befreit werden wollten. Sie mußten sich alle in mehreren Reihen aufstellen und in Richtung Sierra Leone schauen, wo die Hexengeister ins Meer getrieben werden sollten. Früher jagte man sie über Accra ins Meer, aber anstatt dort zu ertrinken, fanden viele Hexengeister ein neues Zuhause unter den Einwohnern von Accra. Die Leute aus Accra beschwerten sich und so verjagte man sie in Richtung Sierra Leone. Die versammelte Gemeinde klatschte bei diesen Exorzismen zu den Rhythmen einer Musikgruppe in die Hände. Alle Hexen und Hexer mußten niederknien. Der Priester und ein oder zwei Helfer legten ihnen eine Hand auf den Kopf und deuteten mit der anderen Hand in Richtung Sierra Leone. Sie befahlen dem Hexengeist dorthin auszufahren. Einige Hexen begannen zu zittern und das war ein Zeichen dafür, daß die unreinen Geister sich in ihren Körpern unwohl zu fühlen begannen. Die Geister, die sich dem Einfluß des Priesters widersetzten, schüttelten ihre Besitzer derart, daß sie zu Boden fielen und sich krümmten. Sie blieben bebend liegen. Der Priester bestreute ihre zitternden Glieder mit heiligem Sand. Er stellte den genauen Punkt auf den Gliedern oder dem Kopf fest, wo der Hexengeist ausgetreten war. Dieser Gefahrenpunkt wurde mit geweihtem Öl und heiligem Sand betupft, um besonderen Schutz gegen erneute Angriffe zu bieten. Wenn eine Halskette als Bollwerk des Hexengeistes angesehen wurde, schnitt der Priester sie ab und neutralisierte sie mit heiligem Sand. Nach der Behandlung lagen die Patienten wie tot da. Sand wurde über sie gestreut, um ihr Begräbnis zu symbolisieren. Nicht alle Hexen reagierten gleich heftig. Einige blieben kniend sitzen und schüttelten sich nur mäßig oder gar nicht. Ihre Hexengeister waren nicht so böse und verließen sie früher. Wenn sich die Zeremonie ihrem Ende näherte, wurden die 'Verstorbenen' zu neuem Leben erweckt, indem die Priester sie auf die Beine stellten. Andere verharrten in ihrer Erstarrung und mußten weggetragen werden.

Dibundu dia Croix-Koma (VR Kongo)

Als die französische Ethnologin Jeanne-Françoise Vincent 1964 eine Untersuchung über Frauen in einem kleinen Dorf, etwa 40 km von Brazzaville entfernt machte, bemerkte sie, daß ihre Informantinnen abwechselnd verschwanden, um, wie sie sagten, "das Kreuz zu erheben." Sie erfuhr auf diese Weise von einer neuen Bewegung zur Bekämpfung von Hexerei und Zauberei, die 'Dibundu dia Croix-Koma' genannt wurde, d.h. 'Bewegung der engen Anbindung (= koma) an das Kreuz Christi'.[27] Die Bewohner des Dorfes, in dem sie ihre Feldforschung machte, sagten, es sei eine katholische Bewegung und obwohl sie nicht von der Missionskirche ins Leben gerufen worden war, war das Kreuz die einzige Waffe im Kampf gegen Hexerei und Zauberei. Der Gründer der Bewegung war Viktor Malanda, ein Lari (sie sind eine von mehreren kongosprachigen Volksgruppen), der aus einem Dorf ca. 100 km von Brazzaville entfernt stammte, etwa 1910 geboren worden war und die Macht besaß, die Menschen von Hexerei und Zauberei zu befreien. Viktor Malanda ging nie zur Schule und war von Beruf Schnitzer. Im Alter von etwa zwanzig Jahren verließ er sein Dorf und begab sich nach Kinshasa, wo er für einen europäischen Auftraggeber als kunstgewerblicher Schnitzer arbeitete. Doch bald gab er das Schnitzen auf und wurde Gärtner, bis er durch Visionen von seiner Berufung zu lehren und zu helfen erfuhr.

Viktor Malanda war ein frommer Katholik und schloß sich in Kinshasa der 'Marienlegion' an, einer besonders glaubensstrengen katholischen Bewegung. Nach eigenen Angaben ging er jeden Tag zur Messe, er mied Alkohol und Tabak. 1952 nahm er am Munkunkusa teil, von dem er jedoch nur mit Verachtung sprach. Für ihn war es eine 'Bewegung von Zauberern gegen Zauberer'. 1956, nach der Lektüre einer päpstlichen Enzyklika, spürte er zum ersten Mal seine Berufung zu lehren und heilen. Er begann seine Gärten zu vernachlässigen und gab sich ganz seinen Visionen und Ekstasen hin. 1957 hatte er die Eingebung, eine Kirche bauen zu müssen und als er damit begann, erschien ihm der Heilige Antonius und sagte zu ihm: "Du wirst Prüfungen erdulden müssen." Der Heilige Antonius sollte ihm helfen, die Prüfungen zu bestehen. Die erste Prüfung war ein Sturm, der seine Gärten verwüstete. Die zweite Prüfung war eine Insektenplage und bei der dritten Prüfung fielen Vogelschwärme über seine Gärten her, die die Ernte vernichteten. 1958 träumte er, der Papst lege ihm ein Kupferkreuz in die Hände und noch am selben Tag sah einer seiner Verwandten ein leuchtendes Kreuz am Wegrand und brachte es Viktor Malanda, der es sofort als das Kreuz aus seinem Traum wiedererkannte. Seine Zeit war also gekommen. Um seine Mission erfüllen zu können, kehrte er in sein Dorf zurück, ließ sich aber nicht direkt dort nieder, sondern gründete mit einigen seiner Clanangehörigen nur wenige Kilometer von seinem Geburtsort ein neues Dorf. Viktor Malanda begann, den Katechismus zu lehren und junge Leute auf die Heirat vorzubereiten. Mit einigen seiner Clanangehörigen baute er eine kleine Kapelle in seinem neuen Dorf, in der die Priester auf der Durchreise die Messe lesen und die Sakramente austeilen konnten. Anfang 1964 errichtete Malanda ein Zementkreuz in der Mitte des Dorfes und schnitzte eine große Christusfigur. In diesem Jahr verkündete er auch zum ersten Mal feierlich, daß Christen und Nicht-Christen zu ihm kommen sollten und sich vom Bösen und der Hexerei lossagen sollten. Gott habe ihm die Macht gegeben, die 'nkisi' zu berühren und zu bewachen. Alle, die sie in ihrem Besitz hatten und bereuten, aber nicht wußten, was sie mit ihnen machen sollten, forderte er auf, sie in sein Dorf zu bringen. Diejenigen, die der Hexerei vedächtig waren und sich von diesen Anklagen reinigen wollten, sollten zu ihm kommen und einen Eid auf ihre Unschuld ablegen. Sie sollten, begleitet von

Familienangehörigen, alle magischen Objekte, die sie heimlich besaßen, mitbringen und abgeben. Wehe dem, der mit leeren Händen kam. Malanda zählte mehrere Fälle von Meineidigen auf, die auf dem Rückweg starben. Die 'nkisi', die die Leute brachten, wurden aber nicht verbrannt und zerstört, sondern in einer Halle ausgestellt, damit alle Neuankömmlinge sehen konnten, wieviele schon den Mut aufgebracht hatten, ihre obskuren Umtriebe zu lassen. Tausende von Objekten wurden dort hingebracht, darunter auch sehr wertvolle Gegenstände wie Perlen, Decken und Musikinstrumente, die alle durch Berührung mit den 'nkisi' verunreinigt worden waren. Die Neugläubigen brachten sie alle mit einem verlegenen Lächeln an, doch sie fürchteten sich nicht mehr vor ihnen wie vordem. Die Bewegung hieß 'Croix-Koma', weil jeder, der zu Malanda kam, das "Kreuz fester an sein Herz nagelte (= koma)", wie Malanda es ausdrückte. Malanda arbeitete ein eigenes Ritual und eine spezielle Liturgie aus, die die Lossagung von der Zauberei feierlich gestaltete. Während der Zeremonie wurden 18 Lieder gesungen, deren Text und Musik von ihm stammten und die er auf Grund seiner Eingebungen durch den heiligen Geist schuf. Zunächst nahmen nur Mitglieder seines eigenen Clans an diesen Zeremonien teil, aber bald kamen auch die Bewohner der Nachbardörfer dazu und schließlich Angehörige anderer Volksgruppen, wie Nsundi und Kongo. Sie kamen sogar aus Brazzaville und Umgebung zu ihm. Malanda führte Buch über jeden, der bei ihm war. Er ließ Namen, Clan und Dorf eintragen und bescheinigte die Teilnahme durch ein Zertifikat. Im April 1964, als er mit seiner Tätigkeit begann, kamen 114 Gläubige zu ihm und im Juni 1965 waren es schon 2000. Eine Woche dauerten die kollektiven Riten und Zeremonien. Sie begannen am Donnerstag und endeten am darauffolgenden Donnerstag. Die Teilnehmer wurden in Gästehäusern untergebracht und hatten Verpflegung für eine Woche dabei. Am Donnerstag, Freitag und manchmal auch am Samstag schrieben sie sich ein. Jede Clansektion ging geschlossen zum Sekretariat und meldete sich dort. Nachdem sie alle Angaben zur Person und zum Heimatort gemacht hatten, wobei sich der Sekretär ihres Personalausweises bediente, gaben sie noch den Namen des Clanoberhauptes an, der unterstrichen wurde und der Sekretär setzte hinter jeden Namen den Zusatz 'Christ' oder 'Heide'. Jedes Kind, auch Kleinkinder wurden eingetragen. Die Unkosten, die zu entrichten waren, entsprachen den Ausgaben für Unterkunft, Strohmatten, Eimer, Schreibmaschine, Papier, Material für den Bau der Unterkünfte und Unterhalt des Personals und soll noch weniger betragen haben, als die 'nganga' für ihre Dienste verlangten. Am Freitag wurden die 'Fetische' abgegeben und in einem Schuppen ausgestellt. Freitag und Samstag wurden die Lieder gelernt für die verschiedenen Zeremonien. Am Sonntag fand der Gottesdienst statt, der Rosenkranz wurde gebetet und Lieder gesungen, die Malanda komponiert hatte. Am Montag waren kollektive Arbeiten zu verrichten, wie der Bau von Unterkünften, das Ausbessern von Straßen, die Beschaffung von Holz, Wasser und Stroh. Am Dienstag, Mittwoch und Donnerstag war dann 'bangisa', d.h. die Lossagung vom Bösen. Die Zeremonie am Dienstag hieß 'Kreuz des Leidens', die am Mittwoch 'Kreuz des Glanzes', die vom Donnerstag 'Kreuz des Glücks und der Freude'. Kultort war die kleine Kapelle, die für die durchreisenden Priester gebaut worden war, aber die Zeremonien fanden wegen Platzmangels nicht dort, sondern in einer dafür geschaffenen Überdachung statt. Dort befand sich ein Altar, auf dem ein weißes Tischtuch lag. Weder Kerzen noch Blumen schmückten den Altar, doch ein großes Holzkreuz befand sich in der Mitte. An diesem Kreuz hing ein importiertes Kruzifix und eine Taube aus bemaltem Blech, die den Heiligen Geist symbolisierte. Vor dem Altar befand sich eine Herz-Jesu Darstellung und, fast unscheinbar, ein Photo von André Matswa, dem Gründer einer antikolonialen, sozialreligiösen Bewegung in Congo-Brazzaville. Im Laufe der Zeremonie hängte man fünf Bilder an einen Pfosten neben dem Altar, wovon eines den Heiligen Sulpitius zeigte, umgeben von einer Herde Schafe. Die vier anderen Bilder symbolisierten die Lossagung vom Bösen. Eines davon zeigte eine Schlange, die vom Kreuz durchbohrt wurde. Ein offenes Hängeschloß bedeutete ein offenes Herz für die guten Worte und ein geschlossenes Hängeschloß repräsentierte die zurückliegenden Zeiten, als die Ahnen Gott nicht kannten und ihr Herz verschlossen war. Zur linken des Altars befand sich das Orchester mit drei Trommeln verschiedener Größe, zwei Doppelglocken und zwei Trompeten. Malanda trug ein langes Gewand, das einer Priestersutane ähnelte und worauf in roter Farbe die Worte gestickt waren: "Treue und Liebe - Lossagung von Sünde und Unterwerfung - Ehrfurcht vor dem einzigen Gott." Um seinen Hals hing das Kupferkreuz, von dem er sich nie trennte.

Die Zeremonie am Dienstag, genannt 'Kreuz des Leidens', markierte den Beginn der Lossagung vom Bösen. Bevor sie begann, wurden noch einmal alle Namen einzeln, dann die Namen der Clanoberhäupter und der Kantone aufgerufen und letzte Ratschläge erteilt, wie man sich zu verhalten hatte. Die Zeremonie, die folgte, wurde von Malanda geleitet und begann mit einer zehnminütigen Rezitation katholischer Gebete, gefolgt von einer kleinen Predigt, in der Malanda auf der Bedeutung der Lossagung vom Bösen beharrte. Die Anwesenden sangen Lieder, in denen sie ihren Wunsch nach innerer Umkehr und Lossagung vom Bösen zum Ausdruck brachten. Sie sangen: "Ihr Zauberer betet zu Gott und kommt!" Dann folgten die Ermahnungen von Malanda, das Kreuz mit Begeisterung zu tragen und der Dialog mit der Menge begann

Wollt ihr dieses Kreuz tragen, um Gutes zu tun? - Ja - Habt keine Scham dieses Kreuz zu tragen, weil eure Familie es macht - Wir tragen es - Wißt ihr, daß dieses Kreuz von Jesus ist? - Ja! (J.F.Vincent 1966:544)

Die Anwesenden knieten alle einzeln vor dem Altar auf einer Gebetsbank nieder und Malanda legte ihnen das Bild auf den Kopf mit einem Kreuz, das an einem Rosenkranz mit großen Perlen hing. Ein Helfer sammelte alle Holzkreuze ein, die die Anwesenden bei sich trugen und teilte kleine Stücke Pappe aus, auf denen kleine Kreuzchen aufgesteckt waren, die am nächsten Tag zurückgegeben wurden.

Der Gottesdienst am Mittwoch begann mit dem Rezitieren von Rosenkränzen und verschiedenen Gebeten. Auf dem Altar lag ein Miniatursarg, der mit einem Kreuz geschmückt war. Croix-Koma Lieder wurden angestimmt und Malanda ermahnte

> Ihr schwört, daß Ihr niemanden mehr verhexen und verzaubern werdet. Sicher, hier habt Ihr Priester, die Euch gut führen. Aber Ihr sagt diese Dinge nur, um Euch Zuversicht zu machen. Im Augenblick möchte kein Mann seine Frau alleine auf dem Markt gehen sehen, aus Furcht vor schlechten Begegnungen. Aber ich wende mich auch an die alten Männer und Frauen. Ihr lauft nicht mehr, aber Ihr könnt die jungen Leute verzaubern, sodaß sie keine Kinder bekommen. Deshalb müßt Ihr Euch vom Bösen lossagen. Die Kinder auch, denn eines Tages werden sie erwachsen sein. Vergeßt nicht, was Ihr hier gelernt habt. Singt oft die Lieder und vergeßt sie nicht. In zwei oder drei Monaten ist es, als ob Ihr nie hiergewesen seid und Ihr riskiert, daß man Euch sagt: Du hast das Kreuz nicht mit einem guten Herzen getragen und dann werdet Ihr ein zweites Mal kommen müssen. Ich spreche jetzt zu denen, die Fetische haben. Ich habe Euch gebeten, sie hierher zu bringen, aber ich weiß sehr gut, daß einige sie bei sich behalten haben. Wenn Ihr wieder nachhause kommt, werdet Ihr erneut an sie glauben. Nun fordere ich Euch auf, nicht mehr an sie zu glauben. (ebd. 1966:544/45)

Nach dieser Rede folgte die formelle Lossagung. Eine lange Reihe bildete sich. Nachdem das Kreuz auf der Pappe vom Vortage eingesammelt worden war, ging der Gläubige zum Altar, legte seine linke Hand auf den Sarg und griff mit der rechten nach dem Kreuz, das neben ihm auf dem Altar lag. Die Augen auf das große Kreuz in der Mitte des Altars gerichtet, versprach er, der Zauberei abzuschwören und von den Fetischen und Ausschweifungen zu lassen. Jeder der drei Schwüre endete mit dem Ausruf 'Croix-Koma', woraufhin die Anwesenden zurückantworteten: 'Koma!' Dann unterschrieb er - oder tat so, als ob er unterschriebe - auf einem roten Brettchen, das die Form eines Kreuzes hatte und auf dem Altar lag, wobei er in seiner linken Hand ein Kruzifix hielt. Er kniete auf der Gebetsbank nieder und Malanda legte ihm einen Rosenkranz um den Hals, salbte ihn mit einem Balsam, der 'Vogelleim Gottes' hieß und die enge Verbindung des Gläubigen mit der Dreifaltigkeit symbolisierte.

Die Zeremonie vom Donnerstag fand im Beisein eines Orchesters statt und wurde begleitet von Kirchenliedern. Nachdem die Gebete hergesagt waren, folgte eine Ansprache von Malanda, in der er die Gläubigen ermahnte, das 'Kreuz gut zu tragen'. Er schloß mit den Worten

> Wollen wir das Kreuz Christi tragen, um anderen Gutes zu tun? - Ja, dafür. - Hat derjenige, der das Kreuz in der rechten Hand trägt, das richtige Herz, damit es bei ihm ankommt? - Ja, sein Herz wird rein sein - Aber derjenige, der es in der linken trägt...Croix-Koma? - Croix-Koma! (ebd.)

was soviel heißt wie, daß ihn dann das Kreuz treffen solle. Die Anwesenden sangen Croix-Koma Lieder, sie marschierten vorbei, um das kleine rotgemalte Holzkreuz zu empfangen. Jeder trug es auf der Schulter und ging zu seinem Platz. Dann kam ein neuer Vorbeimarsch. Die Gläubigen, das Kreuz auf der Schulter, bekamen von Malanda ein wenig Erde auf die Hand, die sie von sich warfen. Sie sangen

> Himmel und Erde sind meine Zeugen, daß ich das Kreuz trage. So lege ich Zeugnis dafür ab, daß ich sterben werde. Croix-Koma. (ebd. 1966:546)

Die Zeremonie endete mit einer neuen Predigt und dann wurde der Rosenkranz gebetet. Nach dem Gottesdienst erhielt jeder Teilnehmer ein Zertifikat mit Unterschrift. Es war der Gnadenbrief von Croix-Koma, auf dem die Gebote des Heiligen Geistes geschrieben standen

> Alle lebenden Menschen müssen das Kreuz tragen und getauft sein. Große Strafe wird Körper und Seele derjenigen treffen, die nicht das Kreuz gemäß dem Willen Gottes tragen. Vater, Sohn und Heiliger Geist. Croix-Koma hat uns Gottvater selbst geschickt, im Namen seines Sohnes Jesus Christus und durch die Fürsprache unserer Mutter der Heiligen Jungfrau Maria und durch die Vermittlung des Heiligen Antonius. (ebd)

Einige der Anwesenden zählten der Ethnologin die Gründe auf, warum sie am Croix-Koma teilgenommen hatten. Ein 55jähriger Mann, Unteroffizier in der Heilsarmee, erzählte

> Ich habe viele Tote in meiner Familie gehabt. Ich weiß, daß einer meiner Söhne dafür verantwortlich ist, aber er hat mich angeklagt. Zuerst hat mein Sohn seinen eigenen Bruder getötet, ersäuft von einem Teufel, den er ihm geschickt hat. Das war vor sieben Jahren. Dann sind zwei meiner Enkelkinder gestorben. Ich habe meinen Sohn angeklagt: Du bist schuld! Ich weiß genau, daß er drei Fetische hat. Insgesamt zehn Personen hat er getötet. Aber mich hat er angeklagt. Meine Frau hat mich verlassen, um bei einer unserer Töchter in Brazzaville zu leben. Ich habe drei Töchter. Zwei haben keine Kinder. Die einzige, die sich gut mit ihrem Bruder verstand, hat fünf Kinder gehabt, aber er hat ihr eins genommen. Und eine meiner anderen Töchter hatte eine Totgeburt. Mein Sohn wollte mich nganga ngombo schleppen, aber ich kann nicht. Ich bin Christ. Es ist unmöglich. Ich habe von dieser Sache hier gehört und bin hierher gekommen, um mich zu rechtfertigen, um zu zeigen, daß ich unschuldig bin. Zwei meiner Nachbarn, die auch in der Heilsarmee sind, haben mich ermutigt, zu gehen. All dieses Unglück kann nicht von Gott kommen. Gott hat niemals jemanden sterben lassen. Er gibt jedem die Hoffnung zu leben. Wenn ein Mensch nicht zum Ziel kommt, dann ist es, weil ihm jemand dazwischen gekommen ist. (ebd. 1966:553)

Und eine Frau sagte
> Diese Bewegung ist gut. Sobald man das Kreuz erhoben hat, kann man nicht mehr der Zauberei verdächtigt werden. (ebd.)

Und ein anderer Teilnehmer sagte
> Manchmal hat der nganga ngombo einen Menschen mehrere Male als Zauberer bezeichnet. Seine Clansektion entschließt sich also, hierher zu kommen und sie sagen zu dem Verdächtigen: Laß uns davon profitieren und dein Päckchen dorthin tragen...(ebd.)

Ein anderer gab folgenden Grund an
> Zwischen uns hat es viele Geschichten gegeben. Wir verstanden uns nicht mehr. Also kamen wir hierher. (ebd. 1966:554)

Einige Frauen aus einem anderen Dorf sagten
> Jetzt, wo wir hier waren, ist aller Streit vergessen. Wir haben alles gestanden. Die Frauen wollten nicht mehr die Felder zusammen bestellen und jede bestellte nur ihr eigenes Feld. Jetzt haben sie zusammen eine große gemeinsame Pflanzung bebaut. (ebd.)

Die wichtigste Neuerung von Viktor Malanda bestand in der Läuterung, die er durch die Forderung nach der Lossagung von Hexerei und Zauberei bei den Teilnehmern erreichte. Er beschäftigte sich nicht direkt mit Heilen, dafür hatte er eine Equipe von Krankenpflegern und Herbalisten. Er führte auch kein 'faith healing' durch und in seiner Bewegung wurde nicht einmal 'gezittert', wie es aus anderen synkretistischen Kirchen, einschließlich der Kimbanguisten, bekannt war. Es kam ihm auf eine moralische Erneuerung an. Die Hexen und Zauberer, deren Existenz er nicht bestritt, mußten sich ändern und gute Leute werden. Auch sie seien Geschöpfe Gottes und nicht des Satans, meinte Malanda.

Die Kirche von William Wade Harris (Elfenbeinküste)

Viktor Malanda war einer von zahlreichen christlich-afrikanischen Religionsreformern, die ihre Interpretation des Christentums dem kulturellen Kontext anglichen, aus dem sie stammten und doch eine tiefgreifende Veränderung der traditionalen Weltbilder bewirkten. Die amerikanische Anthropologin Sheila Walker hat diesen Wandel im Weltbild sehr eindrucksvoll am Beispiel einer anderen synkretistischen Bewegung, der Kirche des William Wade Harris an der Elfenbeinküste in Westafrika untersucht.[28] Die Bewegung entstand in den Jahren 1913-1915. Im Laufe von 15 Monaten ließen sich 100-120.000 Einheimische taufen. Im Gegensatz dazu hatten die europäischen Missionare in zwanzig Jahren Missionstätigkeit nur wenige Hundert Proselyten gemacht. Die Anhänger dieser Bewegung nannten sich nach ihrem Begründer William Wade Harris, ein geborener Liberianer und methodistischer Evangelist. Aus der Institutionalisierung der Botschaft von William Wade Harris entwickelte sich eine Kirche, die andere mehr oder weniger erfolgreiche religiöse Bewegungen inspirierte. Die grundlegende Neuerung, die diese Bewegung im Weltbild der Lagunenbewohner um Abidjan auslöste, wo Harris die längste Zeit verbrachte und seinen größten Einfluß ausübte, war der Wechsel in der Interpretation der Verantwortlichkeit für Glück und Unglück. Eine Inschrift in einer von Harris' Kirchen faßte das so zusammen: "Wenn Du Gutes tust, tust Du es für Dich. Wenn Du Böses tust, tust Du es für Dich." In diesen schlichten Worten drückte sich die neue Ethik aus, nach der die Harristen handelten. Sie läßt sich auch so charakterisieren: Jeder ist seines eigenen Glückes Schmied. Diese neue Ethik machte individuelle Initiative möglich, weil sie sie moralisch guthieß, während die alte Ethik zuviel individuelle Initiative moralisch verurteilte, weil sie allzu leicht in egoistisches Verhalten umschlagen konnte und die korporative Solidarität der Verwandtschaftsgruppe gefährdete. Wer ehrgeizig war und Reichtum anhäufte, wer mehr Glück und Erfolg hatte als sein Nachbar und Verwandter, wer die Früchte seines Erfolges nicht teilen wollte, der machte sich der Hexerei verdächtig. Diese alte Ethik wirkte dämpfend auf jegliche private Initiative. Den Unterschied zwischen der neuen und der alten Ethik erklärten die Harristen der Anthropologin anhand eines Beispiels: Wenn ein Europäer ein schönes Haus baut, drückt der Nachbar seinen Neid dadurch aus, daß er ein noch schöneres Haus baut. Wenn ein Afrikaner ein schönes Haus baut, wird sein Nachbar versuchen, ihn in Gestalt eines 'Teufels' zu unterdrücken. Vor allem die Ältesten wurden verdächtigt, die Initiative der Jungen zu lähmen, obwohl niemand einen konkreten Fall nennen konnte, stattdessen aber darauf verwiesen wurde, daß die Ältesten solche Beispiele zu erzählen wüßten und die "...alten Männer nicht lügen." Anders als früher wurden heutzutage die Hexer und Hexen nicht mehr identifiziert und bestraft. Die neue Ethik lehrte, daß Gott sie strafen wird. Wer neidisch und mißgünstig war, konnte damit niemandem mehr schaden, außer sich selbst. Die Untaten der Frevler fielen auf sie selbst zurück. Viele Menschen, die der Neid plagte, gingen deshalb zum Heiler um ihre Sünden zu gestehen und sich reinigen zu lassen. Und viele Menschen, die sich vor dem Neid ihrer Mitmenschen fürchteten, gingen ebenfalls zum Heiler und ließen sich schützen. Der bekannteste Heiler an der südlichen Elfenbeinküste war Albert Atcho, der aus einer traditionsreichen Familie von Heilern stammte und 1940 der Kirche von Harris beigetreten war. Albert Atcho - das Wort 'atcho' bedeutet 'einer, der wäscht' - ging bei seiner Heilbehandlung von einem guten oder schlechten Gebrauch der spirituellen Kräfte des Menschen aus. Menschen mit langandauernden Krankheiten, denen die Schulmedizin nicht weiterhelfen konnte, suchten ihn auf. Albert Atcho versuchte herauszufinden, ob die Krankheiten, an denen die Menschen litten, durch Hexerei verursacht worden waren oder durch die eigenen diabolischen Aktivitäten. In Fällen von Verhexung führte er eine Heilbehandlung durch, bei der Pflanzen in geweihtes Wasser getan wurden. Das Heilwasser wurde von den Patienten getrunken oder sie nahmen darin ein Bad. Wenn die Krankheit durch die eigene diabolische Aktivität verursacht worden war, forderte er ein volles Geständnis. Die meisten Patienten, die zu ihm nach Bregbo gingen und die Ursache ihrer Krankheit in Verfolgung durch einen Hexer oder eine Hexe sahen, fanden durch Albert Atcho heraus, daß sie selbst einen diabolischen Gebrauch ihrer spirituellen Kräfte machten. Hierin lag der bedeutsame Wechsel der Verantwortlichkeit für das Leiden, das auch Folge des falschen Gebrauchs der eigenen spirituellen Kräfte sein konnte. Die Verantwortlichkeit für Gut und Böse lag nun mehr beim Individuum selbst. Wer litt, mußte es in jedem Falle durch seine schlechten Handlungen verdient haben. Albert Atcho versuchte etwas über die schlechten Handlungen zu erfahren, die seine Patienten krank machten. Meistens fand er Neid und Eifersucht als Ursache für die Krankheit.

Wie stand es aber mit dem ungerechten Leiden? Wer war dafür verantwortlich? Für das ungerechte Leiden waren nach wie vor die Hexen und Hexer verantwortlich, die Albert Atcho aber nicht verfolgen ließ, sondern der Strafe Gottes anheim stellte. Die Furcht vor der Strafe Gottes, sollte potentielle Hexer und Hexen davon abhalten, anderen Böses zu tun und die Gewißheit, daß die Hexen für ihre bösen Taten bestraft würden, machten die Menschen sicherer und weniger ängstlich hinsichtlich der Gefahr, der sie sich ausgesetzt fühlten. Die neue Philosophie der Harristen bedeutete einen Wandel in der Interpretation von Glück und Unglück, Gut und Böse. Während die alte Philosophie lautete, daß Erfolg der Lohn des Bösen sei und folglich alle Erfolgreichen Hexer waren, die man schwächen sollte, und wenn nötig bestrafen und verfolgen, lautete die neue Philosophie, daß Erfolg der Lohn des Guten ist und alle Erfolgreichen das Wohlgefallen Gottes genießen. Die Harristen konzentrierten sich allerdings mehr darauf, dieses neue Glaubensbekenntnis zu verbreiten, anstatt zu heilen und Hexen zu bekämpfen. Doch im Gegensatz zu den Missionskirchen ignorierten sie dieses Problem nicht. Sie warfen diesen vor, daß sie die Gläubigen mit dem Hexereiproblem allein ließen und sie deshalb außerhalb der Kirche Schutz und Beistand suchen mußten. Albert Atcho sprach von spezifisch afrikanischen Krankheiten, die das Ergebnis eines speziell afrikanischen Problems der Hexerei waren. Im Gegensatz zu seinen Vorläufern jagte und bestrafte er aber keine Hexen, sondern forderte von diesen, daß sie ihre spirituellen Kräfte konstruktiv und nicht destruktiv gebrauchen

225

sollten. Selbst ein erfolgreicher Unternehmer und Besitzer mehrerer Häuser in der Hauptstadt, sowie der Initiator einer kollektiv betriebenen Landwirtschaft in seinem Heimatort, war Albert Atcho ein lebendes Zeugnis seiner eigenen Philosophie.

Die neue Ethik fiel vor allem im Umkreis der ivorischen Hauptstadt Abidjan auf fruchtbaren Boden. In und um Abidjan entstand das industrielle und wirtschaftliche Zentrum der Elfenbeinküste und dort waren Privatinitiative und Mobilität gefragt. Dort fanden junge Männer als Arbeiter und Angestellte im europäischen Dienstleistungssektor Anstellung und bezogen Löhne, die sie in die Lage versetzten, sich unabhängig zu machen. Weit entfernt von ihren Heimatdörfern, konnten sie sich der Autorität der alten Männer straflos entziehen. Als Mitglieder einer neuen Religionsgemeinschaft fürchteten sie nicht länger die Strafe der Ahnen und verweigerten die teuren Opferleistungen, die die Ältesten ihnen im Namen der einheimischen Gottheiten abverlangten. Das Missionschristentum bot Zuflucht gegen die Autorität der Ältesten und die Verpflichtung des traditionalen religiösen Systems. Harris predigte die Zerstörung der Altäre, Bilder und Kultgegenstände der alten Religion. Alle sollten sich taufen lassen und Christen werden. Die christliche Taufe schütze sie und sichere ihnen Wohlstand, da der christliche Gott stärker sei als die traditionalen Gottheiten. Harris legte auch konkrete Beweise der Macht seines Gottes vor, indem er die Priester der traditionalen Götter herausforderte und ihren Geboten und Verboten trotzte. Er sagte den Konvertiten, daß sie den gleichen Lebensstandard und die gleichen Kenntnisse der Europäer erreichen könnten, wenn sie so beteten, wie er es sie sieben Jahre lang gelehrt hatte. Sie seien arm und unwissend, weil sie nicht so beteten und glaubten wie er.

Obwohl sich Harris' Kirche nicht zentral mit Heilung und Hexereibekämpfung beschäftigte, mußte sie sich der Frage des ungerechten Leidens stellen, die ihre Anhänger stark beschäftigte. Das oberste Gebot seiner Kirche lautete: "Du sollst kein Menschenfleisch essen und kein Menschenblut trinken." Es kam noch vor dem ersten der Zehn Gebote. Wer dieses Gebot verletzte, den strafe Gott mit Krankheit, Unglück und Tod. Bei den Harristen waren diese Handlungen vom Teufel inspiriert. Wer solches oder ähnliches tat, mußte ein Geständnis ablegen, damit Gott ihm verzeihen konnte und so gestanden die Unglücklichen, daß sie in Gestalt des Teufels mit Telefonen, Autos, Fahrrädern und Flugzeugen in Kontakt zu Gott treten wollten. Die wichtigste ethische Forderung der Harristen war aber, Gutes zu tun und die Gebote Gottes zu befolgen, denn der christliche Gott würde Gutes mit Gutem vergelten und Böses mit Bösem. Wer andere verhexe und ihnen schadete, der erlangte keinen Wohlstand, sondern Gott würde ihn durch Krankheit und Unglück strafen.

Die Lumpa-Kirche von Alice Lenshina Mulenga (Sambia)

1955 entstand in Sambia (ehem. Nordrhodesien) eine freie Kirche, die zeitweise 100.000 Mitglieder hatte und für einigen innenpolitischen Wirbel sorgte.[29] Angeführt wurde diese Kirche, die 'Lumpa' hieß (lumpa = überragend) von einer Frau, Alice Lenshina Mulenga, die der protestantischen Church of Scotland angehörte und bald selbst zu predigen begann; zuerst durchaus noch innerhalb der Kirche und mit wohlwollender Unterstützung eines weißen Missionars, im Laufe der Zeit jedoch mehr und mehr auch außerhalb der Kirche und im Widerspruch zu den Lehren der afrikanischen Evangelisten in ihr. Die Neukirche entstand nicht durch einen krassen Bruch mit der Missionskirche, sondern eher durch zunehmende Entfremdung von ihr.

Alice Lenshina Mulenga war 33 Jahre alt, verheiratet, hatte fünf Kinder und führte das ereignislose Leben einer Matrone in einem afrikanischen Dorf, bis sie ihre erste Vision beim Pilzesammeln hatte. Sie verschwand spurlos für einige Tage und wurde vermißt gemeldet, tauchte dann aber wieder auf und erzählte den erstaunten Dörflern, daß sie vier Mal gestorben sei und jedes Mal zum Himmel aufgefahren. Der Herr habe sie wieder zur Erde zurückgeschickt und gesagt, daß es dort noch etwas für sie zu tun gäbe. Der Herr habe ihr ein Lebensbuch auf das weiße Kopftuch gelegt und dabei deutete sie auf einen Fleck auf dem Kopftuch. Der Herr habe ihr aus dem Buch des Lebens gepredigt und sie aufgefordert, ihre Erfahrungen mitzuteilen und ihre Hymnen zu singen. Das Wunder ihrer Visionen und Wiedergeburt verbreitete sich rasch und brachte ihr großen Zulauf. Nachdem die Scotland-Mission abgezogen war, begann sie zu predigen und zu taufen. Sie predigte vor allem gegen Hexerei und Zauberei und führte einen Kreuzzug gegen dieses "afrikanische Urübel", wie sie es nannte. In diesem Kampf war sie zunächst außerordentlich erfolgreich. Ungewöhnlich war, daß jede Form der Magie, also auch die legitime weiße Magie, für sie Sünde war. Sie beharrte in ihren Predigten darauf, daß Hexerei böse war, weil sie Menschen töte, die von Gott geschaffen wurden. Alle, die ihrer Kirche beitraten, mußten daher ihre Medizinen, Zaubermittel, Wahrsageinstrumente und Amulette abgeben. Sie durften nichts behalten. Wer von ihr getauft worden war, würde sofort sterben, wenn er wieder zu hexen und zu zaubern begann. Sie gab dem Sakrament der Taufe einen völlig neuen Sinn, nämlich den eines simplen Reinigungsritus. Sie verzichtete ganz auf Hexereianklagen, verlangte jedoch Geständnisse. Das Neue an ihrer Bewegung war der rein geistige Schutz, den die Zugehörigkeit zu ihrer Kirche gewährleistete. Sie faszinierte durch ihre Unerschrockenheit und ihren außergewöhnlichen Mut im Umgang mit der Hexerei. Sie sagte nicht, daß Hexerei Unsinn sei, sondern daß sie die Kraft besäße, sie zu neutralisieren. In Scharen kamen die Leute und brachten ihre Medizinen, Amulette, Hörner, Zaubermittel und Gegenzaubermittel. Sie brachten auch Kruzifixe und Rosenkränze, sehr zum Ärger der katholischen Missionare. Viele kehrten getauft, d.h. gereinigt und geistig erneuert nach Hause. Alice Lenshina verbot Ehebruch und Polygynie, da diese die Frauen ermutigten, sich gegenseitig zu verzaubern und zu töten. Ihrer puritanisch-protestantischen Herkunft entsprechend, verbot sie auch heidnische Tänze, ausschweifende Feste, Alkohol und Tabak, sowie den Gebrauch von Schnupftabak in der Kirche. Sie untersagte die Teilnahme an Totenfesten, die Wahrsagerei und die heidnische Verehrung der Geister der Verstorbenen. Ihre Kirche besaß keine systematische Theologie, sondern lebte ganz vom Charisma ihrer Führerin, die ein tiefreligiöser Mensch mit einer beeindruckenden Glaubensfestigkeit war. Ein zentrales christliches Dogma, die Erbsündenlehre, spielte in ihrem religiösen Denken keine Rolle, vielmehr war es gerade ihre undogmatische 'Religiosität des Herzens', die die Massen anzog. Auch einige Neuerungen der Liturgie kennzeichneten ihre Kirche: Wenig Worte und viel Gesang in freier Ausdrucksweise lösten die nüchterne Strenge und Freudlosigkeit protestantischer Gottesdienste ab. Wie alle Hexereibewegungen hatte Lenshinas Kirche den Makel, daß sie die Furcht vor Hexerei und Zauberei nicht endgültig beseitigen konnte. Diejenigen, die sich nicht der Kirche anschlossen, wurden verdächtigt, nicht von der Zauberei lassen zu wollen. Besonders die afrikanischen Priester der katholischen Weißen Väter wurden von Mitgliedern der Lenshina-Kirche bedroht und angegriffen. Aber auch politische Aktivisten gehörten ihrer Kirche an, die in der Kirche ein Forum für ihre antikolonialen und nationalen Ziele sahen, doch Lenshina lehnte eine politische Betätigung ihrer Kirche ab. Niemand sollte nach weltlichen Dingen streben. Sie teilte nur die üblichen Ressentiments gegen die europäische Herrschaft und war im übrigen der Überzeugung, daß Weiße und Schwarze sich lieben sollten.

Mit der katholischen Kirche und der weißen Kolonialregierung kam die Lenshina-Kirche erstmals in Konflikt, als ein Lenshina-Anhänger einen afrikanischen Priester der Hexerei beschuldigte. Der Ankläger wurde wegen Verleumdung zu einem Monat Gefängnis verurteilt. Lenshina, ihr Ehemann und etwa 500 Anhänger gingen zum Gefängnis, verlangten die Freilassung des Inhaftierten und die Umwandlung der Haftstrafe in eine Geldstrafe. Doch dies wurde abgelehnt und weitere sechs Mitglieder ihrer Kirche wurden inhaftiert. Wieder kam es zu Demonstrationen vor dem Gefängnis. Lenshina forderte ihre Anhänger auf, sich zu zerstreuen, doch die Demonstranten blieben und ihr Mann drängte auf die Erfüllung der Forderungen. Er und weitere 64 Mitglieder wurden verhaftet. Ein Bemba-Häuptling verurteilte ihren Mann, Petros Mulenga, zu zwei Jahren Zwangsarbeit.

1959 kam es erneut zu Auseinandersetzungen zwischen der Regierung und der Lenshina-Kirche. Die Bemba-Häuptlinge waren zunehmend besorgt über die wachsende Autorität von Alice Lenshina, die ihre politische Autorität in Frage stellte. Als sich Lenshina-Anhänger aus anderen Häuptlingstümern einmal ohne Genehmigung eines Häuptlings in seinem Herrschaftsgebiet niederließen, griff er ein und forderte die Eindringlinge auf, sein Gebiet zu verlassen. Die Lenshina-Anhänger leisteten Widerstand, als der Häuptling versuchte, die Eindringlinge mit Polizeigewalt zu vertreiben. Es gab zahlreiche Verhaftungen. Alice Lenshina Mulenga floh.

Die Lenshina-Kirche geriet auch in Konflikt mit der Unabhängigkeitspartei, die in ihrer Kirche eine Konkurrenz sahen und Mitglieder rekrutieren wollte. Es kam zu blutigen Kämpfen zwischen Parteimitgliedern und Lumpa-Anhängern. 1964 erreichten die Auseinandersetzungen einen Höhepunkt. Eine apokalyptische Stimmung herrschte unter den Lenshina-Anhängern. Gerüchte über wüste Hexenriten der Lumpa-Anhänger waren in Umlauf gesetzt worden. Man behauptete, sie würden sich mit Urin einreiben und Exkremente essen, um sich Immunität gegen die Kugeln der Feinde zu verschaffen. Nach mehreren blutigen Zusammenstößen mit der Polizei wurde die Kirche verboten und Alice Lenshina unter Hausarrest gestellt.

Die Entstehung der Lenshina-Kirche war durch Veränderungen der traditionalen Gesellschaft und Religion der Bemba begünstigt worden. Der Ahnenglaube nahm durch die Missionstätigkeit ab. Die Ahnen wurden seltener angerufen, der Glaube an die Wirksamkeit ihrer religiösen Sanktionen ließ nach. Die Wanderarbeit in den Kupfergürtel brachte die prekäre Subsistenzwirtschaft aus dem Gleichgewicht. Die Gemeinschaftsarbeit wurde seltener, Individualismus und Eigennutz breiteten sich aus. Der Anfang der Lenshina-Bewegung fiel zusammen mit der Exkommunikation einiger afrikanischer Evangelisten, die sich der Lenshina-Kirche anschlossen und auch der Vereinigten Unabhängigkeitspartei angehörten. Diese Vorkommnisse schärften das antikoloniale Bewußtsein in Teilen ihrer Kirche. Soziologisch bedeutsam war auch, daß die Kirche keine tribale Basis mehr hatte. Ihre Mitglieder waren Bauern, Wanderarbeiter, Angestellte, Mechaniker und Maurer, die Basis multiethnisch. Die Kirche schuf ein Gefühl der Integration durch neue spirituelle Orientierung in der von sozialer Desintegration gekennzeichneten Bemba-Gesellschaft.

Antihexereikampagnen und Hexenverfolgung in jüngster Zeit

In einem Aufsatz über eine Antihexereibewegung in Nigeria in den Jahren 1978/79, beschrieb D. Offiong Hexereibeschuldigung im modernen Kontext.[30] Mr. E.E.Inyang, ein reicher Transportunternehmer, wurde lange Zeit als Hexer verdächtigt und verfolgt. Er soll ein Zaubergebräu an einer Verkehrsinsel hinterlegt haben und jeder, der vorbeifuhr, verlor Geld, das sich bald darauf in den Taschen von Mr. Inyang wiederfand. Verärgerte Taxifahrer und Händler drangen im Zuge der Antihexereikampagne in sein Haus ein und zerschlugen alles. Mr. Inyang versteckte sich bei der Polizei. Er war fremd in der Gegend und konkurrierte mit großem Erfolg gegen die einheimischen Transportunternehmer. Er beschuldigte seine Konkurrenten, einen Hexereivorwurf gegen ihn zu konstruieren. Der Transportunternehmer wurde genau in dem Moment beschuldigt, als die Schulen für die Sommerferien schlossen und ein gutes Geschäft zu erwarten war. Die Leute reagierten auf die Hexereibeschuldigung gegen Mr. Inyang mit dem Boykott seiner Busse. Es sollte die gerechte Strafe sein für einen Geschäftsmann, der unfaire Geschäftsmethoden gebrauchte. Die Händler und kleineren Transportunternehmer hatten mit allerlei wirtschaftlichen Problemen zu kämpfen. Wegen der hohen Inflationsrate ging die Regierung zu einer restriktiven Geldpolitik über. Die Politik des knappen Geldes bedeutete weniger Kaufkraft für die breite Masse, die die Klientele der Händler und kleinen Transportunternehmer bildete. Weil die Regierung gleichzeitig die Aufträge einfror, waren Arbeitslosigkeit und Pleiten die Folge. In diesem Augenblick kam ein Kreuzzug gegen die Hexer gerade gelegen, die für die Misere verantwortlich gemacht werden konnten. Mr. Inyang wurde zu einer ihrer Hauptzielscheiben, da er seinen Konkurrenten das Überleben sehr sauer machte. Auf allen Straßen in die wichtigsten nigerianischen Städte fuhren seine Busse. Er verlangte weniger Fahrgeld als die Taxifahrer und die Unternehmer von Mini-Bussen. Die Leute fuhren lieber mit großen Bussen, weil sie als sicherer galten. Schließlich wurden die Mini-Busse wegen ihres hohen Unfallrisikos vom Transportgewerbe ausgeschlossen und da Mr. Inyang ausgerechnet in dem Moment mit neuen Bussen aufwartete, als die alten aus dem Verkehr gezogen werden mußten, wurde er beschuldigt, dies bewirkt zu haben. Man vermutete, daß Mr. Inyang die Polizei bestochen hatte, damit sie die Mini-Busse zum Sicherheitsrisiko erklärten. Mr. Inyang wurde in der kurzen Zeit von nur acht Jahren zum Millionär. Er mußte einfach ein Hexer sein, denn ein solcher Erfolg ging über die Fähigkeiten eines normalen

Menschen hinaus. Sein Einwand, daß er sich viel Geld von den Banken geliehen hatte, wurde glatt überhört. In seiner Verzweiflung wandte er sich an die Presse und erklärte, daß die eingebildete Hexen-Story nur erfunden worden sei, um ihn aus dem Geschäft zu vertreiben.

Diese Antihexereikampagne degenerierte schließlich in einer Verleumdungskampagne und in bloßer Geldschneiderei, wie D.Offiong meinte. Frustrierte junge Männer gingen zu den wohlhabenden und reichen Leuten, besonders zu ehemaligen Regierungsangestellten, von denen sie wußten, daß sie Geld unterschlagen hatten, bevor sie zu Geschäftsleuten wurden, und verlangten Geld von ihnen. Sie stellten sie vor die Alternative entweder freiwillig zu zahlen oder die Schmach einer öffentlichen Überführung als Hexer über sich ergehen lassen zu müssen. Viele zogen es vor zu zahlen und einige, die sich weigerten, wurden als erste als Hexer identifiziert und machmal auch übel zugerichtet. Der Hexenfinder Akpan Ekwong, der zunächst ausgezogen war, um Hexer zu finden, ihre Zaubermittel zu sammeln und zu zerstören und sie einen Eid schwören zu lassen, der sie verpflichtete, nicht mehr zu hexen, sah sich wegen Mordes, Folter und Störung der öffentlichen Ordnung angeklagt. Nicht weniger als zwanzig Rechtsanwälte beeilten sich, ihn freiwillig und ohne Honorarforderungen zu verteidigen.

In Benin versuchten 1975 marxistische Militärs eine Antihexereikampagne als antifeudalen Kampf darzustellen, wobei "...sich nicht mehr feststellen läßt, ob erst das Radio den antifeudalen Kampf als Antihexenkampagne darstellte oder ob die lokale Interpretation von Antifeudalismus als Antihexenkampagne nur vom Radio wiedergegeben wurde."[31]

Selbst wenn das Radio nur die 'lokale' Interpretation wiedergab, so könnte es die einiger lokaler Marxisten gewesen sein, die den antifeudalen Kampf in ein populäres Idiom zu übersetzen versuchten, das von den breiten Massen anscheinend besser verstanden wurde, als die komplizierten Kategorien der 'Kritik der politischen Ökonomie'. Daß den 'lokalen' Marxisten dieser Übersetzungsversuch offensichtlich mißlang, zeigte sich spätestens in dem Moment, als die Aizo anfingen, Hexen zu jagen, die gar keine 'Klassenfeinde' sein konnten, nämlich arme alte Frauen, die viele Kinder verloren hatten. Hintergrund dafür war eine nicht enden wollende Tetanus-Epidemie, die auch nichts mit 'Klassenkampf' zu tun hatte. Warum die 'Mehrheit', die darauf bestanden haben soll, daß Wundstarrkrampf etwas mit 'offenen Wunden und dem Boden' zu tun hatte, nur zwei Jahre später, als die Epidemie immer noch nicht vorbei war, plötzlich ihre Meinung änderte und dazu überging, arme und alte Frauen zu verfolgen und zu foltern, läßt sich durch die Klassenkampfthese auch nicht erklären. Eine längst geplante Tetanus-Impfaktion wurde nämlich abgeblasen und stattdessen arme und alte Frauen angeklagt, nachdem über das Radio die Geständnisse der Hexen verbreitet wurden. Die Hexen gaben an, sich in Waldkäuze verwandelt zu haben. Sie hätten kleine Kinder verhext, um ihre Seelen in Tiere zu verwandeln. Sie hätten dann diese Tiere gefressen, nachdem sie sich wieder in Menschen zurückverwandelt hatten. Dies alles läßt sich nicht dadurch erklären, daß nur eine 'Minderheit' wie der Ethnologe behauptet, an die Macht der Hexen und Hexer glaubt und dieser Glaube gar eine 'Neuerung' gewesen sein soll.[32] Es scheint vielmehr, daß die Marxisten in Benin die Kategorien der 'Kritik der politischen Ökonomie' gründlich mißverstanden haben, wenn sie meinten, den antifeudalen Kampf als Antihexereikampagne darstellen zu können. Vermutlich glaubten sie in Marx einen Bundesgenossen gefunden zu haben, der ebenso wie sie an die okkulten Machenschaften einiger reicher und mächtiger Individuen glaubte.

Die Idee einer persönlichen Verursachung von Mißgeschick hält sich zäh, denn sie erlaubt es, sofort zu handeln. Es spricht nicht viel dafür, daß mit Aufklärung und technologischem Fortschritt die Tendenz zunimmt, persönliche Schwierigkeiten in unpersönlichen Begriffen darzustellen. Die aufgeklärte Kultur verfolgt zwar keine Hexen mehr, aber auch sie grenzt das Anders- oder Fremdartige aus und veranstaltet von Zeit zu Zeit 'Hexenjagden'. Hexer und Hexen haben bei uns lediglich andere Namen. Auch bei uns gibt es bestimmte Personen oder Personengruppen, die verantwortlich gemacht werden, wenn die Dinge schieflaufen. Die Aufklärung konnte mit ihrem Rationalitätsanspruch die zentrale philosophische Frage, die hinter dem Hexereiidiom steht, nicht wirklich beantworten: Warum erleiden wir persönliches Mißgeschick, wer ist dafür verantwortlich und wie können wir davon erlöst werden?

Vielleicht gibt es auch keine Antwort auf diese Frage. Es wäre dann sinnlos, nach Verantwortlichen für unser persönliches Mißgeschick zu suchen. Es wäre auch sinnlos, Hexenjagden jedweder Form zu veranstalten. Wir müßten uns dann damit abfinden, daß nicht schon deshalb alles gut laufen muß, wenn der moralische Zustand einer Gesellschaft in Ordnung ist und jeder sich anpaßt. Wir müßten dann einsehen, daß es keine Antwort auf diese Frage gibt und dies NUN MAL SO IST.

Anhang

Anmerkungen

Einleitung

1 Charles de Brosses, Du culte des dieux fétiches, ou parallèle de l'ancienne réligion de l'Egypte avec la réligion actuelle de Nigritie. Paris 1760.
2 J.G.Frazer 1922: E.B.Tylor 1871; F.B.Jevons 1896; R.R.Marett 1909.
3 A.Comte 1956.
4 J.G.Frazer 1922, S.14-63.
5 B.K.Malinowski 1975, S.173-210; ders. 1973.
6 ders. 1973, S.74.
7 ebd. S.60.
8 ebd. S.64.
9 S.Freud 1974, S.367.
10 ebd. S.372.
11 ders. 1973, VII, S.54.
12 A.Vierkandt, in Petzoldt 1968, S.146-222; K.Zeininger, in Petzoldt 1968, S.135-145; Th.Danzel, in Petzoldt 1968, S.79-83.
13 F.B.Welbourn, in R.G.Willis 1969, S.13-29.
14 M.Mauss/H.Hubert 1974, S.162.
15 ebd. S.154.
16 im folgenden wird aus der deutschen Ausgabe 'Das Denken der Naturvölker" von 1926 zitiert.
17 L.Lévy-Bruhl 1926, S.24.
18 ebd. S.58.
19 ebd. S.71.
20 ebd. S.85.
21 zit. nach der deutschen Ausgabe München 1927, S.5.
22 L.Lévy-Bruhl 1927, S.39.
23 O.Leroy 1927.
24 L.Lévy-Bruhl 1927, S.48/49.
25 ebd. S.77.
26 ebd. S.79.
27 ebd. S.99.
28 ebd. S.100.
29 ebd. S.131.
30 E.E.Evans-Pritchard 1937, S.63ff.
31 ebd. S.541.
32 ebd. S.74.
33 ebd. S.99.
34 ebd. S.125.
35 ebd. S.119.
36 ebd. S.63.
37 ebd. S.21ff.
38 B.Wilson 1970.
39 P.Winch, in B.Wilson 1970, S.78-111.
40 ebd. S.82.

41 Horton 1970; Jarvie/Agassi 1978; Peel 1978; Barnes 1978; Lukes 1970.
42 Horton 1971, S.94ff.
43 Horton 1970, S.152.
44 H.P.Duerr 1978 und 1985.
45 F.Kramer 1984, S.310/11.
46 A.R.Radcliffe-Brown 1952, S.200.
47 M.Wilson 1970, S.252.
48 J.D.Krige 1970, S.247.
49 ebd. S.251.
50 M.Wilson 1970, S.253.
51 J.D.Krige 1970, S.238.
52 ebd. S.237.
53 M.Gluckman 1970, S.86.
54 ebd. S.89.
55 ders. 1972, S.2.
56 ebd. S.16.
57 M.Marwick 1952.
58 ders. 1965a; 1967.
59 ders. 1979, S.176ff.
60 S.F.Nadel 1970, S.267/68.
61 ebd. S.279.
62 V.Turner 1981, S.112.
63 J.Middleton/E.Winter 1963.
64 V.Turner 1981, S.125.
65 A.Richards 1935, S.459.
66 ebd.
67 M.Marwick 1950, S.102.
68 ders. 1948, S.126.
69 ders. 1965a; Middleton/Winter 1963, S.19-21.
70 M.Gluckman 1970, S.1O1ff.
71 C.Mitchell 1965, S.382.
72 M.Marwick 1958, S.106; ders. 1965a, S.247.
73 M.Swartz 1982, S.393.
74 W.D.Hammond-Tooke 1970, S.422/23.
75 C.Mitchell/H.Flagg-Mitchell 1982, S.401ff.
76 B.Ward 1956, S.47.
77 R.G.Willis 1970, S.131.
78 M.Marwick 1950, S.112.
79 R.F.Wallace 1964, S.406.
80 R.Linton 1964, S.390.
81 R.G.Willis 1968, S.13.
82 J.Uansina 1959, S.7.
83 M.Douglas 1963b, S.126/27.
84 J.Vansina 1969, S.255.
85 M.Kimpianga 1981; C.Brantley 1979; A.A.Lee 1976.
86 D.Parkin 1968.
87 G.W.Hartwig 1971; E.Ardener 1970; C.Colpe 1972, S.9.
88 P.Bohannon 1958.
89 D.Aberle 1962, S.209.
90 M.Weber 1972, S.245-381.
91 B.Wilson 1973, S.9ff. 92 ebd. S.131ff.

93 M.Douglas 1973, S.144/45.
94 D.Parkin 1985, S.224-43.
95 M.Assimeng 1977, S.57.
96 P.Tempels 1956, S.24-29 und 58ff.
97 A.Harwood 1970, S.30 und 37ff.
98 P.Tempels 1956, S.78/79.
99 E.Winter 1963, S.277-99; vgl. a. T.Parsons, Essays in Sociological Theories 1949.
100 E.M.Zuesse 1971, S. 236.
101 J.Mbiti 1969, S.253.
102 B.T.kia Mpansu 1973, S.19/20; vgl. a. Marc Augé 1974, S.70.

I. Kognitive Aspekte

1   G.W.Huntingford 1963, S.179.
2   E.Copet-Rougier 1986, S.62.
3   K.Schlosser 1972, S.17 und 287.
4   P.Bohannon 1958, S.4.
5   H.J.Koloss 1980, S.10.
6   'kundu dya ndundila kanda'... Wenigstens ein Ältester in jeder Matrilineage hatte schützendes 'kundu'. Zit.n. J.Janzen/W.Mac Gaffey 1974, S.42 und 54.
7   A.Harwood 1970, S.58-60.
8   D.A.Offiong 1983a, S.87.
9   F.Giorgetti (Gero), Death among the Azande of the Sudan. Bologna 1968, S.90. ... von dhú = Seele, ngbá = gut, sowie dem Suffix 'se' für Abstrakta. Vgl. auch E.C.Canon/ Gore, Zande-English Dictionary. London 1931, Revised 1952.
10 J.Fernandez 1962, S.246.
11 E.E.Evans-Pritchard 1937, S.121.
12 K.E.Laman 1962, III, S.217; J.Janzen/W.Mac Gaffey 1974, S.42.
13 G.M.Foster 1965.
14 M.Weber 1972.
15 J.Fernandez 1962, S. 248.
16 J.Janzen/W.Mac Gaffey 1974, S.42.
17 A.Harwood 1970, S.48.
18 Jakobi Munzele, Bakulu beto ye Diela diau (Unsere Ältesten mit ihren Taten und Werken) 1965 (hekt.) Zit. n. Janzen/Mac Gaffey 1974, S.45.
19 K.Schlosser 1972, S.116.
20 K.E Laman 1962, III, S.217; vgl. auch Janzen/Mac Gaffey 1974, S42.
21 M.Douglas 1963b, S.130.
22 A.Harwood 1970, S.59.
23 L.Makarius 1974, S.537-52.
24 Mord
    Fang: J.Fernandez 1962, S.246. Kongo: K.E.Laman 1962, III, S.217-22. Vgl. auch Janzen/ Mac Gaffey 1974, S.46.
25 Inzest
    Nso: Ph.Kaberry 1969, S.179. Mbugwe: R.F.Gray 1963, S.169/70. Kagururu: T.O.Beidelman 1963, S.62 u. 67/68.
26 Zauberlehre
    Fang: J.Fernandez 1962, S.247/48. Fipa: R.G.Willis 1968a, S.141... Fipa-Zauberer sind fast immer Männer. Nyakyusa: M.Wilson 1951, S.94/95.
27 Nacktheit und Nacht
    Kaguru: T..O.Beidelman 1963, S.62-65. Mandari: J.Buxton 1963, S.100/01. Gisu: J.La

Fontaine 1963, S.196. Gusii: R.A.Le Vine 1963, S.225/26. Lugbara: J.Middleton 1979, S.59. Lovedu: E.Krige 1943, S.250. Kongo: K.E.Laman 1962,III, S.219. Vgl. auch Janzen/Mac Gafrey 1974, S.42 u.46.

28 Nekrophilie
Kongo: K.E.Laman 1962,III, S.219. Shona: J. Crawford 1967, S. 112-14. Rotse: B.Reynolds 1963, S.23-29. Kaguru: T.O.Beidelman 1963, S.62 u.65. Cewa: M.Marwick 1952, S.215.

29 Nachtfahren und Ausschweifung
Mbugwe: R.F.Gray 1963, S.166. Kaguru: T.O.Beidelman 1963, S. 64. Nupe: S.F.Nadel 1935, S. 429. Gisu: J. La Fontaine 1963, S.197. Kongo: K.E. Laman 1962, III, S.219-33.

30 Kannibalismus
Shona: J.R.Crawford 1967, S.112/13. Kongo: W.Mac Gaffey 1963, S.5; K.E: Laman 1962, III, S.216-19 u. 222; J.Janzen/W.Mac Gaffey 1974, S.45/46. Gusii: R.A.Le Vine 1963, S.226. Nyakyusa: M.Wilson 1951, S.93; dies. 1970, S. 253. Dinka: G.Lienhardt 1951, S.305.

31 Seelenkonzeption
Kongo: K.E.Laman 1962, III, S.1ff. u. 216/17. Rotse: B.Reynolds 1963, S.43.

32 Alpträume
Nupe: Nadel 1935, S.428/29. Nyakyusa: Wilson 1970, S.253. Lovedu: Krige 1943, S.250. Yakö: Forde 1958, S.169. Lugbara: Middleton 1979, S.59. Kongo: Laman 1962,III, S.217 u.222.

33 Jung 1982.

34 Freud 1975: ders. 1900.

35 Fliegen
Kaguru: Beidelman 1963, S.65. Nyakyusa: Wilson 1951, S.91. Xhosa: Hammond-Tooke 1970, S.28. Mbugwe: Gray 1963, S.166.

36 Übernatürliche Fähigkeiten
Shona: Crawford 1967, S.111/12. Kaguru: Beidelman 1963, S.66. Nandi: Huntingford 1963, S.177.

37 Tierverwandlung
Safwa: Harwood 1970, S.61. Shona: Crawford 1967, S.112 u.116. Lovedu: Krige 1943, S.250/51. Kaguru: Beidelman 1963, S.64-66. Lugbara: Middleton 1963, S.262. Dinka: Lienhardt 1951, S.306 u.308. Azande: Evans-Pritchard 1937, S.51ff. Mbugwe: Gray 1963, S.167. Rotse: Reynolds 1963, S.27 u.29. Kap Nguni: Hammond-Tooke 1974, S.129-30.

38 Zombies
Lovedu: Krige 1943, S.252 ...die wirkliche Person wird versklavt, begraben wird nur ihr Schatten. Kap Nguni: Hammond-Tooke 1974, S.130. Kaguru: Beidelman 1963, S.66. Rotse: Reynolds 1963, S.33/34.

39 Kongo: Konda Jean zit.n. Janzen/ Mac Gaffey 1974, S.46. Rotse: Reynolds 1963, S.33/34.

40 Autopsie
Nyakyusa: Wilson 1951, S.91 u.116; dies. 1970, S.253. Kongo: Janzen/Mac Gaffey 1974, S.44; Laman 1962,III,S.216. Tiv: Bohannon 1958, S.3. Safwa: Harwood 1970, S.49-68.

41 Diagnose von Krankheiten
Banyang: Ruel 1970, S.336ff.; ders. 1965, S.3-27. Safwa: Harwood 1970, S.31-50.

42 Hexenkünste
Mbugwe: Gray 1963, S.167/68. Nandi: Huntingford 1963, S.179. Lovedu: Krige 1943, S.250/51. Gisu: La Fontaine 1963, S.197 u.211. Safwa: Harwood 1970, S.61. Kaguru: Beidelman 1963, S.64-67 u. 77. Nyakyusa: Wilson 1970, S.253; dies. 1951, S.91. Taita: Harris 1978, S.39. Dinka: Lienhardt 1951, S.307.

43 Erscheinungsbild
Kaguru: Beidelman 1963, S.68. Kongo: Laman 1962, III, S.217-221. Dinka: Lienhardt 1951, S.306. Shona: Crawford 1967, S.118. Nupe: Nadel 1954, S.171.
44 Mandari: Buxton 1963, S.100-04. Dinka: Lienhardt 1951, S.306/07. Taita: Harris 1976, S.39. Lugbara: Middleton 1963, S.262/63; ders. 1979, S.59. Gusii: Mayer 1970, S.48. Kaguru: Beidelman 1963, S.67. Nyakyusa: Wilson 1951, S.95. Nupe: Nadel 1954, S.179; ders., Black Byzantium Oxford 1942, S.152. Azande: Evans-Pritchard 1937, S.56/57. Bakweri: Ardener 1970, S.152.
45 Böser Blick
Lugbara: Middleton 1963, S.263; ders. 1979, S.60. Kaguru: Beidelman 1963, S.66. Kongo: Laman 1962,III, S.217u. 221. Mbugwe: Gray 1963, S.162ff. Lovedu: Krige 1943, S.250u. 253.
46 Hexerei und Zauberei
Kaguru: Beidelman 1963, S.61/62. Mandari: Buxton 1963, S.99-102. Mbugwe: Gray 1963, S.143/44. Gisu: La Fontaine 1963, S.192. Nandi: Huntingford 1963, S.175. Rotse: Reynolds 1963, S.14. Kongo: Janzen/Mac Gaffey 1974, S.42; Laman 1962, III, S.234. Gusii: Le Vine 1963, S.226. Taita: Harris 1978, S.39. Cewa: Marwick 1952, S.215. Gonja: Goody 1970, S.208/09. Nyakyusa: Wilson 1951, S.126. Yakö: Forde 1958, S.174. Nyoro: Beattie 1963, S.29/30. Fipa: Willis 1968a, S.148. Lovedu: Krige 1943, S.250. Lugbara: Middleton 1963, S.262-65. Azande: Evans-Pritchard 1937, S.21ff. u. 387; Kremser 1981, S.16-33. Ibibio: Offiong 1963a, S.87. Kerebe: Hartwig 1971, S.505-24. Bakweri: Ardener 1970, S.147ff. Mkako: Copet-Rougier 1986, S.65.
47 Lele: Douglas 1963, S.229. Nyoro: Beattie 1963, S.31. Shona: Crawford 1967, S.96. Gisu: La Fontaine 1963, S.195/96.
48 Konda Jean, Cahier 120, Laman Collection, zit.n. Janzen/ Mac Gaffey 1974, S.45.
49 Kaguru: Beidelman 1963, S.66. Lovedu: Krige 1943, S.254.
50 Gisu: La Fontaine 1963, S.197. Mandari: Buxton 1963, S.103. Lugbara: Middleton 1963, S.264/65. Konkomba: Tait 1979, S.157. Kaguru: Beidelman 1963, S.66. Betschuana: Schapera 1934, S.295. Fipa: Willis 1968a, S.148. Yakö: Forde 1958, S.174.
51 Lovedu: Krige 1943, S.251. Konkomba: Tait 1979, S.156.
52 Rotse: Reynolds 1963, S.98. Betschuana: Schapera 1934, S.295. Nandi: Huntingford 1963, S.179. Nyoro: Beattie 1963, S.37/38. Lovedu: Krige 1943, S.254. Safwa: Harwood 1970, S.60. Shona und Ndebele: Crawford 1967, S.96-99. Zulu: Schlosser 1972, S.71/72. Lugbara: Middleton 1963, S 265.
53 Pars pro toto
Gisu: La Fontaine 1963, S.197. Betschuana: Schapera 1934, S.295. Lovedu: Krige 1943, S.254. Nyoro: Beattie 1963, S.38. Lugbara: Middleton 1963, S.264. Rotse: Reynolds 1963, S.20 u.44-47. Shona und Ndebele: Crawford 1967, S.96-99. Kaguru: Beidelman 1963, S.66 u.80. Konkomba: Tait 1979, S.158.
54 Kaguru: Beidelman 1963, S.65/66. Safwa: Harwood 1970, S.62. Lugbara: Middleton 1963, S.264/65. Nyoro: Beattie 1963, S.37.
55 Harwood 1970, S.62-66.
56 Gusii: Le Vine 1963, S.228. Kaguru: Beidelman 1963, S.66. Yakö: Forde 1958, S.174. Rotse: Reynolds 1963, S.20. Mbugwe: Gray 1963, S.165. Nyoro: Beattie 1963, S.38/39. Taita: Harris 1978, S.39.
57 Shona: Crawford 1967, S.95. Lovedu: Krige 1943, S.253. Betschuana: Schapera 1934, S.295.
58 Lele: Douglas 1963, S.129 ...Neid, Mißgunst, Gehäßigkeit.
59 Shona: Crawford 1967, S.107-10. Gisu: La Fontaine 1963, S.196. Nyakyusa: Wilson 1951, S.91/92 u.121. Mandari: Buxton 1963, S.106/07.

60 Lugbara: Middleton 1979, S.61. Gonja: Goody 1970, S.209. Nupe: Nadel 1935, S.425-27. Mbugwe: Gray 1963, S.161/62. Gusii: Le Vine 1963, S.228/29.

II. Soziale Beziehungen und Hexerei

1 Multhaupt 1979.
2 Der britische Sozialanthropologe Meyer Fortes hat dafür den Begriff 'amity' geprägt. Vgl. Fortes 1970, S.219-49. Dtsch.: Kramer/Sigrist 1978, II, S.120-164.
3 Bohannon 1958, S.8ff.
4 Evans-Pritchard 1937, S.173; vgl. auch Beattie 1963, S.30/31.
5 Nadel 1954, S.169ff.
6 Buxton 1963, S.104/05 ...mit Vornamen dürfen nur die allerengsten Freunde angeredet werden, ansonsten ist die Anrede mit den Verwandtschaftstiteln üblich.
7 Beidelman 1963, S.85.
8 Evans-Pritchard 1937, S.74.
9 Beidelman 1963, S.74; vgl. auch Harris 1978, S.47.
10 Beidelman 1963, S.90; vgl. auch Offiong 1983a, S.90.
11 Huntingford 1963, S.176.
12 La Fontaine 1963, S.194.
13 Goody 1970, S.238.
14 Krige 1943, S.263.
15 Forde 1958, S.170.
16 Offiong 1963a, S.90.
17 selten zwischen...
Nyoro: Beattie 1963, S.30/31 u. S.51. Azande: Evans-Pritchard 1937, S.114; gleiches berichtet Krige 1943, S.268. Gisu: La Fontaine 1963, S.217. Kaguru: Beidelman 1963, S.79. Yakö: Forde 1958, S.170/71.
18 Baxter 1972, S.163ff. u.176ff.
19 Foster 1965, S.213-15 ...Foster bezieht sich allerdings auf zentralamerikanische Beispiele, die durch Klassenbeziehungen gekennzeichnet sind.
20 Gray 1963, S.152-56.
21 Introspektive Hexerei
Effutu: Wyllie 1973, S.74-79. Ashanti: Debrunner 1959; Field 1960; Fortes 1970, S.180. Banyang: Ruel 1970, S.333-49. Kuranko: Jackson 1975, S 387-403.
22 C.G.Baeta, Prophetism in Ghana. London 1962; G.Parrinder, Religion in an African City. London 1953; J.D.Y.Peel, Aladura: A Religious Movement among the Yoruba. Oxford 1958; Ashanti: Fortes 1970, S.180. Kuranko: Jackson 1975, S.390. Effutu: Wyllie 1973, S.76. Ngwa: Brain 1970, S.161ff.
23 Fremde
Kongo: Mac Gaffey 1983, S.5. Kaguru: Beidelman 1963, S.84. Lovedu: Krige 1943, S.264 ...die meisten Fälle, in die Fremde verwickelt waren, betrafen ökonomische Rivalitäten mit einer entfernt verwandten oder unverwandten Person. Grund: Neid wegen einer neuen Nähmaschine, Führerschein, Erfolg bei den Mädchen, beim Tanz und Konkurrenz um einen Job in der Stadt. Mandari: Buxton 1963, S.106ff.
24 Zaubereianklagen
Lugbara: Middleton 1963, S,269. Nyoro: Beattie 1963, S.35. Bei den Pondo kommen Anklagen zwischen Nachbarn zwar vor, sind aber wegen der großen Entfernung zwischen den Gehöften selten. Vgl. Wilson 1970, S.256. Bei den Yakö verzaubern sich Personen, die in einer Wettbewerbs- und Konfliktsituation stehen, z.B. Nachbarn. Vgl.Forde 1958, S.169/79.
25 reiche und mächtige Männer

Kaguru: Beidelman 1963, S.76 u.92/93. Mbugwe: Gray 1963, S.146-149. Tiv: Bohannon 1966, S.288ff. Lovedu: Krige 1943, S.268. Gonja: Goody 1970, S.211-28.

26 Agnaten
Lugbara: Middleton 1963, S.267ff. Gisu: La Fontaine 1963, S.203 u.208. Shona: Crawford 1967, S.142. Yakö: Forde 1958, S.169 u.171. Konkomba: Tait 1979, S.162, 165 u. 167.

27 Geschwister
Nyoro: Beattie 1963, S.51. Ibibio: Offiong 1963a, S.90. Shona: Crawford 1967, S.148-54. Bei den Ost-Shona 7,3% bei den Ndebele und Kalanga 11,5% unter Vollgeschwistern. Lovedu: Krige 1943, zit. n. Crawford 1967, S.153. Andere: Harris 1978, S.114; Tait 1979, S.160 (Geschwister,; Lienhardt 1951, S.315; Fortes 1970, S.180 (Brüder); Le Vine 1963, S.244 (Halbschwestern).

28 Söhne und Väter
Shona: Crawford 1967, S.150 u.154. Taita: Harris 1978, S.110.

29 Douglas 1963, S.222/23.

30 Altersklassenmitglieder
Nandi: Huntingford 1963, S.177. Nyakyusa: Wilson 1951, S.102/03; dies. 1970, S.257/58. Gisu.: La Fontaine 1963, S.211/12. Koronko/Mesakin: Nadel 1970, S.269ff.

31 Matrilineare Gesellschaften
Kongo: Laman 1962, III, S.222; Konda Jean, Cahier 120. Laman Collection, zit.n. Janzen/Mac Gaffey 1974, S.46. Masamba ma Mpolo 1976, S.36-42. Cewa: Marwick 1979, S.109-14; ders. 1952, S.217-21: ders. 1965a. Kaguru: Beidelman 1963, S.80-83. Yao: Mitchell 1956, S.153/54 u.264. Ashanti: Fortes 1970, S.179-81.

32 Großmütter
Mbugwe: Gray 1963, S.157-60.

33 Marwick 1952, S.223-24.

34 Frauen
Gonja: Goody 1970, S.236-42. Nupe: Nadel 1954, S.163-81; ders. 1970, S. 264ff. Tallensi: Fortes 1969, S.32/33. Yakö: Forde 1958, S.170. Shona: Crawford 1967, S.142/43.

35 'house-property complex' vgl. Middleton 1963, S.15/16.
Shona: Crawford 1967, S.142/43.

36 Gisu: La Fontaine 1963, S.206/07.

37 polygyne Ehen
Gusii und Luo: Le Vine 1962, S.39/40; ders. 1963, S.242-44. Gisu: La Fontaine 1963, S.206/07. Andere: Beattie 1963, S.34: Fortes 1969, S.33/34; Crawford 1967, S.131 u.266; Beidelman 1963, S.88; Tait 1979, S.140: Marwick 1952, S.216; Krige 1943, S.263 ...in 20% der Fälle ist das Opfer eine Ko-Ehefrau. Lienhardt 1951, S.315 ... konkrete Hexereianklagen gibt es bei den Dinka nur unter Ko-Ehefrauen bzw. Ehefrauen von Brüdern. Forde 1958, S.170; Offiong 1983a, S.90 ...die meisten Anklagen laufen gegen die 'Großfrau'.

38 Ehepartner
Lovedu: Krige 1943, S.263. Nyoro: Beattie 1963, S.33. Kaguru: Beidelman 1963, S.86-88. Yoruba: Morton-Williams 1956, S.326/27.

39 Schwiegerverwandte
Gisu: La Fontaine 1963, S.205/06. Nyoro: Beattie 1963, S.34. Pondo: Wilson 1970, S.256. Ibibio: Offiong 1963a, S.90/91. Gusii: Le Vine 1963, S.240. Dinka: Lienhardt 1951, S.315.

40 moderne Hexerei
Zulu: Scotch 1961, S.70-74. Cewa: Marwick 1952, S.217. Gisu: La Fontaine 1963, S.217-19. Shona: Crawford 1967, S.90ff. u.159; vgl. auch Mitchell 1965, S.195-98;

	Kapferer 1969, S.203-05; Jahoda 1966, S.205/06; Gibbal 1974; Hammond-Tooke 1970, S.25-38; Marwick 1958, S.106.
41	Baxter 1972, S.184: Brain 1982, S.371-84; Wilson 1971; Gluckman 1970, S.101ff.
42	Beattie 1963, S.53; La Fontaine 1963, S.218; Beidelman 1963, S.94ff.; Ward 1956, S.47-61; Nyoro: Beattie 1963, S.53. Lugbara: Middleton 1963, S.270. Nyakyusa: Wilson 1951, S.127ff. Gisu: La Fontaine 1963, S.218. Kaguru: Beidelman 1963, S.94/95.
43	Brain 1982, S.383/84.
44	Beidelman 1963, S.95.
45	3.Moses 19, 31; 3.Moses 20,6; 1.Sam. 15,23; 2.Könige 9,22.

III. Methoden der Kontrolle

1	Douglas 1963a, S.224; La Fontaine 1963, S.199: Wilson 1951, S.109.
2	Douglas 1963a, S.224.
3	Crawford 1967, S.213.
4	Evans-Pritchard 1937, S.92/93.
5	Wilson 1951, S.109; Douglas 1963a, S.224; La Fontaine 1963, S.198.
6	Krige 1943, S.259; Evans-Pritchard 1937, S.92/93.
7	Wilson 1951, S.110.
8	Douglas 1963a, S.224.
9	Crawford 1967, S.265; Beidelman 1963, S.73: Wilson 1951, S.103; Buxton 1963, S.121; Evans-Pritchard 1937, S.488.
10	Beidelman 1963, S.73.
11	Buxton 1963, S.119.
12	Gray 1963, S.163.
13	Douglas 1963a, S.224; Debrunner 1959, S.89-91.
14	Beattie 1963, S.42.
15	Middleton 1963, S.265.
16	Middleton 1963, S.265; Crawford 1967, S.265.
17	Middleton 1963, S.265-66.
18	Debrunner 1959, S.92.
19	Beattie 1963, S.42.
20	ebd. S.46.
21	ebd.
22	ebd.
23	Wilson 1951, S.132.
24	ebd. S.96.
25	ebd. S.120.
26	Huntingford 1963, S. 178; Reynolds 1963, S.55/66; Douglas 1963, S.229; Laman 1962,III, S.175.
27	Huntingford 1963, S.177/78.
28	ebd. 1981.
29	Le Vine 1963, S.233-236.
30	Douglas 1963a, S.229-31.
31	Beattie 1963, S.41/42.
32	Gray 1963, S.162; vgl. auch Beattie 1963, S.42.
33	Buxton 1963, S.120.
34	Huntingford 1963, S.181-84.
35	La Fontaine 1973, S.199.
36	Le Vine 1963, S.232/33.
37	Middleton 1963, S.266.

38 Beidelman 1963, S.70.
39 Reynolds 1963, S.49.
40 ebd. S.52/53.
41 mulauli.... ebd. S.95.
42 Crawford 1967, S.183/84.
43 ebd. S. 203-06.
44 Schlosser 1972, S.106-16.
45 Laman 1962,III,S.173-75.
46 Nadel 1935, S.431/32.
47 Marwick 1952, S.216; vgl. a. Huntingford 1963, S.182.
48 La Fontaine 1963, S.199/200.
49 Crawford 1967, S.184-91; vgl. auch Schlosser 1972, S.108 ...Wahrsagerei wird bei den Zulu gleichermaßen von Doktoren und Wahrsagern gemacht.
50 Krige 1943, S.249.
51 Crawford 1967, S.190-202.
52 Yakobi Munzele zit.n. Janzen/Mac Gaffey 1974, S 45.
53 Konda Jean. Cahier 120, zit.n. Janzen/Mac Gaffey 1974, S.46.
54 Schlosser 1972, S.110.
55 Le Vine 1963, S.233.
56 Beattie 1963, S.42.
57 Crawford 1967, S.272/73.
58 Gray 1963, S.170.
59 Le Vine 1963, S.232.
60 Schlosser 1972, S.110-112.
61 ebd. S.189/90.
62 Le Vine 1963, S.237-39.
63 Beidelman 1963, S.72.
64 Laman 1962,III, S.220, 225/26, 230.
65 Krige 1943, S.260.
66 Beattie 1963, S.42.
67 Reynolds 1963, S.100-08. Vgl. auch V.Turner, Revelation and Divination in Ndembu Ritual. Ithaca 1975, S.215ff. ...das Worfelgerät steht für den Wechsel von Falschheit zur Wahrheit. Der Wahrsager schüttelt die Symbole in seinem Wahrsagekorb in der gleichen Weise in der die Frauen das Getreide in ihrem Worfelgerät schütteln.
68 Schlosser 1972, S.113.
69 Reynolds 1963, S.110/11 u. 114-116; vgl. auch C.M.N.White, Elements in Luvale Beliefs and Rituals. Manchester 1961.
70 Willis 1968a, S.142; vgl. auch Reynolds 1963, S.118.
71 Schlosser 1972, S.113-115.
72 Reynolds 1963, S.119.
73 Crawford 1967, S.179.
74 ebd. S.208-12.
75 Douglas 1963a, S.224-26.
76 ebd. S.235.
77 Buxton 1963, S.120.
78 Marwick 1952, S.216.
79 Ein Doktor im Kupfergürtel führte eine Variante ein. Erbrechen war ein Zeichen von Schuld, Nichterbrechen ein Zeichen von Unschuld. Reynolds 1963, S.122.
80 Vansina 1969, S.245; Reynolds 1963, S.122; Douglas 1963b, S.127; Winter 1963, S.287; Crawford 1967, S.216; Wilson 1951, S.116.
81 La Fontaine 1963, S.201.

82	Reynolds 1963, S.123; Evans-Pritchard 1937, S.281-312.
83	Vansina 1969, S.246.
84	Crawford 1967, S.214ff.
85	Buxton 1963, S.121.
86	Wilson 1951, S.115/16.
87	Nadel 1935, S.433.
88	Douglas 1963a, S.236/37.
89	dies. 1963b, S.128, 133, 135.
90	Vansina 1969, S.255.
91	Beidelman 1963, S.71.
92	La Fontaine 1963, S.201.
93	Le Vine 1963, S.231.
94	Winter 1963, S.287/88.
95	Beidelman 1963, S.71; vgl. auch Le Vine 1963, S.231; Reynolds 1963, S.124; Crawford 1967, S.218ff.
96	Le Vine 1963, S.231.
97	Reynolds 1963, S. 124/25.
98	Crawford 1967, S.218.
99	ebd. S.220.
100	La Fontaine 1963, S.201.
101	Beidelman 1963, S.71; La Fontaine 1963, S.201; Le Vine 1963, S.231; Reynolds 1963, S.122; Douglas 1963b, S.127. Vansina 1969, S.245-59; Harris 1978, S.148.
102	Beidelman 1963, S.71.
103	Reynolds 1963, S.122.
104	La Fontaine 1963, S.201.
105	Le Vine 1963, S.231.
106	Douglas 1963b, S.127.
107	Vansina 1969, S.247-54.
108	ebd. S.248ff.
109	ebd. S.256/57.
110	Reynolds 1963, S.122 ...Erythrophloeum guineense.
111	ebd. S.123; vgl. auch M.Gluckman, The Judicial Process among the Barotse of Northern Rhodesia. Manchester 1955, S.97-98.
112	Crawford 1967, S.215.
113	Konda Jean. Cahier 120, zit.n. Janzen/Mac Gaffey 1974, S.45.
114	Laman 1962,III, S.223 ...nkasa besteht aus der giftigen Rinde des Erythrophloeum guineense, eines Hülsenfrüchte tragenden Baumes.
115	ebd. S.226-31.
116	Wilson 1951, S.118/19.
117	Krige 1943, S.262/63.
118	Beattie 1963, S.42.
119	Beidelman 1963, S.71/72.
120	Buxton 1963, S.121.
121	La Fontaine 1963, S.198 u.201 ...früher getötet; Winter 1963, S.287.
122	Le Vine 1963, S.231.
123	Middleton 1963, S.266; vgl. auch Winter 1963, S.287.
124	Evans-Pritchard 1937, S.387ff.
125	Beattie 1963, S.43/44.
126	Beidelman 1963, S.73.
127	La Fontaine 1963, S.200.
128	Forde 1958, S.174.

129 La Fontaine 1963, S.198.
130 Reynolds 1963, S.69-72.
131 ebd. S.74 u. 76.
132 ebd.. S.79-81 u.83.
133 ebd.. S.85 u.88.
134 Wilson 1951, S.124/25.
135 Beattie 1963, S.52.
136 Wilson 1951, S.126.
137 Laman 1962, III, S.232.

IV. Hexenverfolgung

1 Redmayne 1970, S.103-128.
2 Willis 1968b.
3 Stirnimann 1974.
4 Richards 1935.
5 Marwick 1950.
6 Brantley 1979.
7 Evans-Pritchard 1937, S.511-539; vgl. auch Bittremieux 1936; Giorgetti 1957.
8 Vansina 1959; ders. 1971 u. 1973.
9 Douglas 1963, S.241-58; dies. 1963b.
10 Vansina 1959, S.84ff.
11 Rev. Makanzu, zit.n. Jansen/Mac Gaffey 1974, S.83ff; vgl. auch Kimpianga 1980.
12 Buakasa 1973, S. 227ff.
13 Luc de Heusch, Pourquoi l'épouser. Paris 1971, S.182.
14 Laman 1962, III, S.67-72.
15 Mac Gaffey 1977, S.173ff.
16 Janzen/Mac Gaffey 1974, S.35.
17 Mac Gaffey 1983, S.129.
18 Laman 1962, III, S.67-80.
19 Dupré 1975, S.12-17.
20 ebd. S.23.
21 Morton-Williams 1956.
22 ebd. S.320; vgl. a. Christensen 1954, S.395.
23 Debrunner 1959, S.130.
24 Christensen 1954; Debrunner 1959; Ward 1956; Field 1937 und 1960; Mc Leod 1975; vgl. a. R.Rattray, Religion and Art in Ashanti 1927.
25 Willis 1970.
26 Debrunner 1959, S.147 und 155-59.
27 Vincent 1966.
28 Walker 1980.
29 Roberts 1970; vgl.a. Rotberg 1961; Taylor/Lehmann 1961; Binsbergen 1981, S.266-316.
30 Offiong 1982.
31 Elwert 1985, S.552.
32 ebd. S.553.

Bibliographie

Aberle, D., 1962, A Note on Relative Deprivation Theory as Applied to Millenarian and other Cult Movements. In: S.Thrupp (ed.) Millenial Dreams in Action. Comparative Studies in Society and History. Supplement II. Mouton. The Hague 1962. S.209-14.

Abrahams, R.G., 1985, A Modern Witch-Hunt among the Lango of Uganda. In: Cambridge Anthropology (Cambridge, U.K.) 10,1, S.32-44.

Adeney, M.A., 1974,What is Natural about Witchcraft and Sorcery. In: Missiology 2(3), July, S.377-396.

AFRICA (London), 1935 The African Explains Witchcraft. S.504-59. Heft 4.

Akama, E.S., 1985, The Igbe Cult in Isokoland and Missionary and Government Reactions 1915-1930. In: Journal of Religion in Africa 15,1, S.25-49.

Alland, A., 1965, Abron Witchcraft and Social Structure. In: Cahiers d'Etudes Africaines V (4),20,S.495-502.

Ardener, E., 1970, Witchcraft, Economics and the Continuity of Belief. In: M.Douglas (ed.) 1970, S.141-60.

Assimeng, M., 1977, The Witchcraft Scene in Ghana: A Sociological Comment. In: Ghana Social Science Journal (Legon) 4,1, S.54-78.

Augé, M., 1972, Les métamorphoses du vampire d'une société de consommation à l'autre (Basse Côte d'Ivoire). In: Nouv. Rev. de Psychanalyse (Paris) 6, S.129-46. Neu in: Marc Augé 1974, S.112-34.

ders., 1973, Sorciers noirs et diable blancs: la notion de personne, les croyances à la sorcellerie et leur évolution dans les sociétés de Basse Côte d'Ivoire (Alladian et Ebrié). In: La notion de personne en Afrique Noire. S.519-28.

ders., 1974, Les croyances à la sorcellerie. In: La construction du monde. Paris, Maspero, S. 52-74.

ders., 1974, La construction du monde. Paris, Maspero.

ders., 1976, Savoir voir, et savoir vivre: les croyances à la sorcellerie en Côte d'Ivoire. In: AFRICA (London), 46,2, S.129-36.

ders., 1982, Pécheurs de harengs et sorciers africains. In: Ethnos (Stockholm) 47,3/4, S.274-89.

Baeke, V., 1984, Sorcellerie, sociétés secrètes et sacrifice chez les Wuli du Cameroun occid. In: Systéme de pensée en Afrique Noire. Paris. S.155-74.

Barnes, B., 1978, Glaubenssysteme im Vergleich: Falsche Anschauungen oder Anomalien? In: Kippenberg/Luchesi 1978, S.213-34

Baxter, H.C., 1944, Introduction to Witchcraft in Africa.. In: Tanganyika Notes 18, S. 69-76.

Baxter, P.T., 1972, Absence makes the heart grow fonder. In: M.Gluckman (ed.) 1972, S.163-91.

Beattie, J., 1963, Sorcery in Bunyoro. In: Middleton/Winter (eds.) 1963 S 27-98.

ders., 1978, Über das Verstehen von Ritualen. In: Kippenberg/ Luchesi 1978, S.174-212. Zuerst in: B.Wilson 1974, S.240-268.

Beidelman, T.O., 1963, Witchcraft in Ukaguru. In: Middleton/Winter (eds.) 1963, S.57-98.

ders., 1970, Towards more open Theoretical Interpretation. In: M.Douglas (ed.) 1970, S.351-62.

Beth, K., 1968, Das Verhältnis von Religion und Magie. In: L.Petzoldt 1968, S.27-46.

Bezokenzoka, Mpeke, 1982, Ilwa, la notion du pouvoir sorcier des Basakata. In: Mai-Ndombe (Rep. du Zaire) CEEBA publ. Ser.2, Vol.75 Bandundu, S.75-103.

Bibliographie francaise sur l'Afrique au Sud du Sahara 1977-1980. Paris.

Bibliographie des traveaux en langue francaise sur l'Afrique au Sud du Sahara. 1980-1983. Paris.

Binsbergen, W.M.J. van, 1981, Religious Change and the Problem of Evil in Western Zambia. In: Binsbergen, 1981, S.135-79., ebd. Religious Innovation and Political Conflict in Zambia. The Lumpa Rising. S.266-316.

ders., 1981 Religious Change in Zambia. London.

Prince Birinda de Boudiéguy des Echiras, 1952, La Bible secrète des Noirs selon le Bwiti.

(Doctrine initiatique de l'Afrique Equatoriale). Collection l'Afrique vous parle. Paris
Bittremieux, L., 1936, Rapport sur la Secte des 'Mani' de Boma. In: La société secrète des Bakhimba au Mayombe. Mém. Inst. Royal Colonial Belge. Bruxelles. S.215-40.
Blay, J.B., 1968, Operation Witchcraft. Aboso (Ghana).
Bleek, W., 1975, Marriage, Inheritance and Witchcraft. A Case Study of a Rural Ghanaian Family. Leiden.
Bohannon, L., 1966, Der angsterfüllte Zauberer.In: W.Mühlmann (Hg.) Kulturanthropologie. Köln. S.286-303. Zuerst erschienen in: J.Casagrande (ed.), In the Company of Man. New York. 1960, S.377-95.
dies., 1967, Miching Mallecho, that means Witchcraft. In: J.Middleton (ed.), 1967, S.43-54.
Bohannon, P., 1958, Extra-Processual Events in Tiv Political Institutions. In: American Anthropologist 60, S.1-12.
Bond, G./ Johnson, W./ Walker, S. (eds.), 1979, African Christianity; Patterns of Religious Continuity. New York. Academic Press.
Booth, N. S. jr. (ed.), 1977, African Religions: A Symposium. New York/London. NOK Publishers.
Brain, J.L., 1964, More Modern Witchfinding. In: Tanganyika Notes and Records 62, S.44-48.
ders., 1975, Witchcraft in Africa: A Hardy Perennial. In: Owusu M. (ed.) Colonialism and Change. The Hague, S.179-201.
ders., 1982, Witchcraft and Development. In: African Affairs 81, (July), London, S.371-84.
Brain, R., 1970, Child-Witches. In: M.Douglas (ed.) 1970, S.161-79.
Brantley, C., 1979, A Historical Perspective of the Giriama and Witchcraft Control. In: AFRICA 49 (2), S.112-33.
Brown, G.St.J.Orde, 1935, Witchcraft and British Colonial Law. In: AFRICA, No.4, S.481-87.
Bryant, A.T., 1966, Zulu Medicine and Medicine-Men. Cape Town.
Buakasa, T.kia M., 1973, L'impense du discours. Kinshasa. (2iéme Ed. 1980).
Buxton, J., 1963, Mandari Witchcraft. In: Middleton/Winter (eds.) 1963, S. 99-121 .
Chavunduka, G.L., 1980, Witchcraft and the Law in Zimbabwe. In: Zambezia (Harare) 8,2, S.129-47.
Christensen, J.B., 1954, The Tigari Cult of West Africa. In: Papers of the Michigan Academy of Science, Art, and Letters, Vol.34, S.389-98.
Colpe, C., 1972, Das Böse in Mythos und Religion. In: G.Zacharias (Hg.) Das Böse. München, S.9-15.
ders., 1975, Synkretismus, Rennaissance, Säkularisation und Neubildung von Religionen in der Gegenwart. III. Krisenkulte und prophetische Bewegungen. In: Handbuch der Religionsgeschichte Bd. 3, Göttingen, S.441-523.
Comte, A., 1956, Rede über den Geist des Positivismus. Hamburg. Titel der franz. Originalausgabe: Discours sur l'esprit positif. Paris 1844.
Copet-Rougier, E., 1986, Le mal cours: Visible and Invisible Violence in an acephalous society - The Mkako of Cameroon. In: D.Riches (ed.), The Anthropology of Violence. Oxford and New York. Blackwell. S.50-69.
Cory, H., 1949, The Ingredients of Magic Medicines. In: AFRICA 19, S.13-32.
Crawford, J.R., 1967, Witchcraft and Sorcery in Rhodesia. London. Oxford University Press.
Crick, M., 1973, Two Styles in the Study of Witchcraft. In: Journ. Anthrop. Soc. Oxford 4(l), S.17-31.
Danzel, Th.W., 1968, Die psychologische Bedeutung magischer Bräuche. In: L.Petzoldt 1968, S.79-83
Davidson, R.H./Day, R., 1974, Symbol and Realisation: A Contribution to the Study of Magic and Healing. Research Monograph No. 12, Berkley, University of California Press.
Davis, H., 1958, Das Dorf der Zauberer. Berlin/Frankfurt, Ullstein.
Debrunner, H., 1959, Witchcraft in Ghana. Kumasi (Ghana).

Dias, J., 1967, Ntela, der Begriff für unpersönliche Wirkungskräfte und die allgemeine Magievorstellung der Makonda. Paideuma 13, S.23-25.
Douglas, M., 1963a, The Lele of Kasai. London.
dies., 1963b, Techniques of Sorcery Control in Central Africa. In: Middleton/Winter (eds.) 1963, S.123-41.
dies., 1967, Witch-Beliefs in Central Africa. In: AFRICA 37, S.72-80.
dies. (ed.), 1970, Witchcraft Confessions and Accusations. London.
ebd., 1970, Thirty Years after Witchcraft, Oracles and Magic. In: M.Douglas 1970, S.XIII-XXXVIII.
dies., 1980, Evans-Pritchard. Glasgow, Fontana Paperbacks.
dies., 1981, Ritual, Tabu und Körpersymbolik. Frankfurt. Titel der englischen Originalausgabe: Natural Symbols. Harmondsworth 1973.
Doutreloux, A., 1965, Prophetisme et Culture. In: M.Fortes/G.Dieterlen (eds.), African Systems of Thought. Oxford, S.224-38.
Duerr, H.P., 1974, Ni Dieu - ni mètre. Frankfurt.
ders., 1978, Traumzeit. Frankfurt.
ders. (Hg.), 1985, Der Wissenschaftler und das Irrationale, I-IV. Frankfurt.
Dumont, N., 1982, A propos d'une expérience fétichiste de l'échec scolaire à Brazzaville. In: Actes de la recherche en sciences sociales 43, Juin, Paris, S.47-57.
Dupré, G., 1982, Un ordre et sa déstruction. Paris.
Dupré, M.C., 1974, Les femmes mukisi des Téké Tsaayi. Rituel de possession et culte anti-sorcier (Rep. Pop. du Congo). In: J. Soc. African. 44(1), S.63-69.
dies., 1975, Le système des forces nkisi chez les Kongo d'après le 3me Vol. de Laman. In: AFRICA 45,1, S.12-28
Durkheim, E., 1981, Die elementaren Formen des religiösen Lebens. Frankfurt. (Titel der franz. Ausgabe: Les formes élémentaire de la vie réligieuse. Paris 1968.
Eisler, R., 1969, Man into Wolf. New York. Repr.1969.
Elwert, G., 1984, Conflicts Inside and Outside the Household: a West African Case Study. In: J.Smith (ed.) Households and the World-Economy. Beverly Hills, Sage, S.272-96.
ders., 1985, Ehekonflikte als politische Konflikte. Die Entwicklung der Heiratsallianzen bei den Ayizo Benins, Westafrika. In: G.Völger u. K.von Welck (Hgg.), Die Braut - geliebt, verkauft, getauscht, geraubt. Zur Rolle der Frau im Kulturvergleich. Rautenstrauch-Joest-Museum, Zürich, S.546-55.
Evans-Pritchard, E.E., 1929, The Morphology and Function of Magic. In: American Anthropologist XXXI, S.619-41. Neu in: J Middleton (ed.) 1967, S.1-22.
ders., 1933, The Intellectualist (English) Interpretation of Magic. In: Bull. of the Fac. of Arts I Pt.2 (Egyptian Univ., Cairo), S.1-21.
ders., 1934, Zande Therapeutics. In: R.Firth/B.Malinowski/ I.Schapera (eds.) Essays presented to C.G.Seligman. London, S.49-61
ders., 1937, Witchcraft, Oracles and Magic among the Azande. Oxford.
ders., 1940, Obituary: Lucien Lévy-Bruhl. In: MAN XL (Feb.), 27, S.24-25.
ders., 1952, A Letter to E.E.Evans-Pritchard from L.Lévy-Bruhl with comments by E.E.Evans-Pritchard. In: British Journal of Sociology III, No.2 (June), S.117-23.
ders., 1968, Theorien über primitive Religionen. Frankfurt.
(Titel der englischen Ausgabe: Theories of Primitive Religion. Oxford 1966).
ders., 1970, Lévy-Bruhl's Theory of Primitive Mentality. In: Journal of the Anthrop. Soc. of Oxford I, No.2, S.39-60. (Zuerst erschienen in: Bull. of Fac. of Arts, 1933, II, Pt.2, S.1-26)
ders., 1970, Bergson and Witchcraft. In: MAN V, No.1 (March), S.131.
ders.,1981, A History of Anthropological Thought. London. (ed. by A. Singer).
Eyken, A.G.M van, 1958, Witchcraft and the Supernatural. In: Uganda Journal 22 (2), S.151-57.
Fernandez, J., 1962, Christian Acculturation and Fang Witchcraft. In: Cahiers d'Etudes Africai-

nes, Vol.II, S.244-61.
Field, M.J., 1937, Religion and Medicine of the Ga People. Oxford
dies., 1960, Search for Security. London.
Field, W.E., 1971, Witchcraft, Sorcery and Divination in Subsaharan Africa: A Bibliography of the most Important Works. Johannesburg, University of the Witwatersrand.
Fields, K.E., 1982, Political Contingencies of Witchcraft in Colonial Central Africa. In: Canadian Journal of African Studies (Ottawa) 16,3, S.567-93.
Finnegan, R./Horton, R., 1973 Modes of Thought. London.
Foran, W.R., 1956, Lycanthropy in Africa. In: African Affairs 55, S.124-34.
Forde, D., 1958, Spirits, Witches and Sorcerers in the Supernatural Economy of the Yakö. In: Journal of the Royal Anthropological Institute, Vol. 88, II, S.165-77.
Fortes, M., 1959, Oedipus and Job in West African Religion. Cambridge.
ders., 1969, The Web of Kinship among the Tallensi. Oxford.
ders., 1970, The Lineage in Ashanti. In: M.Fortes (ed.), Kinship and the Social Order. London, S.154-90.
ders., 1978, Verwandtschaft und das Axiom der Amity. In: F.Kramer/ Chr. Sigrist (Hgg.) Gesellschaften ohne Staat, Bd.2, Frankfurt. S.120-64. (engl.: Kinship and the Axiom of Amity. In: M.Fortes 1970, S.219-49)
Foster, G.M., 1965, Peasant Society and the Image of the Limited Good. In: American Anthropologist 67, S.293-315.
Frank, W.A., 1974, Zaubertopf und Zauberstock. In: Anthropos 69(3-4), S.619-25.
Frazer, J.G., 1922, The Golden Bough. London. (Rep.1971).
Freud, S., 1900, Die Traumdeutung. In: Gesammelte Werke II u.III, Wien.
ders., 1973, Bemerkungen über einen Fall von Zwangsneurose. In: S.Freud, Studienausgabe, Bd.VII, Frankfurt, S.31-103.
ebd., 1973, Psychoanalytische Bemerkungen über einen autobiographisch beschriebenen Fall von Paranoia, S.133-203.
ders., 1974, Totem und Tabu. In: S.Freud, Kulturtheoretische Schriften. Frankfurt.
ders., 1975, Das Ich und das Es. In: Studienausgabe, Bd.III, Frankfurt, S.273-330.
Froelich, J.C., 1974, Une affaire de sorcellerie à Sokodi (Togo). In: Perspectives nouvelles sur le passé de l'Afrique et de Madagascar. Publ. Sorbonne, Paris, S.227-61 .
Gehlen, A., 1968, Magie. In: L.Petzold (Hg.) 1968, S.296-301.
Gelfand, M., 1956, Medicine and Magic of the Mashona. Capetown.
ders., 1964, Witchdoctor, Traditional Medicine Man of Rhodesia. London.
ders., 1967, The African Witch (Shona). Edinburgh/London.
Gibbal, J.-M., 1974, La magie à l'école. In: Cah. Etudes afr. (Paris), 14, 4(56), S.627-50.
Giorgetti, F., 1957, Brevi note sulla società segreta africana Yanda o mani. In: Annali Lateranensi, Vol.XXI, S.9-29.
Gluckman, M., 1940, The Kingdom of Zulu of South Africa. In: M.Fortes/ E.E.Evans-Pritchard, African Political Systems. London, S.25-55.
ders., 1944, The Logic of African Science and Witchcraft. In: Human Problems on British Central Africa, 1, S.22-44. Neu in: M.Marwick (ed.) 1970, S.321-39.
ders., 1949-50, Social Beliefs and Individual Thinking in Tribal Society.. In: Memoirs of the Manchester Literary Society 91(5), S.73-98. Neu in: D.Kaplan, Theory in Anthropology, Chicago 1968, S.453-65.
ders., 1961, Ethnographic Data in British Social Anthropology. In: The Sociological Review, (Staffordshire),9, S.5-17.
ders., 1963a, Order and Rebellion in Tribal Africa. London.
ebd., 1963a, The Magic of Despair. S.137-45.
ders., 1963b, Gossip and Scandal. In: Current Anthropology 4, S.307-15.
ders., 1968, Psychological, Sociological and Anthropological Explanations of Witchcraft and

Gossip: A Clarification. In: MAN, 1 (March), S.30-34.
ders., 1970, Custom and Conflict in Africa. Oxford.
ders., 1972, Moral Crisis: Magical and Secular Solutions. In: M.Gluckman (ed.) The Allocation of Resposibility. Manchester, S.1-50.
Goody, E., 1970, Legitimate and Illegitimate Aggression in a West African State. In: M.Douglas (ed.) 1970, S.207-43
Goody, J., 1957, Anomie in Ashanti? In: AFRICA 27 (4), S.356-63.
ders., 1975, Religion, Social Change and the Sociology of Conversion.. In: G.Goody (ed.) Changing Social Structure in Ghana, S.91-106.
Gray, R.F., 1963, Structural Aspects of Mbugwe Witchcraft. In: Middleton/Winter (eds.) 1963, S. 143-73.
Green, R.M., 1983, Religion and Morality in the African Traditional Setting. In: Journal of Religion in Africa (Leiden) 14,1, S.1-23.
Greschat, H.-J., 1965, 'Witchcraft' und kirchlicher Separatismus. In: E.Benz (Hg.) Messianische Kirchen, Sekten und Bewegungen im heutigen Afrika. Leiden, S.91-104.
Gusinde, M., 1942, Die Giftproben der Kakwa-Niloten. In: Ethnos 7, S.44-48.
Hagenbucher-Sacripanti, F., 1981-81, La représentation culturelle traditionelle de la trypanosomiase dans le Niari (Rép. Pop. du Congo). In: Cahiers Orstom. Série: Sciences humaines 18 (4) (Paris), S.445-73.
Hallen, B./Sodipo, J.O., 1986, Knowledge, Belief and Witchcraft. Analytic Experience in African Philosophy. Ethnographica London.
Hammond-Tooke, W.D., 1970, Urbanisation and the Interpretation of misfortune. In: AFRICA 40,1, S.25-39.
ders., 1974, The Cape Nguni Witch Familiar as a Mediatory Construct. In: MAN 9 (1), März, S.128-36.
Harley, G.W., 1944, Native African Medicine. Cambridge, Harvard University Press. Reprint 1970.
Harris, G., 1978, Casting out Anger: Religion among the Taita of Kenya.
Hartwig, G.W., 1971, Long-Distance Trade and the Evolution of Sorcery among the Kerebe. In: The Intern. Journ. of Afr. Hist. Stud. 4 (3), S.505-24.
Harwood, A., 1970, Witchcraft, Sorcery and Social Categories among the Safwa. Oxford.
Haule, Cosmas, 1969, Bantu "Witchcraft" and Christian Morality. In: Neue Zeitschrift für Missionswissenschaft (Schöneck-Beckenrieth), Suppl. XVI.
Heald, S., 1986, Witches and Thieves: Deviant Motivations in Gisu Society. In: MAN 21,1, S.65-78.
Hirschberg, W., 1971, Gedanken um einen Spiegelfetisch (Kongo). In: Ethnolog. Zeitschrift (1,2), Zürich, S.41-46.
Hollis, M., 1970, The Limits of Irrationality. In: B.Wilson (ed.) 1970, S.214-20.
Horton, R., 1961, Destiny and the Unconscious in West Africa. In: AFRICA (41,2), S.110-116.
ders., 1967, Philosophy. In: M.Crowder (ed.) Africa in the Wider World. London, S.261-69.
ders., 1971, African Conversion. In: AFRICA (41,2), S.85-108.
ders., 1974, African Traditional Thought and Western Science. In: B.Wilson (ed.) 1974, S.131-71.
ders., 1975, On the Rationality of Conversion. In: AFRICA 45, S.219-305; 373-99.
Hulstaert, G., 1983, Les Mongo et la sorcellerie. In: Annales Aequatoria (Mbandaka) 4, S.5-31.
Huntingford, G.W.B., 1963, Nandi Witchcraft. In: Middleton/Winter (eds.) 1963, S.175-86.
International African Bibliography. London. 1973-1986.
Jackson, M.D., 1975, Structure and Event: Witchcraft Confessions among the Kuranko. In: MAN 10 (3), S.387-403.
Jahoda, G., 1961, Magic, Witchcraft and Literacy. In: Lumen Vitae, S.137-44.
ders., 1966, Social Aspirations, Magic and Witchcraft in Ghana. In: P.C.Lloyd, The new Elites of Tropical Africa. London, S.199-212.

ders., 1970, The Psychology of Superstition. London. Penguin.
Janzen, J.M./Mac Gaffey, W., 1974, An Anthology of Kongo Religion: Primary Texts from Lower Zaire. University of Kansas Publications in Anthropology No.5, Lawrence, Kansas.
Jarvie, I.C./ Agassi, J., 1974, The Problem of Rationality of Magic. In: B.Wilson 1974, S.172-93. (Deutsch: Das Problem der Rationalität von Magie. In: Kippenberg/Luchesi 1978, S. 120-49.
Jevons, F.B., 1896, Introduction to the History of Religion. London.
Jones, G.I., 1970, A Boundary to Accusations. In: M.Douglas 1970, S.321-30.
Jung, C.G., 1982, Über die Archetypen des Unbewußten. Frankfurt, Fischer Tb.
Kaberry, Ph.M., 1969, Witchcraft of the Sun. In: M.Douglas/Ph.M.Kaberry (eds.) Man in Africa, S. 175-95.
Kaman, G.K./Ojwang, J.B., 1978, Law and Witchcraft: A Review Article. In: Kenya Historical Review (Nairobi) 6, S.146-60.
Kapferer, B., 1969, Norms and Manipulation of Relationship in a Work Context. In: C.Mitchell (ed.) Social Networks in Urban Situation. Manchester, S.181-244.
Kennedy, J.G., 1967, Psychological and Social Explanations of Witchcraft. In: MAN 2 (2) June, S.216-25.
Kibari, N./Mundala, 1981, Movements anti-sorciers (Rep. Zaire) CEEBA, Publ., Série II, 74, Bandundu.
Kibwenge, E.-B./Ngubsim, Mpeyuka, 1979, Sorcellerie et Observation participante. In: Ethno-Psychologie 34 (1), S.21-30.
Kiev, A., 1964, Magic, Faith and Healing. New York.
Kimpianga, M.M., 1981, Le munkunkusa comme structure de guérison chez les Kongo. In: A.Ngindu Mushete et alii. (éd.) Combat pour un Christianism africain. Faculté de Théologie Catholique, Kinshasa, S.267-287.
Kippenberg, H.G./Luchesi B., 1978, Magie. Die sozialwissenschaftliche Kontroverse über das Verstehen fremden Denkens. Frankfurt.
Kluckhohn, C., 1944, Navaho Witchcraft. Boston.
Koloß, H.J., 1980, Götter und Ahnen, Hexen und Medizin. In: W.Raunig, Schwarzafrikaner. Frankfurt/Main, Umschau-Verlag, S.1-12.
ders., 1984, Njom among the Ejagham. In: African Arts (Los Angeles) 18,1, S.71-73 u. S.90-93.
Kramer, F., 1984, Notizen zur Ethnologie der Passiones. In: E.W.Müller/R.König/K.-P.Koepping/P.Drechsel (Hgg.) Ethnologie als Sozialwissenschaft. Kölner Zeitschrift für Soziologie und Sozialpsychologie, Sonderheft 26, Opladen, S.297-313.
Kremser, M., 1976, Zur Problematik der Interpretation des 'mangu'Systems bei den Azande. In: Wiener ethnohistorische Blätter 12, S.27-45.
ders., 1981, Archetypische Motive im Hexenwesen und ihre kulturspezifischen Formen bei den Azande in Zentralafrika. In: Mitt. d. Anthrop. Ges. Wien 111, S.16-33.
Krige, E., 1943, The Realm of a Rain Queen. Oxford, S.250-70.
Krige, J.D., 1970, The Social Function of Witchcraft. In: M.Marwick (ed.) 1970, S.237-51. Zuerst erschienen in: Theoria, Vol.1, 1947, S.8-21.
La Fontaine, J., 1963, Witchcraft in Bugisu. In: Middleton/Winter (eds.) 1963, S.187-220.
Lang, A., 1898, The Making of Religion. London.
Laman, K.E., 1962, The Kongo III. Studia Ethnographica Upsaliensia XII. Lund.
Larson, L.E., 1976, Problems in the Study of Witchcraft Eradication. In: Ufahamu (Los Angeles) 6,3, S.88-100.
Leach, E., 1957, The Epistemological Background to Malinowski's Empiricism. In: R.Firth (ed.) Man and Culture. London S.119-37.
Lee, A.A., 1976, Ngoja and six Theories of Witchcraft Eradication. In: Ufahamu (Los Angeles) 6,3, S.101-17.
Lehmann, A.C./ Myers J.E, 1985, Magic, Witchcraft and Religion: An Anthropological Study of the Supernatural. Palo Alto, Mayfield Pub.

Leroy, O., 1927, La raison primitive. Paris.
Le Vine, R.A., 1962, Witchcraft and Co-Wife Proximity in South Western Kenia. In: Ethnology I, S.39-45.
ders., 1963, Witchcraft and Sorcery in a Gusii Community. In: Middleton/Winter (eds.) 1963, S.221-55.
Lévy-Bruhl, L., 1926, Das Denken der Naturvölker. Leipzig. (Titel der franz. Originalausgabe: Les fonctions mentales dans les sociétés inférieurs. Paris 1910
ders., 1927, Die geistige Welt der Primitiven. München. (Titel der franz. Originalausgabe: La mentalité primitive. Paris 1922)
ders., 1949, Les Carnets de Lucien Lévy-Bruhl. Paris.
ders., 1956, Die Seele der Primitiven. Darmstadt. (Titel der franz. Originalausgabe: L'Ame primitive. Paris 1927.)
Lewis, I.M., 1986, Witchcraft Within and Without. In: Religion in Context, Cambridge, S.51-62.
ebd., 1986, The Cannibal's Cauldron. S.63-77.
Lienhardt, G., 1951, Some Notions of Witchcraft among the Dinka. In: AFRICA 21 (4), S.303-318.
ders., 1970, The Situation of Death: An Aspect of Anuak Philosophy In: M.Douglas (ed.) 1970, S.279-91.
Lienhardt, P. (ed. transl.), 1968, The Medicine Man: Swifa ya Nguvumali. Oxford.
Linton, R., 1964, Nativistische Bewegungen. In: C.S.Schmitz (Hg.) Religionsethnologie. Frankfurt.
Ludwar-Ene, G., 1986, Explanatory and Remedial Modalities for Personal Misfortune in a West African Society with Special Reference to Witchcraft. In: Anthropos 81 (4/6), S.555-65.
Lufuluabo, Mizeka, 1978, L'Anti-Sorcier face à la science. Editions Franciscaine Collection Etudes africaines, No.1, Mbujimayi (Zaire).
Lukes, S., 1970, Some Problems about rationality. In: B.Wilson (ed.) 1970, S.194-213.
ders., 1978, Zur gesellschaftlichen Determiniertheit von Wahrheit. In: Kippenberg/Luchesi 1978, S.235-58.
Lyons, C.P., 1936, A Witch-Doctor at Work. Tang. Notes 1, S.97-98.
Mac Gaffey, W., 1977, Fetishism Revisited: Kongo nkisi in Sociological Perspective. In: AFRICA 47 (2), S.172-84.
ders., 1978, African History, Anthropology and the Rationality of Natives. In: History in Africa 5, S.101-20.
ders., 1980, African Religions: Types and Generalisations. In:J. Karp/ C.Bird, Explorations in African Systems of Thought. Bloomington, Indiana Univ. Press, S.301-28.
ders., 1981, African Ideology and Belief: A Survey. In: African Studies Review (Los Angeles) 24 (2/3), S.227-74.
ders., 1983, Modern Kongo Prophets: Religion in a Plural Society. Bloomington, Indiana Univ. Press.
Maclean, U., 1971, Magical Medicine: A Nigerian Case Study. London.
Mair, L., 1959, Independent Religious Movements in Three Continents. In: Comp. Stud. in Soc. and Hist. (2), S.113-36.
dies., 1964, Witchcraft as a Problem in the Study of Religion. In: Cahiers d'Etudes Africaines 15, Vol.IV,3, S.335-48
dies., 1969, Witchcraft. London.
dies., 1972a, Witchcraft. In: British Journal of Sociology, 23 (1), Mar., S.109-16.
dies., 1972b, Recent Writings on Witchcraft. In: Journal of the Anthropological Society. Oxford 3 (1), S.33-42.
Makarius, L., 1974, The Magic of Transgression. In: Anthropos 69 (3-4), S.537-52.
Malemba-Mukengeshayi, N'Sakila, 1979, L'ambivalence de la réalité magico-réligieuse en Afrique (Luba-Lubilanji). In: Problèmes sociaux Zairois (Lubumbashi) 126/27, sept.-dec.,

S.117-25.
Malinowski, B.K., 1973, Magie, Wissenschaft und Religion und andere Schriften. Frankfurt.
ders., 1975, Sir James G.Frazer: Eine biographische Würdigung. In: Eine wissenschaftliche Theorie der Kultur. Frankfurt. S.173-210.
ders., 1986, Schriften zur Anthropologie. Frankfurt.
Mallart-Guimera, L., 1975, Ni dos ni ventre. Réligion, Magie et Sorcellerie chez les Evuzok (Cameroun). In: L' Homme 15,2, S.35-65.
Marett, R.K., 1909, The Threshold of Religion. London.
Marwick, M., 1948, African Witchcraft and Anxiety Load. In: Theoria (Pietermaritzburg) 2, S.115-29.
ders., 1950, Another Modern Anti-Witchcraft Movement in East Central Africa. In: AFRICA Vol.20, S.100-12.
ders., 1952, The Social Context of Cewa Witch Beliefs. In: AFRICA Vol.22, S.120-35; S.215-33.
ders., 1958, The continuance of Witchcraft Beliefs. In: P.Smith (ed.) Africa in Transition. London.
ders., 1965a, Sorcery in a Social Setting. Manchester.
ders., 1965b, Some Problems in the Sociology of Sorcery and Witchcraft. In: M.Fortes/G.Dieterlen (eds.) African Systems. Oxford, S.171-88.
ders., 1967, The Study of Witchcraft. In: A.L.Epstein (ed.) The Craft of Social Anthropology. London, Tavistock. S.231-44.
ders.(ed.), 1970, Witchcraft and Sorcery. Harmondsworth 1970. 2nd enl. ed. 1982.
ebd., 1970, Witchcraft as a Social Strain Gauge. S.280-95.
ders., 1972, Anthropologists Declining Productivity in the Sociology of Witchcraft. In: American Anthropologist 74 (3) Jan. , S.378-85.
ders., 1973, How Real is the Charmed Circle in African and Western Thought. In: AFRICA (43,1), S.59-72.
ders., 1979, The Sociology of Sorcery in an African Tribe. In: J.Middleton (ed.) 1979, S.101-06.
Masamba ma Mpolo, 1976, La Libération des Envoûtés. Yaoundé, Editions CLE.
Mauss, M./Hubert, H., 1974, Entwurf einer allgemeinen Theorie der Magie. München, S.45-179. (Zuerst in: L'Année sociologique, Bd.7, 1902-1903, S.1-146.
Mayer, Ph., 1970, Witches. In: M.Marwick (ed.) 1970, S.45-64.
Mbiti, J., 1969, African Religions and Philosophy. New York, Garden City..
Mc Leod, M., 1975, On the Spread of Anti-Witchcraft Cults in Modern Asante. In: G.Goody (ed.) Changing Social Structure in Ghana. London, S.107-17.
ders., o.J., A Survey of the Literature on Witchcraft in Ghana. Unpublished B.Lit. Thesis, Oxford University.
Mdee, A.M., 1961, Some Experiences of Witchcraft. In: Tang. Notes and Rec. 57, S.149-151.
Melland, F., 1935, Ethical and Political Aspects of African Witchcraft. In: AFRICA 4, S.459-503.
Middleton, J./Winter, E.(eds.), 1963, Witchcraft and Sorcery in East Africa. London.
ebd., 1963, Introduction, S.1-26.
ebd., 1963, Witchcraft and Sorcery in Lugbara, S.257-75.
ders., 1979, The Concept of 'Bewitching" in Lugbara. In: J.Middleton (ed.) Magic, Witchcraft and Curing. Austin and London. (1st ed. 1967), S.55-67.
Mitchell, J.C., 1952, A Note on the African Conception of Causality. In: Nyasaland Journal (Blantyre) 5, No.2, S.51-58.
ders., 1956, The Yao Village. Manchester.
ders., 1965, The Meaning in Misfortune for Urban Africans. In: M.Fortes/G.Dieterlen (eds.) African Systems of Thought. Oxford, S.192-203.
Mitchell, C./Flagg-Mitchell, H., 1982, Social Factors in the Perception of the Causes of Disease. In: M.Marwick (ed.) 1982, S.401-421.
Le Moal, G., 1975, Poisons, sorciers et contre-sorcellerie en pays bobo (Haute-Volta). In: Sy-

stème de pensée en Afrique Noire. Paris, CNRS, S.78-94.
Morton-Williams, P., 1956, The Atinga Cult among the South-Western Yoruba. In: Bulletin de l'Institut Francais d'Afrique Noire, 18 (3-4), S.315-34.
Multhaupt, T., 1979, Tod bei den Azande: Trauerriten und Todesvorstellungen im südwestlichen Bahr el Gazal (Sudan). Unveröffentl. MS. Freie Universität Berlin.
Mulyumba, Itonga wa Mamba, 1984, La chasse, la viande et la sorcellerie chez les Balega de Mwenga. In: Civilisations (Bruxelles),34, 1/2, S.225-48.
Mwene-Batende, 1981, La sorcellerie, la divination, la thérapie et leurs fonctions sociales dans la societé lignagère Kumu. In: A.Ngindu Mushete et alii (eds.) Combat pour un Christianisme africain. Faculté de Théologie Catholique, Kinshasa, S.189-200.
Nadel, S.F., 1935, Witchcraft and Anti-Witchcraft in Nupe Society. In: AFRICA, Vol.8, S.423-47.
ders., 1954, Nupe Religion. London.
ders., 1970, Witchcraft in Four African Societies. In M.Marwick (ed.) 1970, S. 264-79.
Nash, D., 1973, A Convergence of Psychological and Sociological Explanations of Witchcraft. In: Current Anthropology 4 (5) Dec., S.545-46.
Ngokway, N., 1975, Imanya: un mouvement anti-sorcellerie chez les Bashilele. Mémoire de Licence en Sociologie, Unanza, Lubumbashi.
O'Donohne, J., 1975, Magic and Witchcraft in Southern Uganda. Past. Papers 36, Kampala, Gaba Publ.
Offiong, D.E., 1983a, Social Relations and Witch Beliefs among the Ibibio of Nigeria. In: Journal of Anthropological Research, Vol. 39, S.81-95.
ders., 1983b, Witchcraft among the Ibibio of Nigeria. In: African Studies Review 26,1, March, S.107-24.
ders., 1982, The 1978-1979 Akpan Ekwong Anti-Witchcraft Crusade in Nigeria. In: Anthropologica (Ottawa) 24 (1), 27-42.
O'Keefe, D.L., 1983, Stolen Lightning., The Social Theory of Magic. New York, Continuum Pub Comp.
Okot p'Bitek, 1970, African Religions in Western Scholarship. East African Literature Bureau. Kampala/ Nairobi/ Dar es Salaam.
Omari, C.K., 1972, The Role of Witchcraft and Sorcery in Society. In: Psychopathol. afr. 8, S.115-25.
Omoyajowo, J. Akinyele, 1965, Witches? A Study of the Belief in Witchcraft and of its Future in Modern African Society. Ibadan (Nigeria) New Ed. 1971. Repr. 1974.
Packard, R.N., 1980, Social Change and the History of Misfortune among the Bashu of Eastern Zaire. In: I.Karp/C.S.Bird (eds.) Explorations in African Systems of Thought. Bloomington, S.237-67.
Parkin, D., 1968, Medicines and Man of Influence. In: MAN 3 (3), S.429-39.
ders. (ed.), 1985, The Anthropology of Evil. Oxford.
ebd., 1985, Introduction. S.1-25.
ebd., 1985, Entitling Evil: Muslims and Non-Muslims in Coastal Kenia. S.224-43
Parrinder, E.G., 1958, Witchcraft: European and African. London (2nd Ed.1965).
Peel, J.D.Y., 1978, Was heißt fremde Glaubenssysteme verstehen? In: H.Kippenberg/ B.Luchesie 1978, S.150-73.
Petzoldt, L. (Hg), 1968, Magie und Religion. Darmstadt.
Radcliffe-Brown, A.R., 1952, Structure and Function in Primitive Society. London (Reprint 1971).
ebd., 1952, On Social Structure. S.188-204.
ebd., 1952, Religion and Society. S.153-77.
Ranger, T.O., 1966, Witchcraft Eradication Movements in Central and Southern Tanzania and their Connections with the Maji Maji Rising. Unpubl. MS.Univ. College Dar es Salaam.
ders., o.J., 'Mchape' and the Study of Witchcraft Eradication. Unpubl. MS.

Redmayne, A., 1970, Chikanga: An African Diviner with an International Reputation. In: M.Douglas (ed.) 1970, S.103-28.
Retel-Laurentin, A., 1969, Oracles et Ordalies chez les Nzakara. Paris.
Reynolds, B., 1963, Magic, Divination and Witchcraft among the Barotse of Northern Rhodesia. London.
Richards, A., 1935, A Modern Movement of Witchfinders. In: AFRICA, Vol 8 (4), S.448-61.
dies., 1974, Ritual of the Witchdoctor. In: Bantu 21 (1), S.2-5.
Ricoeur, P., 1971, Symbolik des Bösen. Freiburg/München.
Rivière, Cl., 1980, La sorcellerie au Sud-Togo. In: Ethnopsychologie 35 (4) Oct.-Dec., S.63-84.
Roberts, A.D, 1970, The Lumpa Church of Alice Lenshina. In: K.J.Rotberg/ A.A.Mazrui (eds.) Protest and Power in Black Africa. New York, S.513-68.
Roberts, C.Cl., 1935, Witchcraft and the Colonial Legislation. In: AFRICA (4), S.488-94.
Rosny, E. de, 1974, Ndimsi. Ceux qui soignent dans la nuit. Yaoundé, Ed. CLE.
Rotberg, R., 1961, The Lenshina Movement of Northern Rhodesia. In: Rhodes- Livingstone Institute Journal 19, S.63-78.
Ruel, M., 1965, Witchcraft, Morality and Doubt. In: Odu. University of Ife Journal of African Studies 2 (1), S.3-27.
ders., 1970, Were-Animals and the Introverted Witch. In: M.Douglas (ed.) 1970, S.333-49.
Rush, J.A., 1974, Witchcraft and Sorcery: An Anthropological Perspective on the Occult. Springfield, Thomas.
Santandrea, S., 1938, Evil and Witchcraft among the Ndogo Group of Tribes. In: AFRICA 11, S.459-81.
Sansom, B., 1972, When Witches are not Named. In: M.Gluckman (ed.) The Allocation of Responsibility. Manchester, S.193-226.
Schapera, I., 1934, Oral Sorcery among the Natives in Bechuanaland. In: E.E.Evans-Pritchard (ed.) Essays Presented to C.G. Seligman. London, S.293-305
ders., 1952, Sorcery and Witchcraft in Bechuanaland. In: African Affairs 51, S.41-52.
ders., 1969, The Crime of Sorcery. In: Proceedings of the Royal Anthropological Institute of Great Britain and Ireland. London, S.15-23.
Schlosser, K., 1972, Zauberei im Zululand. Manuskripte des Blitz-Zauberers Laduma Madela. Kiel.
Scotch, N.A,, 1961, Magic, Sorcery and Football among the Urban Zulu. In: Journal of Conflict Resolution V,1, S.70-74.
Secret Societies of the Southern Sudan. In: Sudan Notes 4, (1921), S.204-208.
Shepperson, G., 1962, Nyasaland and the Millennium. In: S.L.Thrupp (ed.) Millennial Dreams and Action. The Hague, S.144-59.
Simmel, G., 1958, Der Streit. In: G.Simmel: Soziologie. Berlin 1908. Neuaufl. 1958, S.186-255.
Spencer, H., 1897, Principals of Sociology. New York.
Stirnimann, H., 1974, Eine exorzistische Erneuerungsbewegung in Upangwa, Südwest-Tanzania. In: Ethnologische Zeitschrift Zürich, Bd.2, S.133-46.
Stubbs, J.M., 1942, The Ordeal by Boiling Water. In: Sudan Notes 25,1, S.135-36.
Swartz, M., 1982, Interpersonal Tensions, Modern Conditions and Changes in the Frequency of Witchcraft/Sorcery Accusations. In: M.Marwick (ed.) 1982, S.391-400.
Tait, D., 1963, A Sorcery Hunt in Dagomba. In: AFRICA 33 (2), S. 136-47.
ders., 1979, Konkomba Sorcery. In: J.Middleton (ed.) 1979, S.155-70.
Tanner, R.E.S., 1970, The Witch-Murderer in Sukumaland. A Sociological Commentary. Uppsala.
Taylor, E., 1871, Primitive Culture. Repr. New York 1958.
Taylor, J./Lehmann, D., 1961, Alice Lenshina Mulenga and the Lumpa Church. In: Taylor/Lehmann, Christians of the Copperbelt. London 1961, S. 248-68.
Tempels, P., 1956, Bantu-Philosophie. Heidelberg.

Terrail, J.P., 1979, La pratique sorcière. In: Archives de sciences sociales des religions 24 (48/1) Juil.-Sept., S.21-42.
Terray, E., 1979, Un Mouvement de réforme religieuse dans le royaume abron précolonial: le culte de Sakrobundi. In: Cahiers d'Etudes africaines 19 (1-4), 73-76, S.143-76.
Todorov, T., 1973, Le discours de la magie. In: L'homme 13 (4), S.38-65
Tshonga-Onyumbe, 1982, Nkisi, nganga et ngangankisi dans la musique zairoise moderne de 1960 à 1981. In: Zaire Afrique (Kinshasa) 22, 169, S.555-66.
Turner, V., 1957, Schism and Continuity. A Study in Ndembu Village Life. Manchester.
ders., 1981, Witchcraft and Sorcery: Taxonomy versus Dynamics. In: V.Turner, The Forest of Symbols. Ithaka and London 1967. (Repr. 1981), S.112-27.
Tucker, N., 1931, Witchcraft Applied to Animals. In: Sudan Notes 14, S. 191-95.
Vansina, J., 1959, Miko mi Yool, une association religieuse Kuba. In: Aequatoria, Vol.XXII, S.7-20; 81-92.
ders., 1969, The Bushong Poison Ordeal. In: M.Douglas/Ph.Kaberry (eds.) Man in Africa. London, S.245-60.
ders., 1971, Les mouvements religeux Kuba (Kasai) à l'époque coloniale. In: Etudes d'Histoire africaine, II, S.155-87.
ders., 1973, Lukoshi/Lupambula: Histoire d'un culte religeux dans les regions du Kasai et du Kwango (1920-1970). In: Etudes d'Histoire africaine, V, S.51-79.
Verbeck, L., 1983, Mouvement religeux dans la region de Sakania (1925-1931). Documents inédits. Louvain-la-Neuve: Centre d'histoire de l'Afrique. Univ. Catholique de Louvain.
Viccars, J.D., 1949, Witchcraft in Bolobo, Belgian Congo. In: AFRICA i9, S.220-29.
Vierkandt, A., 1968, Entwicklungspsychologische Theorie der Zauberei. In: L.Petzoldt (Hg,) 1968, S.146-222.
Vincent, J.F., 1966, Le Mouvement Croix Koma: Une nouvelle forme de lutte contre la sorcellerie en pays Congo. In: Cahiers d'Etudes africaines 6 (4), S.527-63.
Vögele, H., 1986, Heilung, Heil und das Okkulte: Gespräche mit einem traditionellen Heiler in Nigeria. In: Traditionelle Heilkundige - ärztliche Persönlichkeiten im Vergleich der Kulturen und medizinischen Systeme. W.Schiefenhövel (Hg.). Curare (Braunschweig). Sonderband 5, S.171-97.
Wagner, J., 1980, Kauri-Orakel. In: Archiv für Völkerkunde (Wien) 34, S.61-77.
dies., 1983, Be Stronger than Bad Magic: A Collection of Traditional African Methods against Witchcraft and Sorcery. Göttingen, Herodot.
Walker, S.S., 1979, Witchcraft and Healing in an African Christian Church. In: Journal of Religion in Africa (Leiden) Vol.X, S.127-28.
dies., 1980, Young Man, Old Man, and Devil in Aeroplanes. The Harrist Church, the Witchcraft Complex and Social Change in the Ivory Coast. In: Journal of Religion in Africa (Leiden) Vol.XI, S.106-23.
Wallace, R.F., 1964, Revitalisations-Bewegungen. In: C.A.Schmitz (Hg.) Religionsethnologie. Frankfurt, S.404-48.
Ward, B., 1956, Some Observations on Religious Cults in Ashanti. In: AFRICA 26, S.47-61.
Wasungu, P., 1972, Sorcellerie et Possession en Afrique. In: Ethnopsychologie (Le Havre) 27, (2-3), Juin-Sept., S.323-55.
Weber, M., 1972, Religionssoziologie. In: Wirtschaft und Gesellschaft. Tübingen. S.245-381.
Webster, H., 1948, Magic: A Sociological Study. Stanford (Repr. 1973).
White, C.M.N., 1948, Witchcraft, Divination and Magic among the Balovale tribes. In: AFRICA 18, S.81-104.
Willis, R.G., 1968a, Changes in Mystical Concepts and Practices among the Fipa. In: Ethnology 7 (2), S.139-57.
ders., 1968b, Kamcape: An Anti-Sorcery Movement in South-West Tanzania. In: AFRICA 38 (1), S.1-15.

ders. (ed.), 1969, Witchcraft and Healing. Proceedings of a Seminar held in the Center of African Studies. University of Edinburgh, 14th and 15th February 1969, Edinburgh.
ders., 1970, Instant Millennium: The Sociology of African Witch-Cleansing Cults. In: M.Douglas (ed.) 1970, S.129-39.
Wilson, B., 1973, Magic and the Millennium. London.
ders., 1974, Rationality. Oxford.
Wilson, G., 1936, An African Morality. In: AFRICA 9, S.75-99.
Wilson, M., 1945, The Analysis of Social Change. Cambridge.
dies., 1951, Good Company. Oxford. S.91-135.
dies., 1971, Religion and the Transformation of Society. Cambridge.
dies., 1975, Witch-Beliefs and Social Structure. In: M.Marwick (ed.) 1975, S.252-63 (Erstausgabe 1970).
Winch, P., 1978, Was heißt 'eine primitive Gesellschaft verstehen'. In: H.Kippenberg/B.Luchesie (Hgg.) 1978, S.73-119. (engl.: Understanding a Primitive Society. In: B.Wilson 1974, S.78-111.)
Wing, J. van, 1938, Les Ndoki. Mangeurs d'hommes. Louvain.
Winkelman, M., 1982, Magic: A Theoretical Reassessment. In: Current Anthropology 23 (1), S.37-66.
Winter, E.H., 1963, The Enemy within: Amba Witchcraft and Sociological Theory. In: J.Middleton/E.Winter (eds.) 1963, S.277-99.
Wiredu, K., 1980, Philosophy and an African Culture. Cambridge, Cambridge University Press.
Witchcraft-Ordinance 1957. Uganda Protectorate Entebbe 1957.
Wyllie, R.W., 1973, Introspective Witchcraft among the Effutu of Southern Ghana. In: MAN, Vol.8, No.1, March, S.74-79.
Zeininger, K., 1968, Das Wesen der Religion und das Wesen der Magie. In: L.Petzoldt 1968, S.135-45.
Zuesse, E.M., 1971, On the Nature of the Demonic: African Witchery. In: Numen 18,3, S.210-39.
Zwernemann, J., 1975, Belekundi - ein hexenfeindliches Heiligtum bei den Gurma Nordtogos. In: Abhandlungen und Berichte des Staatlichen Mus. f. Völkerk. Dresden 34, S.301-07.

Wissenschaftliche Publikationen im Trickster Verlag
Rites de Passage und *Uroboros*

In der Reihe "*Rites de Passage* " erscheinen Dissertationen aus der Ethnologie und Nachbardisziplinen, die in der thematischen Vielfalt den bisherigen Veröffentlichungen des Verlages entsprechen. Auch sollen damit die wissenschaftlichen Ansätze und Wege der "jüngsten" Ethnologie dokumentiert werden.

"*Uroboros*": eine Reihe, offen für Ethnographien und Ethnologien, für Ambitionen und Provokationen. Habilitationsschriften, Monographien, theoretische Abhandlungen, Streit- und Festschriften können hier ihren Platz finden.

Aus dem Programm:
Trickster 17, Wüste und blühendes Land?
176 Seiten, DM 15.-

Gibt es eine deutschsprachige Ethnologie? Auf diese Frage antworten Institutsleiter und Studenten, Lehrende und 'freie' Ethnologen ...

Ulrike von Mitzlaff, Maasai-Frauen
181 Seiten, 34 s/w Abbildungen, DM 39.-

Die Ethnologin U.v. Mitzlaff beschreibt in dieser Studie zum erstenmal den rituellen Lebenszyklus der Parakuyo-Frauen. In einer stark männlich geprägten Welt ostafrikanischer Hirtennomaden erkundet sie den weiblichen Lebensbereich.

Tamara Multhaupt, Hexerei und Antihexerei in Afrika
234 Seiten, DM 48.-

Die Autorin stellt zum einen die ethnologische Forschungsgeschichte dar, zum anderen führt sie die mit Hexerei und Zauberei verbundenen Vorstellungen, Praktiken und Abwehrmaßnahmen vor.

Helga E. Fink, Religion, Disease and Healing in Ghana
362 Seiten, 6 s/w Abbildungen, DM 58.-

Schwerpunkt dieser ethnologischen Studie ist die Dokumentation des traditionellen Heilwesens der Dormaa.

Franz X. Faust, Medizin und Weltbild
209 Seiten, 24 Abbildungen, DM 69.-

Im Mittelpunkt der Arbeit stehen die Wechselwirkungen zwischen dem kosmologischen System - in unserem Sprachgebrauch: dem Weltbild - und dem medizinischen System, in dem die Konzepte von "kalten" und "heißen" Krankheiten eine wichtige Rolle spielen.

Hermann Amborn, Differenzierung und Integration
ca. 500 Seiten, DM 104.-

Der Autor liefert den Nachweis, daß es sich bei der Bauern-Handwerker-Dualität südäthiopischer Bergvölker um eine gesellschaftlich notwendige Arbeitsteilung handelt, die für den hochintensivierten Feldbau der Region Voraussetzung ist.

Trickster Verlag
Schmied-Kochel-Str. 6, D-8000 München 70, Tel.: 089 / 77 77 99